Studien zur Mobilitäts- und Verkehrsforschung 2

Andreas Kagermeier, Thomas J. Mager & Thomas W. Zängler
Mobilitätskonzepte in Ballungsräumen

D1717754

Studien zur Mobilitäts- und Verkehrsforschung

Herausgegeben von Matthias Gather, Andreas Kagermeier und Martin Lanzendorf

Band 2

Andreas K a g e r m e i e r, Thomas J. M a g e r
& Thomas W. Z ä n g l e r (Hrsg.)

Mobilitätskonzepte in Ballungsräumen

Mit 121 Abbildungen, 30 Tabellen und 12 Photos

2002

Verlag MetaGIS Infosysteme, Mannheim

4

Umschlagfoto: S-Bahn München GmbH

© 2002
Printed in Germany
Fotosatz: Angewandte Anthropogeographie und Geoinformatik, Universität Paderborn
Umschlaggestaltung und Layout: Peter Blank
Verlag: Verlag MetaGIS Infosysteme, Mannheim

Die Deutsche Bibliothek – CIP Einheitsaufnahme

Inhaltsverzeichnis

Mobilitätskonzepte in Ballungsräumen /
Andreas Kagermeier, Thomas J. Mager & Thomas W. Zängler (Hrsg.).
– Mannheim: Verlag MetaGIS Infosysteme, 2002
  (Studien zur Mobilitäts- und Verkehrsforschung; Bd. 2)
  ISBN 3-936438-01-3
  NE: Andreas Kagermeier (Hrsg.); Thomas J. Mager (Hrsg.)
  Thomas W. Zängler (Hrsg.); GT

Andreas Kagermeier, Thomas J. Mager & Thomas W. Zängler

Michael Wuth & Regina Steger
Die S-Bahn München – das Unternehmen stellt sich vor

Thomas J. Mager

Brigitte Gemmer
Münchner Verkehrsgesellschaft (MVG), die Verkehrsbetriebe der Stadt-

Wilhelm Wolters
Verkehrsmanagement in Stadt und Region München. Ein Überblick über

Thomas W. Zängler
Innovative Konzepte für die mobile Gesellschaft. Ansatz und

Peter Kreilkamp

Andrea F. Glogger

Sybille Römmelt
Online-Shopping und Mobilitätsverhalten am Beispiel der

Sandra Kohler & Alexander Kreipl

Verzeichnis der Autorinnen und Autoren

Dr. Tahar Baouni
Ecole Polytechnique d'Architeture et d'Urbanisme (EPAU d'Alger)
e-mail: *tahar.baouni@voila.fr*

Dipl. Geogr. Paul Bickelbacher
Stadt- und Verkehrsplaner/SRL Planungsgemeinschaft stadt+plan,
Thalkirchner Str. 73, D-80337 München
e-mail: *Paul.Bickelbacher@t-online.de*

Dr. Iain Docherty
Department of Urban Studies, University of Glasgow,
25-29 Bute Gardens, G12 8RS Glasgow
e-mail: *i.docherty@socsci.gla.ac.uk*

Dipl. Geogr. Oliver Falthauser
Ludwig-Maximilians-Universität, Department für Geo- und Umweltwissenschaften,
Sektion Geographie, Luisenstr. 37, D-80290 München
e-mail: *oliver.faltlhauser@ssg.geo.uni-muenchen.de*

Dipl. Geogr. Bernhard Fink
Münchner Verkehrs- und Tarifverbund (MVV), Bereich Konzeption,
Thierschstr. 2, D-90538 München
e-mail: *Bernhard.Fink@mvv-muenchen.de*

Dr. Markus Friedrich
PTV Planung Transport Verkehr AG, Stumpfstrasse 1, D-76131 Karlsruhe
e-mail: Markus.Friedrich@ptv.de

Dipl. Geogr. Brigitte Gemmer
Münchner Verkehrsgesellschaft mbH (MVG), Einsteinstrasse 54, D-80287 München
e-mail: *Gemmer.Brigitte@mvg.swm.de*

Dipl. oec. troph. Andrea Glogger
Technische Universität München- Weihenstephan, Lehrstuhl für Wirtschaftslehre
des Haushalts, Weihenstephaner Steig 17, D-85350 Freising
e-mail: *glogger@wlh.agrar.tu-muenchen.de*

Dipl. Geogr. Werner Gronau
Angewandte Anthropogeographie und Geoinformatik, Universität Paderborn,
Warburger Str. 100, D-33098 Paderborn
e-mail: *Werner.Gronau@upb.de*

Dipl.-Wi.-Ing. Thomas Haupt

PTV Planung Transport Verkehr AG, Stumpfstrasse 1, D-76131 Karlsruhe
e-mail: thomas.haupt@ptv.de

Prof. Dr. Andreas Kagermeier

Angewandte Anthropogeographie und Geoinformatik, Universität Paderborn,
Warburger Str. 100, D-33098 Paderborn
e-mail: Andreas.Kagermeier@upb.de

Dr. Johannes Klühspies:

Reutterstr. 52, D-80689 München
e-mail: jok.geo@t-online.de

Dr. Sandra Kohler

Technische Universität München- Weihenstephan, Lehrstuhl für Wirtschaftslehre
des Haushalts, Weihenstephaner Steig 17, D-85350 Freising
e-mail: kohler@wlh.agrar.tu-muenchen.de

Dipl.-Kfm. Peter Kreilkamp

bpu Unternehmensberatung, Franz-Joseph-Straße 35, D-80801 München
e-mail: peter.kreilkamp@bpu.de

Dipl.-Geogr. Alexander Kreipl

Industrie und Handelskammer für München und Oberbayern – Abteilung Verkehr,
Max-Joseph-Str. 2, D-80333 München
e-mail: kreipl@muenchen.ihk.de

Dr. Ing. Bert Leerkamp

Stadt Dortmund, Planungsamt, Katharinenstr. 9, D-44122 Dortmund
e-mail: bertleerkamp@stadtdo.de

Dr. habil. Barbara Lenz

DLR Berlin-Adlershof, Institut für Verkehrsforschung, Rutherfordstraße 2 D-12489
Berlin-Adlershof
e-mail: Barbara.Lenz@dlr.de

Torsten Luley M.A.

Institut für Geographie, Universität Stuttgart, Azenbergstr. 12, D-70174 Stuttgart
e-mail: torsten.luley@geographie.uni-stuttgart.de

Dipl. Geogr. Thomas J. Mager

Leiter Marketing, S-Bahn München GmbH, Orleansplatz 9a, D-81667 München
e-mail: Thomas.Mager@bahn.de

Dr. Arnd Motzkus

TÜV Akademie Rheinland GmbH, Bereich Forschungsmanagement PT MVBW, Projektbegleitung BMVBW, Siegburger Straße 231, D-50679 Köln
e-mail: arnd.motzkus@de.tuv.com

Dr. Jan Marco Müller

Umweltforschungszentrum (UFZ) Leipzig-Halle, Permoserstr. 15, D-04318 Leipzig
e-mail: jmueller@gf.ufz.de

Dipl. oec. troph. Sybille Römmelt

Technische Universität München- Weihenstephan, Lehrstuhl für Wirtschaftslehre des Haushalts, Weihenstephaner Steig 17, D-85350 Freising
e-mail: roemmelt@wlh.agrar.tu-muenchen.de

Dipl. Geogr. Martin Schreiner

Projektleiter Mobilitätsmanagement, SSP Consult Beratende Ingenieure GmbH, Baubergerstraße 30, D-80992 München
e-mail: schreiner@muc.ssp-consult.de

Dipl.-Verwaltungsbetriebswirtin Regina Steger

S-Bahn München GmbH, Orleansplatz 9a, D-81667 München
e-mail: Regina.Steger@bku.db.de

Dr.-Ing. Wilhelm Wolters

SSP Consult Beratende Ingenieure GmbH, Baubergerstraße 30, D-80992 München
e-mail: wolters@muc.ssp-consult.de

Dipl. Ing. Michael Wuth

Geschäftsführer S-Bahn München GmbH, Orleansplatz 9a, D-81667 München
e-mail: Michael.Wuth@bku.db.de

Dr. Thomas W. Zängler

Technische Universität München- Weihenstephan, Lehrstuhl für Wirtschaftslehre des Haushalts, Weihenstephaner Steig 17, D-85350 Freising
e-mail: zaengler@wlh.agrar.tu-muenchen.de

Einführung

Andreas Kagermeier, Thomas J. Mager & Thomas W. Zängler

„Mobilitätskonzepte in Ballungsräumen" war das Thema der Jahrestagung 2002 des Arbeitskreises Verkehr der Deutschen Gesellschaft für Geographie, die vom 18. bis 20. April in München stattfand und deren Beiträge mit diesem zweiten Band der Schriftenreihe „Studien zur Mobilitäts- und Verkehrsforschung" dokumentiert werden. Mit der Veranstaltung hat der Arbeitskreis Verkehr neben seiner Funktion als Plattform der deutschen Verkehrsgeographen bewusst die Tradition früherer Jahrestagungen fortgesetzt, alle im Bereich Mobilitäts- und Verkehrsforschung Tätigen anzusprechen und eine transdisziplinäre Plattform zu bilden. Die Durchführung der Veranstaltung in Kooperation mit der S-Bahn München GmbH dokumentiert gleichzeitig die Tatsache, dass der Arbeitskreis sich nicht nur als Forum für primär verkehrswissenschaftliche Themen versteht, sondern auch Planungspraxis und Verkehrssystemgestaltung aufarbeitet.

Hintergrund für die Wahl des Themas „Mobilitätskonzepte in Ballungsräumen" und die Wahl des Standortes München waren folgende Aspekte:

1) Durch die Bahnreform und das Regionalisierungsgesetz sind in den 90er Jahren die Rahmenbedingungen für den öffentlichen Verkehr gravierend modifiziert worden. Vom Wettbewerb im ÖPNV und Ansätzen zu einer verstärkten Kundenorientierung über Entwicklung und Implementierung von umfassenden Marketingstrategien bis hin zum Qualitätsmanagement reichen die Folgen dieser veränderten legislativen Rahmenbedingungen. Damit verbunden war auch, dass heute komplexe und noch nicht voll eingespielte Akteursmuster im Verkehrsmarkt bestehen. Das Verhältnis zwischen Gebietskörperschaften bzw. den Aufgabenträgern als Besteller und den Verkehrsunternehmen als Erbringer von Verkehrsleistungen werden zur Zeit je nach lokalen Gegebenheiten neu definiert.

2) Indirekt durch die Liberalisierung und Regionalisierung beschleunigt wurde auch ein in den 90er Jahren sich abzeichnender Trend, nicht mehr nur einzelne Transportangebote sondern mehr und mehr umfassende Mobilitätsdienstleistungen anzubieten. Unter dem Überbegriff „Mobilitätsmanagement" sind neben entsprechenden intermodalen Angeboten unterschiedlichste Bausteine, wie z.b. Mobilitätsberatung aber auch neue Zustellformen (z.B. Shopping Box) entstanden bzw. in der Erprobungsphase.

3) Die Fokussierung auf den Ballungsraum erfolgte vor dem Hintergrund, dass dort die Entwicklung und Erprobung neuer Mobilitätsangebote angesichts der aktuellen Überlastungsphänomene besonders weit entwickelt ist. In den 90er Jahren wurden in einer Reihe von Forschungs- bzw. Modellvorhaben auf Landes-, Bundes-, bzw. EU-Ebene die Suche nach Lösungsansätzen vor allem fokussiert auf den großstädtischen Kontext vorangetrieben. Angesichts des Veranstal-

tungsortes München wurde dabei im Rahmen der Veranstaltung vertiefend das in München angesiedelte BMBF-Leitprojekt MOBINET vorgestellt und diskutiert.

4) Mit der Wahl des Standortes München verbunden war auch die Tatsache, dass die Grundlagen des heutigen ÖPNV-Systems dort anlässlich der Olympiade 1972 geschaffen wurden, die damals Maßstäbe für viele andere deutsche und europäische Großstädte setzten. Der damalige Schub in der Stadtentwicklungs- und Verkehrsplanung gilt heute retrospektiv als erstes Beispiel einer Instrumentalisierung eines Großereignisses im Sinne einer „Festivalisierung" der Stadtentwicklungspolitik. 30 Jahre danach eine Art Bilanz zu ziehen, die Situation in München im Vergleich mit anderen Großstädten zu evaluieren und Perspektiven der künftigen Verkehrspolitik zu reflektieren, war ein weiteres Ziel der Tagung.

Dass angesichts dieser Vielfalt an Themenfeldern diese nur selektiv angeschnitten werden können und hier auch nicht in der Systematik eines Lehrbuchs präsentiert werden, versteht sich wohl von selbst. Durch die Konzentration auf einzelne thematisch fokussierte Panels, die sich auch in der Gliederung des vorliegenden Tagungsbandes spiegeln, wurden Schwerpunkte gesetzt und eine Grundstruktur für die 22 Beiträge vorgegeben.

Im ersten Themenblock *„Der ÖPNV in der Region München: Akteure, Planungen, Herausforderungen"* kommen Vertreter der Verkehrsunternehmen als zentraler Akteursgruppe des öffentlichen Verkehrs in Ballungsräumen zu Wort. In den Beiträgen von WUTH/STEGER, MAGER und GEMMER werden implizit eine ganze Reihe von Implikationen der Regionalisierung und Liberalisierung angesprochen. Dabei wird deutlich, dass dadurch insgesamt gesehen zwar eine deutlich stärkere Marktorientierung ausgelöst wurde, sich aber die Akteurskonstellationen nach wie vor in einer noch nicht abgeschlossenen Umbruchsituation und Phase der Neuorientierung befinden.

Zielsetzung sowie erste provisorische Befunde und Ergebnisse eines seit mehreren Jahren im Großraum München laufenden BMBF-Leitprojektes stehen im Mittelpunkt des zweiten Themenblocks *„MOBINET –Innovative Konzepte für die mobile Gesellschaft"*. Nach den in die Grundkonzeption und den Hintergrundkontext des Projektes einführenden Beiträgen von WOLTERS und ZÄNGLER werden einige besonders innovative Demonstratoren aufgearbeitet:

*   Dem Themenfeld „Telearbeit" sind die Beiträge von KREILKAMP und GLOGGER gewidmet, welche die Grundprinzipien und erste vorläufige Befunde aus der Vorher-Erhebung vorstellen.
*   Die Potentiale eines weiteren innovativen Elements der Mobilitätsgestaltung – des Online-Shoppings – arbeitet der Beitrag von RÖMMELT auf.
*   Bereits konkrete Ergebnisse können KOHLER/KREIPL aus einem Vorhaben zum Mobilitätsmanagement für Schulkinder vorlegen. Über den konkreten Einzelfall hinaus weist dabei der Befund, dass biographische Zäsuren einen günstigen Ansatzpunkt für mobilitätsbeeinflussende Interventionen darstellen.

Dass MOBINET in der Region München teilweise die Funktion einer Initialzündung für eine intensive verkehrspolitische Diskussion und die eines Katalysators für an das Projekt anknüpfende weitergehende Konzepte und Vorhaben erfüllt, zeigen die im Umfeld von MOBINET entwickelten *„Ansätze zum Mobilitätsmanagement in der Region München"* im dritten Block. Der einleitende Beitrag von SCHREINER stellt die institutionellen Rahmenbedingungen des Mobilitätsmanagements und deren Umsetzungspläne im Projekt IMBUS dar. FINK und BICKELBACHER arbeiten mit den Beispielen „Mobilitätsberatung/Informationssysteme" und „Bike&Ride" konkrete Bausteine eines Mobilitätsmanagements in München auf. Am Beispiel eines Stadtteils wird darauf aufbauend von FALTLHAUSER ein integrierter Ansatz zum Mobilitätsmanagement vorgestellt. Abgeschlossen wird der Block mit dem Beitrag von GRONAU, der für das lange Zeit in der Verkehrsforschung wenig beachtete Mobilitätssegment des Freizeitverkehrs Grundlagen eines Mobilitätsmanagements reflektiert.

Im zweiten Teil des Bandes wird der Blickwinkel geweitet. Der Beitrag von MOTZKUS eröffnet den vierten Block *„Forschungsprojekte und Konzepte zur Gestaltung der Mobilität in großstädtischen Kontexten"* indem er synoptisch die Gesamtkonzeption der Mobilitätsforschung des Bundes vorstellt. Konkretisiert und illustriert werden die Forschungsaktivitäten auf Bundesebene in den Beiträgen von LENZ/LULEY und FRIEDRICH/HAUPT die Konzepte zur Mobilitätsberatung und zum E-Commerce aus zwei anderen BMBF-Leitprojekten (MOBILIST und MOBIPLAN) behandeln. Die Beschreibung eines konkreten Verkehrskonzeptes für die Westfalenhalle in Dortmund von LEERKAMP und die grundsätzliche Auseinandersetzung mit dem Verkehrssystem Transrapid von KLÜHSPIES schließen die Aufarbeitung der deutschen Beispiele.

Anhand von drei *„Internationalen Beispielen für Mobilitätskonzepte"* wird deutlich, dass die Grundprobleme zwar weltweit ähnlich sind, aber die entwickelten Ansätze – auch in Abhängigkeit vom politischen Umfeld – teilweise deutlich voneinander abweichen. Mögliche Konsequenzen einer weitgehenden Liberalisierung des Verkehrsmarktes werden auf der Basis der englischen Erfahrungen von DOCHERTY aufgezeigt. Dass sich Verkehrsprobleme in Großstädten in den Ländern außerhalb der OECD teilweise noch gravierender darstellen, wobei sich die in Europa verfolgten Lösungsansätze nur partiell auf weniger wirtschaftsstarke Länder übertragen lassen und dort teilweise andere Lösungswege zu suchen sind, zeigen abschließend die beiden Fallbeispiele aus Nordafrika und Südamerika von BAOUNI und MÜLLER. Am Beispiel von Algier wird deutlich, dass dort nach wie vor auf finanzaufwendige technikorientierte Lösungen gesetzt wird, während der in Bogota verfolgte Ansatz darauf abzielt, mit begrenzten Mitteln den Mobilitätsnutzen für die Bevölkerung zu optimieren.

Insgesamt wird mit dem Band ein weiter Bogen gespannt, der die vielfältigen Facetten der Verkehrsforschung und Verkehrsplanung in großstädtischen Kontexten aufzeigt. Gleichzeitig wird deutlich, dass trotz partieller Erfolge der in jüngerer Zeit unternommenen Ansätze die aktive Gestaltung von Mobilitätsmöglichkeiten auch künftig ein zentrales gesellschaftspolitisches Themenfeld bleiben wird. Es zeigt sich aber auch, dass es keinen goldenen Königsweg von isolierten Einzelmaßnahmen gibt. Nur ein integriertes Zusammenspiel einer Vielzahl von Ansätzen auf unterschiedlichsten Ebenen hat Aussicht, für die zu Beginn des 21. Jahrhunderts anstehenden Aufgaben zukunftsfähige Lösungsansätze hervorzubringen.

Paderborn, München, Freising-Weihenstephan im November 2002

A. Kagermeier *Thomas J. Mager* *Thomas W. Zängler*

Der ÖPNV in der Region München:
Akteure, Planungen, Herausforderungen

Kagermeier, A., T. J. Mager & T. W. Zängler (Hrsg.): Mobilitätskonzepte in Ballungsräumen.
Mannheim 2002, S. 17 - 27 (= Studien zur Mobilitäts- und Verkehrsforschung, Bd. 2)

Die S-Bahn München – das Unternehmen stellt sich vor

Planungsperspektiven für die Angebotsoptimierung bis 2010

Michael Wuth & Regina Steger (München)

1 Einführung

Info-Manager, Service-Team, RIS, Direct Numbering– dies sind nur wenige Schlag-
worte, die zeigen, dass bei der S-Bahn München ein neues Zeitalter begonnen hat
und der Blick in die Zukunft gerichtet ist. 2002 ist aber auch das Jahr, in dem die S-
Bahn München auf dreißig Jahre Erfolgsgeschichte zurückblicken kann. Rechtzeitig
zur Olympiade 1972 wurde sie in Betrieb genommen und seitdem vielfach erweitert.

Zur Zeit findet eine umfassende Modernisierung des Fuhrparks und vieler technischer Einrichtungen statt. Ausbautätigkeiten verkünden die Bedeutung der S-Bahn
als Rückgrat des Schienenpersonennahverkehrs im Großraum München. In abseh-
barer Zukunft wird ein zweiter Stammstreckentunnel neben verkehrlichen Optimie-
rungen die Betriebsqualität verbessern. Die Modernisierung wird flankiert von einer
breit angelegten Service-Offensive.

Mit diesen Maßnahmen zeigt sich die S-Bahn München GmbH als innovatives,
junges Unternehmen, das sich gern den neuen Herausforderungen stellt. Im Mittelpunkt stehen bei der S-Bahn München ihre Fahrgäste, für die sie der Nahverkehrs-
partner Nr. 1 ist!

2 Zur Geschichte der S-Bahn München

Am 28. Mai 1972 nahm die S-Bahn München ihren Betrieb auf. Die Planungen für
ein S-Bahnsystem sowie der Betrieb von Vorortverkehren als Vorläufer der S-Bahn
begannen in München jedoch bereits vor mehr als 100 Jahren.

Seitdem die Isartalbahn Richtung Wolfratshausen im Jahre 1891/92 den ersten
Münchner Vorortverkehr betrieb, kamen in den folgenden Jahren bis etwa 1913 zahlreiche weitere Linien hinzu. Mit der Einführung des Vorortverkehrs wurde auch ein
verbilligter Tarif geschaffen. Dies führte zu einer enormen Nachfragesteigerung. Gerade an den Wochenenden strömten die Münchner mit den Vorortzügen zu den zahlreichen Ausflugszielen rings um ihre Stadt. So mussten sehr bald zusätzliche Züge
eingesetzt werden bzw. verkehrten die Züge mit bis zu 15 Wagen.

Bereits in diesem Zeitraum reiften die ersten Überlegungen für ein System, welches dem heutigen S-Bahnnetz sehr nahe kam. Dabei stellt sich als besonders nach-

teilig heraus, dass die radial auf München zu laufenden Strecken weder untereinander noch mit dem unmittelbaren Stadtzentrum verbunden waren. So endeten sieben der 13 Vorortstrecken am westlich des Stadtkerns gelegenen Hauptbahnhof. Die Isartalbahn endete am Isartalbahnhof, der unweit vom Südbahnhof lag, und die anderen fünf Vorortbahnen mussten am Ostbahnhof und damit östlich der Isar ihre Fahrt beenden.

Zwischen Haupt- und Ostbahnhof existierte zwar der Südring mit dem Südbahnhof, dieser wurde jedoch zum überwiegenden Teil nur von Fernzügen benutzt und eine direkte Erschließung der Münchner Innenstadt war mit ihm nicht gegeben.

Es musste noch die Zeit bis 1965 vergehen, bis eine solche Verbindungsbahn vertraglich vereinbart werden konnte. Am 16. September 1965 wurde zwischen der Bundesrepublik Deutschland, dem Freistaat Bayern, der Landeshauptstadt München und der Deutschen Bundesbahn der sogenannte Konsortialvertrag für die 1. Ausbaustufe der Vorortbahn unterzeichnet. Bestandteil dieser 1. Ausbaustufe waren der Bau der so genannten Stammstrecke zwischen München-Pasing und München Ostbahnhof, die Einführung der Vorortstrecken in die Stammstrecke und der Ausbau der Vorortstrecken. Somit konnte endlich das lang gehegte Ziel, die Verknüpfung der Vorortlinien zu Durchmesserlinien, verwirklicht werden.

Mit der 1966 getroffenen Entscheidung, dass München im Jahr 1972 Austragungsort der XX. Olympischen Sommerspiele sein wird, war dann endgültig der Zeitpunkt gekommen, an dem aus den Vorortbahnen und der geplanten Verbindungsbahn ein S-Bahnsystem für München entstand. Bei der Inbetriebnahme am 28. Mai 1972 stand der S-Bahn München ein Streckennetz von rund 360 km zur Verfügung.

3   Die Entwicklung der S-Bahn München

Verkehrsexperten prognostizierten der Münchner S-Bahn 1972 ein tägliches Fahrgastaufkommen von ca. 240.000 Fahrgästen (vgl. Abb. 1). Heute, 30 Jahre später, hat sich der damalige Prognosewert verdreifacht; etwa 720.000 Reisende nutzen täglich die Münchner S-Bahn.

Um dieses erhöhte Fahrgastaufkommen abwickeln zu können, wurde das S-Bahn-System bis heute permanent ausgebaut. So wurden im Zeitraum von 1976 bis 1980 eigene S-Bahngleise auf den Abschnitten der S8 Olching - Lochhausen (zweigleisig) und der S5 Trudering - Haar (eingleisig) gebaut. Im Jahr 1981 entstand der Südstreckentunnel und die zweigleisige, höhenfreie Abzweigung Solln (S7), wurde das Kreuzungsgleis im Bahnhof Altenerding (S6) neu gebaut und die S 27 zwischen München Hbf und Deisenhofen einge-richtet. Seit 1984 erfolgte der Aus- und Neubau folgender Streckenabschnitte:

1984:   Zweigleisiger Ausbau Freiham - Unterpfaffenhofen-Germering (S5)
1985:   Zweigleisiger Ausbau Gilching-Argelsried - Weßling (Obb) (S5)
1986:   Zweigleisiger Ausbau Unterpfaffenhofen-Germering – Gilching-Argelsried (S5)
1988:   Neubau eigener S-Bahngleise Haar - Zorneding (S5)
        Neubau eines eigenen S-Bahngleises Maisach - Nannhofen (S8)
1992:   Neubau Flughafen-S-Bahn Ismaning - Flughafen Terminal (S8)
1998:   Neubau Neufahrner Spange Neufahrn b. Freising - Flughafen (S1)
1999:   Neubau eigener S-Bahngleise Zorneding - Grafing (S5)
z. Zt.: Zweigleisiger Ausbau Giesing - Deisenhofen (S2).

Abb. 1: Zahl der Fahrgäste pro Tag

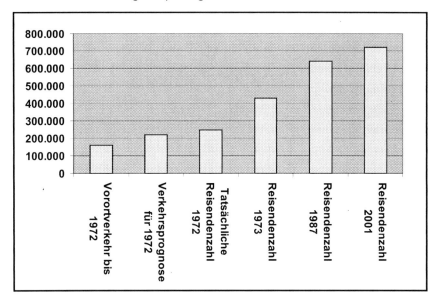

Das gesamte Streckennetz umfasst inzwischen 442 km und bildet das Rückgrat der ÖPNV-Bedienung in einem Verkehrsgebiet von 5.500 km^2 (vgl. Abb. 2). Dieses Netz erschließt die Landeshauptstadt ebenso wie die umliegenden Regionen. Einzelne Streckenäste reichen dabei bis zu 40 km ins Umland. Damit ist das S-Bahn-Netz München das größte in Deutschland.

Die S-Bahn München GmbH betreibt zehn S-Bahnlinien – S1, S2, S4, S5, S6, S7, S8, S20, S27, Linie A –, die insgesamt 146 Haltestellen, davon sieben Tunnelbahnhöfe miteinander verbinden. Die Linien laufen sternförmig auf München zu und werden auf der so genannten Stammstrecke München-Pasing - Ostbahnhof gebündelt. Dadurch ist es allen Fahrgästen möglich, umsteigefrei bis in die Innenstadt zu gelangen. Werktäglich verkehren ca. 1.101 Züge auf dem Streckennetz und in einem Fahrplanjahr kann die S-Bahn München rund 19 Mio Zugkilometer verzeichnen. Auch diese Zahlen belegen, dass die S-Bahn das Rückgrat des Münchner Tarif- und Verkehrsverbundes darstellt.

4 Die S-Bahn München GmbH

Unterstrichen wird die Bedeutung der S-Bahn München auch dadurch, dass sie im Juni 2001 als Verkehrsunternehmen neu gegründet und als GmbH auf eigene Beine gestellt wurde (vgl. Abb. 3). Die S-Bahn München GmbH ist eines der großen Partnerunternehmen im Münchner Verkehrs- und Tarifverbund und gleichzeitig eine hundertprozentige Tochtergesellschaft der Deutschen Bahn AG und somit in deren Strukturen als bundesweiter Verkehrsdienstleister eingebunden. Dies ist für den Kunden insofern von Vorteil, als dass er bei der Fahrscheinwahl völlig freizügig ist. Die S-Bahn München stellt sich als GmbH mit modernen und effizienten Strukturen

Abb. 2: Liniennetz der S-Bahn

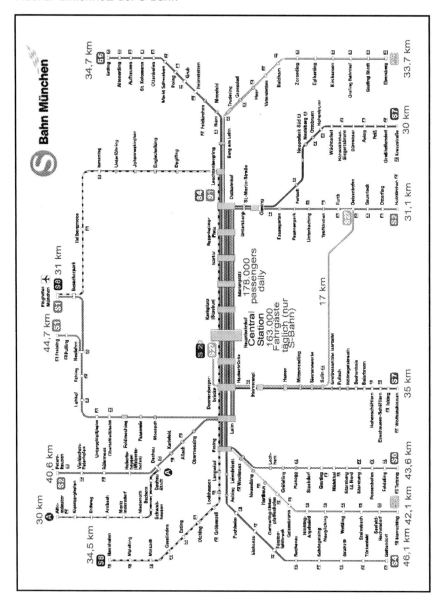

am Verkehrsmarkt auf und will damit noch attraktiver und zuverlässiger für ihre Kunden werden. Erste Kundenbefragungen des MVV-Kundenbarometers zeigen bereits Erfolge.

Abb. 3: Organigramm der S-Bahn München GmbH

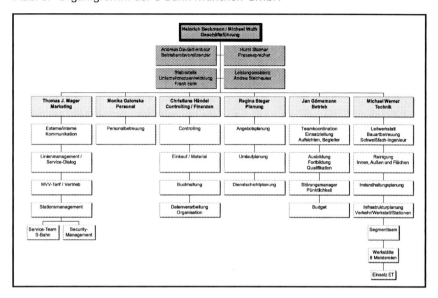

(vereinfachte Darstellung; Stand 09/02)

5 Fahrplansystematik und Qualität des Angebotes

Das S-Bahnsystem basiert auf einem 20-Minuten-Takt, der in den Hauptverkehrs-zeiten bis zu den Linienendpunkten angeboten wird. Während der Nebenverkehrs-zeiten wird entsprechend der verkehrlichen Nachfrage an den äußeren Linienästen das Fahrtenangebot auf einen 20/40-Minuten-Takt bzw. 40-Minuten-Takt beschränkt. Damit sind auf der Stammstrecke regelmäßig 21 S-Bahnen pro Stunde und Richtung unterwegs, in der HVZ erhöht sich dieser Wert auf 24.

Für das Fahrplanprogramm stehen insgesamt 211 Elektrotriebwagen (ET) der Baureihen ET 420 und ET 423 zur Verfügung. Während der Spitzenstunde sind 191 Fahrzeuge im Einsatz. Bei der S-Bahn München gibt es drei Zugbildungsmöglich-keiten, so kann es zum Einsatz eines Kurzzuges (1x ET), eine Vollzuges (2x ET) oder eines Langzuges (3x ET) kommen. Die Beförderungskapazität liegt dabei bei 448 Plätzen (Summe aus Sitz- und Stehplätzen), 896 bzw. 1.344 Plätzen. Die neuen Fahr-zeuge der Baureihe ET 423 sind noch geräumiger. Sie bieten bis zu 544, 1088 bzw. als Langzug 1632 Fahrgästen Platz.

Entsprechend der verkehrlich erforderlichen Beförderungskapazität kann die Länge eines S-Bahn-Zuges auf bestimmten Unterwegsbahnhöfen durch so genann-tes Stärken und Schwächen, z.B. in Gauting oder Markt Schwaben, an die zu erwar-tenden Fahrgastströme angepasst werden. Dadurch lässt sich die Anzahl der einzu-setzenden Fahrzeuge im Gesamtsystem geringer halten.

Die Münchner S-Bahn benutzen täglich etwa 720.000 Fahrgäste. Dies entspricht rund zwei Drittel aller im Freistaat Bayern mit dem Schienenpersonennahverkehr fahrenden Reisenden. Dieser enorme verkehrliche Erfolg basiert u.a. darauf, dass das strahlenförmig auf München zulaufende S-Bahnnetz in idealer Weise den mono-zentrisch orientierten Verkehrsströmen gerecht wird. Fast alle S-Bahn-Linien queren im Verlauf ihres Linienweges die Stammstrecke und damit die wichtigen Stationen Hauptbahnhof, Marienplatz und Ostbahnhof.

6 Engpässe

Die S-Bahn München ist kein autarkes System, denn auf 186 km Länge muss sie sich die Eisenbahninfrastruktur mit dem übrigen Schienenverkehr teilen. Problematisch erweist sich auch, dass einige Streckenabschnitte nur eingleisig ausgebaut sind. Ebenso sind viele Bahnsteige noch nicht barrierefrei erreichbar oder auf Grund ihrer Länge nur für Kurz- und Vollzüge geeignet.

Herzstück einerseits und Nadelöhr andererseits des Münchner S-Bahnnetzes ist die Stammstrecke zwischen München-Pasing und München Ost (vgl. Abb. 4). Diese Strecke ist 11,4 km lang und wird im Abschnitt Hackerbrücke-Ostbahnhof auf 4,2 km Länge unterirdisch unter dem Stadtzentrum geführt. Auf der Stammstrecke verkeh-ren 21 Züge pro Stunde und Richtung, deren Frequenz sich in der Hauptverkehrszeit (HVZ) auf 24 Züge pro Stunde und Richtung erhöht. Somit wird die Stammstrecke täglich von rund 870 Zügen (Richtung + Gegenrichtung) durchfahren, was sie zu einer der am stärksten belasteten Eisenbahnstrecken in Europa macht.

Die Stationen Hauptbahnhof, Marienplatz und Ostbahnhof haben die größten Ein- und Aussteigerzahlen im S-Bahnsystem. Der Marienplatz wird täglich von rund 180.000 Ein- und Aussteigern frequentiert, gefolgt vom Hauptbahnhof mit etwa 160.000 und dem Ostbahnhof mit ca. 94.000 Ein- und Aussteigern. In diesem Zu-

Abb. 4: Netzsystematik der S-Bahn München

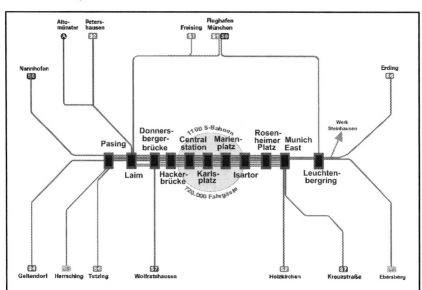

sammenhang ist interessant, dass bei diesem hoch belasteten System nicht der Abstand der Zugfolgestellen, sondern die Aufenthaltszeit auf den stark frequentierten Innenstadt-Bahnhöfen die Definition des Engpasses darstellt. Dank der so genannten spanischen Lösung mit getrennten Bahnsteigen für Ein- und Aussteiger in Hauptbahnhof, Karlsplatz und Marienplatz können die Haltezeiten auf etwa 30 Sekunden (anspruchsvoll !) beschränkt werden. Bei einfach ausgeführten Bahnsteigen läge die Haltezeit bei wesentlich über 30 Sekunden.

Die weitere dynamische Entwicklung der Region und der anhaltende verkehrliche Druck auf die S-Bahn hat das System an die maximale Leistungsfähigkeit gebracht. Um eine höchst-mögliche Zuverlässigkeit zu erreichen und den Marktanteil zu halten bzw. zu steigern, ist ein umfassendes Ausbauprogramm erforderlich. Erste Schritte wurden hierzu bereits unternommen. Gemeinsam mit dem Freistaat Bayern wurde ein umfangreiches Investitions-programm (266 Mio €-Programm) gestartet, das es der S-Bahn München auch in Zukunft ermöglicht, den wachsenden Ansprüchen gerecht zu werden: Weiterhin werden über 100 Mio € in den barrierefreien Ausbau und weitere Verbesserungen an den Stationen investiert. Das Reisendeninformationssystem RIS ist auf 39 Bahnhöfen (darunter allen Stationen der Stammstrecke) in Betrieb (vgl. Abb. 5). Zudem werden erhebliche Ausbaumaßnahmen im Rahmen eines umfangreichen Modernisierungspaketes durchgeführt werden, nach dessen Umsetzung die S-Bahn München deutlich attraktiver und zuverlässiger sein wird.

Abb. 5: RIS-MVV (dynamisches Reisendeninformationssystem)

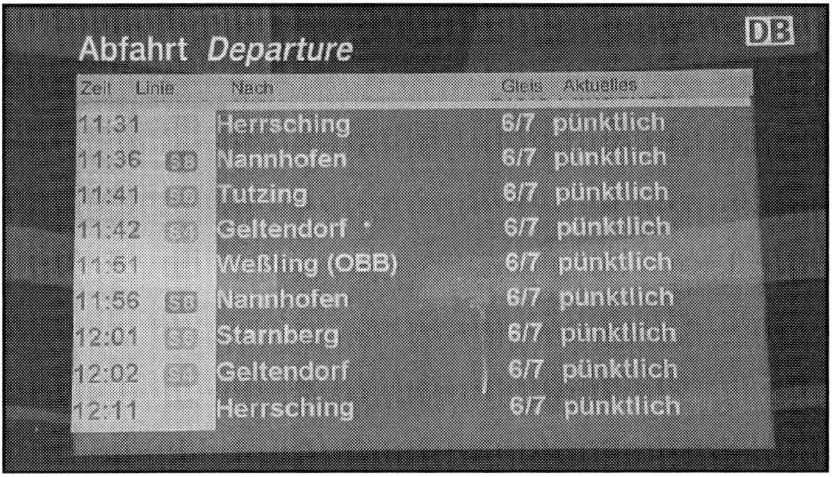

Für die Einrichtung des 10-Minuten-Taktes auf 3 westlichen Linien ist auch eine Taktverdichtung auf der Stammstrecke notwendig. Deshalb hält die S-Bahn München auch weiterhin Personal zur Abfertigung der Züge auf den stark frequentierten Stationen vor. Eine Haltezeit von 30 Sekunden in der HVZ stellt in diesem Zusammenhang das Maximum dar.

Die Ertüchtigung der Münchner S-Bahn-Stammstrecke erfolgt mit dem Einbau von Linienzugbeeinflussung (LZB) der Stufe CIR-ELKE II. Parallel dazu ist es unabdingbar, das vorhandene Signalsystem durch Kombinationssignale (KS) zu ersetzen. Um künftig eine hohe Zugfolge zu gewährleisten, sind Aufwendungen über das normale Maß hinaus erforderlich:

* KS-Signalsystem gekoppelt mit linienförmiger Zugbeeinflussung LZB der Stufe CIR-ELKE Stufe 2;

* Zugabfertigung auf den stark frequentierten S-Bahn-Stationen durch Personal außerhalb des Technikbasierten Abfertigungsverfahrens, um Haltezeiten von max. 30 Sekunden zu garantieren;

* eine Service-Offensive, um den Fahrgästen die Brisanz und mögliche Ursachen langer Aufenthaltszeiten zu verdeutlichen und zu einem Verhalten zu bewegen, das die Haltezeiten der S-Bahn-Züge verkürzt;

* zusätzliche Schulungen des Betriebspersonals im Bereich Technik, um Störungen schneller beseitigen zu können;

* Anpassung und „Vervollkommnung" des Notprogramms im Rahmen der Einführung des 10-Minuten-Taktes. In diesem Zusammenhang wird der Ausbau der so genannten Sendlinger Spange als parallele Maßnahme als dringend erforderlich angesehen.

Aber selbst mit einer technisch erneuerten Stammstrecke samt aller Begleitmaßnahmen können Störungen nicht ausgeschlossen werden, die zum Kollaps des Systems führen wie etwa Notarzteinsätze, Personenunfälle oder technische Störungen in der Stammstrecke. Deshalb ist es nicht nur im Hinblick auf weitere Fahrgaststeigerungen, sondern auch für eine stabile Betriebsqualität unabdingbar eine zweite Innenstadtqerung zu errichten.

7   S-Bahn-Fahrzeuge

Ein wichtiger Meilenstein bei der Modernisierung und Verjüngung des Unternehmens S-Bahn München stellt die Beschaffung von neuen Triebzügen der Baureihe ET 423 dar (vgl. Abb. 6). Von einem Gesamtbestellvolumen von 234 Fahrzeugen sind 160 bereits angeschafft und werden auf 5 S-Bahn-Linien eingesetzt. Die nächsten 90 Triebwagen sind dazu bestimmt, bis 2005 den gesamten Fahrzeugpark auf moderne S-Bahnen umzustellen. Diese werden dann auch auf den Linien S 5 und S 6 fahren. Darüber hinaus ist mit diesen Fahrzeugen der 10-Minuten-Takt auf den stärkstfrequentierten Außenstrecken realisierbar. Die Fahrzeugbeschaffung bedeutet eine Gesamtinvestition von 710 Mio €, an der sich der Freistaat Bayern mit 176,5 Mio € beteiligt.

Die neuen Elektrotriebzüge lösen die mittlerweile 30 Jahre lang eingesetzten ET 420 sukzessive ab. Sie sind mit einer zulässigen Höchstgeschwindigkeit von 140 km/h schneller als die alten Wagen und außerdem auf das neuartige „Technikbasierte Abfertigungsverfahren" (TAV) ausgelegt. Beides macht sie im täglichen Einsatz schnell und kann für Verbesserungen im Fahrplan genutzt werden. Sicherheit, Sauberkeit und Komfort sind weitere Pluspunkte der neuen Wagen; zu nennen sind die vollautomatische Klimatisierung, die durchgehende Sichtbarkeit und Begehbarkeit sowie ergonomisch geformte Fahrgastsitze. Und im Hinblick auf die Technik erfüllt der ET 423 alle Ansprüche unserer Zeit. So ist er seinem Vorgängermodell in puncto Wirtschaftlichkeit und Umweltfreundlichkeit um Längen voraus.

Abb. 6: Neue Fahrzeuge der Baureihe ET 423

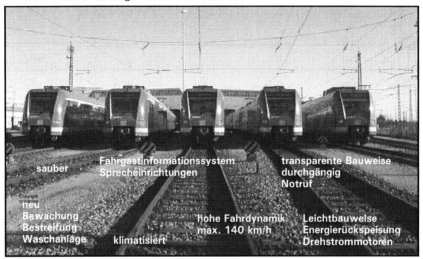

Damit die Fahrzeuge so sauber und komfortabel bleiben, wie sie es zur Zeit sind, ist ein umfangreiches Bestreifungs- und Bewachungsprogramm aufgelegt worden: Mitabeiter der Bahn Service Gesellschaft (BSG) und des Bundesgrenzschutzes (BSG) sorgen abends nach 21 Uhr für Sicherheit im Zug und schaffen auch die notwendige soziale Kontrolle gegen Vandalismus; die nächtliche Bewachung der abgestellten Züge im Betriebshof und auf den Außenbahnhöfen kommt noch dazu. Auch die Instandhaltung der ET 423 im Werk München-Steinhausen wird nach modernsten Prozessen gestaltet (vgl. Abb. 7).

Abb. 7: Elemente des Sicherheitsmanagements

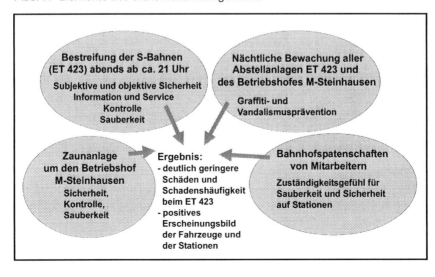

Zur Service-Offensive gehört aber auch die stetige Verbesserung der Reisendeninformation, z.b. durch das moderne Fahrgast-Informations-System (FIS), das in die
neuen Fahrzeuge der Baureihe ET 423 bereits integriert ist und optische mit akusti-
scher Information verbindet. Gleichzeitig werden auf einem Großteil der Stationen
blaue Monitore des sogenannten Reisenden-Informations-Systems (RIS) installiert,
die die Fahrgäste über die aktuelle Betriebslage informieren. Seit Anfang 2002
arbeiten in der Betriebsleitzentrale Info-Manager, die vor allem im Störfall alle
Mitarbeiter und Kunden umfassend und stringent informieren. Über das System
„Direct Numbering" können alle im Betriebsdienst tätigen Mitarbeiter sowie das
Service-Personal blitzschnell erreicht werden.

8   Die weitere Entwicklung der S-Bahn München

Entsprechend den prognostizierten Strukturdaten für die Region München sind für das
Jahr 2010 rund 2,6 Mio. Einwohner im Verbundraum zu erwarten. Etwa vier Fünftel des
Einwohnerzuwachses entfallen dabei auf das Umland von München, was sich auch in
der Nachfrage im ÖPNV widerspiegelt. So benutzen im Jahr 2010 etwa 1,97 Mio. Fahrgäste pro Tag die Verkehrsmittel im MVV. Der ÖPNV-Anteil am Gesamtverkehrsaufkommen wächst demnach im Verbundraum von derzeit 37 % auf 40 %.

Um dieser Entwicklung Rechnung zu tragen, sind mittelfristige Verbesserungen
wie etwa der 10-Minuten-Takt auf wichtigen Strecken vorgesehen. Langfristig steht
ein autarkes S-Bahnnetz im Mittelpunkt der Planungen. Die Entmischung der auf der
Schiene verkehrenden Systeme minimiert die gegenseitige Beeinflussung. Gleichzeitig kann mit einer autarken S-Bahninfrastruktur den erforderlich werdenden
Angebotsanpassungen schneller und konsequenter nachgekommen werden.

Ein weiterer wesentlicher Schritt für die Münchner S-Bahn ist die zeitnahe Reali-
sierung einer zweiten S-Bahn-Stammstrecke. Nur durch den Bau einer weiteren
Stammstrecke besteht die Möglichkeit, ein dichteres Fahrplanangebot im gesamten
S-Bahnnetz realisieren zu können.

In einer ersten Machbarkeitsstudie, welche im Jahr 2000 durch den Freistaat
Bayern, die Landeshauptstadt München und die Münchner Verkehrs- und Tarifverbund GmbH in Auftrag gegeben wurde, sind zwei Varianten für eine zweite Innen-
stadtquerung untersucht worden. In der Variante I wurde eine Verbindung als Tunnel
(zweiter S-Bahn-Tunnel) durch die Innenstadt in unmittelbarer Nähe zur bestehenden S-Bahn-Stammstrecke geprüft. Variante II untersucht die Möglichkeit einer offe-
nen Streckenführung entlang des bestehenden Südringes (S-Bahn-Südring) (vgl.
Abb. 8).
Diese erste Machbarkeitsstudie betrachtet und bewertet im Bereich zwischen Laim
und Ostbahnhof bzw. Leuchtenbergring für beide Varianten die technische Realisierbarkeit der Infrastruktur, die Verkehrsprognose, die planungsrechtliche Durchsetzbarkeit sowie die Investitionskosten. Als Angebotskonzept ist dabei ein nullsymme-
trischer 20-Minuten-Takt mit Verdichtung zum 10-Minuten-Takt in den Hauptverkehrszeiten auf allen S-Bahnlinien unterstellt.

Im Mittelpunkt stehen nun die Fragen nach einer Vertiefung der bautechnischen
Machbarkeit bis hin zu einem Angebotskonzept für die S-Bahn, bei dem auch die
Linienaußenäste betrachtet werden. Nachdem sich in der ersten Machbarkeitsstudie
herausgestellt hat, dass bei einer Fortschreibung des 20-Minuten-Taktes mit

Verdichtung zum 10-Minuten-Takt in den Hauptverkehrszeiten nur etwa 25.000 Fahrgäste im ÖV gewonnen werden können, müssen nun auch andere Angebotskonzepte untersucht werden. Da im erweiterten Stadtbereich Münchens bereits heute ÖV-Anteile von 30 bis 50% erzielt werden, muss den verkehrlichen Poten-

Abb. 8:   Mögliche Linienführungen der zweiten Stammstrecke

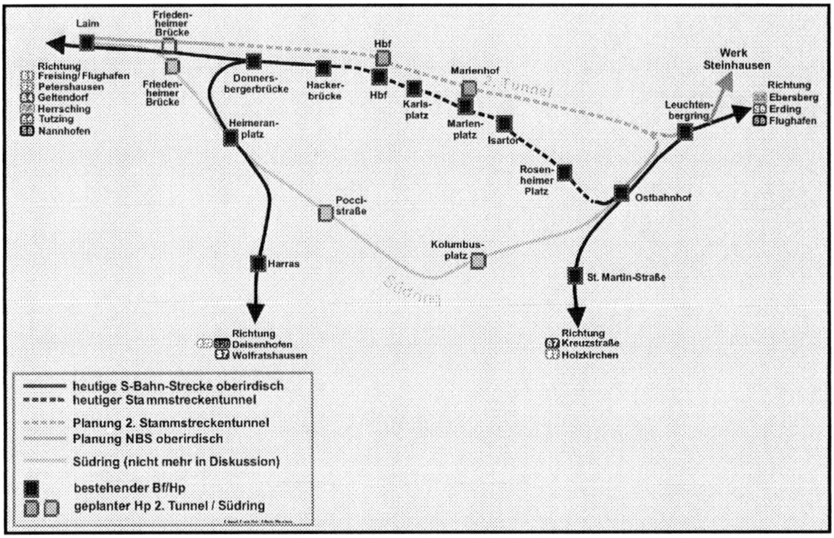

zialen an den weit ins Umland hinein reichenden S-Bahnaußenästen größere Aufmerksamkeit gewidmet werden.

Um diese Potenziale zu aktivieren, sind Angebote zu schaffen, die deutliche Reisezeitverkürzungen in die Münchner Innenstadt ermöglichen. Eine weitere Variante eines neuen Angebotskonzeptes wäre die Schaffung von Express-S-Bahnen. Im Prinzip wird im erweiterten Stadtbereich die S-Bahn auf eine Bedienungsfrequenz eines 15-Minuten-Taktes umgestellt. Der Außenbereich der S-Bahn erhält einen ganztägigen 30-Minuten-Takt. Dieser bedient alle Stationen bis zum Beginn des 15-Minuten-Taktes und fährt ab hier nonstop bis zum Beginn der Stammstrecke.

Dieses Bedienungsmodell lässt erhebliche Fahrgastgewinne für das Münchner ÖV-Netz erwarten. Derzeit wird ein detailliertes Angebotskonzept erarbeitet, bei dem in iterativen Schritten zusammen mit verkehrlichen Betrachtungen ein Netz entwickelt wird, das den größtmöglichen Nutzen für die Fahrgäste darstellt. Parallel hierzu wird der Infrastrukturbedarf im Gesamtnetz ermittelt und bewertet.

Erst im Vergleich der untersuchten Bedienungsmodelle wird sich dann die langfristige Entwicklung der S-Bahn München definieren lassen.

Service-Offensive - neuer Weg zur Kundenbindung

Thomas J. Mager (München)

1 Ausgangssituation

Am 01. Juni 2001 hat sich die S-Bahn München als eigenständige GmbH eingebettet in der DB Regio Bayern neu am Markt aufgestellt, um mit modernen und marktnahen Strukturen in Zukunft noch attraktiver und zuverlässiger für ihre Kunden zu sein. Die Ausgründung als eigenes Unternehmen unterstreicht die hohe Bedeutung, die die Münchner S-Bahn für den Großraum München wie für den bayerischen Schienenpersonennahverkehr insgesamt hat. Mit einer Gesamtverkehrsleistung von 2.464 Mio Personenkilometer (1999) steht die Münchner S-Bahn nach Berlin an bundesweit zweiter Stelle. Hinsichtlich der Streckenlänge ist sie das größte deutsche S-Bahn-System.

Insgesamt 1.050 Beschäftigte arbeiten in München für die S-Bahn. Davon stellen die Lokführer mehr als die Hälfte, die übrigen Mitarbeiter verteilen sich auf die Bereiche Werke, Service und Verwaltung. Außerdem bildet die S-Bahn München ständig gut 50 Mitarbeiter v.a. in gewerblich-technischen Berufen aus.

Herzstück des 442 km langen Münchner S-Bahnnetzes ist die Stammstrecke München-Pasing – München Ost. mit einer Länge von 11,4 km. Dazu gehört auch der 4,2 km lange Tunnelabschnitt Hackerbrücke – Ostbahnhof, der genau unter dem Stadtzentrum geführt wird und somit optimale Erreichbarkeit garantiert. Auf der Stammstrecke verkehren 21 bis 24 Züge pro Stunde und Richtung, d.h. rund 870 Züge pro Tag. Damit ist diese Strecke eine der stärkstbelasteten Eisenbahnstrecken in Europa.

Da die 10 S-Bahn-Linien sternförmig auf München zulaufen, ist es den täglich mehr als 720.000 Fahrgästen möglich mit einem der 1.100 Züge umsteigefrei bis in die Innenstadt zu gelangen. Diese Zahlen belegen, dass die S-Bahn München das Rückgrat im Münchner Tarif- und Verkehrsverbund (MVV) ist.

2 Die Service-Offensive der S-Bahn München GmbH

Mit der Entscheidung, München zum Austragungsort der Olympiade von 1972 zu machen, begann die Entwicklung eines eigenen S-Bahnsystems für die bayerische Landeshauptstadt. Am 28. Mai 1972 wurde die S-Bahn mit einem Streckennetz von damals ca. 360 km in Betrieb genommen. Heute nutzen etwa 720.000 Reisende täglich die Münchener S-Bahn. Daher wurde das S-Bahn-System bis heute permanent modernisiert. So wird etwa z.Zt. die S 2 auf dem Abschnitt Giesing – Deisenhofen zweigleisig ausgebaut.

Die dynamische Entwicklung der Region und der anhaltende verkehrliche Druck auf die S-Bahn hat das System an die maximale Leistungsfähigkeit gebracht. Um eine höchst-mögliche Zuverlässigkeit zu erreichen und den Marktanteil weiter auszubauen, ist ein umfassendes Ausbauprogramm erforderlich. Gemeinsam mit dem Freistaat Bayern wurde ein umfangreiches Investitionsprogramm (266 Mio €-Programm) gestartet, das es der S-Bahn München auch in Zukunft ermöglicht, den wachsenden Ansprüchen gerecht zu werden.

Eine neue Generation von S-Bahn-Fahrzeugen, die im Hinblick auf modernste Technik, Wirtschaftlichkeit, Komfort, Fahrgastsicherheit und Umweltfreundlichkeit keine Wünsche offen lässt, befindet sich derzeit in der Auslieferung. 234 Fahrzeuge des Typs ET 423 sind für den geplanten 10-Minuten-Takt auf 3 der insgesamt 10 Linien erforderlich. Bisher wurden basierend auf dem Verkehrsdurchführungsvertrag mit dem Freistaat Bayern von 1996 bereits 160 Fahrzeuge beschafft. Bis zum Jahr 2005 soll der komplette Fahrzeugpark erneuert werden.

Neben dem Ausbau und der Modernisierung der Technik stellt sich die S-Bahn München GmbH auch als Unternehmen am Markt neu auf und zeigt mit einer umfassenden Neuorganisation des Servicebereichs ihre Kundennähe. Eine im Jubiläumsjahr 2002 initiierte, breit angelegte Service-Offensive stärkt die Bindung der Kunden an das Unternehmen durch die Aufstellung eines Service-Teams, konkrete Kundeninformationskampagnen, ein verstärktes Engagement bei den Themenfeldern Sicherheit und Sauberkeit, sowie die Einrichtung eines Service-Centers (siehe Abb. 1).

Abb. 1: Service-Offensive S-Bahn – ein neuer Weg zur Kundenbindung

Das Ziel:	Kundenbindung Neugewinnung von Kunden
Die Elemente:	I Service-Team II Informationskampagne III Sauberkeit und Sicherheit IV Service-Center V Kommunikationsstrategie VI Neuaufstellung der Abteilung
Die Umsetzung:	- Konzentration auf Kernaufgaben - Zusammenarbeit mit renommierter Werbeagentur - enge Zusammenarbeit mit anderen Abteilungen, DB Regio, BEG, MVV und MVG

2.1 Service-Team

Ein wesentlicher Bestandteil der Service-Offensive der S-Bahn München ist die Aufstellung eines Service-Teams. Der moderne Kunde verlangt weitaus mehr als pünktlich fahrende Züge; er will rundum betreut werden. Für die Service-Mitarbeiter steht die umfassende Information der Fahrgäste im Regel- wie im Störfall im Vordergrund. Das Service-Team ist für kompetente Reisendenlenkung, etwa bei Baustellen, ebenso verantwortlich wie für die Unterstützung von Mobilitätsbehinderten. Gleichzeitig gewährleisten die Service-Mitarbeiter die Sicherheit im Zug wie auf den Stationen und haben die Sauberkeit und Gepflegtheit von Fahrzeugen und Bahnanlagen im Blick. Darüber hinaus stehen sie allen Reisenden für Fahrplan- und Tarifauskünfte beratend zur Seite und sorgen für die Sicherheit bei der Zugabfertigung.

Abb. 2: Grundprinzipien für das Service-Team S-Bahn

Wir leisten uns ein Service-Team S-Bahn, weil der Kunde eine ganze Menge mehr verlangt als pünktlich fahrende Züge. Service bedeutet für uns:
• umfassende Information der Kunden im Regel- und im Störfall
• aktive, kompetente und freundliche Reisendenlenkung (etwa bei Baustellen)
• tatkräftige Hilfe für mobilitätsbehinderte Reisende und Reisegruppen
• Tarifhinweise und -tipps für die vielen Touristen im Raum München
• Sicherheit für unsere Fahrgäste im Zug und an den Stationen
• Sauberkeit und Gepflegtheit aller Bahnanlagen

Die nächsten Jahre sind vom umfassenden Ausbau der S-Bahn geprägt: neue Gleise, Austausch der Signaltechnik, Verbesserung der Bahnhöfe uvm. bedeuten Betriebseinschränkungen, oft auch Ersatzverkehr mit Bussen. Hier steht das Service-Team S-Bahn bereit, dem Kunden diese Mobilitätsengpässe so angenehm wie möglich zu machen.

Die Vielfalt der Aufgaben erfordert eine gute und umfassende Aus- und Weiterbildung. Daher werden z.Z. alle Mitarbeiter des Service-Teams in einer Intensivschulung zu den Themen Tarif, Kundenverständnis und Service-Verhalten auf ihr späteres Aufgaben- und Einsatzgebiet vorbereitet.

Das Service-Team S-Bahn wird aus 120 Mitarbeitern bestehen. Z.Zt. durchlaufen alle zukünftigen Service-Spezialisten eine zweiwöchige Ausbildung mit folgenden Inhaltsschwerpunkten:
•   Tarife, Fahrscheine und Ticket-Automaten (MVV, DB, BOB, Kombi-Tarife)
•   Produkte und Verbindungen bei DB und im MVV
•   Verkehrsgeografie
•   rechtliche Grundlagen
•   kommunikative Kompetenz; Stresstraining; Ansagetraining; Servicegedanke
•   Arbeit bei Störfällen und anderen schwierigen Situationen (etwa S-Bahn-Notprogramm).

Die Schulung wird in regelmäßigen Abständen durch Nachschulungen ergänzt und aufgefrischt. Nach bestandener Prüfung sind die Service-Mitarbeiter tätig im Bereich:

- Reisendenauskunft
- Zugabfertigung
- Reisendenlenkung bei Baustellen und Störfällen
- Fahrgeldsicherung.

2.2 Neuer Unternehmensauftritt

Im Rahmen der Service-Offensive erfolgt in Zusammenarbeit mit einer renommierten Münchner Agentur die Neugestaltung der externen und die internen Kommunikation der S-Bahn München, insbesondere durch die kundennahe und gestalterisch anspruchsvolle Umsetzung von Imagekampagnen, Baustellenkommunikation und die Bewerbung besonderer Service-Merkmale.

Anfang 2002 haben wir eine renommierte Münchner Werbeagentur beauftragt, unsere umfassenden Projekte kundennah und ansprechend umzusetzen. Die Inhalte dies Auftrages umfassen folgende Elemente:

1) Imagekampagne mit den Modulen
   - Komfort
   - Service
   - Sicherheit
2) Offensive Kommunikation von Baustellen
3) Imagefilm und Imagebroschüre
4) Bewerbung besonderer Servicemerkmale: z.b. Sonderverkehre etwa vor Feiertagen und zum Oktoberfest; Ausflugsbroschüren
5) Koordination und werbliche Umsetzung eines Festes "30 Jahre S-Bahn München"

Ein wichtiger Baustein ist das 30-jährige Jubiläum der S-Bahn München. Aus diesem Anlass fand am 27.04. ein großes Bürgerfest auf dem Münchner Orleansplatz und im Betriebshof München-Steinhausen statt, das mit viel positiver Resonanz seitens der Öffentlichkeit bedacht wurde. Die Bewerbung des Festes sowie die Herausgabe einer Festschrift, einer neuen Imagebroschüre und eines modernen Imagefilms zeigen bereits das neue Selbstverständnis der S-Bahn München GmbH als kundenorienter und moderner Verkehrsdienstleister (vgl. Abb. 3).

Ein neuer Internet-Auftritt, die Neuorganisation des Beschwerdemanagements sowie kunden- bzw. themenspezifische Dialogmailings intensivieren die Beziehung zwischen den Kunden und ihrer S-Bahn München. Darüber hinaus werden die Themen Service, Komfort und Sicherheit durch gezielte Imagekampagnen vermittelt. Ferner ist zukünftig geplant, spezielle Kundenwünsche durch gezielte Angebote zu erfüllen. Dazu gehört u.a. auch die Einrichtung eines „S-Bahn-Shops", in dem Merchandising-Artikel erworben werden können.

2.3 Informations-Kampagnen

Zum Kundenservice der S-Bahn München gehört die stetige Verbesserung der Reisendeninformation, z.B. durch das moderne Fahrgast-Informations-System (FIS) in den neuen S-Bahnen der Baureihe ET 423. Gleichzeitig ist auf zur Zeit 39 Stationen das Reisenden-Informations-System (RIS) installiert, das die Fahrgäste über Moni-

Abb. 3: Werbeaktion „30 Jahre S-Bahn München"

Die Bahn [DB]

Feiern Sie mit am 27. April!
30 Jahre S-Bahn München

München feiert Geburtstag.
Ihre S-Bahn wird 30.
Am 27. April 2002 auf dem Orleansplatz
und im Werk Steinhausen.

Ⓢ Bahn München
Deutsche Bahn Gruppe

tore die aktuelle Betriebslage anzeigt und weiter ausgebaut werden soll (vgl. Abb. 4).

Die nächsten Jahre sind von weiteren umfassenden Neu- und Ausbaumaßnahmen im S-Bahn-Netz geprägt. Die Erneuerung der Signaltechnik im Bereich der Stammstrecke ab Anfang 2003 führt zu längerfristigen Abend- und Nachtsperrungen, über die der Kunde entsprechend informiert werden muss. Dank einer umfassenden und multimedialen Baustelleninformation wird der Kunde über alternative Fahrtmöglichkeiten umfangreich informiert, um die Akzeptanz der baubegleitenden Mobilitätseinschränkungen zu erhöhen. Darüber hinaus kommen die Service-Mitarbeiter vor Ort den individuellen Informationsbedürfnissen der Reisenden entgegen und stärken damit die Bindung der Kunden an das Unternehmen.

Die positiven Kundenreaktionen bestärken die S-Bahn München, auf diesem Weg weiterzugehen. So arbeiten seit Anfang 2002 in der neuen Betriebsleitzentrale Info-Manager, die vor allem im Störfall alle Mitarbeiter und Kunden umfassend und stringent informieren. Mit Hilfe von „Direct Numbering" können die Info-Manager alle S-Bahn-Lokführer und Service-Mitarbeiter per SMS blitzschnell mit neuesten betrieblichen Informationen versorgen.

2.4 Sauberkeit und Sicherheit

Abends und am Wochenende ergänzen Sicherheitsmitarbeiter das Service-Team S-Bahn. So wird die subjektive und objektive Sicherheit der Fahrgäste in den Abendstunden spürbar verbessert. Natürlich stehen auch diese Mitarbeiter den Kunden für Information und Service zur Verfügung. Weiterhin wird durch die nächtliche Bewachung der Fahrzeugabstellanlagen, auch im Außenbereich, die Sicherheit und

Abb. 4: Reisendeninformationssystem

Wir wollen unsere Kunden gut und umfassend informieren:
- auf den Bahnhöfen ...   **... und in den S-Bahnen!**

RIS-MVV (dynamisches Reisendeninformationssystem)

39 Bahnhöfe, darunter alle Stationen der S-Bahn-Stammstrecke

Fahrgastinformationssystem im ET 423 (FIS)

automatische Haltestellenanzeige
automatische Fahrtzielanzeige
automatische Haltestellenansage
automatische Umsteigehinweise
(teilweise zweisprachig)
automatische Endbahnhofsansage

Zugzielanzeiger außen am Zug:
seitlich sowie vorn und hinten

Abb. 5: Inhalte des betriebsinternen Informationsmanagements

Wir wollen unsere Kunden gut und umfassend informieren:
durch neue Technologien und Info-Mitarbeiter!

Info-Manager in der Betriebsleitzentrale:
von hier aus werden alle Kunden und
Mitarbeiter mit aktuellen Informationen
über den Betriebsablauf versorgt

Ausstattung aller S-Bahn-Lokführer
und des gesamten Service-Teams
mit „Direct Numbering"-Handys
sorgt für flexiblen Einsatz
und stringente Kundeninformation

Linienmanager koordiniert die
umfassende und offensive Kommunikation
bei Baustellen:
- zeitliche Koordinierung
- Kundeninformation per Plakat, Telefonauskunft,
und Service-Team
- ggf. Organisation von Ersatzverkehren

S-Bahn-Transportleitung
seit September 2001
rund um die Uhr besetzt

Einrichtung von RIS-Bedienplätzen
in der Betriebsleitzentrale zur
Kundeninformation im
Störungsfall (Notprogramm)

Sauberkeit der Fahrzeuge erhöht. Seit der Einführung eines umfangreichen Be-
wachungsprogramms, das durch den Freistaat Bayern gefördert wird, sind die
Graffiti- und Vandalismusschäden stark zurückgegangen.

2.5 Service-Center S-Bahn

Ende 2002 wird die S-Bahn München GmbH im Münchner Hauptbahnhof ihr erstes Service-Center eröffnen. Für Beratungs- und Auskunftsaufgaben, den Verkauf von MVV- und DB-Fahrscheinen sowie von Konzert- und Veranstaltungstickets stehen den Mitarbeitern des Service-Centers mehr als 140 qm Fläche auf der Galerie der Haupthalle zur Verfügung. Natürlich ist auch an die Fans der S-Bahn gedacht, die sich mit S-Bahn Werbeartikeln aus dem S-Bahn Shop eindecken wollen. Im Service-Center, das direkt neben der DB-Lounge liegt, werden täglich bis zu fünf Mitarbeiter zwischen 6.00 bis 24.00 Uhr die Wünsche, Anregungen und Beschwerden ihrer Kunden annehmen (vgl. Abb. 6).

Abb. 6: Gestaltungsentwurf für den Kundenbereich des künftigen Service-Centers

Vor dem Hintergrund der Ausbauarbeiten, die ab 2003 an der Stammstrecke vorgenommen werden sollen, wurde entschieden den Standort des Service-Centers auf der Galerie des Hauptbahnhofes einzurichten, damit die Kunden hier an zentraler Stelle einen Anlaufpunkt ihrer S-Bahn vorfinden, um ihren Informationsbedarf decken zu können. Im Zuge des Umbaus des Hauptbahnhofes bis zum Jahr 2007 soll das Service-Center der S-Bahn dann seinen endgültigen Standort direkt am Zugang zur S-Bahn in der Verteilerebene des Hautbahnhofes finden.

2.6 Service-Dialog

Zum Herbst startet die S-Bahn München GmbH in eine neue Service Ära für ihre Kunden. Telefonische und schriftliche Anfragen und Beschwerden werden dann direkt von einem neuen Team bearbeitet. Im Zuge der Entflechtung und Neuorganisation des landesweiten Beschwerdemanagements der Deutschen Bahn erhält die S-Bahn ab Herbst die Möglichkeit diesen Dienst am Kunden unter dem Namen Service-Dialog S-Bahn München eigenständig anzubieten. Durch die organisatorische Verknüpfung mit dem Service-Team, das auch dass MVV-Infotelefon betreut, kann eine Erreichbarkeit des Service-Dialogs täglich von 6.00 bis 24.00 Uhr gewährleistet werden – eine ganz neue Qualität im Verbundraum. Als Schnittstelle zwischen den Kunden und der S-Bahn geben die Mitarbeiter des Service-Dialogs Anfragen und Beschwerden innerhalb der S-Bahn weiter und reagieren per Rückruf. Anregungen und Kritik werden darüber hinaus von den Service-Dialog Mitarbeitern ausgewertet, um in Abstimmung mit den jeweiligen Fachabteilungen Änderungen oder Verbesserungen umzusetzen.

3 Zusammenfassung und Ausblick

Die vorgenannten Bausteine der S-Bahn-Service-Offensive dienen letzlich alle dem gleichen Ziel, die S-Bahn München GmbH fit für die Zukunft zu machen und damit ihre Attraktivität für die Kunden noch weiter zu erhöhen. Dazu zählt insbesondere die nachhaltige Verbesserung der Qualität von Fahrplan und Serviceangeboten.

Ziel der Unternehmensentwicklung der S-Bahn München GmbH ist es, neben der Kundenbindung und -neugewinnung neue verkehrliche Potenziale zu erschließen. Prognosen erwarten für das Jahr 2010 2,6 Mio. Einwohner im Verkehrsgebiet des Münchner Verkehrs- und Tarifverbundes. Etwa vier Fünftel des zu erwarteten Bevölkerungszuwachses entfallen auf das Umland von München.

Die S-Bahn München hat sich in den 30 Jahren Ihres Bestehens zum Rückgrat des ÖPNV und damit zum Marktführer in der Region München entwickelt. Ihr enormer verkehrlicher Erfolg hat das System an die Grenzen seiner maximalen Leistungsfähigkeit gebracht. Um langfristig den prognostizierten Verkehrszuwächsen einerseits, den gestiegenen Qualitätsanforderungen andererseits Rechnung zu tragen, stellt die S-Bahn München GmbH durch ihre neue Service-Offensive jetzt die Weichen in eine erfolgreiche Zukunft.

Kagermeier, A., T. J. Mager & T. W. Zängler (Hrsg.): Mobilitätskonzepte in Ballungsräumen.
Mannheim 2002, S. 37 - 48 (= Studien zur Mobilitäts- und Verkehrsforschung, Bd. 2)

Münchner Verkehrsgesellschaft (MVG),
die Verkehrsbetriebe der Stadtwerke München (SWM)

Brigitte Gemmer (München)

1. Das Unternehmen SWM/MVG - Die Leistungen

- Management eines Großstadtverkehrs inkl. Großveranstaltungen, wie Oktoberfest
- Mobilität rund um die Uhr: sicher, sauber, schnell, zuverlässig, pünktlich
- Kundencenter, Infopoints
- Modernste Technik und Fahrzeuge
- eines der dichtesten Netze Europas
- einheitliches, modernes Erscheinungsbild in München
- hohe Umweltstandards
- gut ausgebildete Mitarbeiterinnen und Mitarbeiter

2. Das Unternehmen SWM/MVG in Zahlen (Stand 2001)

	U-Bahn	Tram	Bus	Gesamt
•Netz				
–Strecken:	85 Km	71 Km	410 Km	566 Km
–Linien:	8	10 + 4 NL	75 + 6 NL	93 + 10 NL
•Fahrzeuge:	508 (254 DTW)	99	250 + 210 (PK)	856 + 210 (PK)
•Mitarbeiter:				3 631
•Leistung (Nplkm):	7.697 Mio	1.225 Mio	2.157 Mio	11.080 Mio
•Nachfrage (2000)				
–Fahrgäste:	294 Mio	81 Mio	160 Mio	440 Mio (SWM)
–Pkm:	1.313 Mio	228 Mio	425 Mio	1.967 Mio (SWM)
•Umsatz (2000):				576 Mio DM
•besondere Anlagen:	722 Rolltreppen	149 Aufzüge	619 Kameras	996 Fahrkartenautomaten (2002: 1158 Automaten)

3.1 Das U-Bahnnetz heute

- 8 U-Bahn-Linien
- 89 U-Bahnhöfe
- 85 km betriebene Strecke
- 254 Doppeltriebwagen
- 98 Sitzplätze, 192 Stehplätze je Fahrzeug
- Ein U-Bahn-Zug fährt 104.000 km im Jahr.
- Jährlich fahren rund 290 Mio. Fahrgäste mit der U-Bahn.
- Rekord 1999: 98,3 % aller U-Bahn-Züge pünktlich.
- Netzerweiterungen in Bau und in Vorbereitung

3.2 Tram

- 1991: Stadtratsbeschluß Integrierte ÖPNV-Planung
  u.a.: Erhalt und Modernisierung der Tram incl. 6 Neubau- bzw.
  Wiederinbetriebnahmestrecken

- 1992 - 2001: Investitionen rund 600 Mio DM
  Schwerpunkte:
  - 90 neue Niederflurzüge
  - bisher 3 Strecken
  - Modernisierung Stromversorgung und Fahrleitung
  - Modernisierung Gleis- und Weichenanlagen
  - Modernisierung Werkstätten
  - Beschleunigungsprogramm und RBL

3.2 Das Tramnetz heute

- Tram-Netz:
  - ⇨ 10 Tramlinien, 4 Nachtlinien
  - ⇨ 147 Tramhaltestellen
  - ⇨ 71 km betriebene Strecke
- Beschleunigungsprogramm – „Grüne Welle für Trams":
  Kürzere Fahrzeiten, mehr Pünktlichkeit
  - ⇨ Steigende Fahrgastzahlen

 ## 3.2 Das Tramnetz heute

- 99 Trams
- Seit Herbst 2001 20 viergliedrige, modern gestaltete Trams
  (R 3.3), 73 Sitzplätze, 145 Stehplätze je Fahrzeug
- Aktuell 90 Trams niederflurig sowie mit Hublift für Rollstuhlfahrerinnen
  und -fahrer
- Eine Tram fährt 74.000 km im Jahr.
- Jährlich fahren rund 75 Mio. Fahrgäste mit der Tram.

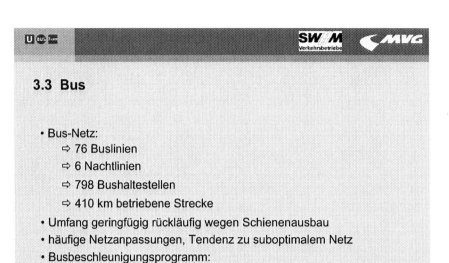

3.3 Bus

- Bus-Netz:
  - ⇨ 76 Buslinien
  - ⇨ 6 Nachtlinien
  - ⇨ 798 Bushaltestellen
  - ⇨ 410 km betriebene Strecke
- Umfang geringfügig rückläufig wegen Schienenausbau
- häufige Netzanpassungen, Tendenz zu suboptimalem Netz
- Busbeschleunigungsprogramm:
  „Grüne Welle" durch das RBL (Rechnergesteuertes
  Betriebsleitsystem) mit aktiver Ampel-Vorrangschaltung

3.3 Bus

- 112 Solobusse, 138 Gelenkbusse

- Mai 2000: Inbetriebnahme moderner Gelenkbusse neuester Generation

- Über 90% der SWM-Busse in Niederflurausrüstung mit Rampe oder elektrischem Hublift ausgestattet.

- Im Regelfall nur Fahrzeuge mit CRT-Filter, neue Generation mit SCRT-Option

- schwefelfreier Kraftstoff

- Ein Bus fährt 60.000 km im Jahr.

- Jährlich fahren rund 160 Mio. Fahrgäste mit den Bussen.

3.4. Kennzahlen

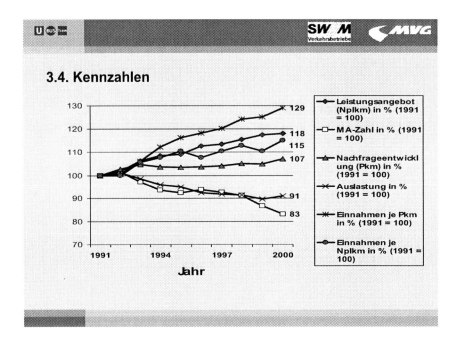

4. Service für unsere Fahrgäste

- Kundencenter unter dem Marienplatz

- Infotelefon rund um die Uhr

- MVG-Infopoints an zentralen U-Bahnhöfen

- MVG-Infomobil

- Beschwerdemanagement

- Servicemitarbeiterinnen und -mitarbeiter vor Ort

5. Sicherheit für unsere Fahrgäste

- Freundlich und hell gestaltete U-Bahnhöfe
- Über 500 Kameras zur Erhöhung der Sicherheit aller 89 U-Bahnhöfe
- Notrufsäulen auf den Bahnsteigen, in den Zwischengeschossen und in den Aufzügen
- Notrufsprechstellen in den U-Bahnen
- Sicherheitspersonal: Münchner U-Bahn-Wache und Servicedienst

6. Aktuelle Projekte (Auswahl)

- Qualitätssteigerung, z.B.:
  - U-Bahn-Betriebszentrale (UBZ)
  - Produktmanager im Qualitätsmanagement
- Fahrgastinformation als Serviceschwerpunkt, z.B.:
  - Ausbau Kundencenter zur Mobilitätsberatung
  - U-Info
  - Info-Mobil und kleinräumige Beratung
  - Ausbau Internet-Auftritt „mvg-mobil.de"
- Effizienzsteigerung, z.B.:
  - fahrerlose Wende U-Bahn
  - Busnetzoptimierung
  - Busbeschleunigung
- Moderner Wagenpark als Imageträger (Beispiel C-Zug für U-Bahn)

7. Wußten Sie, dass ...

- ... wir seit Bestehen der U-Bahn fast einmal die gesamte Weltbevölkerung transportiert haben.

- ... über eine Million Fahrgäste täglich mit unseren U-Bahnen, Bussen und Trams fahren.

- ... unsere U-Bahnen, Busse und Trams jeden Tag 136.000 km unterwegs sind.

- ... wir quasi dreimal pro Tag die Erde umrunden, d. h. etwa 1.000 Mal pro Jahr.

- ... 87 von 89 U-Bahnhöfen mit Aufzügen ausgerüstet sind.

- ... wir 685 Fahrtreppen im U-Bahnbereich haben und es an vielen Bahnhöfen zusätzlich Rampen oder Fahrsteige gibt.

8. Angebotsplanung
8.1 Aufgaben der Angebotsplanung

- Verkehrsforschung

- Planungsgrundlagen und Produktentwicklung

- Begleitung Planungen Dritter

- Liniennetzplanung (kurz-, mittel- und langfristig)

- Erstellung des „Leistungsprogrammes"

- strategische Planung

- Vertretung der Planungen in der Öffentlichkeit

- ständiger Dialog mit den Kunden (Fahrgäste, Aufgabenträger, Bezirksausschüsse, andere Referate etc.)

8. Angebotsplanung
8.2 Eingangsgrößen

- Struktur- und Nachfragedaten
- interne und externe Informationen
- verkehrstechnisches Know-How, Betriebs- und Ortskenntnis
- Bürgerwünsche (auch konträr), Anträge
- wirtschaftliche Gesichtspunkte
- kurz: „Die Suche nach dem Weg, der das Wünschenswerte mit dem Machbaren verbindet"

8. Angebotsplanung
8.3 Aufgaben der Verkehrsforschung

- Ermittlung, Auswertung, Dokumentation und Übermittlung von Markt-/und Nachfragedaten für Angebotsplanung, kaufmännische Abteilung und Statistik
- Angebotscontrolling
- EDV/Datenmanagement
- GIS
- Zählgeräte
- Kontakt zu Unis

8. Angebotsplanung
8.4 Bsp. aus d. Verkehrsforsch. - Nachfragedatenbank

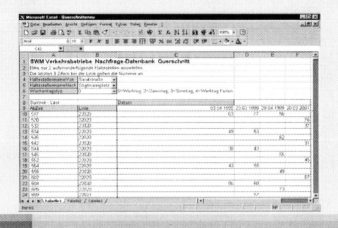

8. Angebotsplanung
8.4 Bsp. aus der Verkehrsforschung - Belastungsteppich

Belastungs-Teppich der Linie 76 H
Quelle: MVV-Zählung am 4.5.1999

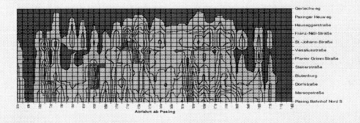

8. Angebotsplanung
8.4 Beispiele aus der Verkehrsforschung - GIS

8. Angebotsplanung
8.4 Bsp. aus der Verkehrsforschung - Verkehrsmodell

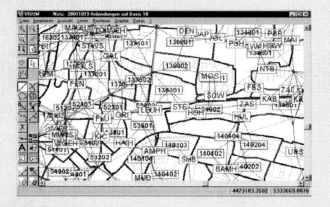

8. Angebotsplanung
8.5 Projekte der Angebotsplanung

• Ausrichtung auf den Wettbewerb

• Angebotsänderungen:

    - U-Bahn bis Moosach, OEZ, Garching-Forschungsgelände

    - Tram Nordtangente, Linie 23 („Kasernenlinie")

• Gesamtbusnetzoptimierung bis 2004

• neue Produkte: AST, Badebus

• Optimierung des Nachtliniennetzes

• Begleitung des Verkehrsentwicklungsplanes VEP und des Nahverkehrsplanes NVP

• Mitarbeit Stadt-Umland-Bahn

8. Angebotsplanung
8.6 Projekt Gesamtbusnetzoptimierung

Übergeordnete Ziele

• Steigerung der Angebotsqualität

• Erhöhung der Wirtschaftlichkeit

• Strategische Positionierung der SWM-VB

• Entwicklung des Bereichs Angebotsplanung

8. Angebotsplanung
8.6 Projekt Gesamtbusnetzoptimierung

Projektinhalt

• Optimierung des gesamten Oberflächennetzes aus einem
  Guss und Produktgestaltung

• Ausbau der Beschleunigung beim Bus

• Neugestaltung des E-Wagen-Programms

• Grundlagen für die Bus-Flottenentwicklung
  (Midibus, Normalbus, Gelenkbus)

• Bedarfsgesteuerte Bedienungssysteme, Anbieten von
  Mobilitätsketten

8. Angebotsplanung
8.6 Projekt Gesamtbusnetzoptimierung

Umgriff der Planung

• Linien- und Fahrplanung

• Produktgestaltung

• Beschleunigung der Buslinien

• Aussagen zur Fahrzeugbeschaffung

• bauliche Gestaltung von Fahrweg und Haltestellen

• Entwicklung des Fahrerbestands

MOBINET
– Innovative Konzepte für die mobile Gesellschaft

Kagermeier, A., T. J. Mager & T. W. Zängler (Hrsg.): Mobilitätskonzepte in Ballungsräumen.
Mannheim 2002, S. 51 - 59 (= Studien zur Mobilitäts- und Verkehrsforschung, Bd. 2)

Verkehrsmanagement in Stadt und Region München

Ein Überblick über das BMBF-Leitprojekt Mobinet

Wilhelm Wolters (München)

Zusammenfassung

Das Leitprojekt MOBINET ist integraler Bestandteil des Kooperativen Verkehrsmanagements für Stadt und Region München, das seit Ende der 80er Jahre Grundlage für ein gemeinsames Handeln von Politik, Verwaltungen, Wirtschaft und Wissenschaft ist, um die Verkehrsprobleme im Ballungsraum München zu mindern. In MOBINET wird das Konzept durch neue verkehrstechnische Entwicklungen bei allen Verkehrsarten vertieft und durch Maßnahmen ergänzt, die das Mobilitätsverhalten und die Verkehrsnachfrage nachhaltig beeinflussen. Nahezu alle Maßnahmen werden als Demonstratoren umgesetzt, die ihre Wirkungen nachweisen müssen.

MOBINET läuft noch bis Mitte 2003. Einige der Demonstratoren haben schon jetzt positive Reaktionen hervorgerufen. Landeshauptstadt München und Freistaat Bayern konzipieren derzeit, wie die Demonstratoren im Regelbetrieb fortgeführt werden können.

Summary

The project MOBINET is an integral part of the co-operative traffic management for the city and region of Munich, being since the end of the 80th basis for a common trade of politics, administrations, economy and science, to reduce the traffic problems in the conurbation of Munich. In MOBINET the concept is deepened by new traffic engineering developments in all transport modes. It is supplemented by measures, which sustainable affect the mobility behavior and the demand of transportation. Almost all measures are realised as demonstrators for proving their effects. MOBINET has a duration up to middle of the year 2003. Some of the demonstrators have already evoked positive reactions. The Capital of Munich and the Freestate of Bavaria design presently, how the demonstrators could be continued regularly in future.

1   Ausgangssituation

Besonders in den Ballungsräumen sind die negativen Folgen der Mobilität in Form des Verkehrs zu spüren. Die wachsende Verkehrsleistung stößt an die Grenzen der bestehenden Infrastrukturen: Verkehr, der nicht flüssig abgewickelt werden kann, beginnt sich selbst zu behindern, schränkt Mobilität ein und beeinträchtigt die Lebensqualität im Ballungsraum. Damit wird der zunehmende Verkehr zu einem limitierenden Faktor unserer Wirtschafts- und Wohlstandsentwicklung.

Ein weiterer Ausbau der Verkehrsinfrastruktur, um die Kapazitäten der Verkehrs-
netze der Nachfrage anzupassen, scheitert an der Verfügbarkeit von Ressourcen – wie
beispielsweise fehlenden Flächen oder begrenzten Haushaltsmitteln der öffentlichen
Hände – und scheitert nicht zuletzt auch an der politischen Durchsetzbarkeit.

Eine Lösung dieser Probleme wurde deshalb im ergänzenden Aufbau neuer Dienstleistungen mit Hilfe der Verkehrstelematik gesehen. Die Entwicklung in der
Datenverarbeitungstechnik und in den Kommunikationsmedien ermöglichten zahlreiche auch konkurrierende Lösungsansätze in den Bereichen Verkehrsinformation und
Verkehrssteuerung. Im Rahmen weltweiter Initiativen wurden neue Technologien in
und um das Auto entwickelt, die zum Einen das Fahren erleichtern bzw. sicherer
machen, zum Anderen aber auch Verkehrsinformationen im Fahrzeug verfügbar
machen sollten. Die Straßenverwaltungen arbeiteten intensiv an der Verbesserung
der Verkehrsbeeinflussung und Verkehrssteuerung. Bei den öffentlichen Verkehrsmitteln entwickelten sich parallel Fahrplanauskunfts- und Betriebssteuerungssysteme.

Ende der 80er Jahre wurde vor dem Hintergrund und wegen des wachsenden
Druckes der Verkehrsprobleme und aus der Einsicht, dass einer allein diese Probleme im Ballungsraum nicht lösen kann, die Idee eines Kooperativen Verkehrsmanagements für Stadt und Region München (KVM) geboren. Verwaltungen und Industrie griffen zusammen mit Wissenschaft und Consulting Lösungsansätze auf, die
einen Ausgleich zwischen den verfügbaren Kapazitäten der verschiedenen Verkehrsmittel vorsehen, Verlagerungen von Verkehren in verkehrsschwache Zeiten anstre-
ben und auch darauf setzen, dass der Verkehrsteilnehmer durch gezielte Informationen zur Veränderung seines Verkehrsverhaltens bewegt wird.

Für die hieraus entstandenen technologisch geprägten Projekte war es erforderlich, dass diese auch Eingang in die Politik und in die Planungsprozesse finden.
Mitte der 90er Jahre entstand deshalb eine Initiative, die nach ihrem ersten Tagungs-
ort auch Inzell-Initiative genannt wird. Hier wurden verkehrspolitische und planerische Ziele für ein gemeinsames Verkehrsmanagement definiert. Auf dieser Basis
wurden auch konkrete Aufgaben wie beispielsweise

- MVV-Zukunftsbahnhof,
- Projekt Rote Routen (= Optimierung des Verkehrs im Hauptstraßennetz) oder
- Parkraummanagement Innenstadt

entwickelt und in weiterführenden Arbeitsgruppen bearbeitet. Die Arbeit in der Inzell-Initiative war Grundlage für den verkehrspolitischen Konsens zur Durchführung
von MOBINET.

2   Leitprojekt MOBINET

Der Freistaat Bayern, die Landeshauptstadt München (LHM), Verkehrsunternehmen
und maßgebliche Unternehmen der bayerischen Wirtschaft sowie wissenschaftliche
Institutionen tragen heute gemeinsam das Verkehrsprojekt MOBINET. Derzeit arbeiten 26 Partner in diesem Projekt zusammen.

MOBINET besteht aus fünf Arbeitsbereichen, die in einem Gesamtansatz integriert
sind. In allen Arbeitsbereichen werden Demonstratoren entstehen, deren Wirkungen im
Verkehrsumfeld ermittelt und im Rahmen des Gesamtansatzes evaluiert werden (Abb. 1).

Im Bereich „Innovative Konzepte für die mobile Gesellschaft" werden Maßnahmen
umgesetzt, die unser sich änderndes Mobilitätsverhalten berücksichtigen und zu einer

Reduktion der Fahrleistungen im Ballungsraum München beitragen.

Neue Chancen zu nutzen, den motorisierten Individualverkehr auf den Öffentlichen Verkehr zu verlagern, ist Gegenstand des Bereichs „Beeinflussung der Verkehrsmittelwahl durch intermodale Angebote".

Eine verträgliche Abwicklung des verbleibenden motorisierten und öffentlichen Verkehrs ist Ziel im Arbeitsbereich „Optimierung des Verkehrs im Hauptstraßennetz", der vornehmlich neue Technologien zur Verkehrsbeeinflussung und -steuerung einsetzt.

Abb. 1: Integrativer Ansatz von MOBINET

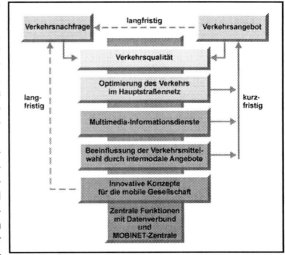

Unter Nutzung neuer Medien und Kommunikationstechnologien werden im Bereich „Multimedia-Informationsdienste" Verkehrsteilnehmer und Betreiber der Verkehrsanlagen über die aktuellen Bedingungen im ÖV und IV informiert.

Basis für die angeschlossenen Steuerungssysteme und die Informationsdienste ist deren Vernetzung in der MOBINET-Zentrale, deren Aufbau im Arbeitsbereich „Zentrale Funktionen" erfolgt.

Mit dieser Projektstruktur wird erstmals ein Forschungsansatz verfolgt, der alle Verkehrssysteme und -aspekte umfasst: Kraftfahrzeugverkehr, Öffentlicher Nahverkehr, Fußgänger und Radfahrer, Information und Mobilitätsdienstleistung.

2.1 Projektbereich Beeinflussung der Verkehrsmittelwahl durch intermodale Angebote

Sechs jeweils eigenständige Arbeitspakete decken ein umfassendes Spektrum der Förderung, Verbesserung und Attraktivitätssteigerung des Öffentlichen Verkehrs ab (Abb. 2). Als Grundlage für die Wirksamkeitsabschätzung der Maßnahmen ist eine arbeitspaketübergreifende Potenzialabschätzung und Zielgruppenbefragung durchgeführt worden.

Die Pilotentwicklung des Verfahrens zur Verbesserung des *Störfall- und Informationsmanagements für die S-Bahn* ist abgeschlossen. Bei Simulationen von exemplarisch ausgewählten Störfällen konnte die Rückführungszeit in den Fahrplan mit neuen Dispositionsstrategien teilweise um bis zu 75 % verkürzt werden und die Anzahl der von der Störung betroffenen Fahrgäste um bis zu 80 % reduziert werden. Die Entwicklungen im Rahmen von MOBINET sind damit weitgehend erfolgreich abgeschlossen. Seit Dezember 2001 fördert das Bayerische Staatsministerium für Wirtschaft, Verkehr und Technologie die Weiterentwicklung des Verfahrens zur Anwendung bei der S-Bahn München. Eine Demonstration bei der Münchner S-Bahn kann aus zeitlichen Gründen nicht mehr innerhalb MOBINET erfolgen.

Abb. 2: Demonstratoren zur Beeinflussung der Verkehrsmittelwahl

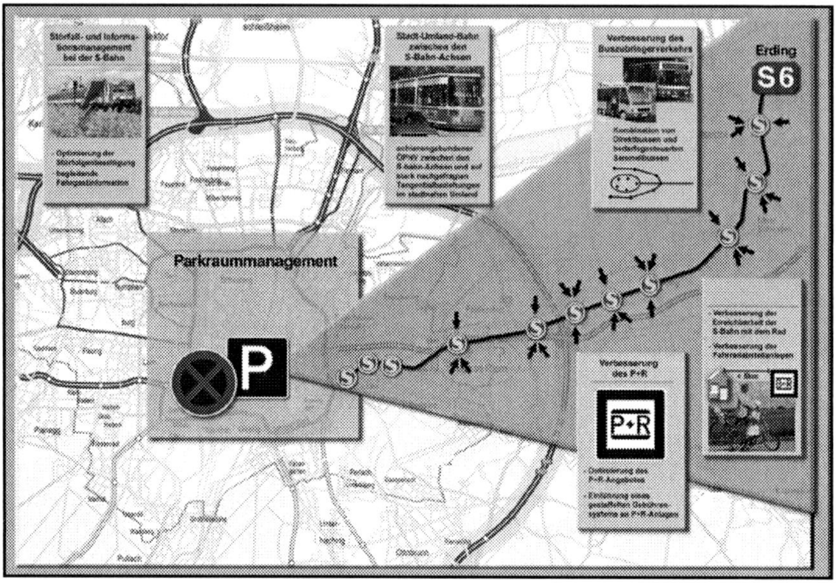

Die Abschätzung des Nutzerpotenzials einer *Stadt-Umland-Bahn* führte zur Definition von 14 Netz- und Streckenabschnitten, die in einer ersten Stufe der Machbarkeitsstudie hinsichtlich ihrer baulichen Umsetzung, städtebaulichen Integration, technischen Realisierung und hinsichtlich ihrer Kosten untersucht wurden. Rund 3/4 der Bereiche, die aufgrund der Ergebnisse von Stufe 1 prinzipiell machbar erscheinen, werden derzeit in der Stufe 2 der Machbarkeitsstudie einer detaillierteren baulichen sowie städtebaulichen Analyse unterzogen. Parallel wird ein konkretes Betriebskonzept für die Stadt-Umland-Bahn entwickelt. Eine Umsetzung und damit Demonstration war in MOBINET nicht vorgesehen.

Die Demonstration von *S-Bahn-Zubringerverkehren* mit dynamischen Busangeboten im Landkreis Erding läuft seit dem 10. Juni 2001 problemlos. Der Betrieb der beiden Demonstratoren im Landkreis Erding wird laufend beobachtet und ständig auf mögliche Mängel überprüft. Eine Stichtagszählung ergab eine 18 %-ige Nachfragesteigerung auf dieser Buslinie.

Die neue *Bike+Ride*-Fahrrad-Abstellanlage am S-Bahnhof Grafing wurde im Dezember 2001 fertiggestellt und in Betrieb genommen. Der Demonstrator Kieferngarten wurde im Dezember 2001 durch den Stadtrat genehmigt; mit der Fertigstellung der Anlage und dem Beginn der Demonstration kann im Herbst 2002 gerechnet werden. Als dritter Demonstrator wird am Bahnhof Pasing ein – mittlerweile vom Stadtrat bewilligtes – mechanisches Fahrradparkhaus errichtet werden. Der Pilotbetrieb wird wegen des hohen Planungs- und Abstimmungsaufwandes (Standortentscheidung, städtebauliche Integration, politische Diskussion, Kosten, Bauherr, Betreiber) innerhalb der Laufzeit von MOBINET nicht mehr aufgenommen werden können.

Der Stadtrat der Landeshauptstadt München hat der Fortführung des Entgeltversuchs an sieben ausgewählten *P+R-Anlagen* zugestimmt, nachdem auch gewünschte Verlagerungseffekte festgestellt wurden. Viele Pendler steigen auf ihrem Weg in die Münchner Innenstadt nun früher vom Auto auf die S- oder U-Bahn um. Damit sind die politischen Voraussetzungen für die planmäßige Durchführung der Demonstration gegeben.

Das *Parkraummanagement* in den innenstadtnahen Mischgebieten Lehel, Altschwabing und Schwabing-Mitte umfasst die Kombination von Bereichen mit Bewohnerbevorrechtigung, Mischparkbereichen für Bewohner (ohne Gebühr) und Nichtbewohner gegen Gebühr sowie kostenpflichtige Kurzparkbereiche. Die drei Demonstrationsgebiete sind erfolgreich in Betrieb gegangen. Die Bevölkerung reagiert überwiegend positiv. Deshalb plant die LHM außerhalb von MOBINET eine Erweiterung des Parkraummanagements auf weitere Stadtbereiche.

2.2 Projektbereich Optimierung des Verkehrs im Hauptstraßennetz

Dieser Arbeitsbereich entwickelt Verkehrstelematik für den Individualverkehr und den straßengebundenen öffentlichen Verkehr zur Verbesserung des Verkehrsablaufs im Hauptstraßennetz, um Verdrängungen in das nachgeordnete Netz zu vermeiden (Abb. 3).

Es werden vier Demonstratoren umgesetzt. *Netzinfo* informiert den Verkehrsteilnehmer mit kollektiven Anzeigetafeln über die Verkehrssituation auf den Zufahrten nach München. *Sektorsteuerung* schaltet Lichtsignal- und Beeinflussungsanlagen

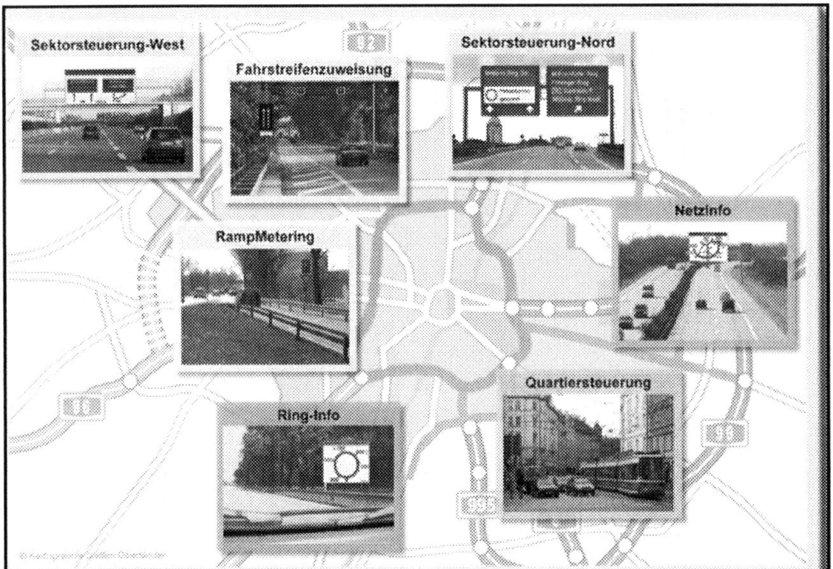

Abb. 3: Demonstratoren für die Optimierung des Verkehrs im Hauptstraßennetz

auf den empfohlenen Routen, damit hier der Verkehr nicht zusammenbricht. Er würde sonst auf das nachgeordnete Straßennetz ausweichen. *Ringsteuerung* stärkt insbesondere die Leistungsfähigkeit des Mittleren Ringes und unterstützt die Routenwahl ebenfalls durch kollektive Informationstafeln zur Verkehrssituation auf dem Mittleren Ring. *Quartiersteuerung* steuert den Verkehr mit vernetzten Lichtsignalanlagen zugunsten der Situation auf den Hauptstraßen und zugunsten der Öffentlichen Verkehrsmittel.

Die komplexe Softwareentwicklung für die Zielsysteme ist abgeschlossen und die Beschaffung der erforderlichen Infrastruktur für die Demonstratoren läuft. Einzelne Elemente wie beispielsweise die verkehrsadaptive Netzsteuerung konnten ihre Funktionsfähigkeit bei Mikro-Simulationstests unter Beweis stellen. Auf den Straßen wird dem fachlich versierten Beobachter auffallen, dass derzeit die notwendigen Verkehrsdetektoren entstehen und Lichtsignalanlagen im Vorfeld der neuen Steuerungen umgerüstet werden. Im Frühjahr 2003 werden die Demonstratoren in diesem sehr öffentlichkeitswirksamen Feld in Betrieb gehen. Die LHM und der Freistaat Bayern werden nach MOBINET die aufgebauten Systeme für die Verkehrssteuerung und -lenkung übernehmen.

2.3 Projektbereich Multimedia-Informationsdienste

Die Bereitstellung und Verknüpfung mobilitätsrelevanter Informationen aus Verkehr, Dienstleistung, Tourismus und Umwelt des Ballungsraums München und benachbarter Freizeitregionen vor und während der Fahrt ist Schlüsselaufgabe dieses Projektbereiches. Gerade in diesem Umfeld werden Mehrwertdienste entstehen, die Betätigungsfelder für Informationsdienstleister eröffnen. Persönlicher Mobilitätsplaner mit Mobilfunk-Datenkommunikation, Internet und Info-Terminals sind nur drei Lösungen an der Schnittstelle zum Verkehrsteilnehmer (Abb. 4). Derzeit wird abgestimmt, wie dieser Dienst in ein neu entstehendes München-Portal integriert werden kann.

Bei *FUN-Info* und *URBAN-Info* geht es darum, einen optimierten Reiseplan aufzustellen, der die Möglichkeiten aller Verkehrsmittel – Bahn, Bus, PKW, Fahrrad, aber auch den Weg zu Fuß – mit den Dienstleistungs- und Freizeitangeboten der Region optimal bündelt. Was FUN-Info kann, zeigt MOBINET schon heute unter

Abb. 4: Demonstration von Informationsdiensten in MOBINET

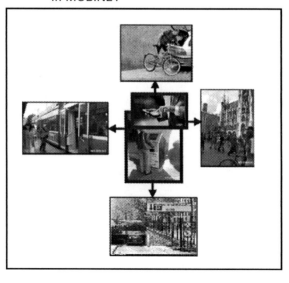

www.fun-info.de im Internet. Der URBAN-Info-Pilot ist in Betrieb. Derzeit wird abgestimmt, wie dieser Dienst in ein neu entstehendes München-Portal integriert werden kann.

In *ÖV-Info* wird das seit langem sehr erfolgreiche EFA-System (Elektronische Fahrplan-Auskunft) verbessert. Die Datenbasis wird um multimodale „Haustür-zu-Haustür"-Informationen und damit auch um verbesserte Umsteige-Informationen erweitert (IV-ÖV). Neu sind auch spezielle Informationen für „mobilitätsbehinderte Personen" und Hinweise auf unbeleuchtete Fußwege. Ein Feldtest erfolgt in Kürze; der Regelbetrieb des Dienstes über MOBINET hinaus durch den Münchner Verkehrs- und Tarifverbund (MVV) ist gesichert.

PARK-Info entwickelt neue Verfahren zur Sammlung und Aufbereitung von Parkdaten. Mit PARK-Info kann man in Zukunft nicht nur abfragen, wie stark Parkhäuser, P+R-Flächen und Parkplätze auf den Straßen im Münchner Stadtgebiet jeweils belegt sind, sondern online auch Prognosen über die Park-Situation abrufen. Das geplante Münchener Parkleitsystem wird integriert werden. Auch hier steht die Demonstrationsphase unmittelbar bevor.

2.4 Projektbereich Innovative Konzepte für die mobile Gesellschaft

Mit innovativen Konzepten für die mobile Gesellschaft will MOBINET die Potenziale neuer Mobilitätsmuster zur Gestaltung einer nachhaltigeren Mobilität nutzen (Abb. 5).

Abb. 5: Innovative Konzepte für die mobile Gesellschaft

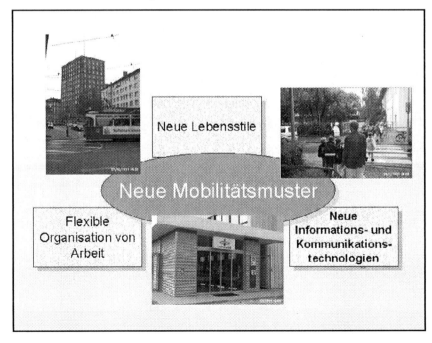

Rund 150 *Telearbeitsplätze* wurden bei 9 Unternehmen/Institutionen eingerichtet. Es hat sich gezeigt, dass Telecenterkonzepte im Ballungsraum München wegen hoher Infrastrukturkosten im MOBINET-Zeitraum nicht durchsetzbar waren, klassische alternierende Telearbeit aber weiter auf dem Vormarsch ist. Die 150 in MOBINET eingerichteten Telearbeitsplätze reduzieren schon heute den Berufsverkehr.

Am 1. Juni 2001 wurde die *Shopping Box* eröffnet. Der Kunde bestellt die Waren im Internet und bekommt sie über die Shopping Box in der Nähe seines Arbeitsplatzes ausgeliefert. Somit wird Einkaufsverkehr vermindert. Der operative Betrieb läuft, die Kundenzahlen blieben bislang allerdings hinter den Erwartungen zurück. Der Betreiber ist dennoch vom ökonomischen Sinn überzeugt und plant eine Ausweitung und Verbesserung des Angebots und weitere Maßnahmen zur Hebung der Kundenzahl.

Ab März 2001 wurden im Vermessungsamt der LHM sukzessive Maßnahmen des *Betrieblichen Mobilitätsmanagements* umgesetzt: Im Fuhrpark wurde Erdgasbetrieb eingeführt, für die Mitarbeiter gab es eine individuelle Mobilitätsberatung, Schulungen im energiesparenden Fahren, ein Job-Ticket und Verbesserungen der Infrastruktur für Radfahrer (Abstellmöglichkeiten, Duschen). Auch hier wurde Telearbeit eingeführt.

Der Projektbereich *MOBIKIDS* sollte Kinder und Jugendliche, aber auch Eltern und Lehrer an die Verkehrs- und Mobilitätsprobleme heranführen. Umgesetzt wurden Maßnahmen an einer Grundschule in München. Auf dem Weg zur Schule treffen sich seitdem Schüler an festen Plätzen, um in der Gruppe zu gehen. Weiter gab es Mobilitätsunterricht, eine ÖPNV-Fahrschule, Verbesserungen der Fahrradinfrastruktur und vieles mehr für die Sicherheit der Schüler. MOBIKIDS verringert den Anteil der mit dem Auto zur Schule gebrachten Kinder um 20-30 %. Die LHM prüft derzeit, wie sie die erfolgreichen Ansätze auch in anderen Schulen umsetzen kann.

2.5 MOBINET-Zentrale – Grundlage für ein funktionierendes Verkehrsmanagement

Die Errichtung der MOBINET-Zentrale macht große Fortschritte (Abb. 6). Der räumliche Umbau der Zentrale im Polizeipräsidium wird im Mai 2002 abgeschlossen. Danach werden die Arbeitsplätze eingerichtet werden. Der Aufbau der Kommunikations- und Rechnerinfrastruktur im öffentlichen Bereich hat sich als schwierig erwiesen, weil bestehende Sicherheitsrichtlinien sowie die bestehenden Strukturen der Anlagen und Systeme im hoheitlichen Bereich zwingend zu beachten waren.

Erste Hardware-Komponenten der MOBINET-Zentrale sind für Testzwecke beschafft worden. Die Entwicklungen zur Darstellung der Verkehrssituation im IV und ÖV für das MIC genannte Management und Information Centre sind abgeschlossen. Hier wird auch das dynamische Netzmodell integriert, das aus den Messstellen im Straßennetz ein einheitliches Bild der Verkehrslage auf den Straßen generiert. Die einzelnen Messstellen werden derzeit eingerichtet. Auch wurden Vereinbarungen mit den öffentlichen Verkehrsunternehmen getroffen, so dass bedeutsame Störungen auch in der Zentrale bekannt sein werden.

Aus der Darstellung der Verkehrslage in der Region werden auch größere Störungen erkannt, die ein abgestimmtes Eingreifen aller Beteiligten ggf. bei allen Verkehrsmitteln erfordern. Hierfür sind besondere Strategiemechanismen entwickelt

Abb. 6: Die MOBINET-Zentrale als Basis für ein künftiges Verkehrsmanagement

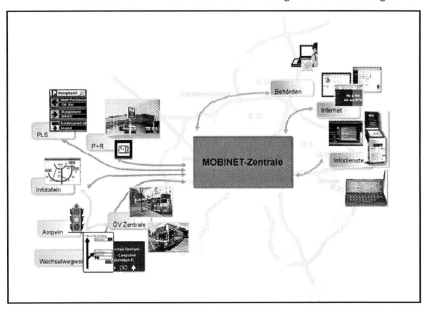

worden, die ein kurzfristiges Handeln ermöglichen und die Arbeit des Personals in der Zentrale erleichtern.

Ein bedeutsames Thema in der Entwicklung der Zentrale im Zusammenspiel auch mit den Demonstratoren der anderen Arbeitsbereiche war die Einigung auf eine einheitliche digitale Karte sowohl für die Stadt als auch für die Region. Zukunftsaufgabe wird sein, diese digitale Karte fortzuschreiben und zu pflegen.

Die MOBINET-Zentrale wird im Herbst 2002 ihren Betrieb aufnehmen. Die in MOBINET aufgebauten Systeme für die Verkehrssteuerung und -lenkung werden von der LHM und dem Freistaat Bayern übernommen. Hinsichtlich der Informationsdienste bestehen Bestrebungen einer Zusammenarbeit mit dem München-Portal, das derzeit in Aufbau begriffen ist. Hier haben Abstimmungsgespräche begonnen, die noch fortzuführen sind. Noch während der Projektlaufzeit von MOBINET sollen die Verkehrsinformationen über die Seite www.muenchen.de kollektiv und unentgeltlich abrufbar sein.

Kagermeier, A., T. J. Mager & T. W. Zängler (Hrsg.): Mobilitätskonzepte in Ballungsräumen.
Mannheim 2002, S. 61 - 72 (= Studien zur Mobilitäts- und Verkehrsforschung, Bd. 2)

Innovative Konzepte für die mobile Gesellschaft
Ansatz und Wirkungsanalyse des MOBINET-Arbeitsbereichs D

Thomas W. Zängler (Freising-Weihenstephan)

Zusammenfassung

An Staus oder überfüllten Pendlerzügen ist abzulesen, dass das Verkehrssystem der aktuellen Nachfrage in Ballungsräumen nicht gewachsen ist. Auch die resultierenden Umweltwirkungen stehen in der Kritik. Das Leitprojekt MOBINET, gefördert von Bundesministerium für Bildung und Forschung, sucht Lösungen für diese Probleme. Ziel dieses Beitrages ist es, den Projektansatz des MOBINET-Arbeitsbereichs „Innovative Konzepte für die mobile Gesellschaft" vorzustellen und die Methode der Wirkungsermittlung zu beschreiben.

Dabei werden zunächst Konzepte aus dem Bereich der Verkehrvermeidung und -verlagerung diskutiert. Auf die konkreten MOBINET-Maßnahmen Telearbeit, Shopping Box, MOBIKIDS und Betriebliches Mobilitätsmanagement wird Bezug genommen. Die Wirkungen der Maßnahmen werden durch Vorher-Nacher-Analysen ermittelt. Ein entsprechendes Modell und seine Umsetzung in die Erhebungsmethode werden vorgestellt. Abschließend wird ein Überblick zum Stand der Analysen gegeben.

Summary

Innovative Concepts for the Mobile Society (MOBINET-work unit D): Approach and Impact Analysis

Congestions and overcrowded trains demonstrate that the traffic systems in conurbations are not able to meet the current mobility demand. In addition the resulting effects on the environment are criticised. The traffic research project MOBINET, sponsored by the German Federal Ministry for Education and Research, searches for solutions to these problems.

The objective of this contribution is to present the approach of the MOBINET-work unit „Innovative Concepts for the Mobile Society" and to describe the method of the evaluation.

First concepts of traffic reduction are discussed and their relation to the MOBINET measures (Telecommuting, Shopping Box, MOBIKIDS and Company Mobility Management) are described. The impact of the measures on mobility behaviour are analysed by a pre/post analysis. The relating model of travel behaviour and the study design are explained. This contribution ends with an overview on the current state of data analysis.

1 Einführung

MOBINET ist der Münchener Beitrag zur Leitprojektausschreibung „Mobilität im Ballungsraum" des Bundesministeriums für Bildung und Forschung (bmb+f) (vgl. WOLTERS in diesem Band). Im Gegensatz zur Mehrzahl der dort beschriebenen Projekte zur verbesserten Verkehrsabwicklung hat der MOBINET-Arbeitsbereich D „Innovative Konzepte für die mobile Gesellschaft" die Entstehung von Verkehr in verschiedenen Lebensbereichen der Menschen zum Gegenstand. Dies hat folgenden Hintergrund (vgl. *MOBINET- Konsortium* 1998, S. D1).

Ausgangspunkt ist der tiefgreifende gesellschaftliche und wirtschaftliche Wandel. Der gesellschaftliche Wandel ist geprägt durch veränderte Haushaltsstrukturen, neue Lebensstile und den Wertewandel in Richtung Erlebnisgesellschaft, der wirtschaftliche beispielsweise durch die zunehmende Erwerbstätigkeit von Frauen sowie die Flexibilisierung von Arbeitszeit und Arbeitsorganisation. Die Entwicklungen in beiden Bereichen werden begünstigt durch neue Technologien und Dienste auf dem Gebiet der Information und Telekommunikation. All dies kann nicht ohne Auswirkungen auf das Mobilitätsverhalten bleiben und schlägt sich in neuen Mobilitätsmustern nieder. Das Mobilitätsverhalten der Menschen einer mobilen Gesellschaft resultiert folglich direkt aus ihrer Lebensweise und bedingt den messbaren Verkehr. An Staus oder überfüllten Pendlerzügen ist abzulesen, dass das Verkehrssystem der aktuellen Nachfrage in Spitzenzeiten nicht gewachsen ist. Die resultierenden Umweltwirkungen stehen in der Kritik.

Bauliche und verkehrstechnische Maßnahmen können dem Verkehrswachstum nur symptomatisch und kurativ begegnen. Bisher fehlen dagegen im großen Umfang Lösungen, die bei der Entstehung von Verkehr in den Alltagsaktivitäten der Menschen ansetzen und damit präventiv wirken. Im Rahmen der Leitprojektausschreibung kamen die Bereiche Berufs-, Einkaufs- uns Ausbildungsverkehr als Gegenstand für innovative Konzepte zur Veränderung des Mobilitätsverhaltens in Frage.

Ziel dieses Beitrages ist es, den Projektansatz des MOBINET-Arbeitsbereichs „Innovative Konzepte für die mobile Gesellschaft" vorzustellen und die Methode der Wirkungsermittlung zu beschreiben. Der Beitrag hat folgenden Aufbau. Zunächst wird der Ansatz, bestehend aus grundlegenden Konzepten und den konkreten Projekten, vorgestellt. Anschließend wird die Methodik der Wirkungsanalyse beschrieben.

2 Ansätze zur Veränderung des Mobilitätsverhaltens

Im Folgenden werden grundlegende Konzepte und konkrete Projekte vorgestellt, die die alltäglichen Abläufe einer Gesellschaft verkehrsmindernd verändern und eine ausreichende Akzeptanz bei einzelnen Personen bzw. Institutionen mit sich bringen sollen.

Das von den Initiatoren der Ausschreibung „Mobilität in Ballungsräumen" aufgestellte Leitbild „*Verkehr reduzieren und die Mobilität der Menschen gewährleisten*" (*BMBF* 1997, S. 12) kann für MOBINET D differenziert werden in
1) Sicherung der Mobilität im Ballungsraum,
2) Entlastung des Verkehrssystems,
3) Reduzierung der unerwünschten Wirkungen von Verkehr,
4) Senkung der Kosten,
5) Erhöhung der Sicherheit,
6) Verbesserung der Lebensqualität.
Damit soll ein Beitrag zur Gestaltung einer nachhaltigen Mobilität geleistet werden.

2.1 Konzepte

Diese Ziele können im Bereich des Mobilitätsverhaltens im Wesentlichen auf zwei Wegen erreicht werden, durch Verkehrsvermeidung und Verkehrsverlagerung.

2.1.1 Verkehrsvermeidung

Ein Beitrag von privaten Haushalten, Unternehmen und Verwaltungen zur Verkehrsvermeidung kann grundsätzlich durch die generelle Vermeidung von einzelnen Aktivitäten außer Haus (Wohn-, Betriebs-, oder Verwaltungsstandort), ihre Substitution durch innerhäuslichen Aktivitäten oder durch eine Optimierung der Mobilitätsabläufe geleistet werden.

Vermeidung von außerhäuslichen Aktivitäten

Die direkteste Form von Verkehrsvermeidung ist durch die Vermeidung von entbehrlichen Aktivitäten außer Haus zu erreichen. Dies ist praktisch nur möglich wenn Individuen von innen oder von außen überzeugt werden, dass bestimmte außerhäusliche Aktivitäten entbehrlich sind und unterlassen werden können. Im beruflichen Bereich ist dies durch einen verantwortungsvollen und kostenbewussten Umgang mit Mobilitätsressourcen (Reisemittel, Fuhrpark) und durch Weisungen in Hierarchien möglich. Für den privaten Bereich tritt dagegen folgendes Problem auf: Der Staat ist hier zurückhaltend in Worten (vgl. Reaktionen auf die Empfehlungen der Abgeordneten Seibold zu privaten Urlaubsflügen) und vor allem in Taten (z.B. restriktive Einschnitte in Form eines Sonntagsfahrverbotes). Dies hat im Wesentlichen zwei Gründe. Zum einen betrachten die Bürger ihre Mobilität als sehr hohes Gut. Der Stellenwert dieses Gutes kann daran ermessen werden, dass in unserer Gesellschaft die Beschränkung von Mobilität eine Strafe darstellt. Zum anderen schrecken Politiker, die wiedergewählt werden wollen, vor Maßnahmen zurück, die unpopulär sind. Vermeidung außerhäuslicher Aktivitäten ist deshalb theoretisch denkbar, praktisch jedoch nicht umsetzbar. Im Leitprojekt MOBINET ist dieses Konzept nicht zu finden. Es sei hier lediglich zur Vollständigkeit erwähnt.

Substitution von physischer durch virtuelle Mobilität

Dieses Konzept umfasst die Substitution außerhäuslicher durch gleichwertige innerhäusliche Aktivitäten unter Nutzung von I+K-Technologien. Es stellt daher eine leichter vermittelbare Alternative zur ersatzlosen Aktivitätenvermeidung (s.o.) dar. Beispiele für virtuelle Mobilität im beruflichen Bereich sind Telearbeit und Telekooperation als Ersatz physischer Dienst- und Geschäftsreisetätigkeiten. In der Aus- und Weiterbildung ersetzen virtuelle Lehrangebote den Präsenzunterricht, wobei insbesondere Fortbildungsangebote für Erwachsene im Vordergrund stehen. Im Bereich der Beschaffung hat sich bisher insbesondere ein virtueller Musik-, Bücher- und Auktionsmarkt etabliert (vgl. KOHLER & KREIPL 2000, S. D1.1.2-6 und -24). ZOCHE et al. (2002, S. 225) kommen zu dem Schluss, dass die unmittelbare physische Präsenz an Bedeutung verlieren könnte, wenn vorwiegend virtuelle Verkehrsformen den Alltag prägten und die Beziehungen zwischen Menschen bestimmten. Diese Entwicklung würde voraussichtlich erhebliche Wirkungen auf das physische Mobilitätsgeschehen zeigen.

Optimierung von Mobilität

Das Konzept Optimierung von Mobilität bedeutet eine Minimierung des Aufwands für Mobilität zur Abwicklung von Aktivitäten im Raum. Dabei gilt als Nebenbedingung, dass die bisherigen Aktivitäten im Raum möglich bleiben müssen. Dies wird erreicht durch das bewusste Zusammenfassen von Wegen und Aktivitäten in Touren nach räumlichen und zeitlichen Aspekten. Mit einem besseren Bewusstsein für Zeit und Raum könnte auch eine bessere Planung von Wegen und Aktivitäten durch private Haushalte, Unternehmen und Verwaltungen stattfinden. Neben den positiven verkehrlichen Effekten könnte dadurch auch das Geld- und Zeitbudget entlastet werden. Das Mobilitätsverhalten würde sich von den derzeitigen mehrheitlich sternförmigen Hin- und Rückwegen zum Wohnstandort oder zum Arbeitsplatz zu mehr verketteten Touren verändern. Auch grundsätzliche Standortentscheidungen wie Umzüge oder das Wechseln des Arbeitsplatzes erweisen sich als besonders wichtig für die künftige Gestaltung der Mobilität im Alltag mit ihren Verhaltensroutinen (vgl. *Mobiplan-Konsortium* 1999, S. 1ff.).

2.1.2 Verkehrsverlagerung

Eine Verkehrsverlagerung mit dem Ergebnis einer Reduzierung der gefahrenen Kilometer im mIV kann durch eine lokale, temporale oder modale Verlagerung herbeigeführt werden.

Lokale Verlagerung

Eine lokale (verkehrsreduzierende) Verlagerung von Verkehr beruht auf der Reduzierung gegebener Distanzen durch Veränderung der räumlichen Lage von Aktivitäten (Standortrelationen). Sie setzt voraus, dass die betroffenen außerhäuslichen Aktivitäten nicht ortsgebunden sind und Alternativen vorliegen, die mit geringeren Distanzen verbunden sind. Im Rahmen von MOBINET ist jedoch davon auszugehen, dass die alltäglichen privaten Zielorte in der Regel über längere Zeiträume vorgegeben (z.B. Arbeitplatz, Schule) bzw. ohnehin mit kurzen Distanzen verbunden sind (z.B. Beschaffung von Gütern des täglichen Bedarfs). Im Geschäftsverkehr sind die Zielorte zwar durchaus variabel, jedoch in der Regel fremdbestimmt.

Temporale Verlagerung

Dieses Konzept beruht auf der Änderung des zeitlichen Ablaufs und der zeitlichen Lage von Aktivitäten. Voraussetzung ist hierfür allerdings, dass die betreffenden Aktivitäten zeitlich verlagerbar sind. Empirische Ergebnisse aus der Untersuchung Mobilität '97 zeigen, dass die subjektive Beurteilung einer Aktivität als zeitlich verlagerbar (*„hätte ich auch ein anderes Mal erledigen können"*) von den Befragten nur in einem sehr geringen Ausmaß (2 % der Wege) angegeben wird (ZÄNGLER 2000, S. 123). Insofern sind die Möglichkeiten zur temporalen Verlagerung in der Haushaltsführung und bei dienstlich/geschäftlichen Wegen bezüglich des Status quo stark begrenzt. Eine Chance könnte jedoch der weitere Ausbau von flexiblen Arbeits- und Geschäftszeiten sein. Eine hohe Zeitsouveränität würde damit in den bisherigen Spitzenzeiten das Verkehrssystem sowohl im ÖV als auch im mIV entlasten, das Gesamtvolumen bleibt dagegen gleich.

Modale Verlagerung

Der mIV wird hierbei durch die Deckung des Mobilitätsbedarfs mit anderen Verkehrsmitteln reduziert. Als wichtigste Bestimmungsgründe für die Nutzung des Pkw lassen sich aus der Erhebung Mobilität `97 die Verfügbarkeit eines Pkw im Haushalt, der Besitz einer entsprechenden Fahrerlaubnis und die tatsächliche haushaltsinterne Nutzungsmöglichkeit feststellen. Ein breiter Verzicht auf den haushaltseigenen Pkw oder zumindest den Zweitwagen wäre daher ein schlüssiger wenngleich schwer vermittelbarer Ansatz für eine modale Verlagerung (ZÄNGLER 2000, S. 124f.). Radikalere Ansätze stellen sogar das Eigentum eines privaten Pkw grundsätzlich zur Disposition (V. WEIZSÄCKER 1994, S. 95), um Verkehr auf öffentliche Verkehrsmittel zu verlagern.

Der veränderte Modal-Split in Ballungsräumen hin zu einem höheren Anteil des ÖV zeigt, dass die privaten Haushalte in Gebieten und zu Zeiten, in denen ein gutes Angebot möglich ist, dieses auch annehmen.

2.2 Projekte

Die konkreten Projekte beziehen sich entweder auf ein Konzept oder integrieren mehrere der vorgestellten Konzepte.

Die Maßnahmenentwicklung bezieht sich auf eine umfangreiche internationale Recherche innovativer Maßnahmen (HENSEL et al. 2000) und deren Bewertung (KOHLER & KREIPL 2000) soweit die Maßnahmen bei Auftragserteilung nicht bereits definiert waren. Die recherchierten und entwickelten Maßnahmen wurden an die jeweiligen Zielgruppen und die lokalen Bedingungen angepasst und schließlich als Pilotprojekte implementiert. Die MOBINET-Pilotprojekte sind im Einzelnen Telearbeit, Shopping Box, MOBIKIDS und Betriebliches Mobilitätsmanagement.

Telearbeit

Das Projekt Telearbeit basiert auf dem Konzept „Verkehrsvermeidung durch virtuelle Mobilität" (anstatt Personen bewegen sich Informationen im Raum). Ausführlich wird das Projekt in den Beiträgen von KREILKAMP bzw. GLOGGER in diesem Band behandelt.

Shopping Box

Shopping Box ist ein innovatives Warendistributionssystem im Einzelhandel. Das Projekt Shopping Box integriert die Konzepte „Verkehrsvermeidung durch Optimierung von Mobilität" (Berufs- und Einkaufsmobilität werden gebündelt) und „lokale bzw. temporale Verkehrsverlagerung" (Einkaufsmobilität wird unabhängig von Ladenöffnungszeiten und Standorten des klassischen Einzelhandels durchgeführt). Ausführlich wird das Projekt in dem Beitrag von RÖMMELT in diesem Band behandelt.

MOBIKIDS

Das Projekt MOBIKIDS bezweckt die Förderung nachhaltiger Mobilität für Kinder im Grundschulalter. Es integriert die Konzepte „Verkehrsvermeidung durch Optimierung

von Mobilität" (Ausbildungsmobilität wird gebündelt) und „modale Verkehrs-
verlagerung" (Ausbildungsmobilität wird mit weniger mIV-Anteil durchgeführt).
Außerdem enthält MOBIKIDS eine Reihe von Vorschlägen zur Mobilitätserziehung.
Ausführlich wird das Projekt im Beitrag von KREIPL & KOHLER in diesem Band behandelt.

Betriebliches Mobilitätsmanagement (BMM)

Das Projekt BMM integriert die Konzepte „Verkehrsvermeidung durch Optimierung
von Mobilität" (betriebliche Mobilitätsabläufe werden verkehrsmindernd verändert)
und „temporale und modale Verkehrsverlagerung" (Flexibilisierung der Arbeitszeit
und Angebote für Mitarbeiter, die mit ÖV oder Fahrrad anreisen). Zudem kann auch
Telearbeit (s.o.) in das Paket integriert werden. Über die Veränderung des Mobilitätsverhaltens hinaus kann hier zusätzlich ein Beitrag zur verträglichen Abwicklung von
Verkehr geleistet werden, indem z. B. mit Erdgas betriebene Fahrzeuge für den
Fuhrpark eines Unternehmens angeschafft werden. Hinweise zu diesem Maßnah-
menbündel finden sich in dem Beitrag von SCHREINER in diesem Band.

Abbildung 1 fasst die Projekte und je ein Beispiel für deren erwarteten Wirkungen zusammen. Im Vergleich mit den anderen MOBINET Arbeitsbereichen zeigt sich folgendes. Die Mehrzahl der MOBINET Projekte sind Teil des „Verkehrsmanagements". Dieses zielt auf eine direkte und einzelfallbezogene Beeinflussung des Verkehrshandelns und seiner Symptome vor Reiseantritt bzw. „on the trip" ab. MOBINET D hat hingegen die indirekte und grundsätzliche Veränderung des Mobilitätsverhaltens im Alltag zum Gegenstand. Ein derartiges „Mobilitätsmanagement" setzt damit an den Wurzeln des Phänomens Verkehr an und ergänzt das Verkehrsmanagement grundlegend.

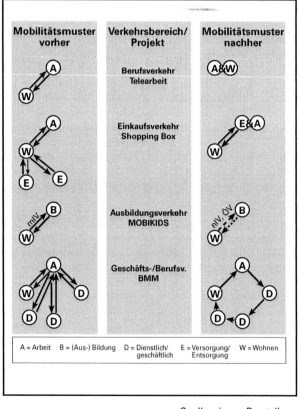

Abb. 1: Projekte und Beispiele für erwartete Verhaltensänderungen

A = Arbeit   B = (Aus-) Bildung   D = Dienstlich/ geschäftlich   E = Versorgung/ Entsorgung   W = Wohnen

Quelle: eigene Darstellung

3 Wirkungsanalyse

Nach der Konzeption und der Implementierung der Projekte stellt sich die Frage, welche verkehrlichen und sozialökonomischen Wirkungen diese Pilotprojekte nach sich ziehen. Die Erreichung der genannten Projektziele (vgl. Leitbild in Kapitel 2) lässt sich durch die Erfassung der Veränderung geeigneter Indikatoren vor und nach der Implementierung der Projekte bestimmen. Es handelt sich folglich um eine Vorher-Nacher-Analyse und nicht um einen normativen Soll-Ist-Vergleich. Im Folgenden wird zunächst das Modell vorgestellt. Anschließend werden die Erhebungsmethode und die Durchführung der Erhebung beschrieben.

3.1 Modell

Ausgangspunkt der Wirkungsanalyse bildet das Sozialökonomische Modell des Mobilitätsverhaltens (SMM). Dieses Modell erfasst bislang die Mobilität von Personen eines privaten Haushalts im Spannungsfeld der Ressourcen und Aktivitäten des Haushalts im Querschnitt (ZÄNGLER 2000). Im Folgenden wird dargestellt, wie dieses Modell die Mobilität privater Haushalte abbildet und welche Erweiterungen notwendig sind zur Abbildung der Änderung des Mobilitätsverhaltens.

Das SMM basiert auf einem allgemeinen Haushaltsmodell der Sozialökonomik des Haushalts: Das Ziel des privaten Haushaltes besteht darin, die Bedürfnisse der Haushaltsmitglieder so gut wie möglich zu befriedigen. Diese Bedürfnisse rufen Aktivitäten hervor. Aktivitäten verlangen in einer modernen, arbeitsteiligen Gesellschaft die Bewegung von Personen und Sachen im Raum. Der private Konsum ist damit Anfang und Ende der Betrachtung. Die zugehörige Mobilität lässt sich somit ausgehend von der räumlich-zeitlichen Verknüpfung von Aktivitäten (Personen) bzw. Produktions- oder Lagerstätten (Sachen) verstehen. Die messbare Folge von Mobilität ist schließlich Verkehr in den Ausprägungen Personen- bzw. Güterverkehr. Als Mittel zur Gestaltung von Mobilität stehen allen Institutionen, die in die Bedürfnisbefriedigung von Menschen eingebunden sind (die privaten Haushalte selbst, Unternehmen oder Verwaltungen), öffentliche Güter (z.B. Straßen), freie Güter (z.B. Luft) und private Güter zur Verfügung. Letztere umfassen das Humanvermögen (d.h. die Fähigkeiten und die personale Zeit der einzelnen Personen), das Sachvermögen und das Finanzvermögen.

Das SMM ordnet in einem ersten Schritt die Aktivitäten der Personen und die damit verbundene Mobilität den Bereichen Erwerbs-, Unterhalts- bzw. Transferbereich differenziert zu. Es stehen für die Zuordnung zu Aktivitäten 93 Items bzw. für die Zuordnung zu Ortstypen 56 Items zur Verfügung (vgl. ZÄNGLER 2000, S. 212ff.). Für die Wirkungsanalyse werden die Aktivitäten zu den folgenden Aktivitätengruppen zusammengefasst:

1) Arbeit
2) Dienstlich/geschäftlich
3) (Aus-)Bildung
4) Versorgung/Entsorgung
5) Service
6) Freizeit
7) Aktivitäten zu Hause.

Neben den Kenngrößen der Mobilität werden die sozioökonomische Situation der Haushaltsmitglieder, die Standortrelationen der Institutionen und subjektive Angaben zur wegspezifischen Verkehrsmittelwahl sowie zur Dringlichkeit bzw. Fristigkeit des Wegezwecks abgebildet.

Das Modell wurde für die Zwecke des MOBINET-Arbeitsbereichs D in folgende Richtungen erweitert bzw. differenziert:

1) Detaillierte Erfassung der Mobilität, die Personen als gleichzeitige Mitglieder in anderen sozialen oder ökonomischen Mikroeinheiten (z.B. Schulen, Unternehmen und Verwaltungen) für diese tätigen und Erfassung von relevanten Merkmalen dieser Einheiten selbst,

2) Erfassung jener Merkmale, die für die Analyse der Wirkungen der jeweiligen Projekte relevant sind,

3) Abbildung des Mobilitätsverhaltens vor (Ohne-Fall) und nach (Mit-Fall) Implementierung der Projekte,

4) Einführung des Etappenkonzepts zur differenzierten Erfassung von Teilwegen.

Abbildung 2 zeigt zusammenfassend das modifizierte SMM. Darin wird Mobilität (Bewegung und Aktivität) einzelnen Personen zugeordnet. Die einzelnen Personen bilden einen Haushalt welcher wiederum in seine soziale und natürliche Umwelt eingebettet ist. Die entscheidende Modifikation für die Wirkungsanalyse in MOBI-NET ist die zusätzliche Einbindung der Person in weitere Institutionen (Unternehmen/Amt/Schule) in der Mikroebene.

Abb. 2: Einordnung von Bewegung und Aktivitäten in das modifizierte SMM

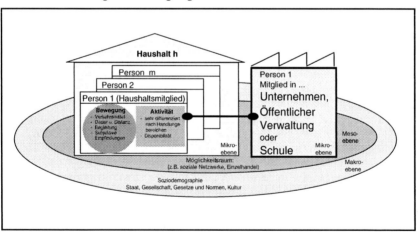

(nach ZÄNGLER *2000, S. 54)*

Die Indikatoren der Wirkungsanalyse lassen sich entweder direkt über die Variablen des Modells bestimmen (z.B. Mobilitätsstreckenbudget [Pkm/d*Pers.]) oder werden durch Modellrechnung bestimmt (z. B. CO_2-Emissionen). Im Einzelnen wird die Wirkung durch folgende Indikatoren beschrieben (vgl. SCHEUERER & PISCHNER 2000, S. 45ff.):

• Mobilitätsrate differenziert nach Aktivitätengruppen [Wege/d*Pers.]

• Mobilitätsstreckenbudget differenziert nach Aktivitätengruppen [Pkm/d*Pers.]

- Mobilitätszeitbudget differenziert nach Aktivitätengruppen [Std./d*Pers.]
- Mobilitätsmuster (Tagesganglinien und Aktivitätenketten)
- Fahrt-/Fahrzeugbetriebskosten [EUR/a]
- Erreichbarkeit zentraler Orte (z.b. Einkauf, Behörden, Freizeitorte) [Std./a]
- Unfälle (Personen- bzw. Sachschaden) [Anzahl/a]
- Klimarelevante Emissionen (CO_2, CH_4, N_2O) [t/a]
- Beschäftigtenverteilung [verbal].

Diese methodischen Grundlagen bilden eine gemeinsame Plattform, die Spielraum für maßnahmenspezifische Ergänzungen zulässt. Sie sollen für geeignete Variablen auch die Vergleichbarkeit der Wirkungen der Projekte des Arbeitsbereichs D untereinander ermöglichen.

3.2 Erhebungsmethode

Planung der Erhebung

Die Untersuchungen basieren auf dem erweiterten Modell. Die vier Teilstudien wurden jeweils als schriftliche Vorher-Nachher-Erhebungen zu den Zeitpunkten t_0 und t_1 konzipiert. Zur Vergleichbarkeit der Indikatorausprägungen (t_0, t_1) auf Personenebene wurden die Befragungen als Panel (Befragung der selben Personen) angelegt. Die Befragungsunterlagen wurden in Pretests geprüft und – soweit nötig – modifiziert.

Konzeption der Erhebungsunterlagen

Das Befragungsinstrument enthält für alle Teilnehmer der vier Projekte einen standardisierten Teil zum Mobilitätsverhalten und zur Soziodemographie sowie einen spezifischen Teil zum Projekt.

Das Grundkonzept für alle vier Projekte sieht folgende Erhebungsunterlagen im Einzelnen vor: Die Variablen des Modells wurden weitgehend nach den Ebenen der Betrachtung (ein Haushalt, eine Person bzw. ein Weg) einem Haushaltsfragebogen, einem Personenfragebogen und einem Mobilitätstagebuch zugeordnet. Insgesamt wurde auf eine ansprechende und klare Gestaltung aller Erhebungsunterlagen in Formen und Farben geachtet. Die Umsetzung dieses Konzepts in das Fragebogen-Layout wurde in Zusammenarbeit mit der Fotosatz Blum GmbH, München, erarbeitet.

Der *Haushaltsfragebogen* enthält u.a. Fragen zum Haushaltstyp und zur Haushaltsgröße, Art und Umfang der Ausstattung mit Pkw und anderen Verkehrsmitteln, sowie der Einkommenssituation. Ferner sind im Haushaltsfragebogen soziodemographische Merkmale der einzelnen Haushaltsmitglieder, Aussagen zu ihrem Führerscheinbesitz und zum Zugang zu privat nutzbaren Verkehrsmitteln (Pkw, Fahrrad, Kraftrad) enthalten. Diese personenbezogenen Merkmale wurden nicht einzeln im Personenfragebogen abgefragt, um den Teilnehmern die Arbeit zu erleichtern. Der Haushaltsfragebogen sollte in Mehr-Personen-Haushalten von der Person mit dem besten Überblick zu den Fragestellungen ausgefüllt werden.

Der *Personenfragebogen* enthält Fragen zu weiteren soziodemographischen Merkmalen und zur Gestaltung des alltäglichen Mobilitätsverhaltens nach Aktivitäten und Verkehrsmitteln (retrospektiv). Alle weiteren Fragen beziehen sich auf die spezifischen Inhalte der jeweiligen Projekte (z.B. Arbeitszeitregelungen, generelles Einkaufsverhalten, Schulwegsicherheit).

Das *Mobilitätstagebuch* (vgl. Abbildung 3) enthält Fragen zu einzelnen Wegen, die von einer Person eines Haushalts durchgeführt werden, und den Aktivitäten am Zielort (prospektiv).

Die zeitliche Einordnung des Wegs wurde nach Wochentag, Start- und Zielzeit bestimmt. Zusätzlich wurde die Entfernung abgefragt. Das bzw. die gewählten Verkehrsmittel wurden in Frage 1 erhoben. Zusätzlich wird bei Wegen, die gemeinsam mit anderen Personen durchgeführt werden, die formale soziale Beziehung erfasst (Frage 2). Frage 3 erfasst subjektive Eindrücke des Wegs, Frage 4 befasst sich mit möglichen subjektiven Gründen der Verkehrsmittelwahl. In den Fragen 1 bis 4 werden die Informationen auf Etappenebene erhoben, falls sich Wege durch einen oder mehrere modale Wechsel weiter untergliedern. In Frage 5 wird die Erfassung von Ortstyp, geographische Ortsangabe und Aktivität getrennt umgesetzt (vgl. WERMUTH et al. 1984, S. 124; ZÄNGLER 2000, S. 59). Die Fragen 6 und 7 geben Aufschluss über die subjektive Bewertung einer Aktivität als Zwischenstop in einer Wegekette bzw. zur Dringlichkeit und Fristigkeit der Aktivität. Das gewählte Layout unterstützt die Trennung zwischen Weg und Ziel grafisch, so dass das Mobilitätstagebuch der menschlichen Wahrnehmung von Bewegungen und Aktivitäten in Raum und Zeit entgegenkommt.

Abb. 3: Erfassung von Wegen und Aktivitäten im Mobilitätstagebuch

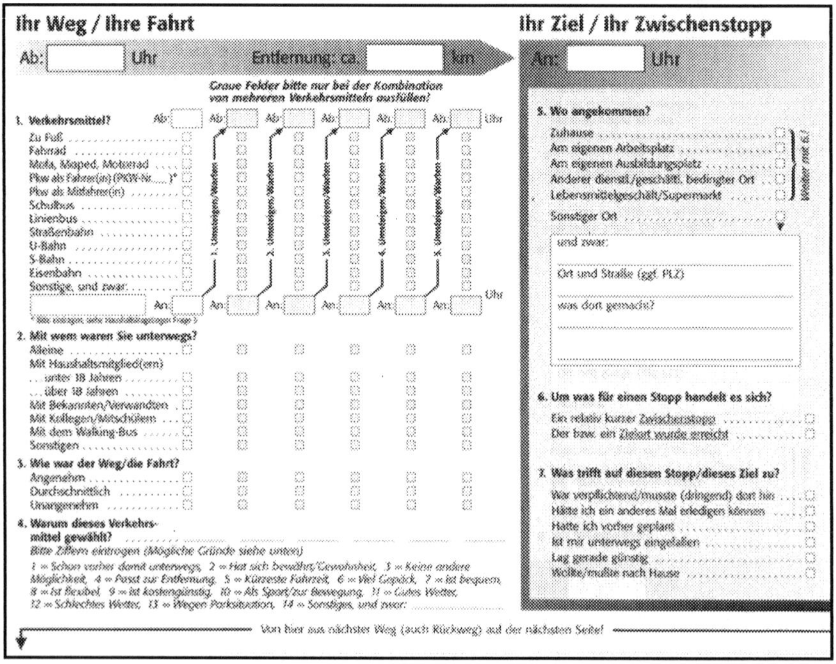

Ihr Weg / Ihre Fahrt

Ab: Uhr Entfernung: ca. km

Graue Felder bitte nur bei der Kombination von mehreren Verkehrsmitteln ausfüllen!

1. Verkehrsmittel? Ab: Ab: Ab: Ab: Ab: Ab: Uhr

Zu Fuß
Fahrrad
Mofa, Moped, Motorrad
Pkw als Fahrer(in) (PKW-Nr. ....)*
Pkw als Mitfahrer(in)
Schulbus
Linienbus
Straßenbahn
U-Bahn
S-Bahn
Eisenbahn
Sonstige, und zwar:

1. Umsteigen/Warten – 2. Umsteigen/Warten – 3. Umsteigen/Warten – 4. Umsteigen/Warten – 5. Umsteigen/Warten

An: An: An: An: An: An: Uhr

2. Mit wem waren Sie unterwegs?

Alleine
Mit Haushaltsmitglied(ern)
... unter 18 Jahren
... über 18 Jahren
Mit Bekannten/Verwandten
Mit Kollegen/Mitschülern
Mit dem Walking-Bus
Sonstigen

3. Wie war der Weg/die Fahrt?

Angenehm
Durchschnittlich
Unangenehm

4. Warum dieses Verkehrsmittel gewählt?

Bitte Ziffern eintragen (Mögliche Gründe siehe unten)

1 = Schon vorher damit unterwegs, 2 = Hat sich bewährt/Gewohnheit, 3 = Keine andere Möglichkeit, 4 = Passt zur Entfernung, 5 = Kürzeste Fahrzeit, 6 = Viel Gepäck, 7 = ist bequem, 8 = ist flexibel, 9 = ist kostengünstig, 10 = Als Sport/zur Bewegung, 11 = Gutes Wetter, 12 = Schlechtes Wetter, 13 = Wegen Parksituation, 14 = Sonstiges, und zwar:

Von hier aus nächster Weg (auch Rückweg) auf der nächsten Seite!

Ihr Ziel / Ihr Zwischenstopp

An: Uhr

5. Wo angekommen?

Zuhause
Am eigenen Arbeitsplatz
Am eigenen Ausbildungsplatz
Anderer dienstl./geschäftl. bedingter Ort
Lebensmittelgeschäft/Supermarkt
Sonstiger Ort

und zwar:
Ort und Straße (ggf. PLZ)
was dort gemacht?

6. Um was für einen Stopp handelt es sich?

Ein relativ kurzer Zwischenstopp
Der bzw. ein Zielort wurde erreicht

7. Was trifft auf diesen Stopp/dieses Ziel zu?

War verpflichtend/musste (dringend) dort hin
Hätte ich ein anderes Mal erledigen können
Hatte ich vorher geplant
Ist mir unterwegs eingefallen
Lag gerade günstig
Wollte/mußte nach Hause

Quelle: eigene Darstellung

3.3 Durchführung der Erhebung

Für die Durchführung der Erhebung war der MOBINET-Konsortialpartner NFO Infratest Verkehrsforschung verantwortlich. Mit den beschriebenen Befragungsunterlagen wurden dieselben Teilnehmer in zwei verschiedenen Zeiträumen (t_0, t_1) vor bzw. nach Implementierung der Projekte an einem bzw. zwei Stichtagen befragt, um die Wirkungen messen zu können. Zur Zeit des Redaktionsschlusses kann der Stand der Wirkungsanalyse mit den Zeitpunkten und Rückläufen wie folgt angegeben werden (Tabelle 1).

Tab. 1: Stand der Vorher-Nachher-Erhebungen

Projekte	Vorher-Erhebung		Nachher-Erhebung	
	Erhebungs- zeitraum t_0	Rücklauf (Haushalte)	Erhebungs- zeitraum t_1	Rücklauf (Haushalte)
Telearbeit	Winter 00/01	n=105 (46%)	Winter 01/02	n=54 (51%/23%)
Shopping Box	Mai 01	n=609 (19%)	Mai 02 (geplant)	
MOBIKIDS	Okt. 00	n=77 (70%)	Okt. 01	n=51 (66%/46%)
BMM	Juni 00	n=57 (40%)	Okt. 01	n=54 (k. B./38%)

Quelle: eigene Darstellung

4 Ausblick

Ausgangspunkt der „innovativen Konzepte für die mobile Gesellschaft" im Leitprojekt MOBINET war die „verfahrene" Situation in den Verkehrssystemen. Ansätze sollten gefunden werden, die an der Wurzel von Verkehr ansetzten: Den alltäglichen Aktivitäten der Menschen. Im Berufs-, Ausbildungs- und Einkaufsverkehr wurden vier Pilotprojekte implementiert, die diesem Anspruch genügen sollten. In einer sehr differenzierten Wirkungsanalyse werden Indikatoren bestimmt, mit denen der (Miss-)Erfolg der Projekt bezüglich der gesetzten Ziele festgestellt werden kann. Wesentlich ist dabei, dass nicht nur die Veränderungen im betreffende Ausschnitt (z.B. Einkaufsverkehr) und der Projekt-Teilnehmer bewertet werden. Betrachtet werden hingegen die gesamte Mobilität für alle Aktivitäten und alle erwachsenen Mitglieder des jeweiligen Haushalts. Durch die Projektlaufzeit ist die Wirkungsanalyse zeitlich beschränkt. Die Abbildung von Langfristeffekten – wie die mögliche räumliche Distanzierung von Wohnstandorten zum Arbeitsplatz durch Telearbeit eines Haushaltsmitglieds – sind daher nicht möglich.

Im Rahmen der Datenlage werden in den nachfolgenden Beiträgen bereits erste Ergebnisse (im Wesentlichen aus den Vorher-Erhebungen) vorgestellt. Umfangreiche Ergebnisse der Wirkungsanalysen sind erst zum Projektende in 2003 zu erwarten. Basierend auf diesen Ergebnissen sind ferner Potenzialabschätzungen zu den Pilotprojekten für den Ballungsraum München geplant.

Literatur

BMBF (= Bundesministerium für Bildung, Wissenschaft, Forschung und Technologie) (Hrsg.) (1997): Mobilität: Eckwerte einer zukunftsorientierten Mobilitätsforschungspolitik. Bonn

HENSEL, Anja, Georg KARG, Hartmut KELLER, Sandra KOHLER, Alexander KREIPL, Andrea SCHULZE & Thomas W. ZÄNGLER (2000): Leitprojekt MOBINET des bmb+f, Arbeitsbereich D – Innovative Konzepte für die mobile Gesellschaft, Funktion D 1.1.2 – Bestandsaufnahme innovativer Ideen. Freising-Weihenstephan, Lehrstuhl für Wirtschaftslehre des Haushalts

GLOGGER, Andrea (2002): Mobilitätsverhalten potenzieller Telearbeiter im Haushaltskontext. In: KAGERMEIER, A. , T.J. MAGER & T. W. ZÄNGLER (Hrsg.): Mobilitätskonzepte in Ballungsräumen. Mannheim 2002 (=Studien zur Mobilitäts- und Verkehrsforschung, 2) S. 83-95

KOHLER, Sandra & Alexander KREIPL (2000): Leitprojekt MOBINET des bmb+f, Arbeitsbereich D – Innovative Konzepte für die mobile Gesellschaft, Funktionen D1.1.3 und D1.1.4 – Bewertung innovativer Ideen und Maßnahmen. Freising-Weihenstephan und München

KOHLER, Sandra und Alexander KREIPL (2002): MOBIKIDS – Mobilitätsmanagement für Kinder. In: KAGERMEIER, A. , T.J. MAGER & T. W. ZÄNGLER (Hrsg.): Mobilitätskonzepte in Ballungsräumen. Mannheim 2002 (=Studien zur Mobilitäts- und Verkehrsforschung, 2) S. 113-122

KREILKAMP, Peter (2002): Telearbeit und Verkehr. In: KAGERMEIER, A. , T.J. MAGER & T. ZÄNGLER (Hrsg.): Mobilitätskonzepte in Ballungsräumen. Mannheim 2002 (=Studien zur Mobilitäts- und Verkehrsforschung, 2) S. 73-81

MOBINET-Konsortium (Hrsg.) (1998): Technische Beschreibung. München

MOBIPLAN-Konsortium (Hrsg.) (1999): Operation Range of the Mobility Planner „Mobiplan". In: Mobilplan Newsletter, H. 1

RÖMMELT, Sybille (2002): Online-Shopping und Mobilitätsverhalten am Beispiel der Shopping Box. In: KAGERMEIER, A. , T.J. MAGER & T. W. ZÄNGLER (Hrsg.): Mobilitätskonzepte in Ballungsräumen. Mannheim 2002 (=Studien zur Mobilitäts- und Verkehrsforschung, 2) S. 97-111

SCHEUERER, Walter & Thomas PISCHNER (2000): 1. Evaluationsbericht MOBINET. München

SCHREINER, Martin (2002): IMBUS - Information, Marketing, Beratung und Service... der Schlüssel zu mehr nachhaltiger Mobilität. In: KAGERMEIER, A. , T.J. MAGER & T. W. ZÄNGLER (Hrsg.): Mobilitätskonzepte in Ballungsräumen. Mannheim 2002 (=Studien zur Mobilitäts- und Verkehrsforschung, 2) S. 125-132

SCHÜTTE, Fabian (2002): MOBINET - Wirkungsermittlung: Vorgaben des Arbeitsbereiches Q2 (1. Entwurf). München

VON WEIZSÄCKER, Ernst Ulrich (1994): Erdpolitik: Ökologische Realpolitik an der Schwelle zum Jahrhundert der Umwelt. 4. Aufl. Darmstadt

WOLTERS, Wilhelm (2002): MOBINET - Verkehrsmanagement in Stadt und Region München.Ein Überblick über das BMBF-Leitprojekt MOBINET In: KAGERMEIER, A. , T.J. MAGER & T. W. ZÄNGLER (Hrsg.): Mobilitätskonzepte in Ballungsräumen. Mannheim 2002 (=Studien zur Mobilitäts- und Verkehrsforschung, 2) S. 51-59

WERMUTH, Manfred, Günther MAERSCHALK & Werner BRÖG (1984): Verfahren zur Gewinnung repräsentativer Ergebnisse aus schriftlichen Haushaltsbefragungen zum Verkehrsverhalten. Forschungsberichte aus dem Forschungsprogramm des Bundesministers für Verkehr und der Forschungsgesellschaft für Straßen und Verkehrswesen e.V., H. 424. Bonn-Bad Godesberg

ZÄNGLER, Thomas W. (2000): Mikroanalyse des Mobilitätsverhaltens in Alltag und Freizeit. Berlin

ZOCHE, Peter, Simone KIMPLER & Markus JOEPGEN (2002): Virtuelle Mobilität: Ein Phänomen mit physischen Konsequenzen? Berlin

Kagermeier, A., T. J. Mager & T. W. Zängler (Hrsg.): Mobilitätskonzepte in Ballungsräumen.
Mannheim 2002, S. 73 - 81 (= Studien zur Mobilitäts- und Verkehrsforschung, Bd. 2)

Telearbeit und Verkehr

Peter Kreilkamp (München)

Zusammenfassung

Für die Stadtplaner jeder größeren Stadt stellt der wachsende Individualverkehr ein zunehmendes Problem dar. Im Zuge des Forschungsprojekts MOBINET wird in diesem Zusammenhang unter anderem untersucht, inwieweit Telearbeit – also das tageweise Arbeiten zuhause – dazu beitragen kann, den Berufsverkehr zu reduzieren. Befragungen Münchner Unternehmen zeigen, dass sich durch die Einführung von Telearbeit nicht nur konkrete Potenziale für Unternehmen und Mitarbeiter realisieren lassen, sondern auch eine Reduzierung des Berufsverkehrs erzielt werden kann.

Der Bericht skizziert die vielfältigen Perspektiven der Telearbeit sowie die Verkehrssituation in München und zeigt auf, dass insbesondere das Verkehrsverhalten innerhalb zukünftiger Mobilitätskonzepte berücksichtigt werden muss.

Summary

For the city planners of every bigger city the growing individual traffic represents an increasing problem. In the course of the research project MOBINET it is examined, how much teleworking can contribute to a reduction of rush-hour traffic. Questionings of Munich enterprises show that by the introduction of telework specific potentials for employees and employers can be realized as well as a reduction of the rush-hour traffic can be achieved.

The report outlines the various perspectives of telework as well as the traffic situation in Munich and shows that particularly the traffic behavior must be considered within future mobility drafts.

1 Generelle Perspektiven der Telearbeit

Grundlegender als je zuvor verändern innovative Informations- und Kommunikationstechnologien nahezu alle gesellschaftlichen Bereiche. Insbesondere in der Arbeitswelt werden sich heute noch vorherrschende Arbeitsmethoden, deren Organisation und Inhalte sowie Arbeitszeit und -ort grundlegend verändern. Dies beinhaltet auch die Beziehungen zwischen den arbeitenden Menschen, zwischen Arbeitnehmern und Arbeitgebern sowie zwischen den Unternehmen und ihren Geschäftspartnern. Galt bisher die Maxime: Arbeite in einer festen Struktur, am fixen Ort und zur bestimmten Zeit, so erlauben neue Bürolösungen mit innovativen Informations- und Kommunikationstechnologien das Arbeiten mit wem, wo und wann man will.

In diesem Zusammenhang wird das Thema der Telearbeit bereits seit einigen Jahren diskutiert. War es vor nicht allzu langer Zeit für viele deutsche Unternehmen jedoch noch eher ein „nice-to-have-Thema", um ihre Beschäftigung mit innovativen Tele-Technologien zu dokumentieren, so erkennen heute immer mehr Unternehmen die strategischen Perspektiven der Telearbeit. Corporate Downsizing, Globalisierung sowie die stetige Weiterentwicklung der hierfür benötigten Technologien werden dazu führen, dass immer mehr Geschäftsprozesse in vernetzten, telekooperativen und virtuellen Strukturen stattfinden, die eine ganzheitliche Berücksichtigung von Personal, Organisation und Technik erforderlich machen (vgl. Abb. 1). Darüber hinaus wird der Anteil der Informationsarbeit noch zulegen und damit auch die Möglichkeit für standortunabhängiges und verteiltes Arbeiten. Vorhandene Bürostrukturen werden dadurch zwar nicht überflüssig, jedoch ergeben sich für immer mehr Menschen größere Freiheitsgrade bei der Gestaltung ihrer Arbeit.

Abb. 1: Bestimmende Dimensionen der Veränderungen in der Arbeitswelt

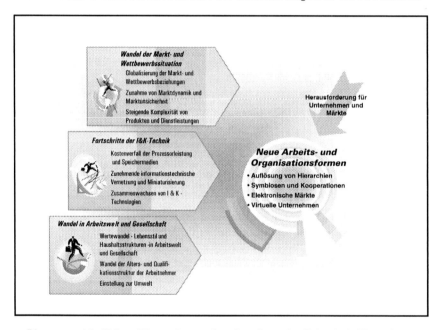

Die unterschiedlichen Dimensionen der alternierenden Telearbeit (Organisation, Technik, Recht) wurden in den vergangenen Jahren in vielen Projekten und Untersuchungen detailliert beschrieben. Auch die vielfältigen Auswirkungen auf Mitarbeiter, Unternehmen und Gesellschaft sind bekannt und überwiegen in ihren positiven Ausprägungen (vgl. Abb. 2). Mittlerweile wird Telearbeit daher auch in Deutschland in immer mehr Unternehmen als eine Arbeitsform der Zukunft angesehen und zunehmend realisiert. Heute längst überholt ist dabei das Klischee von der Hausfrau und Mutter, die isoliert und ohne soziale Absicherung zwischen Kochtöpfen und spielenden Kindern Massendaten in den PC eintippt.

Abb. 2: Perspektiven der Telearbeit

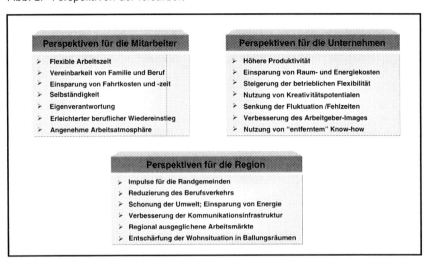

Zumeist handelt es sich um sog. alternierende Telearbeit, bei denen angestellte Mitarbeiter sowohl im Unternehmen als auch dezentral (in den meisten Fällen 1 bis 2 Tage) entweder am häuslichen Arbeitsplatz oder im standortnahen Büro (Telezentrum, Satellitenbüro) arbeiten.

Dabei verdeutlichen Untersuchungen die fast ausschließlich positiven Erfahrungen der Telearbeiter (vgl. Abb. 3). Befürchtungen hinsichtlich sozialer Isolierung bestätigten sich angesichts von durchschnittlich 1-2 Tagen Telearbeit nicht.

Abb. 3: Auswirkungen der Telearbeit für Mitarbeiter

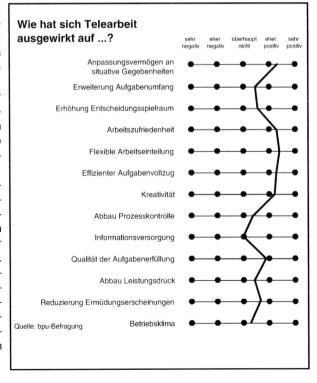

2   Verkehr im Ballungsraum

„An die Stelle des alten Leidens an begrenzter Mobilität ist ein neues Leiden an fast unbegrenzter Mobilität getreten," befindet der Philosoph Peter SLOTERDIJK (zitiert nach: GLEICH 1998, S. 219). Damit spricht er ein Thema an, das für viele Kommunen zu einem immer größer werdenden Problem wird. Die Zerstörung der lebenswerten Stadt, die über alle Grenzwerte hinausgehende Belastung der städtischen Luft, die Bedrohung der Gesundheit der Stadtbewohner infolge dieser Luftbelastung, die Entwertung und Beeinträchtigung von Wohnraum durch den Verkehrslärm, die große Belastung des kommunalen Haushalts durch die Verkehrsausgaben sowie schier endlose Planungs-, Beteiligungs- und Rechtsverfahren bei umstrittenen Verkehrsprojekten verdeutlichen die umfassende Dimension des Problems.

Eine Ursache hierfür ist die in den letzten Jahren verstärkte Suburbanisierung mit einer daraus folgenden Zerlegung des Lebens in säuberlich kleine Portionen: Schlafen am Stadtrand, Arbeiten im Zentrum, Einkaufen auf der „grünen Wiese", Sport treiben im Umland. Jeder Funktion einen Platz zuzuweisen wurde im Zeitalter der Industrialisierung noch für effizient gehalten. Doch zwischen den einzelnen Szenerien müssen die Menschen hin und her pendeln. Diese Ortswechsel kosten Zeit, Geld und Nerven und belasten die Umwelt. Sie haben mit Lust an Mobilität wenig, mit Zwang um so mehr zu tun. Der daraus resultierende Verkehr – vor allem in seiner Ausprägung als motorisierter Individualverkehr – wird damit zu einem Hauptproblem in ökologischer, ökonomischer und sozialer Hinsicht.

Auch im Verdichtungsraum München mit etwa 2,4 Millionen Einwohnern konkurrieren unterschiedlichste Mobilitätsbedürfnisse um die Nutzung knapper Ressourcen. Diese Mobilitätsbedürfnisse stehen im Spannungsfeld zu den Erwartungen der Bürger an ihre Lebensqualität, die beeinträchtigt wird durch vielfältige Folgeerscheinungen des Verkehrs. Wie in anderen Ballungsräumen auch, sind in München die negativen Folgen des Verkehrs zunehmend zu spüren. Die Ursache hierfür ist vor allem die derzeitige wirtschaftliche Entwicklung und die damit verbundene hohe Anziehungskraft des Wirtschaftsraumes München. Der Immobilienmarkt mit seinen bundesweit höchsten Preisen führt dazu, dass für viele nur noch Wohnungen in entlegeneren ländlichen Gemeinden finanzierbar sind, die jedoch mit öffentlichen Verkehrsmitteln nicht so gut angebunden sind. Immer mehr Menschen sind daher auf das Auto angewiesen, um zur Arbeit zu gelangen (vgl. Abb. 4).

Ergänzend zu den vielen Einpendlern kommen somit zusätzliche Pendlerverflechtungen hinzu. Offensichtlich gibt es nicht genügend Anreize oder Möglichkeiten für die Menschen, sich in der Nähe ihrer Arbeitsstelle häuslich niederzulassen, was neben den radialen Hauptverkehrsströmungen in Richtung Stadt zu weiteren Querverbindungen im Umland führt: Germeringer Pendler fahren nicht nur nach München, sondern nach Ismaning, Pendler aus Ebersberg arbeiten in Ottobrunn, Starnberger am Flughafen.

Dies alles wirkt sich auf die Umweltqualität des Lebensraums und auch auf die Standortqualität des Wirtschaftsraumes aus, zumal Prognosen davon ausgehen, dass sich der Motorisierungsgrad noch erhöhen wird (vgl. Abb. 5). Vor diesem Hintergrund ist auch die eingeführte Erhöhung der Entfernungspauschale eher kontraproduktiv für eine vernünftige Siedlungsentwicklung und weniger Verkehr in den deutschen Ballungsräumen.

Abb. 4: Wechselbeziehungen zwischen Immobilienmarkt und Verkehr

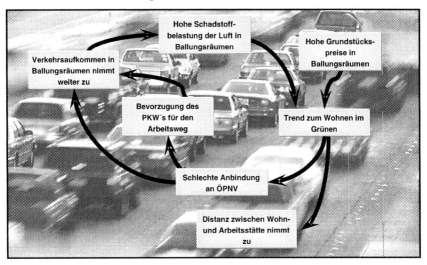

Abb. 5: Entwicklung des Motorisierungsgrades in der Region München

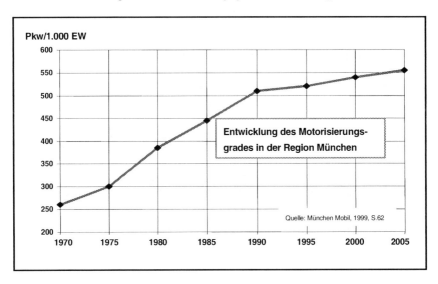

Die wachsende Verkehrsleistung stößt dabei mehr und mehr an die Grenzen der bestehenden Infrastrukturen; Verkehr, der nicht flüssig abgewickelt werden kann, beginnt sich selbst zu behindern, schränkt Mobilität ein und beeinträchtigt die Lebensqualität sowie die lokale und regionale Wirtschafts- und Wohlstandsentwicklung.

Für die Landeshauptstadt wird die Lösung der Verkehrsprobleme in den kommenden Jahrzehnten daher zu einem Schlüssel der Entwicklung von Wirtschaft und Gesellschaft. Vor diesem Hintergrund stellt sich die Frage, welche Maßnahmen zur Entwicklung einer ökologisch verträglicheren Mobilität ergriffen werden müssen, denn bessere Angebote im öffentlichen Verkehr und eine verbesserte Verkehrstechnik allein reichen längst nicht mehr aus. Auch mit planerischen und technischen Mitteln ist der zunehmenden Verkehrsbelastung nicht mehr beizukommen. Auch eine Verkehrspolitik, die primär auf freiwillige und „vernünftige" Verhaltensänderungen setzt, kann nur zum Scheitern verurteilt sein, da sie dem „normalen" Autofahrer keine konkreten Vorteile bieten kann. Auf Dauer erfolgversprechend ist nur eine Abkehr von der heutigen auto-orientierten Lebensweise, die nicht nur den privaten Alltag prägt, sondern sich ebenso in der Art des Wirtschaftens wie im Planungs- und Verwaltungshandeln äußert. Entscheidend sind dabei Lösungen, die umweltverträglich sind und von den Nutzern akzeptiert werden. Wenn sich also das Mobilitätsverhalten ändern soll, sind Lösungsansätze vor allen Dingen in den Köpfen der Menschen zu suchen.

3   MOBINET

Das Mobilitätsverhalten steht im Mittelpunkt des Arbeitspakets „Innovative Konzepte für die mobile Gesellschaft" innerhalb des Forschungsprojekts MOBINET; untersucht werden verschiedene Potenziale neuer Mobilitätsmuster zur Gestaltung einer nachhaltigen Mobilität.

Die bpu Unternehmensberatung analysiert dabei vor allem die Auswirkungen von Telearbeit auf den Berufsverkehr, der auch in München ca. 20 Prozent aller zurückgelegten Wege ausmacht und durch die zeitliche Konzentration auf wenige Stunden am Morgen und Abend regelmäßig zur Überlastung der städtischen Verkehrswege führt. In München sind es derzeit etwa 400.000 Pendler – der weitaus größte Teil davon mit dem eigenen PKW –, die jeden Morgen zu ihren städtischen Arbeitsplätzen unterwegs sind.

Die grundlegende Frage in diesem Zusammenhang lautet: Müssen eigentlich alle diese Pendler an jedem Tag der Woche ins Büro fahren, oder gibt es Alternativen hierzu? („Verkehr vermeiden" als beste Lösung im Vergleich zu „Verkehr verlagern" und „Verkehr verträglich abwickeln"). Im Informationszeitalter lässt sich diese Frage für immer mehr Beschäftigte – insbesondere Bürobeschäftigte – mit „Nein" beantworten.

Denn mit der Realisierung von Telearbeit lassen sich ganz offensichtlich Pendlerwege einsparen. Gleichwohl darf nicht verkannt werden, dass die Einführung von Telearbeit hierzulande vorwiegend in der Absicht erfolgt, Arbeitsstrukturen zu flexibilisieren, entsprechende Wirtschaftlichkeitspotenziale zu generieren und weniger, den Berufsverkehr zu reduzieren.

Demgegenüber zeigen Untersuchungen in den USA, Skandinavien und den Niederlanden, dass Telecommuting-Programme (commute = pendeln) gerade in Ballungsräumen dazu beitragen können, das Verkehrsaufkommen und damit auch die entsprechenden Schadstoffe zu reduzieren. Nicht zuletzt ist Telecommuting wesentlicher Bestandteil in verschiedenen Luftreinhaltungsprogrammen der USA und findet sogar Berücksichtigung in „Pay-me-not-to-drive"-Incentives einzelner Bundesstaaten.

So arbeiten beispielsweise ca. 15 % der Angestellten des Netzwerkausrüsters Nortel Networks an mindestens zwei Tagen der Woche von zu Hause aus. Nach Schätzungen des amerikanischen Verbandes der Tele-Worker spart Nortel damit rund 20 Millionen Dollar an Büromiete und reduziert die Gesamtfahrleistung seines Personals um etwa 75 Millionen Kilometer pro Jahr. Das entspricht einer Reduzierung des Schadstoffausstoßes um 26.000 Tonnen.

Bei allen Maßnahmen zur Verkehrsreduzierung ist jedoch zu berücksichtigen, dass es ein äußerst schwieriges und mit viel Informations- und Aufklärungsarbeit verbundenes Unterfangen sein wird, ausgerechnet den deutschen Autofahrer dazu zu bewegen, eine Alternative zu seinem Auto zu nutzen, und sei diese Alternative noch so rational und überzeugend. Solche Alternativen werden nur dann eine Chance haben, wenn sie konkrete Nutzen-Effekte wie zum Beispiel Kosten- und Zeiteinsparungen aufweisen.

Welche Nutzen-Effekte können nun im Zusammenhang mit Telearbeit betrachtet werden? Für die Pendler zeigen sich diese insbesondere anhand folgender Fragestellungen:

- Wie kann der Aufwand an Zeit und Kosten für das tägliche Pendeln zum Büro reduziert werden?
- Wie können Berufs- und Privatleben besser aufeinander abgestimmt werden?

Die mit Telearbeit verbundenen Potenziale verdeutlicht folgendes Beispiel:

Ein Pendler, der in Landsberg wohnt und täglich nach München fährt, benötigt hierfür im Monat etwa 910 EURO und 40 Stunden (einfache Fahrtstrecke: 65 km; Fahrtzeit: 60 Minuten; Fahrtkosten: 35 Cent/Kilometer gem. *ADAC* für einen Mittelklassewagen).

Wenn dieser Pendler an zwei Tagen der Woche zuhause arbeitet, kann er dadurch immerhin 360 EURO und 16 Stunden im Monat einsparen.

In diesem Zusammenhang bietet sich auch den vielen Zuzüglern angesichts der derzeitigen Wohnungssituation die Möglichkeit, verfügbare und preiswertere Wohnungen im Umland zu nutzen, und die dadurch größere Entfernung nicht jeden Tag zurücklegen zu müssen. Der hier oftmals vorgebrachte Einwand, Telearbeit würde dadurch sogar zu mehr Verkehr führen, ist zumindest zum jetzigen Zeitpunkt nicht stichhaltig, denn die Ursache für die Ansiedlung im Umland ist in erster Linie der Mangel an bezahlbaren City-Wohnungen und nicht die Möglichkeit zur Telearbeit.

Die Perspektiven für die Unternehmen sind in erster Linie ökonomischer Art und zeigen sich v.a. in folgenden Fragestellungen:

- Wie können wir unsere Wettbewerbsfähigkeit verbessern?
- Wie können wir unsere Attraktivität als Arbeitgeber erhöhen?
- Wie kommen unsere Mitarbeiter möglichst stressfrei ins Büro?
- Wie lassen sich Kosten für Parkraum, Stellplätze, Geschäftswagen etc. einsparen?

Auch für die Unternehmen ergeben sich eine Reihe von Vorteilen. Neben der in vielen empirischen Untersuchungen festgestellten Verbesserung der Produktivität, Motivation und Zufriedenheit der Mitarbeiter, bietet sich vor allem für Unternehmen in teuren Zentrumslagen die Möglichkeit, durch desk-sharing (zwei Mitarbeiter teilen sich einen Schreibtisch) Platz und damit Geld zu sparen.

---

1) Beispielhafte Initiativen finden sich unter: http://www.gsa.gov/pbs/owi/telecomm.htm oder auch: http://www.commuterpage.com

Hieran wird deutlich, dass die Einführung von Telearbeit maßgeblich von konkreten ökonomischen Faktoren bestimmt wird. Wenn zusätzlich positive Effekte im Bereich der Umwelt durch eine Reduzierung des Berufsverkehrs erzielt werden können, so ist dies sicherlich ein wünschenswerter Nebeneffekt von Telearbeit, jedoch nicht das ausschlaggebende Motiv für ihre Einführung aus unternehmerischer Sicht. Schließlich ergeben sich auch für die Kommunen konkrete Fragestellungen:

•   Wie lassen sich die negativen Folgen des Verkehrs für den Wirtschaftsstandort reduzieren?

•   Wie lassen sich sowohl die Interessen der Bürger mit denen der lokalen Wirtschaft im Sinne einer nachhaltigen Verkehrspolitik vereinbaren?

•   Gibt es Lösungen gegen den zunehmenden Berufsverkehr?

Diese Fragen werden u.a. im Rahmen eines Förderprogramms der Stadt München untersucht; der lokalen Wirtschaft wird mit diesem Vorhaben die Möglichkeit geboten, alle vom Unternehmen ausgehenden Verkehrsströme mittels einer Mobilitätsberatung effizient, umwelt- und sozialverträglich abzuwickeln und gleichzeitig Kostenvorteile zu realisieren. Neben der Bildung von Fahrgemeinschaften, der stärkeren Nutzung des ÖPNV oder dem Umstieg aufs Fahrrad ist auch Telearbeit für die ansässigen Unternehmen eine Möglichkeit, einen Beitrag zur Verkehrsreduzierung zu leisten.

Im Sinne einer ganzheitlichen Betrachtung muss ergänzend hierzu auch die volkswirtschaftliche Dimension mit einbezogen werden, was in vergleichbaren Untersuchungen oftmals jedoch nicht geschieht. Hier sind v.a. die Auswirkungen des Verkehrs bzw. die Reduzierung des Verkehrs auf folgende Bereiche zu untersuchen: Unfallkosten, Luft-Schadstoffe, Nährstoffeintrag in Böden und Gewässer (= Eutrophierung), Humantoxizität (= krebserregende Wirkungen von Luftschadstoffen), Lärm (20 bis 30 % aller Deutschen fühlen sich durch Straßenverkehrslärm stark belästigt), Flächenbedarf, Kosten von Staus.

Die erweiterte Kostenbilanz des Kraftfahrzeugverkehrs war Gegenstand von Untersuchungen des Umwelt- und Prognose-Instituts (UPI) in Heidelberg. Dabei wurden v.a. folgende ökologische und soziale Kostenarten quantifiziert: Straßeninfrastruktur, Luftverschmutzung, Lärm, Wasserbelastung, Flächenbeanspruchung, Verkehrsunfälle und Treibhauseffekt.

Demzufolge standen im Jahr 1996 den staatlichen Einnahmen durch den Kfz-Verkehr in Höhe von 63,7 Milliarden DM quantifizierbare Kosten des Kfz-Verkehrs in Höhe von 301 Milliarden DM gegenüber. Damit ergab sich ein volkswirtschaftliches Defizit des Kfz-Verkehrs von rund 240 Milliarden DM. Die externen Kosten lagen 1996 demzufolge pro PKW bei durchschnittlicher Nutzung bei ca. 4.500 DM pro Jahr, die letztlich von der Allgemeinheit getragen wurden (vgl. UPI 2002). Diese externen Kosten müssen also ebenfalls betrachtet werden, wenn die verkehrsreduzierenden Effekte von Telearbeit im Rahmen einer erweiterten Wirtschaftlichkeitsbetrachtung untersucht werden.

4   Ergebnisse der MOBINET-Befragung

Die Befragungen von Telearbeitern in mehreren privaten und öffentlichen Unternehmen in München haben gezeigt, dass die gewonnenen Erfahrungen im Wesentlichen mit bereits durchgeführten Analysen übereinstimmen: die positivsten Auswirkungen durch die Einführung von Telearbeit zeigten sich in der Reduzierung von Stress auf dem Weg zur Arbeit, in der Möglichkeit, die Arbeit flexibel einteilen zu können sowie in einem effizienteren Arbeiten. Auch die Effekte in den Bereichen Arbeitszufriedenheit, Kundenorientierung, Identifikation mit dem Unternehmen sowie Arbeitsqualität überwiegen in ihren positiven Ausprägungen.

Desweiteren konnten die Befragten durch die Arbeit zuhause durchschnittlich ca. 200 Kilometer an Fahrleistung sowie etwa 4,5 Stunden an Fahrtzeit jeweils pro Woche einsparen. Bis Ende 2002 werden im Rahmen des MOBINET-Projekts die entsprechenden Hochrechnungen durchgeführt.

Bereits jetzt lässt sich festhalten, dass sich mit der Realisierung von alternierender Telearbeit in den Münchener Unternehmen die Verkehrsprobleme sicherlich nicht mit einem Schlag lösen lassen; gleichwohl stellt Telearbeit ein wichtiges Instrument innerhalb eines nachhaltigen, städtischen Mobilitätskonzepts dar. Denn neben dem Stellplatzmanagement, der Bildung von Fahrgemeinschaften, der Förderung des Radfahrens oder auch der Gestaltung von Anreizen zur ÖPNV-Nutzung weist insbesondere die Telearbeit konkrete ökonomische Nutzenpotentiale auf, was ihre Einführung nicht nur aus Umweltgründen sondern auch aus unternehmerischer Sicht interessant macht.

„Man fährt nicht mehr zur Arbeit und kommt erledigt nach Hause, sondern die Arbeit kommt nach Hause und fährt erledigt in die Firma zurück."

Ebenso dürfte mit Blick auf die Pendler eine Veränderung des Verkehrsverhaltens im Sinne einer geringeren PKW-Nutzung nur schwer über rein umweltbewusste Motive erzielbar sein. Nur wenn andere Motivationen und Anreize – mehr Freizeit, Zeit- und Kostenersparnis, höhere Flexibilität – in Aussicht gestellt werden und vergleichsweise einfach erreicht werden können, dürften sich Verhaltensänderungen bei den Pendlern einstellen.

Lösungen für die heutigen Mobilitätsprobleme müssen demzufolge den emotionalen Menschen und sein bisweilen irrationales Mobilitätsverhalten einberechnen. Zukunftsfähige Verkehrskonzepte müssen daher alternative Angebote machen, wie Kontaktbedürfnis, Lust an der Bewegung oder den Drang nach Anerkennung ausgelebt werden kann - aber auf eine Weise, die weder Mitmenschen belästigt noch die Umwelt ruiniert.

Literaturverzeichnis

GLEICH, Michael (1998): Mobilität. Hamburg

JANSSEN, Lutz & Peter KIRCHHOFF (1998): MünchenMobil. München

UPI (= *Umwelt- und Prognose-Institut e.V.*) (2002): Umweltwirkungen von Finanzinstrumenten im Verkehrsbereich. URL:www.upi-institut/UPIBerichte.htm (13.09.02)

Mobilitätsverhalten potenzieller Telearbeiter im Haushaltskontext

Andrea F. Glogger (Freising-Weihenstephan)

Zusammenfassung

Verkehrsbedingte Umweltbelastungen nehmen zu. Es herrscht deshalb allgemeiner Konsens, dass Verkehr reduziert werden muss. Dabei soll die Mobilität der Menschen nicht beeinträchtigt werden. In verschiedenen Bereichen wird unter Berücksichtigung ökologischer und sozialverträglicher Aspekte nach Lösungen gesucht. Im vorliegenden Beitrag wird eine Möglichkeit vorgestellt, die für den Bereich Arbeit entwickelt worden ist. Es handelt sich um alternierende Telearbeit.

Ziel des vorliegenden Beitrags ist es, die Wirkungen alternierender Telearbeit auf die Mobilität der betreffenden Arbeitnehmer und ihrer Haushalte zu untersuchen. Zu diesem Zweck werden Hypothesen zur Beschreibung potenzieller Wirkungen vorgestellt. Anschließend wird eine Methode erörtert, die zur Messung dieser Wirkungen eingesetzt wird (vor der Einführung und 1 Jahr nach der Einführung alternierender Telearbeit). Schließlich werden die ersten Ergebnisse präsentiert. Es handelt sich um die Ergebnisse der Vorher-Erhebung. Telearbeiter haben hinsichtlich Entfernung und Zeit längere Arbeitswege als der Durchschnitt der Bevölkerung. Darin liegt wohl das Interesse der Telearbeiter begründet, ihre Arbeitssituation zu verändern.

Die Ergebnisse der Nachher-Erhebung werden demnächst veröffentlicht. Im Anschluss an die Kurzzeituntersuchung ist auch eine Langzeituntersuchung erforderlich, da die Wirkungen von Telearbeit weit über ein Jahr hinaus reichen.

Summary

Traffic induced pollution is increasing. Therefore traffic has to be cut back. At the same time people should not be limited in their mobility. Various groups are interested to find an ecologically and socially acceptable solution to this problem. The following article presents an option that has been developed for work: telecommuting.

The objective of this article is to evaluate the overall impact telecommuting has on the mobility of telecommuters and their household members alike. To achieve this various hypothesises dealing with this subject are presented in detail. Subsequently the method to evaluate the effect of telecommuting on mobility behaviour is discussed. It consists of a survey of mobility behaviour of telecommuters before (pre) and after (post) introducing telecommuting (pre- and post-survey). Finally first findings are presented. These are findings from the pre-survey. The distance and time spent on the way to work by telecommuters is higher than the distance and time spent by the average population. This seems to be the main reason for telecommuters to alter their working situation.

Findings of the post-survey will be published soon. Following this short-run study a long-run study has to be implemented as the effects of telecommuting reach further than 1 year into the future.

1   Einleitung

Die Volkswirtschaft kann in folgende vier Sektoren gegliedert werden: Land- und Forstwirtschaft, Produzierendes Gewerbe, Handel- und Verkehr sowie Dienstleistungsunternehmen. Alle diese Sektoren rufen implizit und explizit Güter- und Personenverkehr hervor.

Verkehrsbedingte Umweltbelastungen und somit Einschränkungen der Lebensqualität werden hauptsächlich durch den motorisierten Verkehr verursacht. Es ist deshalb allgemeiner Konsens, dass der Verkehr reduziert werden muss. In diesem Zusammenhang erscheint es sinnvoll, in jenen Bereichen über Möglichkeiten der Verkehrsreduzierung nachzudenken, die einen erheblichen Beitrag zum Verkehrsaufkommen leisten. Dies ist beispielsweise der Bereich Arbeit. Laut KONTIV 1989 ist ein Drittel des Personenverkehrs auf die Aktivität Arbeit zurückzuführen (*DIW* 1993). Die Erhebung „Mobilität '97" (kurz: M'97; ZÄNGLER 2000) kam für den Bereich Erwerb zum selben Ergebnis. Im Bereich Arbeit nimmt der Dienstleistungssektor eine zunehmend dominierende Position ein. Gleichzeitig werden im Zeitalter innovativer Infomations- und Kommunikationstechnologien (IuK-Technologien) mehr und mehr Dienstleistungen mit ihrer Hilfe erstellt. Dies ist eine Grundvoraussetzung für Telearbeit.

Der Ballungsraum München, der im Rahmen des Leitprojekts MOBINET betrachtet wird, weist diese Voraussetzungen für Telearbeit auf. In den letzten Jahren hat sich ein ausgeprägter Dienstleistungssektor mit Zugang zu modernsten IuK-Technologien (z.B. ISDN, DSL) entwickelt. Dies führt zu einer großen Zahl telearbeitsfähiger Arbeitsplätze. Eine weiter Voraussetzung ist die Akzeptanz auf Seiten der Arbeitnehmer und Ihrer Haushalte und auf Seiten der Unternehmen. Unternehmen der neuen Informations- und Kommunikationstechnologien, sowie der Medienbranche sind gegenüber der Einführung von Telearbeit aufgeschlossen. Somit können die Voraussetzungen für Telearbeit im Ballungsraum München als positiv bewertet werden.

Die Einführung von Telearbeit hat verschiedene Effekte im Unternehmens- und Haushaltskontext. Im Unternehmen wird unter Anderem das Kommunikations- (E-Mail, Telefon, Internet), Verkehrs- und Mobilitätsverhalten verändert. Im Haushalt sind sehr unterschiedliche Effekte zu betrachten. So verändern sich zum Beispiel durch Telearbeit die Interaktionen der einzelnen Haushaltsmitglieder. Dies kann sich in einer Veränderung der Aufgabenteilung innerhalb des Haushalts, der sozialen Kontakte zueinander oder auch einem veränderten Mobilitätsverhalten aller Haushaltsmitglieder zeigen. Besondere Bedeutung kommt dabei der Verkehrsmittelwahl zu.

Der vorliegende Beitrag soll in diesem Zusammenhang klären, welche möglichen Auswirkungen Telearbeit auf die Mobilität von Telearbeitern und ihren Haushaltsmitgliedern hat und ob sie als Königsweg zur Reduzierung des Verkehrs bezeichnet werden kann. In einer Kurzzeitstudie wird zunächst das Mobilitätsverhalten von Haushalten vor der Einführung und ein Jahr nach der Einführung von Telearbeit erhoben und analysiert. Da angenommen werden kann, dass die Einführung von Telearbeit Wirkungen aufweist, die weiter als ein Jahr in die Zukunft reichen, erscheint es sinnvoll, im Anschluss an diese Kurzzeitstudie eine Langzeitstudie durchzuführen. Eine solche Studie ist aber nicht Gegenstand des Beitrags. Er hat folgenden Aufbau. Zunächst werden Hypothesen zum kurzfristigen Einfluss von Telearbeit auf die Mobilität von Telearbeitern und ihren Haushalten besprochen. Anschließend wird die Methode erörtert, mit der die genannte Wirkung von Telearbeit erfasst werden soll. Im Wesentlichen handelt es sich um eine Vorher- und Nachher-Erhebung. In der Vorher-Erhebung wird bei potenziellen Telearbeitern das Mobilitätsverhalten vor Einführung der Telearbeit bestimmt. In der Nachher-Erhebung wird bei jenen Personen, die tatsächlich Telearbeit aufgenommen haben, das Mobilitätsverhalten nach Einführung der Telearbeit ermittelt. Unter sonst gleichen Bedingungen kann angenommen werden, dass die Veränderung im Mobilitätsverhalten weitestgehend auf Telearbeit zurückzuführen ist. Schließlich werden die Ergebnisse der Untersuchung vorgelegt. Da die Ergebnisse der Nachher-Erhebung derzeit noch nicht vorliegen, werden nur die Ergebnisse der Vorher-Erhebung vorgestellt. Mit der Vorheruntersuchung sind Aussagen über potenzielle Effekte möglich.

2 Hypothesen

Im Folgenden werden Hypothesen zum Zusammenhang von Telearbeit und Mobilität vorgestellt. Dabei wird zwischen der physischen und virtuellen Ausprägung von Mobilität unterschieden. Physische Mobilität umfasst die Bewegung von Personen und Gegenständen im Raum, virtuelle Mobilität die Bewegung bzw. den Transfer von Informationen (z.B. Sprache via Telefon, Daten via Internet). Bei Telearbeit soll physische Mobilität durch virtuelle Mobilität ersetzt werden (DENZINGER 2001).
Betrachtet werden folgende Hypothesen:

*   Substitutionhypothese
*   Kontraktionhypothese
*   Verlagerungshypothese.

Die *Substitutionshypothese* besagt, dass physische Mobilität im selben Ausmaß durch virtuelle Mobilität ersetzt wird. Der Arbeitsweg kann durch Telekommunikation substituiert werden. Neue Wege treten nicht auf (GLASER 1999).

Die *Kontraktionshypothese* betrachtet den Aktionsradius des Haushaltes. Telearbeiter gewöhnen sich an die verringerte Mobilität und finden an ihr Gefallen. Auch in der Freizeit werden weniger Wege zurückgelegt (KITAMURA et al. 1991).

Im Gegensatz hierzu geht die *Verlagerungshypothese* von einer Neuorganisation der Mobilität aus. Drei Ausprägungen können unterschieden werden: die physische, die modale und die temporale Verlagerung von Mobilität.

Zunächst wird die *physische Verlagerung* betrachtet. Nach dem Beginn mit Telearbeit treten neue Wege auf. Ein Beispiel sind die Einkaufswege. Einkäufe, die auf dem Weg zu oder von der Arbeit erledigt werden, erfordern neue Wege, wenn der Arbeitsweg entfällt. Denkbar ist auch ein erhöhtes Mobilitätsbedürfnis von Telearbeitern in ihrer Freizeit, das zum Zurücklegen größerer Strecken führen kann. Dies stellt eine Verlagerung zwischen Aktivitäten dar. Eine *modale Verlagerung* liegt vor, wenn ein anderes Verkehrsmittel gewählt wird. Ein verringerter Mobilitätsbedarf kann unter ökonomischen Aspekten eine Änderung des bisher gewählten Verkehrsmittels bedingen. Dies gilt beispielsweise für die Fahrtkosten bei Besitz und Nutzung eines privaten Kfz oder von ÖV-Zeitkarten. Auch die Nutzung des nicht für den Arbeitsweg benötigten Fahrzeugs durch die anderen Haushaltsmitglieder zu deren eigenen Zwecken, wird als eine Form der modalen Verlagerung verstanden. Die neugewonnene Zeitsouveränität der Telearbeiter drückt sich in der *temporalen Verlagerung* aus. Ein Telearbeiter hat nun die Möglichkeit, Wege nicht mehr in den Stoßzeiten zurückzulegen, sondern sie über den Tag zu verteilen. Auf diese Weise können Verkehrsspitzen verringert werden (GLASER 1999).

3   Methode

In der folgenden Untersuchung wird alternierende Telearbeit betrachtet. Bei dieser Form der Telearbeit verrichten die Arbeitnehmer ihre Arbeit teils beim Arbeitgeber, teils zu Hause (vgl. KREILKAMP im selben Band). Zur Analyse des Mobilitätsverhaltens im Zusammenhang mit Telearbeit wird vor und nach der Einrichtung von Telearbeit eine Befragung der Haushalte durchgeführt. Befragungsinstrumente sind ein Haushaltsfragebogen je Haushalt, ein Personenfragebogen sowie ein Mobilitätstagebuch (über 2 Tage) je Haushaltsmitglied (> 18 Jahre). Die Methode wird bei ZÄNGLER (im selben Band) näher erläutert. Die zukünftigen Telearbeiter müssen verbindlich bekannt sein, die Telearbeit darf aber noch nicht aufgenommen worden sein. Im Folgenden werden die zukünftigen Telearbeiter zur Vereinfachung als Telearbeiter bezeichnet.

Die Vorher-Erhebung (vor der Aufnahme der Telearbeit) wurde in den Kalenderwochen 45/2000 bis 14/2001 (t_0), die Nachher-Erhebung (nach der Aufnahme der Telearbeit) in den Kalenderwochen 45/2001 bis 04/2002 (t_1) durchgeführt.

Bei der Rekrutierung der Probanden waren zwei Schwierigkeiten zu überwinden. Zum einen mussten Arbeitgeber gefunden werden, die bereit sind Telearbeitsplätze einzurichten. Zum anderen mussten bei solchen Arbeitgebern Arbeitnehmer gefunden werden, die bereit sind Telarbeit aufzunehmen. Neun Unternehmen und Verwaltungen (Amadeus, Allianz, Telekom, IZB-Soft, HypoVereinsbank, Landeshauptstadt München, BMW, DASA-LFK, Regierungsbezirk Obberbayern) aus dem Ballungsraum München erklärten sich bereit, an der Studie teilzunehmen. An der Vorher-Erhebung haben 104 Haushalte teilgenommen, an der Nachher-Erhebung 52 Haushalte.

Auf Grund der teilweise verspäteten Implementierung einiger Telearbeitsplätze wurde die Erhebung erst zu Beginn des Jahres 2002 abgeschlossen. Die Ergebnisse des Mobilitätstagebuches der Nachher-Erhebung lagen bei Redaktionsschluss noch nicht vor.

Es sollen im vorliegenden Beitrag die für eine weitere Analyse der Hypothesen notwendigen Informationen über das Mobilitätsverhalten zum Zeitpunk t_0, also vor Beginn der Telearbeit, dargestellt werden.

4   Ergebnisse

Die Ergebnisse umfassen die Beschreibung der Soziodemographie und der Mobilität von zukünftigen Telearbeitern.

4.1 Soziodemographie

Betrachtet wird die Vorher-Erhebung mit 104 Haushalten und 199 Personenfragebögen bzw. 165 Mobilitätstagebüchern. Die Soziodemographie der Stichprobe wird in Tabelle 1 dargestellt. Die Befragten sind mit durchschnittlich 38 Jahren überwiegend mittleren Alters. Die Hälfte der Stichprobe ist jeweils weiblichen bzw. männlichen Geschlechts. Bei den Telearbeitern überwiegt die Anzahl der Frauen mit 55 % leicht. Die meisten der Befragten leben in einer festen Partnerschaft, alleinlebend sind nur 7 %, alleinwohnend (feste Partnerschaft jedoch keine gemeinsame Wohnung) nur 3 %. In über der Hälfte der Haushalte leben Kinder. Besonders stark vertreten sind Mehrpersonenhaushalte (MP-HH), was auch DENZINGER in seiner Studie feststellen konnte (DENZINGER 2000). Die durchschnittliche Haushaltsgröße beträgt 2,8 Personen pro Haushalt.

Tab. 1: Soziodemographie der Stichprobe (t_0)

Durchschnittsalter [*] [Jahre]	Gesamt	38
	zukünftige Telearbeiter	39
	sonstige Haushaltsmitglieder	38
Geschlecht: weibl./männl. [*] [%]	Gesamt	50/50
	zukünftige Telearbeiter	55/45
	sonstige Haushaltsmitglieder	45/55
Lebenssituation [*] [%]	Alleinlebend	6,7
	Alleinwohnend	2,9
	Alleinerziehend	7,6
	Paar ohne Kind(er)	23,8
	Paar mit Kind(ern)	54,3
	Erwachsenenhaushalt	1,0
	Dreigenerationenhaushalt	1,0
	Sonstiges	1,0
HH-größe [**] [%]	1-P-HH	6,5
	2-P-HH	28,4
	3-P-HH	29
	4-P-HH	32,5
	5-P-HH	3,6
Durchschnittliche HH-Größe [**] [P/HH]	Gesamt	2,8

[*] n = 199 Personen bzw. [**] n = 104 Haushalte

Quelle: Eigene Erhebung, 2000

4.2 Mobilität

4.2.1 Entfernung und Dauer der Arbeitswege

Tabelle 2 zeigt die durchschnittliche Entfernung und Dauer der Arbeitswege der zukünftigen Telearbeiter und der sonstigen Haushaltsmitglieder (kurz: Haushaltsmitglieder).

Im Vergleich zur KONTIV 1989 (*DIW* 1993) und zur Erhebung Mobilität '97, die 1997 in Bayern durchgeführt wurde (ZÄNGLER 2000), zeigt sich, dass der Wohnort von zukünftigen Telearbeitern im Durchschnitt deutlich weiter vom Arbeitsplatz entfernt ist als beim Durchschnitt der Bevölkerung. Dasselbe trifft auf die Haushaltsmitglieder zu, wenn auch in geringerem Ausmaß. Zukünftige Telearbeiter verwenden also vor Aufnahme der Telearbeit überproportional viel Zeit für den Arbeitsweg.

4.2.2 Tagesmobilitätsrate, Tagesmobilitätsstrecken- und Tagesmobilitätszeitbudget

Tabelle 3 zeigt verschiedene Mobilitätskenngrößen der zukünftigen Telearbeiter im Vergleich zu deren Haushaltsmitgliedern. Telearbeiter führen mit 3,6 Wegen pro Tag im Gegensatz zu den 4,2 Wegen pro Tag der Haushaltsmitglieder weniger Wege durch. Im Schnitt legen Telearbeiter 86,3 km pro Tag zurück und benötigen dafür 2:05 h. Sie überwinden längere Strecken und verwenden mehr Zeit auf Mobilität als die übrigen Haushaltsmitglieder. Diese legen pro Tag 69,6 km in 1:39 h zurück. Daraus

Tab. 2: Durchschnittliche Entfernung und Dauer der Arbeitswege nach Arbeitsmodus

	Durchschnittliche Entfernung zum Arbeitsplatz [km]	Durchschnittlich aufgewendete Zeit zum Arbeitsplatz [h:m]
MOBINET-Telearbeiter, 2000	38,1	0:49
MOBINET-Haushaltsmitglieder, 2000	25,0	0:38
Mobilität '97	12,1	-
KONTIV 1989	11,4	0:23

Quellen: Eigene Erhebung, 2000; Mobilität '97 (ZÄNGLER 2000); KONTIV 1989 (DIW 1993)

Tab. 3: Tagesmobilitätsrate, Tagesmobilitätsstrecken- und Tagesmobilitätszeitbudget nach Telearbeitern und Haushaltsmitgliedern (t₀)

		Basis	Tages-mobilitäts-rate [Wege/d]	Tages-mobilitäts-strecken-budget [Pkm/d]	Tages-mobilitäts-zeitbudget [h:m/d]
MOBINET-Telearbeitsbe-fragung, 2000	alle Personen	139	3,8	79,9	1:56
	Telearbeiter	86	3,6	86,3	2:05
	Haushalts-mitglieder	53	4,2	69,6	1:39
Mobilität '97	alle	2.167	3,9	44	1:22
KONTIV 1989	Personen	40.181	2,8	26,9	1:02

Quellen: Eigene Erhebung, 2000; Mobilität '97 (ZÄNGLER 2000); KONTIV 1989 (DIW 1993)

folgt, dass die Wege der zukünftigen Telearbeiter im Schnitt länger sind und mehr Zeit beanspruchen als die Wege der übrigen Mitglieder im Haushalt und der Durchschnitt der Bevölkerung.

Abbildung 1 zeigt die Aufteilung der kumulierten Distanzen auf die verschiedenen Aktivitäten. Nimmt man zur Aktivität Arbeit noch die Aktivität Geschäftlich/Dienstlich hinzu, so sind rund drei Viertel aller Strecken beruflich bedingt. Betrachtet man nur die Telearbeiter drückt sich dies besonders in der Aktivität Arbeit aus. 67% der gesamten zurückgelegten Strecken werden von den künftigen Telearbeitern für die Aktivität Arbeit verwendet. Bei den übrigen Haushaltsmitgliedern sind es nur 40 %.

Abbildung 2 zeigt die Verteilung der kumulierten Distanzen der Aktivität Arbeit auf die verschiedenen Verkehrsmittel. Die Strecken, die mit den einzelnen Verkehrsmitteln zurückgelegt werden, verteilen sich bei Telearbeitern fast zu gleichen Teilen auf MIV (29 %), ÖV (33 %) und P&R (37 %). Nur ein geringer Prozentsatz (1 %) wird zu Fuß zurückgelegt. Das Fahrrad wird von Telearbeitern nicht genutzt. Betrachtet man die Wege der übrigen Haushaltsmitglieder fällt auf, dass für 58 % der Strecken der MIV genutzt wird und nur für 6 % der ÖV. Der Anteil von P&R liegt mit 35 % in etwa

Abb. 1: Kumulierte Distanzen von künftigen Telearbeitern und Haushaltsmitgliedern nach Aktivitäten (t_0)

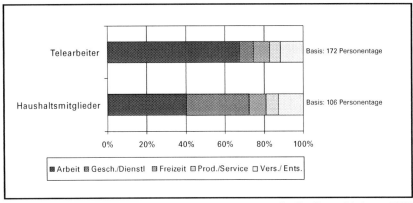

Quelle: Eigene Erhebung, 2000

Abb. 2: Kumulierte Distanzen von künftigen Telearbeitern und Haushaltsmitgliedern für die Aktivität Arbeit nach Verkehrsmitteln (t_0)

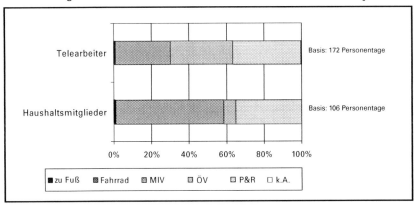

Quelle: Eigene Erhebung, 2000

in der Größenordnung der künftigen Telearbeiter und ist überraschend hoch. Eine
Erklärung hierfür stellt die sehr hohe durchschnittliche Wegelänge der P&R-Wege
der Telearbeiter (74,5 km) und der Haushaltsmitglieder (47,4 km) dar. Die durchschnittliche Entfernung der reinen ÖV-Wege liegt mit 32,8 km bei künftigen Telearbeitern und 12,6 km bei den Haushaltsmitgliedern deutlich darunter.

Analog zu den kumulierten Distanzen werden die kumulierten Zeitdauern im Folgenden dargestellt (Abbildung 3). Die kumulierten Zeitdauern beschreiben die Verteilung der gesamten für Mobilität aufgewendeten Zeit auf die einzelnen Aktivitäten.
Telearbeiter investieren weit über die Hälfte der aufgewendeten Zeit in den Weg zur
Arbeit. Ihre Haushaltsmitglieder benötigen für den Arbeitsweg deutlich weniger Zeit.

Abb. 3: Kumulierte Zeitdauern von künftigen Telearbeitern und Haushaltsmitgliedern für die Aktivitäten nach Verkehrsmitteln (t_0)

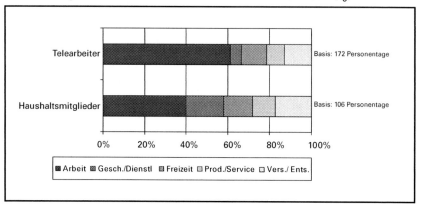

Quelle: Eigene Erhebung, 2000

Abb. 4: Kumulierte Zeitdauern von künftigen Telearbeitern und Haushaltsmitgliedern für die Aktivität Arbeit nach Verkehrsmitteln (t_0)

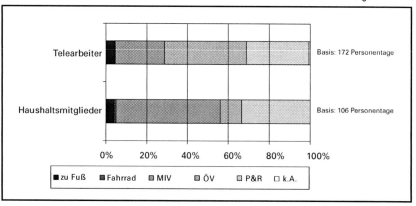

Quelle: Eigene Erhebung, 2000

Abbildung 4 zeigt wiederum die Verteilung der für die Aktivität „Arbeit" verwendeten Zeit auf die Verkehrsmittel. Telearbeiter verbringen mit 40 % die meiste Zeit im ÖV, gefolgt von 31 %, die für P&R verwendet werden und 24 % im MIV. Die Haushaltsmitglieder verteilen ihre Zeit anders auf die Verkehrsmittel. Sie verwenden über die Hälfte der Zeit (51 %) auf dem Weg zu oder von der Arbeit für den MIV, ein Drittel (33 %) auf P&R und nur 1 % auf den ÖV. Die Fuß- und Fahrradwege beider betrachteten Gruppen sind von untergeordneter Bedeutung. Die Zeit, die im Schnitt für P&R verwendet wird, ist analog zur Entfernung hoch (durchschnittliche Zeitdauer: Telearbeiter: 1:21 h, Haushaltsmitglieder: 1:08 h).

4.2.3 Tagesganglinien

Zur Darstellung der temporalen Verteilung des Verkehrsaufkommens über einen Mobilitätstag (4.00 Uhr, Tag t bis 3.59 Uhr, Tag t+1) empfiehlt sich die Betrachtung der Tagesganglinien. Dargestellt werden alle Personen, die während eines bestimmten Betrachtungsintervalls unterwegs sind. Das Betrachtungsintervall beträgt 15 Minuten. In dieser Studie zeigen sich auch die Verkehrsspitzen zu den Stoßzeiten morgens und abends. Ein nennenswerter Unterschied zwischen Telearbeitern und ihren berufstätigen Haushaltsmitgliedern ist nicht festzustellen.

Die Auswertung nach Personen mit und ohne Kinder (vgl. Abb. 5) bringt zum Ausdruck, dass Personen mit Kindern zu Schulbeginn um 8 Uhr eine deutlich erhöhte Mobilitätsbeteiligung aufweisen als Personen ohne Kinder. Letztere hingegen gehen früher aus dem Haus und kommen auch früher wieder nach Hause zurück. Eine detaillierte Betrachtung der Servicewege von Eltern geben KOHLER & KREIPL (im selben Band).

Abb. 5: Tagesganglinien aller Befragten nach Personen mit bzw. ohne Kinder (t_0)

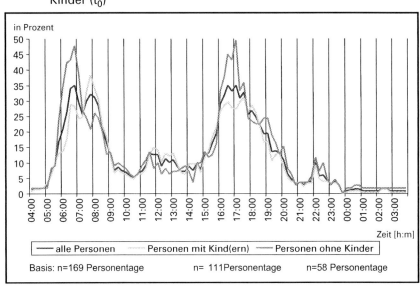

Quelle: Eigene Erhebung, 2000

4.2.4 Touren

Eine Tour ist eine Aneinanderreihung von Wegen, die zwischen einem Aufenthalt zu Hause und einem Aufenthalt zu Hause zurückgelegt werden. Sie beschreibt damit den Grad der Verknüpfung verschiedener Aktivitäten. Wird zwischen einzelnen Aktivitäten die Wohnung aufgesucht, liegen Sternfahrten vor. Rundfahrten liegen vor, wenn mehrere Aktivitäten miteinander verknüpft werden, bevor wieder die Wohnung aufgesucht wird (HENSEL 2002 und ZÄNGLER 2000). Abbildung 6 verdeutlicht, dass sehr wenige Aktivitäten miteinander verknüpft werden. Rundfahrten werden selten durchgeführt. Meist ist lediglich eine Aktivität Anlass, mobil zu werden. In die-

Abb. 6: Touren aller Befragten (t_0)

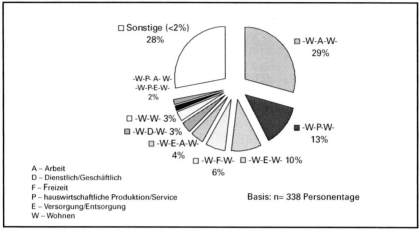

Quelle: Eigene Erhebung, 2000

ser Hinsicht lässt sich in der Vorher-Erhebung kein nennenswerter Unterschied zwischen den zukünftigen Telearbeitern und ihren Haushaltsmitgliedern feststellen.

Personen mit Kindern lassen weitaus differenziertere Mobilitätsmuster erkennen (vgl. Abb. 7). Fast 20 % der Touren fallen auf die Tour Wohnen-hw. Produktion/Service-Wohnen. Bei Personen ohne Kinder ist diese Tour mit weniger als 2 % vertreten.

Abb. 7: Touren aller Befragten nach Personen mit bzw. ohne Kinder (t_0)

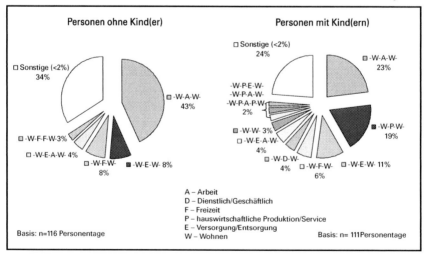

Quelle: Eigene Erhebung, 2000

4.2.5 Arbeitstouren

Betrachtet man nun die Touren, die mit der Aktivität Arbeit verknüpft sind (vgl. Abb. 8), fällt auf, dass der Großteil der Touren nur vom Wohnen zum Arbeiten und erneut zum Wohnen führt. Eine Verknüpfung mit der Aktivität Einkauf tritt lediglich bei 10 % der Arbeitstouren auf. Insbesonders für ein arbeitsplatzgebundenes Warendistributionssystem wie beispielsweise die Shopping-Box kann dies von Interesse sein (vgl. hierzu RÖMMELT im selben Band).

Abb. 8: Arbeitstouren aller Befragten (t_0)

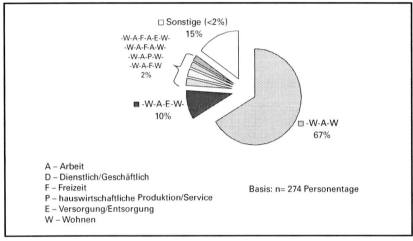

A – Arbeit
D – Dienstlich/Geschäftlich
F – Freizeit
P – hauswirtschaftliche Produktion/Service
E – Versorgung/Entsorgung
W – Wohnen

Basis: n= 274 Personentage

Quelle: Eigene Erhebung, 2000

4.3 Zusammenfassung der Ergebnisse

Die vorgelegten Ergebnisse zeigen, dass eine genaue Analyse des Mobilitätsverhaltens aller Haushaltsmitglieder nach dem Beginn mit Telearbeit nötig ist. Von einer Reduktion der physischen Mobilität der zukünftigen Telearbeiter im Bereich Arbeit kann bei unverändertem Wohn- und Arbeitsstandort ausgegangen werden. Gestützt wird diese Vermutung noch durch die – hinsichtlich Entfernung und Dauer – langen Arbeitswege der künftigen Telearbeiter. Bei ihnen ist deshalb ein Leidensdruck zu vermuten, der sich in der Motivation widerspiegelt, etwas an der derzeitigen Situation zu verändern. Auffallend ist, dass auch die Haushaltsmitglieder im Vergleich zur Bevölkerung einen überdurchschnittlich langen Arbeitsweg haben. Dies legt den Schluss nahe, dass die meisten der Befragten im Umland des Ballungsraumes wohnen. Eine nähere Betrachtung der Kontraktionshypothese erscheint hier sinnvoll. Besondere Berücksichtigung sollen in der Analyse modale Verlagerungen und Verlagerungen zwischen den einzelnen Aktivitäten finden. Insbesondere die latent vorhandene Nachfrage nach motorisiertem Individualverkehr kann dazu führen, dass freigewordene Kapazitäten zur Befriedigung neuer Mobilitätsbedürfnisse verwendet werden (DOWNS 1992).

Die Analyse der Mobilitätsmuster (Tagesganglinien und Touren) zeigt, dass Telearbeiter sowie ihre Haushaltsmitglieder vor allem morgens und abends zu den üblichen Stosszeiten unterwegs sind. Ihre Touren unterscheiden sich kaum. Bei Betrachtung der Arbeitstouren fällt ein geringer Verknüpfungsgrad verschiedener Aktivitäten auf. Dies ist bei näherer Betrachtung der Verlagerungshypothese zu berücksichtigen. Das Wegfallen des Arbeitsweges allein scheint nicht unbedingt zu neuen Wegen zu führen. Unterschiede können bei Personen mit und ohne Kinder festgestellt werden. Personen mit Kindern zeigen differenziertere Mobilitätsmuster als Personen ohne Kinder. Dabei ist es angebracht, die Haushaltsstruktur, besonders die Kinderzahl, in die weiteren Betrachtungen mit einzubeziehen (JONES 1984).

5 Ausblick

Die Ergebnisse der Nachher-Erhebung und der Wirkungsanalyse werden demnächst veröffentlicht. Auf dieser Basis wird eine Potenzialschätzung für den Ballungsraum München durchgeführt. Zur Schätzung des Potenzials der mobilitätsverändernden Wirkung von Telearbeit soll zudem die Akzeptanz der Telearbeit in Unternehmen im betrachteten Ballungsraum näher untersucht werden.

Anschliessend an diese Kurzzeit-Wirkungsanalyse sollte in einer Langzeitstudie die Hypothese untersucht werden, dass Telearbeiter nach dem Beginn mit Telearbeit an einen weiter vom Arbeitsplatz entfernten Wohnort ziehen. Damit ergeben sich neue Effekte von Telearbeit auf die Mobilität (NILLES 2000 oder MOKTHARIAN 2001 oder SHEN 2000). In einer qualitativen Studie zu Telearbeit, die im Vereinigten Königreich durchgeführt wurde, räumte knapp ein Drittel der Befragten ein, dass die Möglichkeit, alternierende Telearbeit zu betreiben ihre Wohnortwahl in Zukunft beeinflussen wird (LYONS et al. 1998).

Literaturverzeichnis

DENZIGER, Stefan (2001): Auswirkungen alternierender Telearbeit auf das Verkehrsverhalten. Stuttgart

DIW (= Deutsches Institut für Wirtschaftsforschung) (Hrsg.) (1993): Vergleichende Auswertungen von Haushaltsbefragungen zum Personennahverkehr (KONTIV 1976, 1982, 1989). Berlin

DOWNS, Anthony (1992): Stuck in Traffic: Coping with Peak-Hour Traffic congestion. Washington

HENSEL, Anja (2002): Mobilität privater Haushalte. Frankfurt a.M.

JONES, Peter (1990): Developments in Dynamic and Activity-based Approaches to Travel-Analysis. Aldershot

KOHLER, Sandra und Alexander KREIPL (2002): MOBIKIDS – Mobilitätsmanagement für Kinder. In: KAGERMEIER, A. , T.J. MAGER & T. W. ZÄNGLER (Hrsg.): Mobilitätskonzepte in Ballungsräumen. Mannheim 2002 (=Studien zur Mobilitäts- und Verkehrsforschung, 2) S. 113-122

KITAMURA, Ryuichi, Konstadinos GOULIAS und Ram M. PENDYALA (1991): Telecommuting and travel demand: An impact assessment for the State of California telecommute pilot project participants. Davis

LYONS, G.D., A. HICKFORD & J. SMITH (1998): The nature and scale of teleworking's travel demand impact: Insights from a U.K. trial. In: SOUMI, R., P. JACKSON, L. HOLLMÉN & M. ASPNÄS (Hrsg.): Teleworking Environments. Turku, Finland, S.312-330 (= TUCS General Publications, 8)

MOKHTARIAN, Patricia (2000): Telecommunications and Travel. Paper presented at the Transportation Research Board 79th Annual Meeting. URL:www.nationalacadies.org/trb/publications/millenium00115.pdf, 03.05.2002

NILES, John S. (1994): Beyond Telecommuting: A new Paradigm for the Effect of Telecommunications on Travel. Washington D.C.

NILLES, Jack M. (2000): Discovery Institute Inquiry: Technology and Transportation. The Dynamic Relationship. Seattle

RÖMMELT, Sybille (2002): Online-Shopping und Mobilitätsverhalten am Beispiel der Shopping Box. In: KAGERMEIER, A. , T.J. MAGER & T. W. ZÄNGLER (Hrsg.): Mobilitätskonzepte in Ballungsräumen. Mannheim 2002 (=Studien zur Mobilitäts- und Verkehrsforschung, 2) S. 97-111

SHEN, Quing (2000): New Telecommunications and Residential location Flexibility. In: Environment and Planning A 32, S. 1445-1463

VOGT, Walter und Stefan DENZINGER (2001): Auswirkungen neuer Arbeitskonzepte und insbesondere von Telearbeit auf das Verkehrsverhalten. Bergisch Gladbach

Wüstenrot Stiftung (2001): Telearbeit in der postindustriellen Gesellschaft. Stuttgart

ZÄNGLER, Thomas (2000): Mikroanalyse des Mobilitätsverhaltens in Alltag und Freizeit. Berlin, Heidelberg

ZÄNGLER, Thomas (2002): Innovative Konzepte für die mobile Gesellschaft. Ansatz und Wirkungsanalyse des MOBINET-Arbeitsbereichs D. In: KAGERMEIER, A. , T.J. MAGER & T. W. ZÄNGLER (Hrsg.): Mobilitätskonzepte in Ballungsräumen. Mannheim 2002 (=Studien zur Mobilitäts- und Verkehrsforschung, 2) S. 61-72

Online-Shopping und Mobilitätsverhalten am Beispiel der Shopping Box

Sybille Römmelt (Freising-Weihenstephan)

Zusammenfassung

Mobilität ist für Personen in privaten Haushalten ein Schlüssel zur Lebensqualität. Mobilität erzeugt jedoch physischen Verkehr der als Hauptursache überhöhter Lärm- und Luftbelastungen gilt. Online-Shopping bietet für dieses Problem neue Lösungsansätze. Mit zunehmender Verbreitung von Online-Shopping werden verschiedene Auswirkungen auf die Mobilität der Haushalte und den Verkehr erwartet.

Ziel des vorliegenden Beitrags ist es, Zusammenhänge zwischen Online-Shopping und Mobilitätsverhalten sowie Verkehr zu untersuchen. Dazu werden die Arten des Einkaufs (physisch und virtuell) und ihre Wirkungen auf das Mobilitätsverhalten und den Verkehr aufgezeigt. Dann wird die Methode (Vorher-Nachher-Erhebung) zur Bestimmung der Wirkungen beschrieben. Schließlich werden ausgewählte Ergebnisse aus der Vorher-Erhebung zum Mobilitäts- und Einkaufsverhalten der Haushalte vorgestellt. Die Auswirkung von Online-Shopping auf das Mobilitätsverhalten und auf den physischen Verkehr wird in der Nachher-Erhebung bestimmt. Die Ergebnisse werden zu gegebener Zeit veröffentlicht.

Summary

Mobility is an important factor for the quality of life of persons in private households. However mobility causes physical traffic which in turn generates noise and air pollution.

Online-shopping offers new solutions to this problem. With the increase of online-shopping, various impacts on household-mobility and traffic are expected. The objective of this contribution is to analyse the relation between online-shopping and mobility as well as travel behaviour. Therefore different types of purchasing goods (physical and virtual purchase) and their impact on mobility and traffic behaviour are discussed. Furthermore the method is described which is used to determine this impact. It consists of an analysis of the mobility and travel behaviour of households before (pre) and after (post) introducing online-shopping. Finally selected results of the pre analysis are presented. The impact of online-shopping on mobility behaviour and physical traffic will be determined by a next step of analysis which ist not part this contribution.

1   Einleitung

Die Ursache wirtschaftlichen Handelns von Personen in Haushalten liegt vornehmlich in ihrem Bedürfnis an knappen Gütern (= Waren und Dienstleistungen). Um diese Bedarfe zu decken, müssen die Haushalte in den Bereichen Erwerb und Unterhalt aktiv werden (vgl. RÖMMELT & KARG 2002, S. 251). Die daraus resultierende Mobilität trägt zur Erhöhung der Lebensqualität bei. Mobilität erzeugt aber auch Verkehr, dessen Lärm- und Schadstoffbelastungen mit gesundheitsschädlichen Folgen verbunden sind. Dies führt zu einer Minderung der Lebensqualität. Während die Gesamtverkehrsleistung (Fahrzeugkilometer) des motorisierten Individualverkehrs (MIV) in der Bundesrepublik Deutschland 1960 noch 98,0 Mrd. km betrug, liegt sie im Jahr 2000 bereits bei 537,1 Mrd. km (vgl. *BMVBW* 2001b, S. 158f.). Laut Trendvorhersagen, wird diese Gesamtverkehrsleistung des MIV bis zum Jahr 2015 um 14,1 % gestiegen sein (vgl. *BMVBW* 2001a, S. 30). Aus diesem Grund erscheint ein Umdenken sowohl im Erwerbs- als auch im Unterhaltsbereich notwendig.

Im Erwerbsbereich hat das Umdenken bereits stattgefunden. Angetrieben durch die Möglichkeiten neuer Informations- und Kommunikationstechnologien etablieren sich zunehmend Internetdienste, Telearbeit und Telekonferenzen. Auch im Unterhaltsbereich sind im Hinblick auf die Entwicklungen in diesem Sektor ähnliche Lösungen denkbar. Als Beispiele seien Online-Shops und Warentransfersysteme (Warenübergabesysteme für Handel und Konsument) genannt.

Online-Shopping befindet sich bei den deutschen Internet-Nutzern deutlich auf dem Vormarsch. Einer repräsentativen Umfrage von Mercer Management Consulting zu Folge kauft bereits ein Drittel der Deutschen Internet-Nutzer online Güter. Während 1997 und 1998 vorwiegend Testkäufe im Vordergrund standen, waren es 1999 bereits überwiegend Routinekäufe (vgl. BURGDORFF et al. 2000 S. 31). Derzeit beträgt der Marktanteil für den Online-Einzelhandel 0,3 %. Bis zum Jahr 2006 soll dieser Anteil auf 8-12 % steigen (vgl. *BMVBW* 2001, S. 41). Laut einer deutschen Delphi-Studie von 1998 könnten bereits im Jahr 2008 30 % aller Güter für den kurzfristigen Bedarf über das Internet beschafft werden (*FISI* 1998).

Die neuen Dienste, wie Teleshopping oder Online-Shopping, waren bereits Gegenstand wissenschaftlicher Arbeiten. KÖHLER (1993) untersuchte den Einfluss von Online-Shopping auf den Personenverkehr. Untersuchungen über die Auswirkung von Online-Shopping auf das Mobilitätsverhalten der Haushalte und auf die Organisation ihres Alltags sowie den daraus resultierenden physischen Verkehr sind bislang nur vereinzelt durchgeführt worden. In diesem Zusammenhang wird häufig die Hypothese aufgestellt, dass durch die Zusammenlegung der Bereiche Erwerb und Unterhalt sowie Wohnen und Unterhalt mittels der Informations- und Kommunikationstechnologien eine Verkehrsreduktion durch Substitution von physischen durch virtuelle Fahrten eintritt. Dieser Effekt ist jedoch umstritten. Der Verkehrssubstitutionshypothese steht die Verkehrsinduktionshypothese entgegen, die ebenfalls ins Blickfeld der Forschung gerät. Hinsichtlich der Wechselwirkungen zwischen Online-Shopping und Mobilitätsverhalten sowie zwischen physischem und virtuellem Verkehr besteht deshalb Forschungsbedarf.

Ziel dieses Beitrags ist es, die Auswirkungen von Online-Shopping auf das Mobilitätsverhalten sowie auf den physischen und virtuellen Verkehr zu definieren und diese Auswirkungen im Rahmen einer empirischen Untersuchung für ein spezielles Projekt zu bestimmen.

Der Beitrag hat folgenden Aufbau: Zunächst werden in den Grundlagen die Arten des Einkaufs und die möglichen Wirkungen von Online-Shopping auf das Mobilitätsverhalten und den Verkehr beschrieben. Im weiteren wird die Methode vorgestellt, mit der in der vorliegenden Untersuchung die genannte Wirkung bestimmt werden soll. Im Anschluss daran werden erste Ergebnisse der Untersuchung dargelegt.

2 Grundlagen

Haushalte haben die Möglichkeit, Güter auf verschiedene Art zu beschaffen. Die Art des Einkaufs (physischer bzw. virtueller Einkauf) hat Einfluss auf das Mobilitätsverhalten der Haushalte sowie auf den Verkehr. Im folgenden sollen deshalb zunächst die Arten des Einkaufs und dann die Wirkungen von Online-Shopping auf das Mobilitätsverhalten und den Verkehr erörtert werden.

2.1 Arten des Einkaufs

Im sozialen Netzwerk eines Haushalts befinden sich beispielsweise neben Freunden, Bekannten und Arbeitsstätten auch Einkaufsstätten, welche ein Haushalt zur Beschaffung der Güter aufsucht. Dabei kann der Haushalt in Abhängigkeit von der Güterart zwischen unterschiedlichen Arten des Einkaufs wählen (vgl. Abb. 1).

Auf der einen Seite kann er einen physischen Einkauf tätigen. Dazu begibt sich der Haushalt außer Haus. Er wird physisch mobil und sucht über ein Verkehrsnetzwerk eine physische Einkaufsstätte auf. Die Güter werden physisch verkauft, der Transport der Güter, die hier in physischer (nicht digitalisierter) Form vorliegen, erfolgt ebenfalls über das Verkehrsnetzwerk. Der Haushalt verursacht auf dem Weg zur Einkaufsstätte und zurück physischen Verkehr.

Auf der anderen Seite hat der Haushalt die Möglichkeit, Güter virtuell (virtueller Einkauf) zu beschaffen. In diesem Fall tätigt der Haushalt z.B. von zu Hause oder vom Arbeitsplatz aus einen Einkauf ohne physisch mobil zu werden. Er bedient sich eines Kommunikationsnetzwerks und wird virtuell mobil. Die Güter werden virtuell verkauft, die Lieferung erfolgt ebenfalls über das Kommunikationsnetzwerk. Voraussetzung dafür ist, dass die Güter in digitalisierter Form (z.B. CDs, Software, digitalisierte Bücher) vorliegen und über das Kommunikationsnetzwerk lieferbar sind. Der Haushalt verursacht auf diese Weise ausnahmslos virtuellen Verkehr.

Als dritte Möglichkeit bietet sich dem Haushalt eine Mischform aus physischem und virtuellem Einkauf. Die Güter werden wie beim virtuellen Einkauf z.B. von zu Hause oder vom Arbeitsplatz aus über das Kommunikationsnetzwerk bestellt. Auch hier wird der Haushalt virtuell mobil und erzeugt auf dem Weg zur Einkaufsstätte virtuellen Verkehr. Die Güter werden auch virtuell verkauft, da sie aber nicht in digitalisierter Form vorliegen, werden sie über das Verkehrsnetzwerk an den Haushalt geliefert. Dabei entsteht außer dem virtuellen Verkehr zusätzlich physischer Verkehr.

2.2 Wirkungen des Online-Shoppings

Mit zunehmender Verbreitung des Online-Shoppings werden im Bereich Versorgung verschiedene Auswirkungen erwartet. Dabei handelt es sich um Substitutions- und Induktionseffekte in Bezug auf Aktivitäten, Mobilität und Verkehr. Um diese mög-

Abb. 1: Arten des Einkaufs

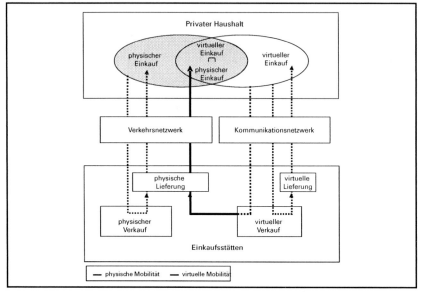

Quelle: eigene Darstellung

lichen Effekte zu beschreiben wird das Mobilitätsverhalten des Haushalts vor Einführung eines Online-Shops in Periode (t) und nach Einführung eines Online-Shops in Periode (t+1) betrachtet.

Unter Substitution versteht man den Ersatz von physischem Einkauf (Einkauf im Laden) durch virtuellen Einkauf (Einkauf im Online-Shop). Aus dieser Substitution resultiert der Ersatz von physischer Mobilität durch virtuelle Mobilität und damit der Ersatz von physischem durch virtuellen Verkehr.

Von einem **Substitutionseffekt** kann gesprochen werden, wenn das Mobilitätsstreckenbudget im Bereich Versorgung (physischer Personenverkehr [Pkm] und Wirtschaftsverkehr [Pkm bzw. tkm]) in Periode t+1 kleiner ist als in Periode t.

Eine Substitution von physischem Einkauf durch virtuellen Einkauf scheint in vielen Fällen möglich. Dies betrifft zum einen Haushalte im ländlichen Raum mit überproportional langen Versorgungswegen. Zum anderen betrifft es Singlehaushalte oder Paarhaushalte mit und ohne Kind(er), deren Mitglieder überwiegend berufstätig sind. Ebenso können Haushalte mit eingeschränkter Mobilität oder geringem Zeitbudget davon profitieren. In diesen Fällen könnte Online Shopping eine Alternative zum physischen Einkauf darstellen, sofern durch den Einkauf im Online-Shop ein Mehrwert für den Haushalt entsteht. Dieser Mehrwert kann durch mobilitäts- und einkaufsspezifische Kriterien beschrieben werden. Die mobilitätsspezifischen Kriterien sind beispielsweise Weg- und Zeitersparnis, die einkaufsspezifischen Kriterien einfache Bestellmöglichkeit, breite Produktpalette und Unabhängigkeit von Ladenöffnungszeiten. Das Substitutionspotenzial sinkt hingegen, wenn der Haushalt mit dem Einkauf einen Freizeit-, Erlebnis- oder Kommunikationswert verbindet, der den obengenannten Mehrwert übertrifft.

Wenngleich einzelne Einkaufsfahrten substituierbar erscheinen, kann sich die Nutzung von Online-Shopping aber auch verkehrsinduzierend auswirken.

Von Induktion kann gesprochen werden, wenn der virtuelle Einkauf im Online-Shop physische Aktivitäten verursacht und in Folge davon physische Mobilität sowie physischen Verkehr induziert. Das Mobilitätsstreckenbudget im Bereich Versorgung (Personenverkehr [Pkm] und Wirtschaftsverkehr [Pkm bzw. tkm]) ist dabei in Periode t+1 größer als in Periode t.

Der *Induktionseffekt* lässt sich folgendermaßen begründen. Güter des täglichen Bedarfs werden von den Haushalten insbesondere im Kaufverbund (räumlich und zeitlich zusammengefasste Einkauf mehrerer Güter) beschafft. Werden durch Online-Shopping nur Teile des sonst üblichen Kaufverbundes abgedeckt, so lassen sich keine privaten Einkaufsfahrten einsparen. Vielmehr fallen zusätzliche Lieferfahrten an. Verkehr wird induziert. Zudem induziert das Internet durch seine globale Reichweite anwachsenden Lieferverkehr, indem Haushalte Güter von weit entfernten Anbietern bestellen. Überdies ist es möglich, dass die durch Online-Shopping gewonnene Zeit für Freizeitaktivitäten genutzt wird. Dies könnte eine freizeitorientierte Mobilität auslösen, welche zusätzliche MIV-Fahrten erfordert. Wird die eingesparte Einkaufszeit in (auto-) mobile Freizeit umgewandelt, wird ein Anstieg der Verkehrsleistung prognostiziert (vgl. BURGDORFF et al. 2000, S. 53). Außerdem droht eine Erhöhung der Verkehrsleistung im Einkaufsverkehr, wenn wohnortnahe Einkaufsstätten durch virtuelle Einkaufsstätten verdrängt werden und somit weitere Einkaufswege in Kauf genommen werden müssen.

Fazit: Die Einführung von Online-Shops führt nicht nur zu Substitution- oder Induktionseffekten. In Wirklichkeit hat die Einführung von Online-Shops eine Summe beider Effekte zur Folge, die es zu betrachten gilt. Diese Summe kann beinhalten:

- eine Substitution physischer Einkäufe bzw. Einkaufsfahrten durch virtuelle Einkäufe bzw. Einkaufsfahrten,
- eine Induktion von Lieferfahrten, insbesondere kleinerer Lieferungen zu einer Vielzahl von Konsumenten mit individuellen Zustellorten und -zeiten,
- eine Zunahme der Retourenfahrten,
- eine Zunahme der MIV-Fahrten im Freizeitbereich

Der Gesamteffekt von Substitution und Induktion über alle Aktivitätsbereiche lässt sich durch die Veränderung des Gesamtmobilitätsstreckenbudgets wie folgt beschreiben:

$$\Delta S = S_{t+1} - S_t, \text{ wobei}$$

S_{t+1} = Mobilitätsstreckenbudget in Periode t+1 über alle Aktivitätsbereiche (Personenverkehr und Güterverkehr)

S_t = Mobilitätsstreckenbudget in Periode t über alle Aktivitätsbereiche (Personenverkehr und Güterverkehr)

ΔS = Veränderung des Mobilitätsstreckenbudgets von Periode t zu Periode t+1.

Der Gesamteffekt ist in Tabelle 1 dargestellt.

Tab. 1: Ausprägungen des Gesamteffekts

Mobilitätsstreckenbudget		
sinkt	bleibt gleich	steigt
Substitution > Induktion (Verkehrsverminderung)	|Substitution| = |Induktion| (Verkehrsverlagerung) wobei Substitution und Induktion ≠ 0	Substitution < Induktion (Verkehrszunahme)
$\Delta S < 0$	$\Delta S = 0$	$\Delta S > 0$

Quelle: Eigene Darstellung

3   Umsetzungsbeispiel Shopping Box

Im Folgenden wird die Funktionsweise der Shopping Box zunächst allgemein erläutert und danach die spezielle Funktionsweise im Fallbeispiel vorgestellt.

3.1 Allgemeine Funktionsweise der Shopping Box

Die Shopping Box ist ein Beispiel einer Kombination aus physischem und virtuellem Einkauf. Abbildung 2 verdeutlicht die Funktionsweise der Shopping Box.

Abb. 2: Funktionsweise der Shopping Box

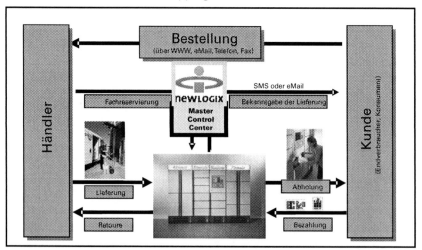

Quelle: MÜLLER (NewLogix AG) 2002

Der Kunde bestellt direkt beim Händler die gewünschten Waren und Dienstleistungen per Telefon, Fax, eMail oder Internet (vgl. MÜLLER 2002). Der Händler nimmt im Gegenzug den Auftrag an und kann per Fernzugriffssoftware ein Fach für den Kunden reservieren. Sofern der Kunde den Zeitpunkt der Lieferung noch nicht kennt, informiert der Händler den Kunden per SMS oder eMail über den Zeitpunkt der Lieferung. Ein vom Händler beauftragter Lieferant befüllt noch am selben Tag die Fächer. Die Lieferung kann durch den Kunden unabhängig von Ladenöffnungszeiten entnommen werden. Bei Abholung der Waren und Dienstleistungen, z.b. auf dem Nachhauseweg, identifiziert sich der Kunde an einem Terminal über seine EC-Karte und einen bei der Anmeldung als Shopping Box Kunde ausgegebenen PIN-Code. Dem Kunden werden über den Bildschirm die für ihn zugewiesenen Fächer angezeigt und er entnimmt die bestellten Waren und Dienstleistungen. Ebenso ist das Deponieren von Waren (Retoure oder Aufgabe von Dienstleistungsaufträgen wie Reinigung) möglich. Basierend auf diesem System resultiert für den Konsumenten ein Mehrwert, der sich in Anlehnung an MÜLLER (2002) nach mobilitäts- und einkaufsspezifischen Kriterien beschreiben lässt:

Mobilitätsspezifische Kriterien:
- Wegersparnis
- Zeitersparnis
- Treibstoffersparnis
- Bequemlichkeit
- Keine Parkplatzprobleme

Einkaufsspezifische Kriterien:
- Preisnachlass
- Beratung
- Umtauschrecht
- einfache Bestellmöglichkeit
- breite Produktpalette
- kurzfristige Lieferung
- pünktliche Lieferung
- Sicherheit im Zahlungsverkehr
- Schutz der persönlichen Daten
- bequeme Handhabung vom Arbeitsplatz aus
- bequeme Handhabung von zuhause aus
- stressfreies Einkaufen
- Unabhängigkeit von Ladenöffnungszeiten.

Die Shopping Box ist somit ein Warentransfersystem, das eine Vermittlerfunktion zwischen Konsument und Händler einnimmt. Im Wesentlichen vereinigt die Shopping Box in sich die Vorteile, dass spezielle Einkaufsfahrten entbehrlich werden und die Konsumenten unabhängig von Ladenöffnungszeiten einkaufen können.

3.2 Spezielle Funktionsweise der Shopping Box bei BMW

Seit dem 1. Juli 2001 ist die Shopping Box bei BMW am Standort München Nord in Betrieb. Dies erfolgte sowohl mit Einverständnis der Geschäftsleitung als auch des Betriebsrats. Die Shopping Box umfasst insgesamt 97 Fächer, davon 12 Tiefkühlfächer, 42 Kühlfächer und 43 Trockenfächer. Für einen Mindestumsatz von 15 € können Güter des täglichen Bedarfs gekauft werden. Bei einer Bestellung bis 14 Uhr erfolgt die Lieferung noch am selben Tag. Außerdem können die Mitarbeiter von BMW auch die Reinigung ihrer Kleidung in Auftrag geben. Die Shopping Box ist in diesem Fall ein arbeitsplatzgebundenes Warentransfersystem, welches das Einkaufen vom Arbeitsplatz aus ermöglicht und somit die Bereiche Erwerb und Unterhalt zusammenlegt.

4   Methode

Zur Bestimmung der Wirkung der Shopping Box werden in einer Vorher- und Nachher-Erhebung das Mobilitäts- und Einkaufsverhalten sowie die Anforderungen der ausgewählten privaten Haushalte an E-Commerce-Angebote erfasst. Als Erhebungsinstrument wurden ein Haushaltsfragebogen, ein Personenfragebogen und ein Mobilitätstagebuch, welches über einen Zeitraum von 48 Stunden geführt wurde, herangezogen. Ausführlich wird die Methode im Beitrag von ZÄNGLER (im selben Band) behandelt.

Die Grundgesamtheit bilden alle Mitarbeiter der BMW-Group am Standort München Nord und ihre Haushaltsmitglieder über 18 Jahre. Dies entspricht etwa 8.000 Haushalten. Die Stichprobenziehung erfolgte nach dem Zufallsprinzip. Bei der Festlegung des Stichprobenumfangs spielten eine Reihe von Überlegungen eine Rolle. Im Vordergrund stand, möglichst viele Teilnehmer zu gewinnen, die gleichzeitig an der Vorher- und Nachher-Erhebung teilnehmen und tatsächlich die Shopping Box nutzen. Darüber hinaus war das Budget für die Untersuchung begrenzt. Unter Berücksichtigung dieser Bedingungen wurde die Bruttostichprobe mit n= 3.199 Haushalten festgelegt. Die auswertbare Nettostichprobe enthält 609 Haushalte (=1.011 Personen).

5   Ergebnisse

Die Ergebnisse entstammen der Vorher-Erhebung und dienen zur Potentialabschätzung der Shopping Box. Der Beitrag konzentriert sich auf die personenspezifischen Merkmale, das Mobilitätsverhalten und das Einkaufsverhalten. Ein Teil der Ergebnisse wurde bereits in RÖMMELT & KARG (2002) vorgestellt.

5.1   Personenspezifische Merkmale

Wie Tabelle 2 zeigt, sind von den insgesamt 1.011 befragten Personen 53,0 % Männer und 47,0 % Frauen. Das Alter der Befragten liegt bei einem Durchschnittswert von 39,1 Jahren. 20,7 % aller Befragten leben in einem Ein-Personen-Haushalt. Die Mehrzahl lebt in einem Mehr-Personen-Haushalt. Die durchschnittliche Haushaltsgröße beträgt 2,6 Personen. 20,0 % der Befragten leben in einem Singlehaushalt, 36,3 % in einem Paarhaushalt ohne Kind(er) und 39,7 % in einem Paarhaushalt mit Kind(ern). Die durchschnittliche Entfernung von der Wohnung zum Arbeitsplatz beläuft sich auf 23,0 km, zur Einkaufsstätte für Güter des kurzfristigen Bedarfs auf 5,5 km.

Tab. 2:   Beschreibung der Stichprobe *(n=1.011 Personen bzw. 609 Haushalte)*

Geschlecht: männl./weibl. [%]	Gesamt	53/47

Durchschnittsalter [Jahre]	Gesamt	39,1
	Männer	40,0
	Frauen	38,1

Haushaltsgröße [%]	1-P-HH	20,7
	2-P-HH	33,9
	3-P-HH	16,6
	4-P-HH	21,8
	5-P-HH	6,4
	6-P-HH	0,2
	7-P-HH	0,2
	8-P-HH	0,2

Durchschnittliche Haushaltsgröße [Personen pro Haushalt]		2,6

Haushaltstyp [%]	Singlehaushalt	20,0
	Paarhaushalt ohne Kind(er)	36,3
	Paarhaushalt mit Kind(ern)	39,7
	Alleinerziehender Haushalt	1,3
	Mehrgenerationenhaushalt	0,2

Durchschnittl. Entfernung zum Arbeitsplatz [km]	Shopping-Box-Erhebung	23,0
zum Vergleich	Mobikids	13,3
	Telearbeit	38,1
	Betriebl. Mobilitätsmanagement	17,0
	Mobilität '97	12,1

Durchschnittl. Entfernung zur Einkaufsstätte (kurzfr. Bedarf) [km]		5,5

Quelle: Eigene Darstellung

5.2 Mobilitätsverhalten

Das Mobilitätsverhalten wird hier durch das Mobilitätsstreckenbudget und die Touren gekennzeichnet.

5.2.1 Mobilitätsstreckenbudget

Abbildung 3 stellt das Mobilitätsstreckenbudget für alle Aktivitätsbereiche und alle Personen dar. Der Zielzweck „nach Hause" wird für diese Auswertung aus der Untersuchung ausgeschlossen und wird den Aktivitätsbereichen proportional zugeordnet (vgl. ZÄNGLER 2000, S. 80). Die Befragten legen im Durchschnitt 59,7 km pro Tag zurück. Davon entfallen 56,5 % der Strecke auf den Erwerbsbereich (Arbeit, Dienstlich/Geschäftlich), 20,1 % auf den Freizeitbereich, 16,3 % auf den Versorgungsbereich (Einkauf kurz-, mittel- und langfristiger Bedarf, Dienstleistung). Im Bereich Arbeit sind die Verkehrsmittel mit MIV 60,5 %, ÖV 29,4 %, P&R 8,6 %, Fahrrad 1,1 % und zu Fuß 0,4 % am Streckenbudget beteiligt. Wie im Bereich Arbeit hat auch im Bereich Einkauf (kurzfristiger Bedarf) der MIV den größten Anteil am Streckenbudget (72,4 %), gefolgt von ÖV (21,0 %) sowie von Fahrrad (3,5 %) bzw. zu Fuß (2,5 %). Durch den virtuellen Einkauf des kurzfristigen Bedarfs, der durch die Shopping Box abgedeckt werden könnte, ließen sich also maximal 12,0 Gesamt-km bzw. 8,7 MIV-km pro Person und Tag einsparen.

5.2.2 Touren

In Abbildung 4 werden die Touren pro Personentag aufgezeigt. Eine Tour ist eine Aneinanderreihung von Wegen, die zwischen einem Aufenthalt zu Hause und einem Aufenthalt zu Hause zurückgelegt werden. Am häufigsten wird die Tour „Wohnen-Arbeit-Wohnen" (22,4 %) unternommen, gefolgt von „Wohnen-Freizeit-Wohnen" (14,7 %), „Wohnen-Einkaufen (kurzfr. Bedarf)-Wohnen" (6,3 %) und „Wohnen-Dienstleistung-Wohnen" (4,0 %). Potenzial für die Substitution von Einkaufswegen durch die Nutzung der Shopping Box ist insbesondere in den Touren „Wohnen-Arbeiten-Wohnen", „Wohnen-Einkaufen (kurzfr. Bedarf)-Wohnen", „Wohnen-Dienstleistung-Wohnen", „Wohnen-Einkaufen (mittel- und langfr. Bedarf)-Wohnen" (1,7 %), und „Wohnen-Arbeiten-Einkaufen (kurzfr. Bedarf)-Wohnen" (1,6 %) zu sehen.

5.3 Einkaufsverhalten

Als weitere wichtige Merkmale zur Potenzialabschätzung der Shopping Box gelten zum einen das Interesse an der Bestellung von Nahrungsmitteln und Getränken und zum anderen der Mehrwert, den die Haushalte im Einkauf von Nahrungsmitteln und Getränken per Internet erkennen.

5.3.1 Interesse an der Bestellung von Gütern

Das Interesse an der Bestellung von Gütern wurde nach Haushaltstyp und Geschlecht untersucht. Abbildung 5 zeigt das Interesse der Befragten an der Bestellung von *Nahrungsmitteln* über die Telekommunikationsmittel Telefon, Fax und Internet. Dabei wird zwischen den zwei Kategorien „interessiert" und „uninteressiert" unter-

Abb. 3: Mobilitätsstreckenbudget nach Aktivitätsbereichen

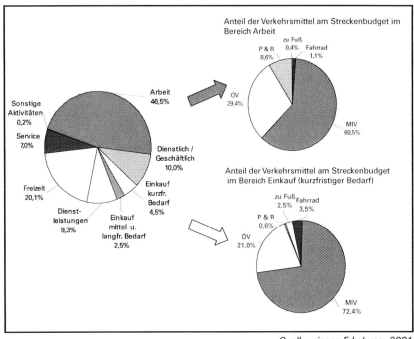

Quelle: eigene Erhebung, 2001
(n = 2.022 Personentage)

Abb. 4: Touren

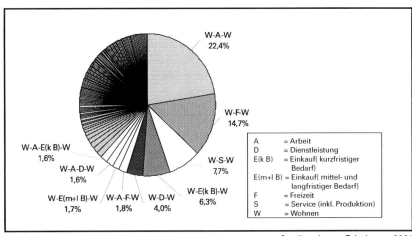

Quelle: eigene Erhebung, 2001
(n = 2.022 Personentage)

Abb. 5: Interesse an der Bestellung von Nahrungsmitteln für alle Haushaltstypen sowie nach Haushaltstyp und Geschlecht

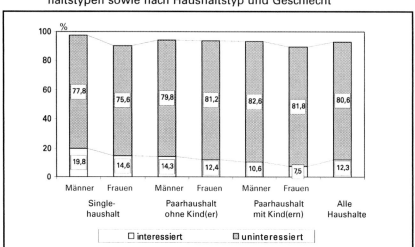

Quelle: eigene Erhebung, 2001
n = 1.011 Personen; der Differenz zu 100% besteht aus Merkmalsausprägung „nutze ich bereits"

schieden. Vergleicht man das Interesse an der Bestellung von Nahrungsmitteln nach
Haushaltstyp und Geschlecht, so zeigt sich, dass bei allen Haushaltstypen Männer
ein größeres Interesse an der Bestellung von Nahrungsmitteln aufweisen als
Frauen. Das Interesse der in einem Singlehaushalt lebenden Männer ist dabei mit
19,8 % am stärksten ausgeprägt. Der weitaus größere Teil der Befragten hat kein
Interesse an der Bestellung von Nahrungsmitteln. Das Verhältnis der Kategorien
„interessiert" und „uninteressiert" beträgt für alle Haushalte etwa eins zu sechs.
   Im Gegensatz zu den Nahrungsmitteln besteht bei den **Getränken** ein mehr als
doppelt so großes Interesse, diese über die Kommunikationsmittel Post, Telefon
oder Internet zu bestellen (vgl. Abb. 6). Hier ist das Interesse der im Singlehaushalt
lebenden Männer und Frauen am stärksten ausgeprägt. Die Haushaltstypen Paar
ohne Kind(er) und Paar mit Kind(ern) weisen untereinander ähnliche Interessen auf.
Was das Verhältnis der Kategorien „interessiert" und „uninteressiert" betrifft, so
liegt dieses bei etwa eins zu zwei.

5.3.2 Mehrwert durch die Bestellung von Waren

Einen wichtigen Hinweis für die Potenzialabschätzung der Shopping Box geben
auch die mobilitäts- und einkaufsspezifischen Kriterien, die den Mehrwert der E-
Commerce-gestützten Systeme kennzeichnen. Abbildung 7 veranschaulicht die
mobilitätsspezifischen Kriterien bei der Bestellung von Gütern. Dazu wurde die
Wichtigkeit der Kriterien auf einer Zahlenskala von 1 bis 4 abgefragt. Die Zahl 1 steht
dabei für „sehr wichtig", die Zahl 4 für „sehr unwichtig".

Abb. 6: Interesse an der Bestellung von Getränken für alle Haushaltstypen
sowie nach Haushaltstyp und Geschlecht

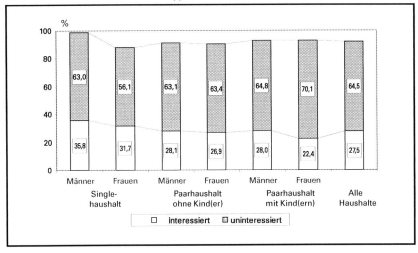

Quelle: eigene Erhebung, 2001
n = 1.011 Personen; der Differenz zu 100% besteht aus Merkmalsausprägung „nutze ich bereits"

Abb. 7: Mobilitätsspezifische Kriterien

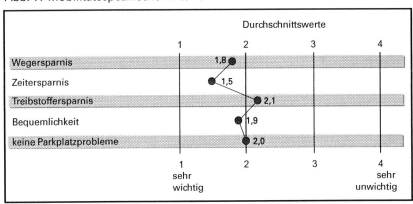

Quelle: eigene Erhebung, 2001

Analog zu den bereits geschilderten mobilitätsspezifischen Kriterien in Kapitel 3 erkennen die Haushalte im Kriterium Zeitersparnis den größten Mehrwert. Er wurde im Durchschnitt mit der Bewertungszahl 1,5 belegt. Ähnlich relevant scheint das Kriterium Wegersparnis zu sein, das hier mit der Bewertungszahl 1,8 beurteilt wurde.

Abbildung 8 gibt einen Überblick über die einkaufsspezifischen Kriterien. Diese kennzeichnen über die mobilitätsspezifischen Kriterien hinaus den Mehrwert und die Voraussetzung für die Nutzung E-Commerce gestützter Systeme. Dabei werden an erster Stelle der Schutz der persönlichen Daten (1,3) sowie die Sicherheit im Zahlungsverkehr (1,3) genannt. Von geringerer Bedeutung ist dagegen die bequeme Handhabung vom Arbeitsplatz (2,7) aus.

Abb. 8: Einkaufsspezifische Kriterien

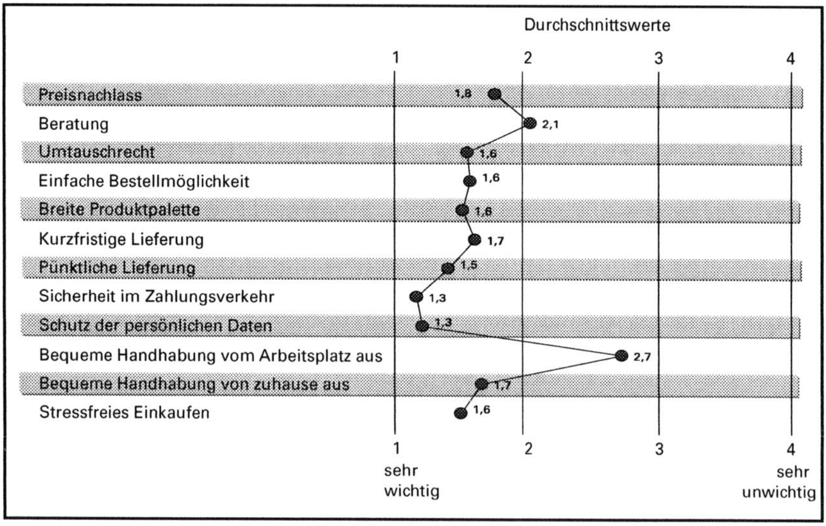

Durchschnittswerte

	1	2	3	4
Preisnachlass		1,8		
Beratung		2,1		
Umtauschrecht		1,6		
Einfache Bestellmöglichkeit		1,6		
Breite Produktpalette		1,6		
Kurzfristige Lieferung		1,7		
Pünktliche Lieferung		1,5		
Sicherheit im Zahlungsverkehr	1,3			
Schutz der persönlichen Daten	1,3			
Bequeme Handhabung vom Arbeitsplatz aus			2,7	
Bequeme Handhabung von zuhause aus		1,7		
Stressfreies Einkaufen		1,6		

1   2   3   4
sehr   sehr
wichtig   unwichtig

Quelle: eigene Erhebung, 2001

6   Schlussfolgerung

Die Entwicklung innovativer Informations- und Kommunikationstechnologien eröffnet beim Einkauf von Gütern neue Möglichkeiten, physischen Verkehr zu reduzieren, ohne die Mobilität der Haushalte zu beeinträchtigen.

Die Shopping Box ist dabei ein Beispiel für einen E-Commerce gestützten Einkauf. Die Akzeptanz der Shopping Box bestimmt im Wesentlichen mögliche Mobilitäts- und Verkehrseffekte. Auf Seiten der Haushalte wird die Shopping Box akzeptiert, wenn ein deutlicher Mehrwert für die Haushalte sowohl bei den mobilitätsspezifischen als auch bei den einkaufsspezifischen Kriterien erkennbar ist. Wenn die Shopping Box angenommen wird, so kann eine Wirkung auf das Mobilitätsverhalten und den Verkehr nicht eindeutig vorausgesagt werden, da gleichzeitig Substitutions- und Induktionseffekte ausgelöst werden. Diese Effekte treten auf der Ebene einzelner Aktivitätsbereiche (z.B. Versorgung, Freizeit) auf. Um mögliche Wechselwirkungen zwischen physischem und virtuellem Verkehr identifizieren zu können, müssen deshalb alle Aktivitätsbereiche gemeinsam hinsichtlich Substitution und Induktion untersucht werden. Gleichzeitig ist die Organisation der Mobilität zu betrachten, die durch die Shopping Box verändert wird. So kann angenommen werden, dass bisherige Sternfahrten wie „Wohnen-Einkaufen-Wohnen" zu Rundfahrten wie „Wohnen-Arbeiten-Einkaufen-Wohnen" umorganisiert werden.

Welche Wirkung der Shopping Box auf das Mobilitätsverhalten der Haushalte und den physischen Verkehr hat, wird in der Nachher-Erhebung zur Shopping Box bestimmt. Die Ergebnisse werden demnächst veröffentlicht.

Literatur

BECKMANN, Jörg (1996): Homeshopping in der Stadt. Der Einsatz von Informations- und Kommunikationstechnologien im Handel als Einflussgröße auf Stadtentwicklung und Verkehr. In: *Institut für Landes- und Stadtentwicklungsforschung des Landes Nordrhein-Westfalen* (Hrsg.): Monatsbericht des Forschungsbereichs Verkehr, Dortmund, S. 14

BMVBW (= *Bundesministerium für Verkehr, Bau- und Wohnungswesen)* (Hrsg.) (2001a): Auswirkungen neuer Informations- und Kommunikationstechniken auf Verkehrsaufkommen und innovative Arbeitsplätze im Verkehrsbereich. In: Bericht der Bundesministerien für Verkehr, Bau- und Wohnungswesen, Wirtschaft und Technologie, Bildung und Forschung. Berlin

BMVBW (= *Bundesministerium für Verkehr, Bau- und Wohnungswesen)* (Hrsg.) (2001b): Verkehr in Zahlen 2001/2002. Berlin, S. 158, 159

BURGDORFF, Frauke et al. (2000): Online-Shopping und die Stadt. Auswirkungen des Internet-Handels im Privatkundengeschäfts auf räumliche Strukturen. In: *Sekretariat für Zukunftsforschung* (Hrsg.): Werkstatt Bericht 28. Gelsenkirchen

FISI (= *Fraunhofer Institut für System- und Innovationsforschung)* (1998): Delphi'98-Umfrage. Studie zur globalen Entwicklung von Wissenschaft und Technik. Karlsruhe

KÖHLER, Stefan (1993): Interdependenzen zwischen Telekommunikation und Personenverkehr. (= Schriftenreihe des Instituts für Städtebau und Landesplanung der Universität Karlsruhe, Karlsruhe, 24)

MÜLLER, Matthias (2002): Die Shopping Box. Mündlicher Vortrag. Jahrestagung Arbeitskreis Verkehr der DGfG. München

RÖMMELT, Sybille & Georg KARG (2002): Analyse der Einkaufsmobilität privater Haushalte zur Potenzialabschätzung der Shopping Box. In: GEDRICH, Kurt & Ullrich OLTERSDORF (Hrsg.): Ernährung und Raum: Regionale und ethische Ernährungsweisen in Deutschland. Karlsruhe. S. 251-265 (in Druck)

ZÄNGLER, Thomas (2000): Mikroanalyse des Mobilitätsverhaltens in Alltag und Freizeit. Berlin.

ZÄNGLER, Thomas W. (2002): Innovative Konzepte für die mobile Gesellschaft: Ansatz und Wirkungsanalyse des MOBINET-Arbeitsbereichs D. In: KAGERMEIER, A., T. J. MAGER & T. W. ZÄNGLER (Hrsg.): Mobilitätskonzepte in Ballungsräumen. Mannheim 2002, S. 61-72 (= Studien zur Mobilitäts- und Verkehrsforschung, Bd. 2

Kagermeier, A., T. J. Mager & T. W. Zängler (Hrsg.): Mobilitätskonzepte in Ballungsräumen.
Mannheim 2002, S. 113 - 122 (= Studien zur Mobilitäts- und Verkehrsforschung, Bd. 2)

MOBIKIDS – Mobilitätsmanagement für Kinder

Sandra Kohler (Freising-Weihenstephan)
& Alexander Kreipl (München)

Zusammenfassung

Anlass des Forschungsprojektes MOBIKIDS ist die stetig zunehmende Begleitung der Kinder durch die Eltern mit dem Pkw vor allem auf dem Schulweg. Gleichzeitig sind immer weniger Kinder zu Fuß, mit dem Fahrrad oder öffentlichen Verkehrsmitteln unterwegs. Dies führt zu erheblichen Beeinträchtigungen im Umfeld der Schulen und Einbußen der persönlichen Sicherheit der Kinder. Der vorliegende Beitrag greift diese Problematik auf und zielt auf eine Verhaltensänderung bei Kindern und Eltern ab. Hierzu wurden im Kontext einer exemplarisch ausgewählten Grundschule in München mittels einer Längsschnittanalyse (Vorher-/Nachher-Untersuchung) aktuelle Daten zum Mobilitätsverhalten insbesondere auf dem Schulweg erhoben. Die Untersuchungen wurden jeweils im Oktober 2000 und 2001 auf Grundlage eines umfassenden Untersuchungsdesigns bestehend aus Eltern- und Kinderbefragung durchgeführt. Basierend auf den Untersuchungsergebnissen wurden Maßnahmen zur Schulwegorganisation entwickelt und umgesetzt, die auf eine Veränderung des Mobilitätsverhaltens abzielen. Die Evaluierung der Maßnahmen erfolgte insbesondere hinsichtlich ihres Potentials zur Reduzierung des Pkw-Verkehrs nach ihrer Implementierung.

Summary

Starting point of the reasearch project ‚MOBIKIDS' is the steadily increasing transport of children by car particularly to and from school. At the same time there is a trend away from other means of transportation like walking, cycling or public transport. This seriously affects urban quality and traffic safety. The objective of this contribution is to deal with the prevailing problems in the surrounding areas of schools towards a change of travel behaviour of children and parents. In the context of an exemplary selected primary school in Munich current data on travel behaviour were obtained by a longitudinal study design (pre evaluation and post evaluation) focussed on trips to and from school. The surveys were conducted in the month of October in 2000 and 2001 using a comprehensive approach by asking parents and children. Derived from the results new concepts organising the way to and from school were designed and converted to bring about a change in mobility behaviour of children and parents. The measures were evaluated in particular with regard to their ability to reduce car traffic.

1. Einleitung

Es ist zur Regel geworden, Kinder und Jugendliche mit dem privaten Pkw zu Kindergärten bzw. Schulen zu bringen. Die entsprechenden Wege zu Fuß, mit dem Fahrrad, dem Schulbus oder konventionellen öffentlichen Verkehrsmitteln zurückzulegen, wird hingegen immer mehr zur Ausnahme. Die Kinder werden meist direkt vor den Eingang der Schule gefahren. Dieses häufig beobachtete Fehlverhalten der Eltern lässt vermuten, dass gefährliche Situationen, wie z.b. das Halten direkt auf dem Zebrastreifen, offenbar billigend in Kauf genommen werden. Die Argumente der Eltern für die Bring- und Holdienste mit dem Pkw sind zumeist vage empfundene Verkehrssicherheit sowie Zeitgründe und Bequemlichkeit. Durch das im Einzelfall nachvollziehbare Verhalten wird jedoch ein „Circulus vitiosus" in Gang gesetzt. Je mehr Kinder von den Eltern mit dem Pkw zur Schule gebracht werden, desto gefährlicher wird die Situation im Bereich von Schulen. Dies wiederum verstärkt den Wunsch weiterer Eltern, mit dem subjektiv als sicher empfundenen Pkw ihre Kinder in die Schule zu fahren, womit die Situation für die Schulwege wiederum gefährlicher wird.

In der Grundschule an der Rotbuchenstraße im Münchener Stadtteil Untergiesing-Harlaching wurde deshalb von Juni 2000 bis März 2002 im Rahmen des vom BMBF geförderten Leitprojektes MOBINET das Teilprojekt „MOBIKIDS – Mobilitätsmanagement für Kinder" durchgeführt.

Ziel des Projektes war, an dieser Schule entsprechende Maßnahmen zu implementieren, um das Verhalten der Kinder und Eltern bei der Abwicklung des Schulweges zu verändern. Durch Anbieten von Alternativen zum Pkw und gezielte verkehrsmittelübergreifende Informationen sollten die Kinder und Eltern dazu bewegt werden, die Wahl des Verkehrsmittels für den Schulweg zu überdenken (KELLER/KREIPL 2001a, b). Diese Zielsetzung beinhaltete

- die Perspektive, das Mobilitätsverhalten zu sensibilisieren,
- einen Beitrag zur Schulwegsicherheit zu leisten und
- gesundheitliche Aspekte mit zu berücksichtigen.

2   Methode

Grundlage für die Entwicklung und Durchführung von Maßnahmen zur Veränderung des Mobilitätsverhaltens bildete eine umfassende Situationsanalyse (Vorher-Untersuchung). Aufgrund der lokalen Problemlage wurde die Grundschule an der Rotbuchenstraße für die Untersuchung ausgewählt. Die Erhebung der Daten erfolgte im Rahmen einer Eltern- und Kinderbefragung. Die Elternbefragung fand in Form schriftlicher Erhebungsunterlagen mittels Fragebogen und Mobilitätstagebuch statt. Die Erhebungsunterlagen werden ausführlich bei ZÄNGLER (im selben Band) vorgestellt. Mit einer ausgewählten Gruppe von Kindern wurden leitfadengestützte Gruppengespräche durchgeführt. Damit möglichst alle Kinder an der Erhebung beteiligt werden konnten, wurde auch hier die schriftliche Befragung als maßgebliche Methode herangezogen. Die Kinderbefragung fand während des Schulunterrichts mit einem kindgerecht gestalteten Fragebogen unter Anleitung der Lehrkräfte statt. Um ausreichende Schreibfertigkeiten der Kinder zu gewährleisten und um sicherzustellen, dass die befragten Kinder auch im darauffolgenden Jahr für die Evaluierung der Maßnahmen (Nachher-Untersuchung) noch verfügbar waren, wurden die Kinder der dritten Jahrgangsstufe und ihre Eltern als Zielgruppe festgelegt.

3 Vorher-Untersuchung

An der Erhebung im Oktober 2000 beteiligten sich 109 Kinder (100 %) der dritten Jahrgangsstufe und 77 Eltern (70 %) bzw. 144 Elternteile. Die Ergebnisse bestätigen das eingangs erörterte Problem (Abb. 1). Immerhin wurden morgens 28 % der Drittklässler mit dem Pkw zur Schule gebracht. Hochgerechnet auf alle Kinder, die kurz vor 8 Uhr in der Rotbuchenschule eintreffen, ist damit innerhalb von 15 Minuten mit einem geschätzten Pkw-Aufkommen von ca. 100 Pkw zu rechnen (ohne Berücksichtigung des Anliegerverkehrs). Dieses nun durch Fakten bestätigte hohe Verkehrsaufkommen im unmittelbaren Umfeld der Schule stellt einen großen Gefahrenfaktor für die Kinder der Rotbuchenschule und der umliegenden Einrichtungen (zwei Kinderhorte und ein Gymnasium) dar.

Abb. 1: Verkehrsmittel auf dem Schulweg (Vorher)

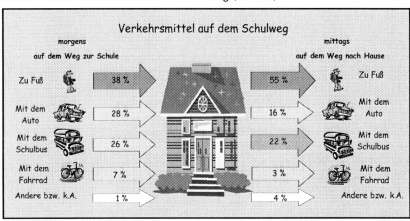

Quelle: MOBIKIDS-Elterninfobrief
(Daten aus Vorher-Untersuchung im Okt. 2000, Kinderbefragung n=109)

Es ist somit wenig verwunderlich, dass die Eltern bei der Wahl des Verkehrsmittels der Sicherheit und dem Schutz der Kinder auf dem Schulweg den mit Abstand höchsten Stellenwert beimaßen (Abb. 2). Hinsichtlich dieser Attribute wurde der Pkw im Vergleich zu alternativen Verkehrsmitteln als am sichersten eingestuft. Offensichtlich übersehen dabei viele Eltern, dass das Bringen und Holen der Kinder mit dem Pkw stark zu diesem Gefahrenpotenzial vor der Schule beiträgt.

Interessanterweise legten die Kinder selbst nicht allzu viel Wert auf die Bring- und Holdienste mit dem Pkw. Die Befragungen der Kinder verdeutlichten vielmehr die klare Präferenz für alternative Verkehrsmittel (Abb. 3).

Abb. 2: Bewertung von Eigenschaften bei der Verkehrsmittelwahl für den Schulweg

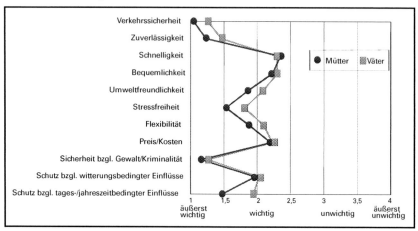

Quelle: MOBIKIDS-Elterninfobrief
(Daten aus Vorher-Untersuchung Okt. 2000, Elternbefragung n=144)

Das *Fahrrad* rangierte auf der Beliebtheitsskala der Kinder auf Platz 1, da es als schnell und umweltfreundlich eingestuft wurde und die Begleitung von Freunden ermögliche. Auch *zu Fuß* kamen die Kinder gerne zur Schule. Die Argumente entsprachen in etwa denen des Fahrrades. Das *Auto* wurde vergleichsweise selten als beliebtestes Verkehrsmittel erwähnt. Bequemlichkeit und Schnelligkeit zählten hier zu den Vorzügen. *Bus* und *Schulbus* wurden als beliebtestes Verkehrsmittel kaum angeführt. Als Vorteil erkannten die Schüler hier – wenn überhaupt – die Möglichkeit, Freunde zu treffen. Einzelne Kinder benannten *„modische" Verkehrsmittel*, wie Roller oder Kickboard, als ihre Lieblingsverkehrsmittel.

Die Frage nach dem unbeliebtesten Verkehrsmittel brachte die kritische Einstellung der Kinder gegenüber dem Pkw nochmals zum Ausdruck (Abb. 4). Das *Auto* stellte für die Kinder das unbeliebteste Verkehrsmittel dar, da es die Umwelt verschmutze. Viele Kinder empfanden die Autofahrt mit den Eltern zudem als „langweilig". Auch die *U-Bahn* war aufgrund der Überfüllung und Verschmutzung bei den Kindern unbeliebt. Darüber hinaus löste die U-Bahn zum Teil Ängste bei den Kindern aus. *Bus* und *Schulbus* zählten wegen Überfüllung und „Gedränge" während der Stoß-

Abb. 3: Beliebtestes Verkehrsmittel

Quelle: MOBIKIDS-Elterninfobrief
(Daten aus Vorher-Untersuchung Okt. 2000, Kinderbefragung n=109)

zeiten zu den unbeliebteren Verkehrsmitteln. Einige Kinder kamen ungern *zu
Fuß* zur Schule, besonders Kinder mit
weiten Schulwegen.

Abb. 4: Unbeliebtestes Verkehrsmittel

In einer abschließenden Frage konnten
die Kinder noch Wünsche, die ihren
Schulweg betreffen, äußern. Sie waren
dabei an keinerlei Vorgaben gebunden
und konnten aus allen Bereichen, die
ihnen interessant erschienen, Verbesse-
rungsvorschläge machen. Folgende Wünsche wurden benannt:

- Kürzerer Schulweg
- Mehr "Grün" (Bäume, Wiesen...)
- Mehr Zebrastreifen, Ampeln, Schüler-
  lotsen
- Weniger parkende Autos vor der
  Schule
- Mit dem Rad zur Schule fahren dürfen
- Mit dem Schulbus fahren dürfen (< 2 km)

*Quelle: MOBIKIDS-Elterninfobrief
(Daten aus Vorher-Untersuchung
Okt. 2000, Kinderbefragung n=109)*

Die häufigsten Aufzählungen, wie z.B. „kürzerer Schulweg" und „mehr Grün" sind
innerhalb eines befristeten Projektes nur schwer zu verwirklichen. Einige Wünsche
konnten jedoch zum Teil bei den durchgeführten Maßnahmen berücksichtigt werden.

4   Maßnahmen

Unter Beteiligung von Eltern, Lehrern, Schulleitung, Stadtverwaltung und Mobili-
tätsexperten wurden auf einem Workshop verschiedene Maßnahmenfelder erarbeitet. Anhand der Ergebnisse der Situationsanalyse erfolgte eine konkrete Ausarbeitung von Maßnahmenvorschlägen, um die verkehrliche Situation an der Schule zu
verbessern. Nach Überprüfung der jeweiligen Kriterien, die für eine Durchführung
maßgeblich sind, wurden folgende Maßnahmen in die Praxis umgesetzt.

Rotbuchen-Schulameisen

Die größte organisatorische Herausforderung im Projekt MOBIKIDS stellte die
Durchführung begleiteter Gehgemeinschaften dar, die sich z.B. in Großbritannien
unter dem Begriff „Walking Bus" bereits etabliert haben (*TravelWise* 1998). Dabei
legen die Kinder den Schulweg in Gruppen zurück und werden gleichzeitig von
einem Erwachsenen begleitet. Ähnlich wie bei einem Schulbus, werden verschiedene Routen festgelegt. Die Kinder werden an der Haustüre oder einem anderen ver-
einbarten Treffpunkt abgeholt und abgesetzt.

Nach einer einwöchigen Testphase am Ende des vorangegangenen Schuljahres wurden zum Schuljahr 2001/2002 unter dem neuen Namen „Rotbuchen-Schulameisen"
mehrere Routen eingeführt. Seitdem beteiligen sich aus allen vier Jahrgangsstufen ca.
60 Kinder und deren Eltern (als Begleitpersonen), die nun in Gruppen von ca. acht

Kindern täglich zu Fuß zur Schule gehen (vgl. Photo 1). Die Einteilung der Begleitung, Treffpunkte und Zeitpläne für die jeweiligen Routen werden von den Eltern individuell und selbständig organisiert. Um die Sicherheit der Gruppen vor allem im Herbst und Winter zu erhöhen, wurden neongelbe Leuchttrapeze für Kinder und Erwachsene über einen Sponsor zur Verfügung gestellt.

Photo 1: Die Rotbuchenschulameisen im Einsatz

Mobilitätsunterricht und Fahrradparcours

Im Rahmen eines vom *„Pädagogischen Projekt Mobilität"* (ehemals: Pädagogisches Projekt Fahrrad) im Allgemeinen Deutschen Fahrrad-Club (ADFC) veranstalteten Mobilitätsunterrichtes erarbeiteten die Kinder eigenständig Vor- und Nachteile aller Verkehrsmittel (siehe Photo 2; vgl. *PPF* 1996).

Im anschließenden Fahrradparcours (siehe Photo 3) konnte jeder, der sein Fahrrad mitgebracht hatte, die eigene Geschicklichkeit beim Beherrschen des Fahrrades verbessern und so z.B. punktgenaues Bremsen üben.

Photo 2: Sicherheitsaspekte im Mobilitätsunterricht

Trambahnfahrt

Zwei dritte Klassen hatten die Möglichkeit, an einer Trambahn-Sonderfahrt teilzunehmen (siehe Photo 4). Auf der Fahrt quer durch München zum Betriebshof in die Einsteinstraße wurden Informationen zu Geschichte und Betrieb der Münchener Trambahn und der Verkehrssituation in München allgemein vermittelt. Bei der Besichtigung des Betriebshofes konnte aus nächster Nähe beobachtet werden, wie Trambahnen gewartet, repariert und gereinigt werden. Eine exklusive Bremsprobe sorgte für den gebührenden Abschluss der Besichtigung. Für viele Kinder war dies das erste Mal, dass sie mit einer Straßenbahn fuhren.

Photo 3: Praktische Übungen im Fahrradparcour

Photo 4: Trambahnfahrt und Besichtigung des Betriebshofes

Photo 5: Problemfeld Fahrradabstellanlagen

Fahrradabstellanlagen

Um die Situation an den völlig überfüllten Fahrradabstellanlagen (siehe Photo 5) zu entzerren, wurden der Neubau von ca. 50 Fahrradständern angeregt und erste Gespräche mit der Stadtverwaltung geführt. Nach Rücksprache mit dem städtischen Baureferat sollen nun die vorhandenen Fahrradabstellanlagen um weitere 50 Fahrradständer erweitert werden.

Ausstiegszone + Beschilderung

Der Schuleingang „Am Hollerbusch" wird von sehr vielen Eltern benutzt, um ihre Kinder aus dem Pkw aussteigen zu lassen, obwohl sich dort die Bushaltestelle und ein Zebrastreifen befinden und die Haltezone lediglich zwei Pkw-Längen entspricht. Die Beschilderung mit vier Halteverbotsschildern und je einem Schild für Zebrastreifen, Schülerlotsen und Bushaltestelle auf einer Strecke von 30 Metern ist sehr unübersichtlich. Dies führt jeden Morgen zu einem sehr hohen Verkehrsaufkommen und zahlreichen Verstößen gegen die Verkehrsregeln (z.B. Halten auf dem Zebrastreifen). Im Rahmen der Maßnahmenplanung wurde vorgeschlagen, auf der ganzen Länge vor dem Schulgelände ein absolutes Halteverbot einzuführen und die zwei Pkw-Haltemöglichkeiten zu entfernen. Als Ausgleich sollen in ca. 300 m Entfernung an einer übersichtlicheren Stelle und einer durch Schulweghelfer gesicherten Gehverbindung zur Schule eine Ausstiegszone mit zwei bis drei Halteplätzen ausgewiesen werden.

Zebrastreifen

Am Haupteingang der Schule an der Rotbuchenstraße befindet sich der Übergang zum Sportplatz, der nicht gesichert ist. Es wurde angeregt, einen Zebrastreifen und ein Warnschild „Achtung Schule" zu errichten. Die Vorschläge „Ausstiegszone" und „Zebrastreifen" wurden bei einem Ortstermin mit einem Mitarbeiter des Kreisverwaltungsreferates (KVR) erörtert. Da keine rechtlichen Hindernisse zu erwarten sind, kann mit einer Umsetzung der vorgeschlagenen Maßnahmen noch im Jahr 2002 gerechnet werden.

5 Nachher-Untersuchung

Um Aussagen über die Effektivität der durchgeführten Maßnahmen treffen zu können, wurde ein Jahr nach der Vorher-Untersuchung unter den gleichen Bedingungen erneut eine Situationsanalyse durchgeführt. An der Erhebung im Oktober 2001 beteiligten sich 97 Kinder in der mittlerweile vierten Jahrgangsstufe sowie 102 Elternteile. Im Vergleich zu den Ergebnissen aus dem Jahr 2000 haben sich einige Veränderungen ergeben. Im Folgenden werden die wichtigsten Daten zur Verkehrsmittelwahl auf dem Schulweg dargestellt (Abb. 5).

Abb. 5: Verkehrsmittel auf dem Schulweg (Nachher)

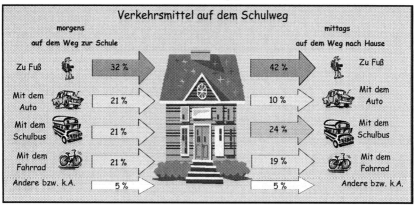

Quelle: MOBIKIDS-Elterninfobrief
(Daten aus Nachher-Untersuchung Okt. 2001, Kinderbefragung n=97)

Die Zahl der Kinder, die morgens mit dem Pkw zur Schule kamen, ist morgens von 28 auf 21 % zurückgegangen. Auch mittags hat sich der Pkw-Anteil von 16 auf 10 % reduziert. In beiden Fällen hat die Zahl der Fahrradfahrer erheblich zugenommen.

Bei den Angaben zu den beliebtesten Verkehrsmitteln für den Schulweg bestätigte sich diese Tendenz (Abb. 6). Das *Fahrrad* war mit einem Anstieg auf 65 % der Nennungen der klare Spitzenreiter der Kinder. Kaum verändert hat sich der Wert für das *zu Fuß* zur Schule gehen mit 14 %. *Schulbus* (4 %) und *Pkw* (7 %) sind jedoch deutlich zurückgegangen.

Die Ergebnisse der im Oktober 2001 durchgeführten Nachher-Untersuchung liefern deutliche Hinweise, dass die getesteten Maßnahmen in der ausgewählten Jahrgangsstufe unterschiedliche Resonanz fanden. Die „Rotbuchen-Schulameisen" (vormals „Walking-Bus") erhielten

Abb. 6: Beliebtestes Verkehrsmittel (Nachher)

Quelle: MOBIKIDS-Elterninfobrief
(Daten aus Nachher-Untersuchung, Okt. 2001, Kinderbefragung n=97)

von einem Großteil der Schüler schlechte Noten, da diese nicht mehr in begleiteten Gruppen zur Schule gehen wollen. Er ist daher vor allem für die erste und zweite Jahrgangsstufe geeignet.

Eine entscheidende Voraussetzung für eine erfolgreiche Durchführung der „Rotbuchen-Schulameisen" ist ein reges Engagement der Eltern. Die Erfahrungen aus MOBIKIDS zeigen, dass eine möglichst frühe Einbindung der Eltern diese Bereitschaft zur Mitarbeit wesentlich erhöht. Im konkreten Fall der Rotbuchenschule wurde der Elternbeirat bereits bei der Gestaltung des Fragenbogens zur Erhebung der Mobilitätsbilanz eingebunden und konnte aktiv an der Maßnahmenausarbeitung und -gestaltung mitwirken.

Durch Gespräche mit Eltern, welche sich an den Rotbuchen-Schulameisen beteiligen und täglich mit den Schülergruppen zu Fuß zur Schule gehen, lassen sich auch Einschätzungen zur Wirksamkeit dieser Maßnahme machen. Demzufolge findet diese Form der Schulweggestaltung vor allem bei Eltern und Schülern der ersten beiden Jahrgangsstufen positiven Anklang. Die Anzahl von 25 Kindern aus den ersten Klassen (20 % aller Schüler der ersten Klassen) zeigt, dass dieses Angebot der Schulwegorganisation bereits im ersten Jahr der Durchführung sehr gut angenommen wird. Ausgehend von einer Fortführung bei den künftigen Schulanfängern und einer weiteren Steigerung des Bekanntheitsgrades kann mit einem erheblichen Rückgang des Pkw-Bringverkehrs von ca. 10-20 % gerechnet werden.

6 Schlussfolgerungen

Die Ergebnisse der Nachher-Untersuchung bei Eltern und Schülern können nur in begrenztem Maße Auskunft über die genaue Wirksamkeit der Maßnahmen geben. Dies liegt zum einen am zeitlichen Horizont, der insbesondere bei den baulichen Maßnahmen im Schulumfeld nicht ausreicht, um innerhalb der Projektlaufzeit Wirkungen zu messen. Zum anderen spielt eine wichtige Rolle, dass sich die „Rotbuchen-Schulameisen" hauptsächlich aus Schülern der ersten und zweiten Jahrgangsstufe zusammensetzen und sich durch die Befragung der vierten Klassen somit keine direkten Auswirkungen auf das Verkehrsaufkommen im Schulfeld ableiten lassen.

Von der Vielzahl der hier vorgeschlagenen und erprobten Maßnahmen zur Schulwegsicherung, waren die „„Rotbuchen-Schulameisen" der innovativste Ansatz. Die Maßnahme hat sich grundsätzlich bewährt und hat vor allem in den ersten beiden Jahrgangsstufen eine sehr hohe Akzeptanz gefunden, so dass sie auch auf andere Schulen übertragen werden kann.

Auffällig bei den Kindern der vierten Jahrgangsstufe, in der auch lehrplangemäß die Fahrradprüfung abgehalten wird, ist die Hinwendung zum Fahrrad und bringt somit das gestiegene Mobilitätsbedürfnis der Kinder zum Ausdruck (65 % der Kinder würden am liebsten mit dem Fahrrad zur Schule kommen, 21 % tun dies bereits). Auch hat der durchgeführte Fahrradparcours den Kindern von allen Maßnahmen am besten gefallen.

Die wohl wichtigste Erkenntnis dieses Projektes liegt darin, dass mit Maßnahmen, wie sie in MOBIKIDS durchgeführt wurden, am sinnvollsten in der ersten Jahrgangsstufe begonnen wird. Verschiedene befragungstechnische Restriktionen erforderten eine Festlegung auf die dritte Jahrgangsstufe als Untersuchungsgruppe. Im Laufe des Projektes wurde die Erkenntnis gewonnen, dass in der dritten und vierten Jahrgangsstufe sehr viele Vorgänge des Tagesablaufes bereits festgefahren sind und eine Änderung dieser Abläufe nur sehr schwer zu erreichen ist. Dies wird vor allem bei den täglichen Wegen zur Schule und wieder nach Hause deutlich.

Eine langfristige Verhaltensänderung bei den Kindern und Eltern erfordert eine Steigerung des Bewusstseins für nachhaltige Verkehrsmittel (FLADE 1994, S. 185ff). Durch das Anbieten von Alternativen bei der Schulwegorganisation und die Implementierung eines umfassenden Mobilitätsmanagements an Schulen kann ein wichtiger Beitrag geleistet werden, den Pkw-Verkehr im näheren Umfeld der Schule zu reduzieren und damit auch insgesamt eine Qualitätsverbesserung des Schulweges zu erwirken.

Literatur

FLADE, Antje (1994): Der Straßenverkehr aus der Sicht von Schulkindern. In. FLADE, Antje (Hrsg): Mobilitätsverhalten. Weinheim, S. 185-194

KELLER, Hartmut & Alexander KREIPL (2001a): How to Reduce Traffic to and from School. - MOBIKIDS. In: ECOMM 2001. Conclusions of the 5th European Conference on Mobility Management. 7-8 February 2001. Rom

KELLER, Hartmut & Alexander KREIPL (2001b): Increasing Traffic Safety by Optimizing Access to and from School. In: ITS (Hrsg.) Proceedings of the 2nd European Congress on Intelligent Transport Systems. 20-23 June 2001, Bilbao

PPF-Pädagogisches Projekt Fahrrad im Allgemeinen Deutschen Fahrrad-Club (Hrsg.) (1996): Und dann hört der Radweg einfach auf.... Kinder und Radverkehrspolitik – ein Schulprojekt. München

TravelWise (1998): An Assessment of the TravelWise Campaign 1993-1998. Hertfordshire

ZÄNGLER, Thomas W. (2002): Innovative Konzepte für die mobile Gesellschaft. Ansatz und Wirkungsanalyse des MOBINET-Arbeitsbereichs D. In: KAGERMEIER, A. , T.J. MAGER & T. W. ZÄNGLER (Hrsg.): Mobilitätskonzepte in Ballungsräumen. Mannheim 2002 (=Studien zur Mobilitäts- und Verkehrsforschung, 2) S. 61-72

Ansätze zum Mobilitätsmanagement in der Region München

Kagermeier, A., T. J. Mager & T. W. Zängler (Hrsg.): Mobilitätskonzepte in Ballungsräumen.
Mannheim 2002, S. 125 - 132 (= Studien zur Mobilitäts- und Verkehrsforschung, Bd. 2)

IMBUS - Information, Marketing, Beratung und Service

... der Schlüssel zu mehr nachhaltiger Mobilität in München

Martin Schreiner (München)

Zusammenfassung

Dieser Beitrag möchte zeigen, wie sich in München auf der Grundlage neuer Erkenntnisse über die Mobilitätsmuster der Münchener Bevölkerung das Thema „Mobilitätsmanagement" entwickelte, welche Lehren aus dem Initialprojekt MOBINET und seinen Folgeprojekten gezogen wurden und was bei der möglichen Umsetzung im Rahmen von IMBUS methodisch und organisatorisch zu beachten ist.

1   Ausgangspunkt: heterogene Mobilitätsbedürfnisse

Auf der Suche nach neuen Ansätzen zur Lösung von Mobilitätsproblemen hilft ein Blick auf die Mobilitätsbedürfnisse derjenigen, die den Verkehr erzeugen – Menschen und Unternehmen. ZÄNGLER (2000) hat in seiner Promotion „Mikroanalyse des Mobilitätsverhaltens in Alltag und Freizeit" nachgewiesen, dass das Mobilitätsverhalten der bayerischen und Münchner Bevölkerung zunehmend heterogen wird. Ein ähnliches Ergebnis brachte die Analyse der Mobilitätsmuster der Münchner Bevölkerung im Arbeitsbereich D „Innovative Konzepte für die mobile Gesellschaft" des Projektes MOBINET. MOBINET ist ein Leitprojekt des Bundesministeriums für Bildung und Forschung (BMBF) im Rahmen des Forschungsprogramms „Mobilität in Ballungsräumen". Beide Auswertungen bauten auf Daten der Untersuchung Mobilität 97 auf, die der Lehrstuhl für Wirtschaftslehre des Haushalts der TU München und NFO Infratest im Auftrag der BMW Group durchgeführt hatten. Sie umfasst 986 private Haushalte mit 2.169 Personen.

Einen Eindruck dieser Heterogenität vermittelt Abbildung 1, die beispielhaft die Vielfalt der Mobilitätsmuster allein schon an den Anteilen der Aktivitätsketten mit Arbeitswegen zeigt. Dies differenziert sich weiter aus, wenn man andere Hauptaktivitäten samt den dazugehörigen Aktivitätsketten betrachtet.

Damit wurde die Ausgangsthese aus MOBINET D bestätigt, dass die Individualisierung und Flexibilisierung der Lebensstile und neue Produktionsformen zu neuen Mobilitätsmustern führen, die durch die Möglichkeiten immer leistungsfähigerer Informations- und Kommunikationstechnologien noch verstärkt werden (vgl. Abb. 2).

Dieser wissenschaftlichen These sei die Einschätzung an die Seite gestellt, dass das bisherige v.a. technische Management der Verkehrssysteme (Infrastruktur, Fahrzeuge) diese Tatsache vernachlässigt hat und nun um sozioökonomische Konzepte für Menschen und Unternehmen zu einem Mobilitätsmanagement erweitert werden muss.

Abb. 1: Anteil der Aktivitätsketten mit Arbeitswegen in Prozent

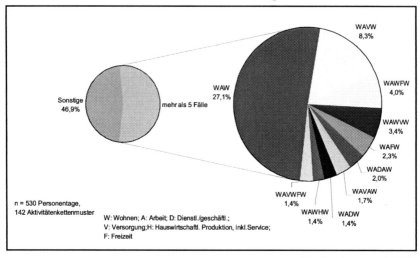

(Quelle: HENSEL et al. 2000)

2   Pionierarbeit in MOBINET

In MOBINET wurden aufgrund diese Erkenntnis Ansätze entwickelt und getestet, die den Mobilitätsbedürfnissen auf eine neue Weise gerecht werden sollen. Das Neue daran ist, dass es sich nicht um „pauschale" Maßnahmen der Angebotsverbesserung handelt. Diese haben tendenziell den Nachteil zumeist schwieriger, langwieriger und ressourcenintensiver Umsetzungsprozesse. „Alles" ist erlaubt, um die Bedürfnisse der Zielgruppe zu erfüllen. Im Vordergrund stehen dabei „soft policies", Maßnahmen aus den Bereichen Organisation und Kommunikation. Wenn es adäquat erscheint, kann dazu jedoch auch auf das gesamte klassische Spektrum der Verkehrspolitik, -ordnung, -planung und -technik zurückgegriffen werden. Dabei wurden zunächst 3 Handlungsfelder definiert:

- Handlungsfeld 1: Mobilitätsberatung für Unternehmen
- Handlungsfeld 2: Mobilitätsberatung für Zielgruppen
- Handlungsfeld 3: Neue Mobilitätsdienstleistungen.

Diesen wurden insgesamt 5 Demonstratoren zugeordnet:

- Betriebliches Mobilitätsmanagement im Vermessungsamt der LH München
- Special Teleworking: Telecenter / Telearbeit
- Special E-Commerce: Shopping-Box
- Mobilitätsberatung für Kinder, Jugendliche (und deren Eltern): MOBIKIDS
- Call a Bike.

Diese Projekte sind von einem starken Pilotcharakter geprägt und entstanden naturgemäß unter Rahmenbedingungen, die den meisten Forschungsprojekten zu eigen ist – finanzielle und zeitliche Restriktionen sowie forschungspolitisch bedingt nicht unbedingt hundertprozentige Ergebnisoffenheit. Zudem muss man bei der Beurteilung der Ergebnisse berücksichtigen, dass Erfolg oder Misserfolg nicht selten nicht

Abb. 2: Untersuchungsdesign des MOBINET-Arbeitsbereichs D „Innovative Konzepte für die mobile Gesellschaft"

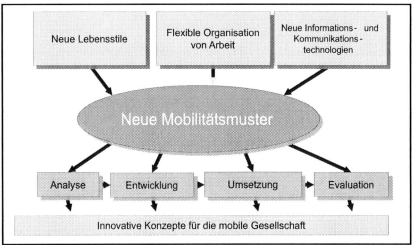

im Ansatz selber zu suchen sind, sondern in der Frage, ob sich genug potente Kümmerer und „Masterminds" (vgl. KESSELRING 2001) finden, die dem Projekt über so manche Klippe der Projektorganisation hinweghelfen. Dennoch sind die MOBINET-Demonstratoren von fundamentaler Bedeutung auf dem Weg zu einem integrierten Mobilitätsmanagement als neuem Paradigma künftiger Verkehrspolitik:

- Allein die Tatsache, dass soft policies, sozioökonomische und nachfrageorientierte Konzepte, gemeinsam mit „hard policies", den Instrumenten klassischer angebotsorientierter Verkehrspolitik gleichberechtigt in einem renommierten Großprojekt wie MOBINET durchgeführt werden, kennzeichnet einen verkehrspolitischen Durchbruch. Die damit verbundene fachliche und politische Anerkennung und das Verlassen der „Ökoecke" sind wesentliche Voraussetzung bei der kommenden Etablierung von integriertem Mobilitätsmanagement.

- Durch den Praxistest, den Kontakt mit den „Kunden", den Mitarbeitern der insgesamt elf Pilotunternehmen und den MOBIKIDS, Eltern, Lehrern sowie dem ganzen Umfeld der Pilotschule wurden fundamentale methodische Grundlagen und Erfahrungen gesammelt, die bei der Ausarbeitung eines umfassenden Folgekonzeptes für eine integriertes Mobilitätsmanagement in der Region München wertvoll sind. Das betrifft nicht nur die Maßnahmen selber, sondern auch die Prozesse, die zur erfolgreichen Organisation und Umsetzung der Maßnahmen notwendig sind.

3 Lernen aus MOBINET

Die wichtigste inhaltliche Erkenntnis ist, dass wir Verkehrsplaner erbärmlich wenig über die Mobilitätsbedürfnisse, Lebenszusammenhänge und unternehmerischen Realitäten unserer Kunden wissen. Dieses Know-how zu beschaffen ist der erste Schritt, um das vorhandene Angebot und neue innovative Maßnahmen so zurechtzuschneiden, dass es die Kundenbedürfnisse tatsächlich befriedigt. Letztlich geht es um Marktforschung für nachhaltige Mobilität. Ein Beispiel aus MOBIKIDS (vgl. KREIPL 2002): Zielgruppe für die Maßnahme „Walking Bus" (organisiertes in-die-Schule-begleiten) waren die Kinder der dritten Klasse. Die positive quantifizierbare Wirkung trat aber bei den Erstklässlern auf. Es hat sich gezeigt, dass die Eltern bei der Einschulung der Anregung, ihr Kind mit dem Walking Bus und nicht mit dem eigenen Auto in die Schule zu bringen, viel offener gegenüber standen, als die Eltern der Drittklässler, deren Gewohnheiten bereits seit Jahren eingeschliffen waren. Abstrakt gesprochen: Bei biographischen Brüchen, wie z.b. der Einschulung, kann das Verkehrsverhalten durch gute Angebote und gutes Verkaufen der Angebote viel besser beeinflusst werden, als im normalen Alltagsablauf. Diese Erkenntnis gilt es in Zukunft in München dahingehend zu berücksichtigen, dass die Stadtgesellschaft systematisch in Zielgruppen eingeteilt und nach biographischen Brüchen abgesucht wird, bei welchen ein maßgeschneidertes Angebot nachhaltiger Mobilität fruchtbar zu werden verspricht. So wäre, nur als ein Beispiel von vielen, z.b. denkbar, bei Umzügen systematisch den neuen Bewohnern umfassende Informationen über die Mobilitätsmöglichkeiten ihrer neuen Umgebung zukommen zu lassen und sie für ein nachhaltiges Mobiliätsverhalten zu beraten und zu umwerben.

4   Folgeprojekte

Die Türöffnerfunktion von MOBINET zeigt sich in zahlreichen Folgeaktivitäten. So legte der Stadtrat der LH München ein „Förderprogramm betriebliche Mobilitätsberatung" auf, an dem nicht mehr nur das Vermessungsamt der LH München mit 164 Mitarbeitern teilnimmt, sondern 4 Unternehmen mit 5 Standorten und rund 10.000 Mitarbeitern. Dabei können die Erfahrungen aus MOBINET auf eine breitere Grundlage gestellt werden, in dem Unternehmen an unterschiedlichen Standorten, aus unterschiedlichen Branchen mit unterschiedlichen Betriebsgrößen betriebliches Mobilitätsmanagement erproben. Mittlerweile nutzt das Bundesministerium für Verkehr, Bau und Wohnungswesen die Münchner Erfahrungen für zwei weitere Forschungsprojekte. Im Rahmen des Forschungsprogramms „Experimenteller Wohnungs- und Städtebau" (ExWoSt) wird ein Modellvorhaben „Neue Spielräume in der Stadtentwicklung durch Betriebliches Mobilitätsmanagement" durchgeführt. Als Teil des Forschungsprogramms Stadtverkehr 2002 (FOPS) untersucht das Forschungsvorhaben „Kombinierte Mobilität durch Mobilitätsmanagement am Beispiel eines Naherholungsraumes sowie einer touristischen, ländlichen Region" die Möglichkeiten von integriertem Mobilitätsmanagement für den ländlichen Raum in Oberbayern.

4.1   Mobilitätsmanagement institutionalisieren

Ein Schwerpunkt beider Projekte ist eine Frage, die aus MOBINET und seinen Folgeprojekten heraus entstanden ist und für die Stadt München im Mittelpunkt von IMBUS steht. Wie kann man Mobilitätsmanagement so organisieren, dass die damit entstehenden Prozesse zu einer optimalen Entfaltung der Wirkungen des neuen Instrumentariums führt? Hier geht IMBUS problem- und kundenorientiert vor. Zu berücksichtigen sind folgende Aspekte:

- Nachhaltige Mobilität wird in München nicht optimal vermarktet.
- Die Marketingstrategien sind beschränkt auf die einzelnen Mobilitätsdienstleister bzw. den ÖPNV.
- Für den Kunden wirken die Alternativen zum Privatauto zersplittert, unübersichtlich und nicht aus einer Hand.
- Die Möglichkeiten von Car-Sharing, Radverkehr und neuen Mobilitätsdienstleistungen wie Call a Bike werden nicht ausgenutzt.
- Persönliches und Betriebliches Mobilitätsmanagement mit zahlreichen organisatorischen Maßnahmen und Planungstools ist so gut wie nicht bekannt und wird daher auch kaum genutzt.
- Sämtliche Marketingstrategien sind eher defensiv. Es wird nur wenig zum Kunden gegangen (Haushalte, Zielgruppen, Betriebe, Problem-Stadtbereiche).

Dabei wird deutlich, dass sich die Aufgaben einer künftigen Mobilitätsmanagement-Institution in erster Linie um das „Marketing nachhaltiger Mobilität" mit den Teilbereichen Information, Beratung und Service drehen werden. Das Spannende ist in diesem Zusammenhang, ob die klassischen Marketingtheorien und -ansätze der Wirtschaftswissenschaften in verkehrswissenschaftlichem Kontext verwendbar sind. In diesem Zusammenhang passend erscheint die Übertragung der Entwicklung des Marketings. Funktionierte Marketing früher nach dem überspitzt formulierten Schema „Wir haben ein Produkt und das reden wir nun unseren Kunden ein", so wird im modernen Marketing zunächst eine sorgsame Analyse der Kundenwünsche durchgeführt, daraufhin ein Produkt entwickelt, das Kundenwünschen entspricht und erst dann der Verkaufsvorgang durchgeführt, unterstützt und der Gewinn nicht nur am Umsatz, sondern auch an der Kundenzufriedenheit gemessen (vgl. Abb. 3).

Abb. 3: Verkaufs- und Marketingkonzept im Vergleich

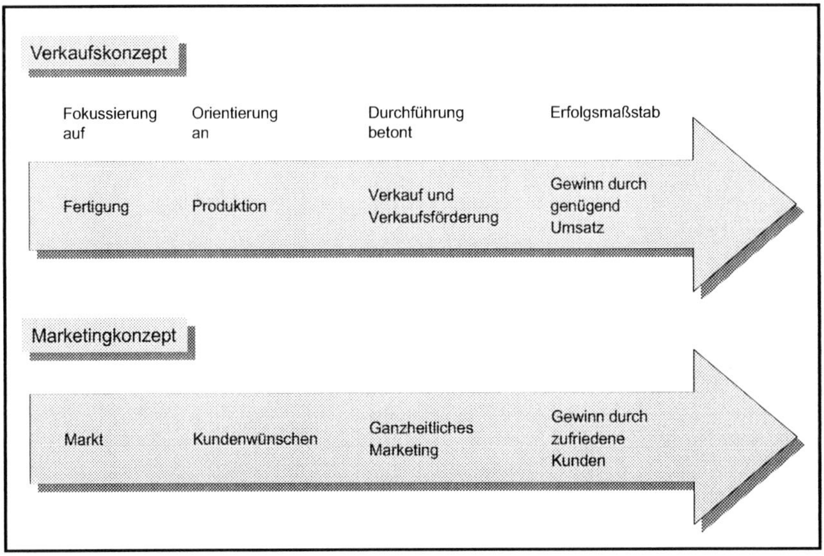

Verkaufskonzept			
Fokussierung auf	Orientierung an	Durchführung betont	Erfolgsmaßstab
Fertigung	Produktion	Verkauf und Verkaufsförderung	Gewinn durch genügend Umsatz

Marketingkonzept			
Markt	Kundenwünschen	Ganzheitliches Marketing	Gewinn durch zufriedene Kunden

(Quelle: Kotler 2001)

Das Nachvollziehen dieser Entwicklung bei der Bereitstellung von intermodalen und nachhaltigen Mobilitätsangeboten wäre schon ein großer Schritt in Richtung künftigen modernen Mobilitätsmanagements. Strikte Kundenorientierung ist auch der Ausgangspunkt bei der Frage der Organisationsform und Institutionalisierung. Schaut man sich Kundenstruktur und Austauschprozesse im Zusammenhang des Produkts Betriebliches Mobilitätsmanagement an, zeigt sich, dass der öffentlichen Hand eine zentrale Rolle zufällt (vgl. Abb. 4).

Abb. 4: Angebot und Nachfrage im Betrieblichen Mobilitätsmanagement

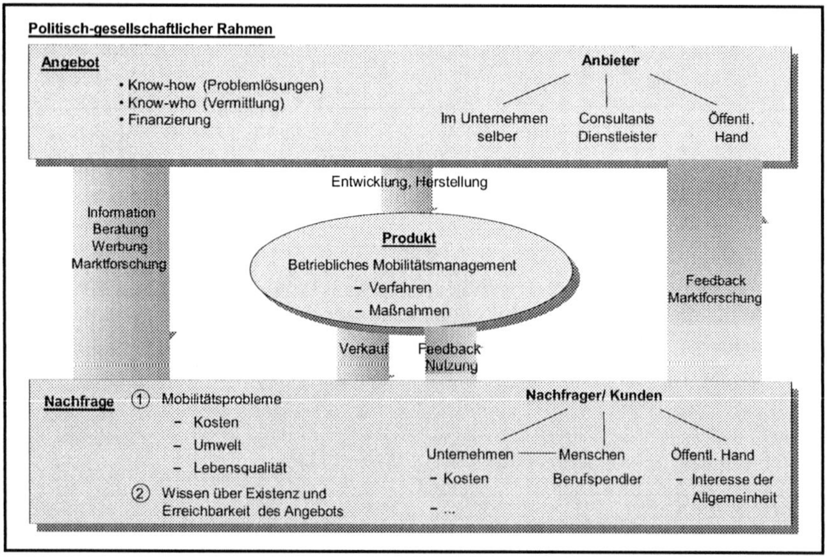

(Quelle: eigener Entwurf)

Die Öffentliche Hand ist gleichzeitig potenzieller Anbieter von Know-how, Vermittlungsdienstleistung und Finanzierung von Produkten des Mobilitätsmanagements. Gleichzeitig hat sie als Kunde ein Interesse, mit den Produkten des MM ihre Aufgaben der Ressourcenschonung und des Bereitstellens möglichst optimaler Mobilitätsmöglichkeiten zu erfüllen. Noch schwerer wiegt jedoch das Argument, dass die Anbieter von Mobilitätsdienstleistungen, die als Träger der Aufgabe Mobilitätsmanagement häufig in Form der öffentlichen Verkehrsunternehmen oder der Verbünde ins Spiel gebracht werden, naturgemäß nur die Interessen ihrer Kunden vertreten. Die Verkehrsteilnehmer als Kunden wollen aber Mobilität produktübergreifend, auch unter Nutzung von Car Sharing, Call a Bike, Fahrradverkehr und unter Nutzung von Know-how, das verkehrsmittelunabhängig bei der Organisation von privater oder betrieblicher Mobilität hilfreich ist. Dieses produktunabhängige oder produktübergreifende Interesse der Bürger und Unternehmen als Kunden kann nur die Öffentliche Hand vertreten. Zur Auswahl stehen drei Szenarien zur Institutionalisierung und Organisation eines Mobilitätsmanagementangebots:

- Sämtliche Angebote werden hoheitlich organisiert und auch operativ durchgeführt.
- Es wird eine Institution in der Rechtsform einer Public-Private-Partnership GmbH, z.B. einer Mobilitätsagentur, gegründet, in der Öffentliche Hand und Mobilitätsdienstleister und evt. Interessengruppen gemeinsam das Mobilitätsmanagementangebot organisieren.
- Sämtliche operative Tätigkeiten werden privatwirtschaftlich vergeben und durchgeführt.

Allen drei gemeinsam ist das notwendige Bekenntnis der Öffentlichen Hand zum Mobilitätsmanagement als teilöffentliche Aufgabe sowie die Wahrnehmung einer Koordinierungsfunktion in Form eines kommunalen Mobilitätsmanagers und die Ausstattung dieses kommunalen Mobilitätsmanagers mit Kompetenzen und Ressourcen.

4.2   Umsetzung mit IMBUS

Aufgabe des Projektes IMBUS ist es nun, die bis hierher skizzierten Gedanken und Lerneffekte aus den Vorläuferprojekten konkret zu einem Umsetzungskonzept für Mobilitätsmanagement auszuarbeiten und parallel mit Pilotprojekten weitere empirische Erfahrungsgrundlagen zu schaffen. Dabei muss grundsätzlich das Schema des Mobilitätsmanagements als Makler zwischen dem Angebot als Input und der Nachfrage im Auge behalten werden. Die Nachfrage stellt nicht nur die Befriedigung von Mobilitätsbedürfnissen durch das Angebot dar, sondern erfüllt die wichtige Funktion eines Feedbacks zur kundengerechten Verbesserung des Angebots als Output (vgl. Abb. 5).

Abb. 5: Prinzip der Mobilitätsberatung in IMBUS

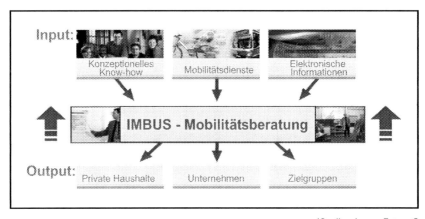

(Quelle: eigener Entwurf)

Die operationale Basis des IMBUS-Konzeptes besteht aus 4 Komponenten, mit welchen die Angebote dem Kunden nahegebracht werden:
- virtuelle Mobilitätszentrale (Mobilitätsportal, evtl. unter www.muenchen.de)
- reale Mobilitätszentrale
- Außendienst-Förderprogramm (Mobilitätsberater vor Ort beim Kunden)
- Modell zum Betrieb der genannten Module für späteren Regelbetrieb

Abb. 6:   Operationale Module des IMBUS-Konzepts

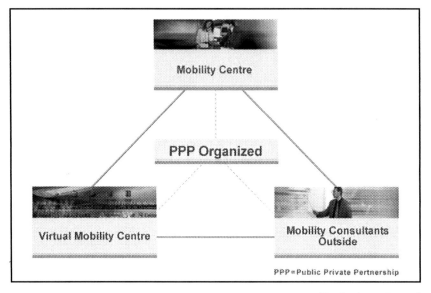

(Quelle: eigener Entwurf)

Gerade in Zeiten von leeren öffentlichen Kassen sollten aufgrund ihres geringen Infrastrukturbedarfs und ihres nichtrestriktiven Charakters kostengünstige und gut durchsetzbare Instrumente der Verkehrspolitik, wie sie im Mobilitätsmanagement und im Leitprojektantrag IMBUS (Teil des Münchner Bündnisses für Ökologie) konzeptionell gefasst sind, besondere Chancen auf Umsetzung haben.

Literaturverzeichnis

HENSEL A., G. KARG, H. KELLER, S. KOHLER, A. KREIPL, A. SCHULZE & T. W. ZÄNGLER (2000): Leitprojekt MOBINET des bmb+f, Arbeitsbereich D - Innovative Konzepte für die mobile Gesellschaft, Funktion D 1.1.1 - Bestandsaufnahme des Mobilitätsverhaltens. Freising-Weihenstephan, Lehrstuhl für Wirtschaftslehre des Haushalts

KESSELRING, Sven (2001): Mobile Politik. Ein soziologischer Blick auf Verkehrspolitik in München. Berlin

KOTLER, Philipp & Friedhelm BLIEMEL (2001): Marketing Management. Analyse, Planung und Verwirklichung. Stuttgart

KREIPL, Alexander (2002): MOBIKIDS-Endbericht. In: *MOBINET-Konsortium (*Hrsg.): Bericht Funktion D2.4/3.4 im Arbeitsbereich D "Innovative Konzepte für die mobile Gesellschaft". München

LH München (Hg.) (2001): Förderprogramm betriebliche Mobilitätsberatung. Stadtratsbeschluss. München

SCHREINER, Martin (2002): Betriebliches Mobilitätsmanagement im Vermessungsamt der LH München. In: *MOBINET-Konsortium* (Hrsg.): Bericht Aktivität D2.3/D3.3 im Arbeitsbereich D „Innovative Konzepte für die mobile Gesellschaft". München

ZÄNGLER, Thomas (2000): Mikroanalyse des Mobilitätsverhaltens in Alltag und Freizeit. Berlin

Kagermeier, A., T. J. Mager & T. W. Zängler (Hrsg.): Mobilitätskonzepte in Ballungsräumen.
Mannheim 2002, S. 133 -143 (= Studien zur Mobilitäts- und Verkehrsforschung, Bd. 2)

Mobilitätsberatung und elektronische Fahrplanaus-
kunft als Teilaspekt von Mobilitätsmanagement

Weiterentwicklung der elektronischen Fahrplanauskunft im Rahmen des Forschungsprojektes MOBINET

Bernhard Fink (München)

1   Problemstellung und Ausgangslage

Gerade im Bereich der menschlichen Mobilität treten verstärkt Mangelempfindungen im Hinblick auf eine effiziente Bewältigung der Verkehrsnachfrage auf. Im Individualverkehr sorgen Staus und Parkplatzprobleme genauso wie etwa Verspätungen im öffentlichen Verkehr für Problemsituationen, die nach innovativen Lösungen unter anderem auf der Basis eines verbesserten Informationsstandes des Verkehrsteilnehmers verlangen. Bislang konkretisieren sich nämlich die Informationsbedürfnisse an den derzeit verfügbaren Informationsangeboten bzw. -quellen, die aus Sicht der Verkehrsteilnehmer – wie aus zahlreichen Studien bekannt ist – als wenig oder nur teilweise zufriedenstellend für die Bewältigung der individuellen und damit letztlich auch der kollektiven Verkehrsprobleme beurteilt werden.[1]

So fühlen sich viele Verkehrsteilnehmer bei der bewussten Festlegung ihrer Mobilitätsentscheidungen (Wahl des Verkehrsmittels, der Abfahrtszeit, der Route, etc.) schlecht informiert. Zudem könnte durch eine individuelle Bereitstellung entscheidungsorientierter Informationen auch der Anteil der habituell und meist intuitiv gefällten Entscheidungen positiv im Hinblick auf die Effizienz des gesamten Verkehrssystems beeinflusst werden. Der wissenschaftlichen Erforschung konkreter Informationsbedürfnisse der Verkehrsteilnehmer kommt deshalb eine große Bedeutung für die systematische und nutzerorientierte Verbesserung des Informationsangebotes zu.

Keine "objektive" Verkehrsmittelwahl ohne umfassende Information

Wie komme ich am besten von A nach B? Um diese Frage adäquat beantworten zu können, ist eine umfassende Information über die unterschiedlichsten Verkehrsangebote/Verkehrsmittel erforderlich. Dabei gilt es nicht nur zu wissen, ob z.B. überhaupt eine Fahrtmöglichkeit mit dem jeweiligen Verkehrsmittel besteht. Zudem sind u.a. Informationen über

---

1)   Teilauszug aus der Technischen Beschreibung MOBINET (1998), Arbeitsbereich C

- die unterschiedlichen Angebote über die gesamte Wegekette (von Haustür zu Haustür mit entsprechenden Schnittstellen/Umsteige bzw. Zugangswegen und ggf. Abstellmöglichkeiten),
- die Fahrtdauer insgesamt,
- die zeitliche Verteilung/Verfügbarkeit und
- die Fahrtkosten/sonstige Aufwendungen erforderlich.

Mit anderen Worten: Der Kunde benötigt, um eine objektive und individuelle Verkehrsmittelwahl treffen zu können, die richtige Information, zur richtigen Zeit, am richtigen Ort über ein ihm zur Verfügung stehendes Medium. Und: Die Information soll natürlich verständlich, aktuell und kostenlos sein.

Eine Möglichkeit, diese Informationen aus einer Hand zu erhalten, bietet eine sog. Mobilitätsberatung. Eine Mobilitätsberatung, die oben angeführten Anforderungen gerecht wird, kann entscheidend dazu beitragen, Informationsdefizite als Zugangsbarriere bei der Nutzung der einzelnen Verkehrsmittel abzubauen.

2   Zielsetzung im Rahmen von MOBINET[2)]

Aufbau von innovativen multimodalen und multifunktionalen Mobilitätsdiensten

In MOBINET werden überwiegend multimodale Informationsdienste konzipiert, die durch eine Verknüpfung von Echtzeit-Verkehrsinformationen mit weiteren mobilitätsrelevanten Informationen integrierte Dienste bieten. Dabei soll eine möglichst optimale Nutzung der verfügbaren Kapazitäten des Informationssektors angestrebt werden.

Für die Erreichung der angestrebten Ziele ist es von besonderer Bedeutung, auf die Ergebnisse von derzeit laufenden und bereits abgeschlossenen Projekten aufzusetzen. Die Grundlagen für die Bereitstellung von Verkehrsinformationen werden derzeit im Arbeitsbereich „Mobilitätsassistent PTA" des bayerischen Forschungsvorhabens BAYERNINFO durch die Entwicklung eines PTA-Servers gelegt. Die Erweiterung des über diesen Server verfügbaren Informationsangebotes auf touristische Informationen und deren Verknüpfung mit der ebenfalls in BayernInfo entwickelten intermodalen Routenplanung ist einer der Realisierungsschwerpunkte des Arbeitsbereiches C in MOBINET.

Entwicklung intelligenter und konkurrenzfähiger Produkte und Services für neue Geschäftsfelder im Dienstleistungssektor

Durch die Verbesserung bestehender Dienstleistungen oder über neue Dienstleistungen ergibt sich die Möglichkeit, neue Geschäftsfelder im Dienstleistungssektor zu erschließen, wobei der Bereich der Verkehrsdienstleistungen nach Meinung von Experten die größten wirtschaftlichen Wachstumspotentiale aufweist (BULLINGER 1996). Die laufenden Projekte „Bayerninfo" und „IRIS" im Münchner Ballungsraum bieten hervorragende Anknüpfungspunkte.

Für die in MOBINET konzipierten integrierten Dienste spricht weiterhin, dass durch zu erwartenden Wettbewerb auf dem Sektor der Mobilitätsdienstleistungen von Kunden bzw. Benutzern zukünftig nur noch integrierte Informationsdienste akzeptiert werden. Grundlegende Formel: „Niemand will für die Erfüllung seiner Mobilitätswünsche zehn unterschiedliche Dienste in Anspruch nehmen".

[2)] Teilauszug aus der Technischen Beschreibung MOBINET (1998), Arbeitsbereich C

Ziel in MOBINET ist es, nicht nur kommerzielle Mobilitätsdienste zu kreieren, sondern Ansätze zu finden, die gewonnenen Informationen auch der breiten Öffentlichkeit zu Verfügung zu stellen. Dafür müssen neue Mittel und Wege gefunden werden, den Zielkonflikt

*   attraktiven, individuellen kommerziellen Diensteangeboten versus
*   allgemein zugänglichen Informationen mit „Breitenwirkung"

tragfähigen Kompromissen zuzuführen.

Will man in naher Zukunft erhebliche Breitenwirkung erzielen, ist ein möglichst kostenfreier Zugang über Standardmedien zu den Informationen ein wichtiger Aspekt. Andererseits kann nur ein hochwertiges, individualisiertes Diensteangebot eine tragfähige Grundlage für ein kommerzielles Unternehmen liefern.

3 Stand der Technik/Wissenschaft

Auf dem Weg von der Industrie- zur Informationsgesellschaft bahnen sich erhebliche Veränderungen im Zugang zu und in de Nutzung von Informationen und Diensten an. Neue Medien und eine leistungsfähige technische Ausstattung eröffnen in allen Bereichen des Lebens neue Möglichkeiten. Sowohl der Bereich Berufswelt als auch Freizeit und Versorgung werden durch Informationsangebote beeinflusst. Aufgrund der neuen Technologien vor allem in den Bereichen

*   des Datenhandlings aber auch der Erfassung und Übertragung großer Datenmengen und
*   der ubiquitären Verbreitung der Informationen durch Internet, DAB etc.

bestehen heute die Möglichkeiten bisher singuläre Informationen bzw. die dahinter liegenden Datenbanken zu leistungsfähigen Informationsdiensten zu vernetzen und damit die steigenden Informationsbedürfnisse der Bürger besser zu befriedigen.

Die Vernetzung unterschiedlicher Datenquellen und die Ausgabe an unterschiedliche Endgeräte werden bereits durch mehrere Forschungsvorhaben wie MOTIV PTA/MTV des Bundes- oder in Landesprojekten aufgegriffen. Die Informationen können in Ansätzen bereits heute im Fahrzeug, aber auch über neue Medien (Internet etc.) oder zukünftig von mobilen Endgeräten (Personal Digital Assistant, Personal Intelligent Communicator) abgefragt werden.

Oberstes Ziel in MOBINET Bereich C ist es soweit als möglich auf den derzeitigen Ergebnissen der Technik bzw. Wissenschaft aufsetzend innovative und funktionsfähige Mobilitätsdienste „umzusetzen", um zu Projektende die konzipierten Dienste in einen Regelbetrieb überführen zu können. Um dies zu bewerkstelligen, ist jedoch in den einzelnen Bereichen teilweise noch Forschung zu leisten bzw. eine Optimierung der bestehenden Vorgehensweise oder Methoden vorzunehmen.

Aus den Sozialwissenschaften und hier insbesondere aus den Akzeptanzforschungen zur Einführung innovativer Informations- und Kommunikationsdienste ist bekannt, dass der Markterfolg einer kommunikationstechnischen Innovation wesentlich davon abhängt, ob es gelingt, technische Systeme zu entwickeln und zu implementieren, die in ausreichendem Umfang den Bedürfnissen und der aktiven Rolle der potentiellen Nutzer angepasst sind (DEGENHARDT 1986).

4   Technische / Konzeptionelle Beschreibung

Voraussetzung eines leistungsfähigen und wirtschaftlich tragfähigen Informationsdienstes ist es, eine umfassende Verbindung von vielfältigen Diensteinhalten, deren Aufbereitung zu hochwertigen, nutzergerechten Informationen und die kostengünstige Verfügbarkeit für den Benutzer sicherzustellen.

Dazu muss es ein enges, vertrauensvolles Zusammenwirken von „Daten-Besitzern" (Content Owner), „Daten-Aufbereiter" (Content Provider), „Dienste-Anbietern" (Service Provider) und Netzbetreibern geben. Gerade die Diensteanbieter und Netzbetreiber müssen sich intensiv um die Kundenerwartungen kümmern, soll ein wirtschaftlich erfolgreicher Dienst entstehen. In Abbildung 1 ist die Verkettung der verschiedenen Rollen verdeutlicht.

Abb. 1: Grundprinzip eines Informationsdienstes

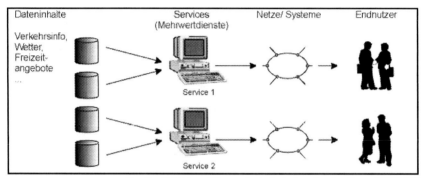

Quelle: Abbildung C3 aus der technischen Beschreibung MOBINET

Sachstand Mobilitätsberatung / Kundeninformation in der Region München

Die Nutzer des öffentlichen Nahverkehrs können zur Information über das Verkehrsangebot in der Region München heute u.a.
*   auf das Fahrplanbuch,
*   auf das MVV-Infotelefon / Kundencenter der Verkehrsunternehmer DB/MVG oder
*   auf die elektronische Fahrplanauskunft EFA zurückgreifen.

Die EFA kann dabei als offline/online-Version am PC, auf öffentlichen Touch-Screen-Terminals, im Internet oder als wap- oder sms-service genutzt werden. Besonders die EFA im Internet unter www.mvv-muenchen.de wird aufgrund ihrer Aktualität rege genutzt. Derzeit werden *durchschnittlich* rd. 56.000 Fahrplanauskünfte am Tag (an Spitzentagen bis zu 120.000) erteilt. Es ist naheliegend, dieses erfolgreiche Auskunftssystem durch eine Anpassung an die (gestiegenen) Kundenwünsche weiter zu optimieren.

Die Entwicklung der elektronischen Fahrplanauskunft EFA

Der MVV bietet – als Mitentwickler der elektronischen Fahrplanauskunft – bereits seit 18 Jahren Kundeninformation unter Zuhilfenahme elektronischer Medien an:
*   1984: Start des MVV-BTX-Programmes
*   1985: BTX-Programm auch an öffentlichen Terminals
*   1990: Präsentation EFA-Touch-Screen

- 1996: EFA als CD-ROM ermöglicht den Zugriff off- und online von Zuhause
- 1998: Fahrplanauskunft auch im Internet
- 2001: Fahrplanauskunft via WAP und SMS

EFA heute

Derzeit ist die beim MVV eingesetzte EFA in der Lage, jeweils zwischen Einstiegs- und Zielhaltestelle und/oder Quell- und Zieladresse (im Stadtgebiet) die kürzeste Verbindung (Fahrzeit) zu berechnen zunächst vier unterschiedliche Fahrtempfehlungen auszugeben. Bei einer Adresseingabe (z.T. nur im Stadtgebiet möglich) wird der jeweiligen Adresse automatisch jeweils die nächstgelegenen Haltestelle zugeordnet. Zusätzlich wird der Fahrpreis sowie auf Wunsch die Umgebung der Haltestelle als Stadtplanausschnitt angezeigt (vgl. Abb. 2).

Diese Funktionalität hat sich zwar in der Praxis als ausreichend erwiesen, problematisch ist jedoch bei der Eingabe einer Adresse die manuelle Zuordnung zur nächstgelegenen Haltestelle. Insbesondere Kunden, die zwischen mehreren Haltestellen wählen können, entscheiden sich individuell je nach Ziel/und Verkehrsangebot mal für die eine oder andere Haltestelle (und damit ggf. auch unterschiedliche Verkehrsmittel). Andere Kunden nutzen z.b. nur bei schlechtem Wetter den Bus und laufen bei schönem zu Fuß zur S-Bahn bzw. nutzen ihr Fahrrad. Um diesen individuellen Kundenwünschen anhand einer kombinierten Fahrplanauskunft gerecht zu werden, ist eine zusätzliche Information für den Weg von oder zur Haltestelle entsprechend den persönlichen Wünschen erforderlich. Hierzu erfolgt eine Neuentwicklung der EFA im Rahmen des vom BMBF geförderten Forschungsprojekt MOBINET.

Abb. 2: Aktuelle Abfragemaske von EFA

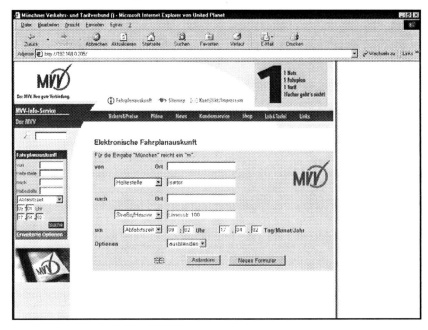

EFA neu

Ziel ist, die EFA künftig um folgende Funktionalitäten zu erweitern:

1) Die neue EFA ermöglicht eine umfassende und den persönlichen Bedürfnissen entsprechende Tür zu Tür Auskünfte. Hierzu ist der Weg zwischen Haustüre und Haltestelle sowie die gesamte Wegekette mit entsprechenden Richtungspfeilen und Angabe der Weglängen auf einer Karte/Stadtplanausschnitt darzustellen.

2) Die neue EFA erlaubt eine Verkehrsmittelwahl auf dem Weg zwischen Haustüre und Haltestelle (zu Fuß, B+R, P+R oder Taxi).

3) Die Länge des Weges zwischen Haustüre und Haltestelle kann jeweils individuell frei gewählt werden (z.b. über die Angabe, ich bin bereit, x Minuten zur nächsten Haltestelle zu laufen bzw. zu fahren).

4) Es besteht die Möglichkeit – entsprechend dem Nutzerprofil – nicht nur die nächstgelegen Haltestelle, sondern auch unterschiedliche Alternativen bzgl. Quell- und Zielhaltestelle anzuzeigen.

5) Es sind spezielle Informationen beim Umsteigen, Zu- und Abgang zur Haltestelle – insbesondere für Mobilitätseingeschränkte – abrufbar. Hierzu ist z.b. die Gehgeschwindigkeit (langsam, normal, schnell) wählbar, oder ob das Vorhandensein von Aufzügen oder Rolltreppen erforderlich ist.

Hierzu sind u.a. folgende Arbeiten bereits erforderlich bzw. bereits erfolgt:

• Kauf und Pflege einer digitalen, routingfähigen Karte, in der die Wegstrecken digital „geroutet" und versehen mit Weglänge und Richtungspfeil ausgegeben werden.

• In dieser digitalen Karte ist das gesamte MVV-Netz mit einer Linienlänge von mehr als 4.000 Km und über 4.000 Haltestellen sowie alle Verknüpfungspunkte zwischen dem IV und ÖV manuell ein-/nachgepflegt worden.

• Zudem sind alle Umsteigemöglichkeiten, Umsteigebauwerke sowie die Umsteigezeiten zwischen den Verkehrsmitteln gesondert erfasst worden.

• Zur Gewährleistung der Intermodalität sind alle Schnittstellen in Form von B+R, P+R und Taxi erfasst worden

• Um Mobilitätseingeschränkte gesondert informieren zu können, ist die Infrastruktur an der Zuwegung bzw. beim Zugang zur Haltestelle einzupflegen (Lifte, Rampen, Rolltreppen, ebenerdige Zugstiegsmöglichkeiten) etc.

Im Probebetrieb arbeitet die neue EFA derzeit wie folgt:

1) Eine neue Eingabemaske erlaubt es, Verkehrsmittel und Länge des Weges auf dem Weg zur Haltestelle individuell festzulegen (vgl. Abb. 3). Hierzu kann die Wegelänge in Minuten für das einzelne Verkehrsmittel frei gewählt werden.

2) Optional kann die Bereitschaft der Umsteigehäufigkeit, bei Fußgängern die Gehgeschwindigkeit (normal, schnell, langsam) sowie bei Mobilitätseingeschränkten die Möglichkeit der Nutzung von Treppen, Rolltreppen oder Aufzügen berücksichtigt werden. Damit die Eingabe der individuellen Anforderungen nur einmal zu erfolgen hat und dann stets bei der Fahrplanauskunft berücksichtigt wird, kann diese Information auch als persönliches Nutzerprofile abgespeichert werden (vgl. Abb. 4).

3) Die neue Fahrplanauskunft bildet die Wegekette vollständig ab, also z.B. auch den Fußweg von der Haustüre zur Haltestelle. Die Fahrtdauer kann somit erstmals von Haustüre zu Haustüre berechnet werden (vgl. Abb. 5).

Abb. 3: Wahl des Verkehrsmittels auf Weg zur Haltestelle

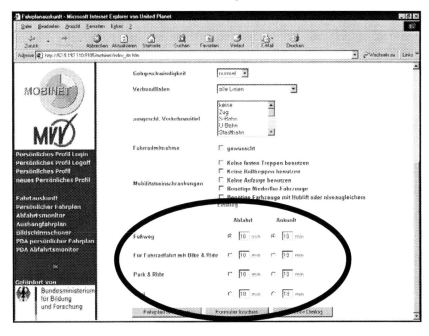

Abb. 4: Angaben von Mobilitätseinschränkungen und Komfortaspekten

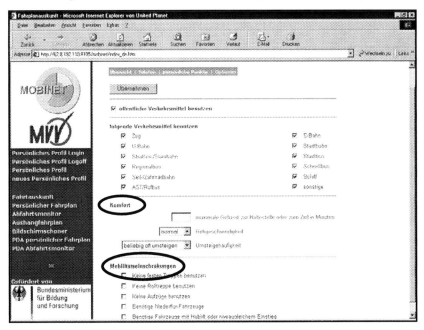

Abb. 5: Abbildung der gesamten Wegekette mit Zu- und Abgang

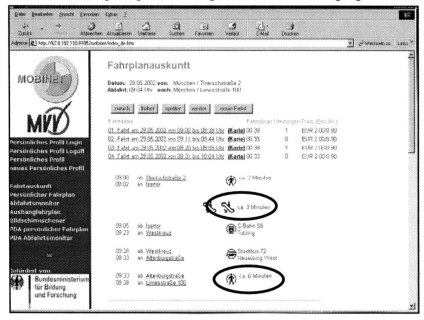

4   Optional steht für jede Teilstrecke (z.B. Haustüre - Haltestelle) die Ansicht auf
    einem Stadtplan zur Verfügung. Der Weg kann mit entsprechenden Richtungs-
    pfeilen und Angabe der Weglängen auf einer Karte bzw. als Stadtplanausschnitt
    ausgegeben werden (vgl. Abb. 6).

Abb. 6: Detailansicht für Teilstrecke

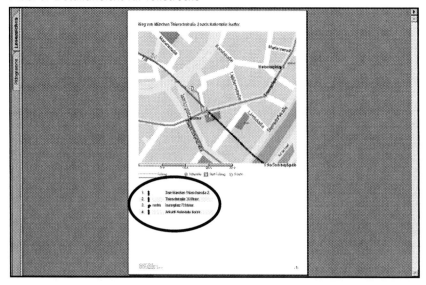

5) Erstmals werden dem Kunden – je nach Nutzerprofil – bei einer Adresseingabe nicht nur die nächstgelegene – sondern alternativ auch mehrere Haltestellen im Umfeld zur Auswahl angeboten (vgl. Abb. 7).

Abb. 7: Angabe von Haltestellenalternativen

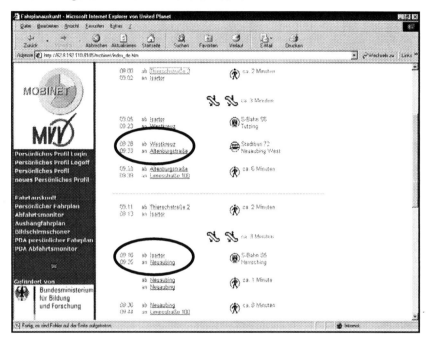

6) Auf Wunsch kann auch die gesamte Wegestrecke (Quelle-Ziel) dargestellt werden (vgl. Abb. 8).

7) Mobilitätseingeschränkte (Mütter mit Kinderwagen, Rollstuhlfahrer, Reisende mit schwerem Gepäck etc.) können frei bzgl. der Nutzung/Nichtnutzung von Treppen, Rolltreppen und Aufzügen sowie Fahrzeugangebot (z.b. nur Niederflurfahrzeuge) wählen. Bei der Fahrplanauskunft werden dann spezielle Informationen – insbesondere beim Umsteigen – ausgegeben (z.b. Rolltreppe/Festtreppe mit Laufrichtung auf-/abwärts etc.) (vgl. Abb. 9).

Fazit: Mit der neuen EFA steht in der Region München erstmalig eine multimodale Verkehrsauskunft zur Verfügung, die auch spezielle Informationen für Mobilitätseingeschränkte bereithält. Die Qualität und der Umfang der Fahrgastinformation konnte damit deutlich erhöht werden.

Abb. 8: Visuelle Darstellung der gesamten Wegstrecke

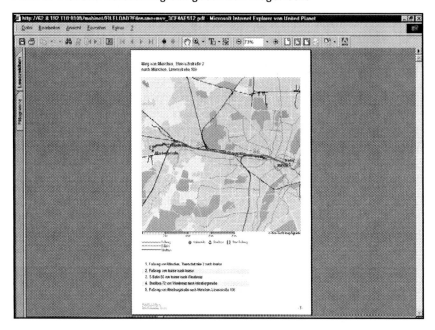

Abb. 9: Zusatzinformationen bei Mobilitätseinschränkungen

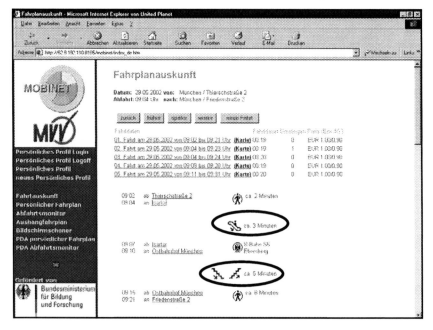

5   Ausblick

Künftig soll selbstverständlich auch die neue EFA eine Echtzeitauskunft bieten, d.h. im Störfall werden die tatsächlichen Fahrtzeiten von den Verkehrsunternehmern im MVV erfasst und an den Fahrplanrechner weitergeleitet. Dadurch besteht die Möglichkeit, die tatsächliche Fahrtzeit in „Echtzeit" zu berechnen bzw. Alternativrouten anzubieten. Dieser Service funktioniert bereits bei den Oberflächenverkehrsmitteln im Stadtgebiet (also Bus und Tram). Es ist geplant, Echtzeitdaten auch für die U- und S-Bahn mit einzubinden.

Die neue EFA als Instrument bzw. Teilbaustein einer Mobilitätsberatung

Die neue EFA ist damit ein entscheidender Beitrag für die Umsetzung einer umfassenden Mobilitätsberatung. Durch die multimodale Auskunft über die gesamte Wegekette - z.T. in Echtzeit - stehen damit auch dem ÖPNV Kunden Informationen in vergleichbarer oder höherer Qualität wie den übrigen Verkehrsteilnehmern zur Verfügung.

Und: Der Service ist kostenlos. Einziger Nachteil: Unmittelbar kann der Dienst ausschließlich Internetnutzern zur Verfügung gestellt werden. Auf Wunsch kann diese Information natürlich auch am Telephon, per Fax oder per Post dem Kunden zur Verfügung gestellt werden.

Literatur

BULLINGER, H.-J. (1997): Wachsfaktor Dienstleistungsgesellschaft. In: Presseinformation 13/97 der Fraunhofer-Gesellschaft. März 1997

Kagermeier, A., T. J. Mager & T. W. Zängler (Hrsg.): Mobilitätskonzepte in Ballungsräumen.
Mannheim 2002, S. 145 -156 (= Studien zur Mobilitäts- und Verkehrsforschung, Bd. 2)

Bike + Ride aus Nutzersicht
umweltfreundlich, schnell und praktisch

Paul Bickelbacher (München)

Zusammenfassung

Die Ergebnisse einer Befragung von Bike+Ride-Nutzern zeigen, dass diese Verkehrs-mittelkombination dazu beiträgt PKW-Fahrten zu vermeiden. Bike+Ride wird von den Nutzern als umweltfreundlich, schnell und praktisch angesehen. Bei der Bewertung von Abstellanlagen ist vor allem eine ausreichende Anzahl der Fahr-radständer und ihre Benutzerfreundlichkeit von Relevanz, gefolgt von den Aspekten Witterungsschutz und Gestaltung/Optik/Sauberkeit. Dies spiegelt sich in den von den Bike+Ride-Nutzern gewünschten Maßnahmen wieder.

Summary

The results of a questioning of bike+ride-users show that this combination of trans-portation modes contributes to avoid car trips. The users are considering bike+ride as environmentally-friendly, fast and useful. Making an evaluation of bike parking stations the most important facts are a sufficient number of bicycle racks and their comfortable use. Also very important is shelter against bad weather and aspects like design/appearance/cleanness. These facts are as well among the measures that bike+ride users wanted to be done.

1 Exkurs zur siedlungsstrukturellen Relevanz von Bike+Ride

Siedlungsstruktur und Verkehrssystem hängen eng zusammen. In kompakten urba-nen Strukturen sind die Voraussetzungen für den hinsichtlich Nachhaltigkeit vorteil-haften Öffentlichen Verkehr sowie für Radfahrer und Fußgänger günstig. Suburbane ‚zersiedelte Strukturen können wirtschaftlich sinnvoll nur mit dem weniger nachhal-tigen motorisierten Individualverkehr und zum Teil mit dem Fahrrad erschlossen werden. Ein erhebliches Problem stellt die Verknüpfung urbaner und suburbaner Bereiche dar: Einerseits ist die Fortsetzung des Massen- bzw. Öffentlichen Verkehrs von den urbanen Bereichen in die suburbanen Bereiche hinein wirtschaftlich nicht tragfähig und ökologisch kaum sinnvoll. Andererseits beeinträchtigt ein massenhaft von den suburbanen Bereichen in die urbanen Bereiche einfließender motorisierter Individualverkehr die Lebensqualität urbaner Bereiche und droht mit seinem Flä-chenbedarf die kompakte Dichte aufzulösen. Die häufig ins Feld geführte Problem-lösung mittels Park+Ride kann nur eine Randerscheinung bleiben, weil rund um

Schnellbahnstationen urban und dicht gebaut werden sollte, um eine gute Auslastung der öffentlichen Verkehrsmittel zu gewährleisten. Dies verträgt sich nicht mit dem Flächenverbrauch und den Umfeldbeeinträchtigungen, die durch Park+Ride-Anlagen hervorgerufen werden. Die Kombination Bike+Ride erweist sich hier als wesentlich geeigneter dieses Verknüpfungsproblem zu lösen, weil es die kompakten urbanen Bereiche infolge des geringeren Flächenverbrauchs und Nullemission weitaus weniger beeinträchtigt.

2   Anlass und Ziel der Untersuchung

Im Rahmen des Münchner Verkehrsforschungsprojektes MOBINET (Multimodales Verkehrsmanagement – Innovative Verkehrstechnologie – Neuartige Mobilitätsdienste) wird im Arbeitsbereich A die Beeinflussung der Verkehrsmittelwahl durch intermodale Angebote untersucht. Innerhalb des Arbeitsbereichs A befasst sich Arbeitspaket A4 mit Verbesserungen für Bike+Ride. Mit der Durchführung einer Vorheruntersuchung beauftragte der MVV (Münchner Verkehrs- und Tarifverbund) den Stadt- und Verkehrsplaner Paul Bickelbacher/Planungsgemeinsschaft stadt+ plan. Die Auswertung erfolgte in Zusammenarbeit mit dem Büro SSP-Consult München, das die Arbeitspaketleitung innehat. Die Vorheruntersuchung sollte an den drei ausgewählten Demonstratoren (S-/U-Bahnhöfe, an denen Maßnahmen getestet werden) Pasing, Kieferngarten und Grafing-Bahnhof durchgeführt werden.

*   Pasing ist ein Subzentrum Münchens. Vom S- und Fernbahnhof mit über 20.000 Einsteigern pro Tag gelangt man ca. alle fünf Minuten in die Innenstadt. Im nördlichen Umfeld der Bahnstation befindet sich eine ausgedehnte Gartenstadt, die mit dem Fahrrad optimal an den ÖV angebunden wird.
*   Die U-Bahnstation Kieferngarten liegt am Rande eines Wohngebietes am nördlichen Stadtrand. Im direkten Umfeld findet sich vorwiegend Einfamilienhausbebauung. Die Siedlungsschwerpunkte sind ca. 1-2 km entfernt.
*   Grafing-Bahnhof befindet sich im Umland von München. Auch hier liegt der Siedlungsschwerpunkt, die Stadt Grafing, die auch eine S-Bahnstation aufweist, ca. 2km entfernt. Grafing-Bahnhof hat gegenüber der Station Grafing-Stadt neben dem zusätzlichen Regionalzughalt auch den Vorteil eines durchgängigen 20-Minuten-Taktes der S-Bahn.

Aufgrund des beschränkten Platzes wird im weiteren insbesondere hinsichtlich der Abbildungen vorwiegend auf die Ergebnisse von Pasing eingegangen.

Mit der Vorheruntersuchung sollten folgende Informationen gewonnen werden:
*   Interessen der Nutzerinnen und Nutzer hinsichtlich der der Maßnahmen
*   Motive und Hemmnisse für die Verkehrsmittelkombination Bike+Ride
*   Daten als Basis für eine Evaluierung der durchgeführten Maßnahmen im Zusammenhang mit der geplanten Nachheruntersuchung
*   Mobilitätsdaten zu Bike+Ride im MVV-Raum und allgemein.

3   Methodik der Nutzerbefragung

Aus mehreren Gründen wurde die Methodik einer schriftlichen Befragung gewählt. Alle ankommenden Radfahrer, die ihr Fahrrad am Bahnhof abstellten, erhielten einen Fragebogen, einen MVV-Kugelschreiber und einen Briefumschlag mit Antwortadresse. Sie konnten den Fragebogen im Laufe des Tages ausfüllen und beim Abholen des Fahrrades bis 20:00/21:00 Uhr wieder abgeben. Falls sie ihn bis dahin noch nicht ausgefüllt hatten, wurden sie beim Abholen des Fahrrades noch einmal daran erinnert und gebeten, den Fragebogen im vorbereiteten Umschlag (Gebühr bezahlt Empfänger) an den MVV zu senden.

Der Fragebogen wurde zusammen mit MVV und SSP-Consult sowie in Abstimmung mit dem gesamten Arbeitsbereich A von MOBINET entwickelt. Aus Gründen der Handhabbarkeit und der angestrebten Repräsentativität beschränkte sich der Umfang des Fragebogens auf 4 Seiten. Der Entwurf wurde in einem umfassenden Pretest getestet und aufgrund der Erfahrungen optimiert. Er enthält Fragen zur Fahrt, zur Verkehrsmittelwahl und zur Bewertung der Abstellanlagen.

Die Erhebungen fanden an einem Dienstag und einem Donnerstag innerhalb einer Woche Mitte Oktober statt. Die Erhebungstage an den Demonstratoren waren geprägt von vorwiegend heiterem und nur abschnittsweise bewölktem Himmel. Die Temperaturen entsprachen jeweils den durchschnittlichen Temperaturen der herbstlichen Jahreszeit. Mit einer Verteilung der Fragebögen von 5 bis 21 Uhr konnte das Ziel einer Vollerhebung weitgehend erreicht werden. Insgesamt konnten 1.350 Fragebögen ausgewertet werden. Die hohen Rücklaufquoten von im Durchschnitt 70 % zeigen einerseits den hohen Problemdruck auf, bestätigen andererseits aber auch die gewählte Befragungsmethode und die Qualität des Fragebogens.

4 Zählungen

Parallel zur Nutzerbefragung fanden Zählungen statt. Bei Zählungsbeginn (5:00 Uhr) wurde die jeweilige Anfangsbelegung der B+R-Anlage ermittelt. Bis 21:00 Uhr wurden dann die ankommenden und abfahrenden Radfahrerinnen und Radfahrer halbstundenweise erfasst, so dass ein differenziertes Bild über die tageszeitliche Nutzung und Belegung vorliegt. Insgesamt wurden

- in Pasing 1.651 (siehe Abb. 1)
- in Kieferngarten 441 und
- in Grafing 79

ankommende Fahrräder gezählt. In Pasing sind jedoch schätzungsweise nur 90-95 % der ankommenden Fahrradfahrer tatsächlich Bike+ Ride-Nutzer (ca. 1.530), weil sich im Bahnhof auch zahlreiche Läden und Gastronomiebetriebe befinden.

Die maximale Belegung wurde in

- in Pasing mit 1.493 (siehe Abb. 2)
- in Kieferngarten mit 401 und
- in Grafing mit 82 Fahrrädern ermittelt.

Folgende wesentlichen Ergebnisse der Zählungen und allgemeine Beobachtungen können außerdem festgehalten werden:

- Die Spitzenzeiten der ankommenden Fahrradfahrer liegen zwischen 7:00 und 8:00 Uhr.
- Die Bereitschaft zur Nutzung der Fahrradständer hängt von ihrer Qualität ab.
- Eine gewisse Zahl von Radfahrerinnen und Radfahrern lehnt jeden Umweg zwischen Abstellen des Fahrrades und Bahnsteig ab und stellt das Fahrrad z.T. verkehrsgefährdend für andere ab.
- Innenstadtnähere B+R-Anlagen werden im Tagesverlauf häufiger mehrfach genutzt als innenstadtfernere B+R-Anlagen.

Abb. 1: Ankommende und Abfahrende Fahrräder in Pasing - halbstündlich

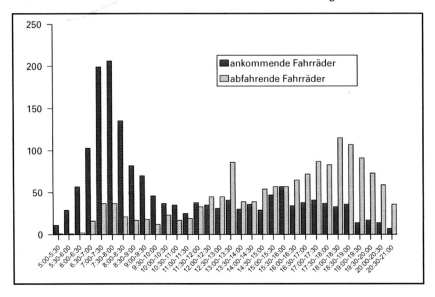

Abb. 2: Belegung in Pasing im Tagesgang

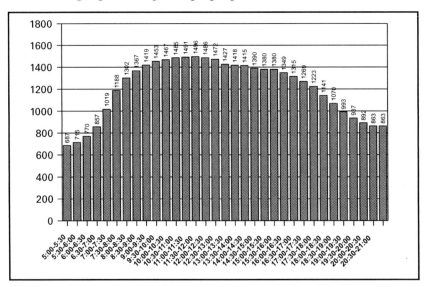

Zusätzlich zur Zählung im Oktober wurden für den Zeitpunkt der Tageshöchstbelastung (11:00 bis 12:00 Uhr) im Winter bei Kälte und Schnee (Minimalbelastung) und im Sommer bei schönem und warmen Wetter während der Schulzeit und des Unibetriebs (Maximalbelastung) weitere Erhebungen durchgeführt, um den jahreszeitlichen Einfluss zu ermitteln (Bsp. Pasing siehe Abb. 3).

Abb. 3: Belegung in Pasing im Jahresverlauf

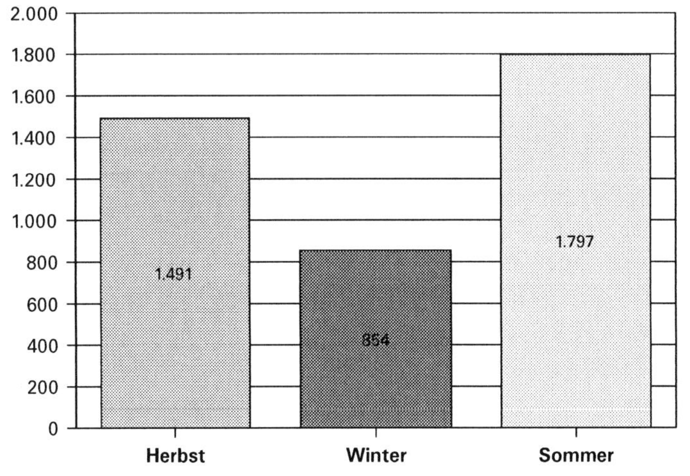

Die Schwankungen im Verlauf des Jahres sind äußerst unterschiedlich. Je nach
* Attraktivität des Schnellbahnangebotes (Taktdichte),
* Alternativangeboten in Form von ÖV-Zubringer-Verkehrsmitteln (Bus),
* Gesamtlänge der Strecke (evtl. gesamte Strecke mit dem Rad) oder
* Länge der Anfahrt mit dem Fahrrad (evtl. zu Fuß)

geht z.T. im Winter die Nutzung auf 28 % (Kieferngarten) oder auf 57 % (Pasing) der Herbstnutzung zurück und nimmt sie im Sommer noch einmal zu (Pasing 120 %, Grafing 115 % der Herbstnutzung) oder nicht.

5   Ergebnisse der Nutzerbefragung Bike+Ride

Die wesentlichen Ergebnisse der Befragung werden im folgenden unter verschiedenen Gesichtspunkten zusammengefasst.

Soziodemographische Daten

Im Gegensatz zur ausgeglichenen Altersstruktur in Pasing und Grafing-Bahnhof wurden in Kieferngarten zahlreiche junge Nutzer ermittelt. Allein ein Viertel der Nutzer ist jünger als 18 Jahre. Entsprechend hoch ist die dort der Anteil der Schüler. An allen drei Standorten liegt der Anteil derer, die berufstätig bzw. in Ausbildung sind, weit über 90 %. In Pasing und Grafing-Bahnhof entspricht die Erwerbstätigkeitsquote der B+R-Nutzer dem Durchschnitt der Bevölkerung. Diese soziodemographischen Daten belegen dass Bike+Ride insbesondere an Bahnhöfen mit einem attraktiven Angebot nicht nur von führerscheinlosen Schülern genutzt sondern von einem breiten Querschnitt der Bevölkerung praktiziert wird.

Stichtagsfahrt der B+R-Nutzer

Als *Fahrtzweck* nannten 80-90 % der Befragten Beruf oder Ausbildung. Der Anteil des Berufsverkehrs ist in Grafing-Bahnhof mit 82 % am höchsten, gefolgt von 63 % in Pasing und Kieferngarten mit 49 %. In Kieferngarten ist der Altersstruktur entsprechend der Anteil des Ausbildungsverkehrs mit 32% deutlich höher als bei den anderen Bahnhöfen.

Die *Länge der Anfahrtswege* mit dem Fahrrad ist an den drei Untersuchungsbahnhöfen unterschiedlich. In Kieferngarten werden eher kürzere Wege zurückgelegt, hier kommen 98 % der B+R-Nutzer aus einer Entfernung von bis zu 3 km. In Pasing sind es 88 % (siehe Abb. 4) und in Grafing 62 %. Die Länge von Wegen wird sicherlich häufig falsch eingeschätzt, aber die erfragte Fahrzeit bestätigte die Ergebnisse in dieser Größenordnung.

In Pasing nutzt ein beträchtlicher Anteil der Befragten Ride+Bike (11%), das heißt, sie kommen mit der S- oder Regionalbahn zum Bahnhof Pasing, radeln von dort zur Arbeit oder Ausbildung und kommen abends zurück, um mit der Bahn nach Hause zu fahren.

Abb. 4: Fahrtweitenverteilung in Pasing

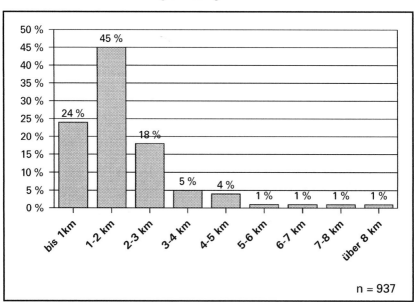

Bike+Ride-Nutzung und ihre Alternativen

Bei der Häufigkeit von Bike+Ride gibt es deutliche Unterschiede zwischen Sommer und Winter. Im Sommer nutzen in Pasing und Kieferngarten ca. 80%, in Grafing-Bahnhof ca. 90% der Befragten vier mal in der Woche und häufiger das Fahrrad, um zum Bahnhof zu gelangen. Im Winter gehen diese Anteile auf 60% in Grafing-Bahnhof, auf 50% in Pasing und auf 40% in Kieferngarten zurück. Der Anteil derer, die im Winter nie Bike+Ride nutzen, ist jedoch gering.

Innerhalb der Jahreszeiten geben in Grafing-Bahnhof 63% an, dass Bike+Ride wetterunabhängig ist, in Pasing sind es 50% und in Kieferngarten 45%.

An allen drei Demonstratoren wurde als Alternative zur Radfahrt zum Bahnhof am häufigsten „Zu Fuß zum Bahnhof" oder „Mit dem Bus zum Bahnhof" genannt. An dritter Stelle folgt in Pasing und Grafing-Bahnhof die Bewältigung des gesamten Weges mit dem Auto, in Kieferngarten die Bewältigung der gesamten Strecke mit dem Fahrrad. Die gesamte Strecke mit dem Auto kommt dort an vierter Stelle (Bsp. Pasing s. Abb. 5).

Abb. 5: Alternativen zu Bike+Ride in Pasing

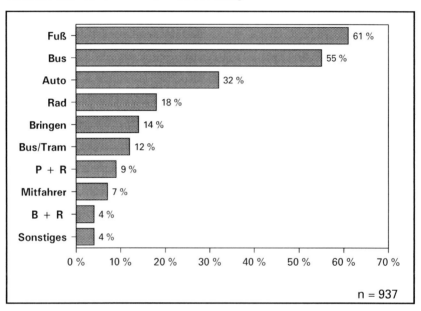

n = 937

Die Nutzungshäufigkeit von Alternativen ist gemäß der o.g. Ergebnisse im Sommer geringer als im Winter. Greifen im Sommer 40-50 % mehrmals die Woche und häufiger auf Alternativen zurück, sind es im Winter 60-70 %. In Kieferngarten werden häufiger Alternativen genutzt als an den beiden anderen Demonstratoren.

Beachtlich viele B+R-Nutzer haben immer oder meistens einen Pkw zur Verfügung. In Pasing und in Grafing-Bahnhof sind dies ca. 60 %, in Kieferngarten ca. 40 %. Am Stichtag waren es je nach Demonstrator 48 %-55 % (Bsp. Pasing siehe Abb. 6).

Motive für Bike+Ride

Als zutreffendes Motiv für die Nutzung von Bike+Ride wurden vor allem die positiven Statements für Bike+Ride genannt und weniger die Nachteile von Alternativen. An allen drei Demonstratoren war *„Bike+Ride ist umweltfreundlich"* am häufigsten als zutreffend genannt. In Pasing und Kieferngarten wurden daneben (in dieser

Reihenfolge) noch „*B+R ist*
schnell", „B+R ist praktisch/-
flexibel" und „*Fahre gerne*
Fahrrad" genannt. In Grafing-Bahnhof war die Rei-
henfolge   „*Fahre   gerne*
Fahrrad", „B+R ist gesund
und sportlich" und „*Fuß-*
weg ist zu lang". Der Ge-
sundheitsaspekt   kommt
bei   der   Radfahrt   über
Land eher zum Tragen.
Statements wie „*Kein Auto*

Abb. 6: PKW-Verfügbarkeit als Fahrer in Pasing

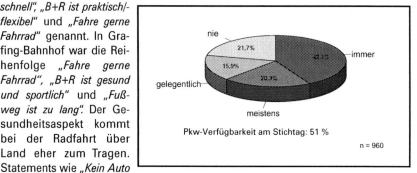

zur *Verfügung"* oder „*Zu wenig Parkplätze am Ziel"* werden an allen Demonstratoren
im Verhältnis zu den o.g. Statements wesentlich seltener genannt (Bsp. Pasing siehe
Abb. 7).

Abb. 7: Motive für Bike+Ride in Pasing

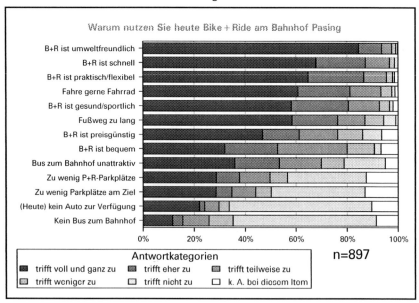

Sind die Befragten aufgefordert, sich für ein ausschlaggebendes Motiv zu entscheiden, ist in Pasing das wichtigste Motiv „*B+R ist schnell"* (38 %) und „*B+R ist*
praktisch/flexibel" (31 %), in Kieferngarten ebenfalls „*B+R ist schnell"* (38 %). In
Grafing lässt sich keine eindeutige Präferenz feststellen.

Bewertung der Bike+Ride-Anlagen

Die Befragten sollten sowohl die von ihnen genutzte B+R-Anlage im gesamten als auch vorgegebene Einzelaspekte ihrer B+R-Anlage bewerten. Da bei den Demonstratoren eher problematische B+R-Anlagen ausgewählt wurden, überrascht es nicht, dass in der Gesamtbewertung an allen drei Demonstratoren eine hohe Unzufriedenheit ermittelt wurde. In Grafing-Bahnhof sind ca. 60% der Befragten mit ihrer B+R-Anlage weniger zufrieden oder unzufrieden, in Pasing sind es 52% und in Kieferngarten 48%.

In Pasing ist die Unzufriedenheit mit der geringen Anzahl an Fahrradständern am größten, gefolgt von der unzureichenden Beleuchtung und der als unbefriedigend erachteten Diebstahlsicherheit. Mit der Nähe der B+R-Anlagen zu den Bahnsteigen sind die Nutzer zufrieden (siehe Abb. 8).

Abb. 8: Bewertung der Bike+Ride-Anlage in Pasing

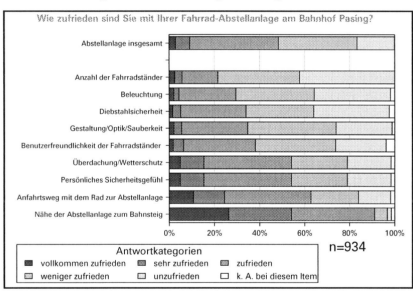

In Kieferngarten ist die fehlende Überdachung die größte Unzufriedenheitsquelle. Die anderen Kritikpunkte sind identisch mit denen von Pasing.

In Grafing steht der gestalterische Aspekt im Vordergrund. Hier schneidet die Gestaltung/Optik/Sauberkeit am schlechtesten ab. Ebenso wird die fehlende Beleuchtung sowie die mangelnde Benutzerfreundlichkeit der Fahrradständer bemängelt.

Um die Relevanz der abgefragten Einzelmerkmale für die Nutzer zu ermitteln, wurde jeweils die Gesamtzufriedenheit mit der Zufriedenheit bei den Einzelmerkmalen verglichen. Dies erfolgte gemäß der Methodik des MVV-Kundenbarometers mit einer Korrelationsrechnung nach Pearson (siehe Abb. 9).

Abb. 9: Relevanz der Bewertungsmerkmale

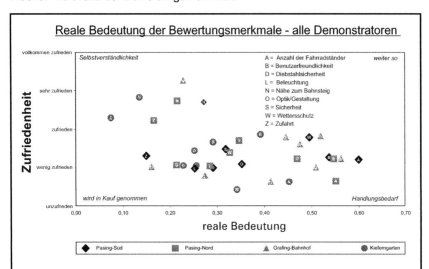

Auf der X-Achse ist die Korrelation aufgetragen, die die reale Bedeutung für die
B+R-Nutzer wiederspiegelt, die Y-Achse misst die Zufriedenheit entsprechend der
Antwortkategorien des Fragebogens. Vereinfacht ergeben sich die vier Felder:

- Geringe Relevanz - hohe Zufriedenheit: „Selbstverständlichkeit"
- Geringe Relevanz - geringe Zufriedenheit: „Wird in Kauf genommen"
- Hohe Relevanz - hohe Zufriedenheit: „Weiter so"
- Hohe Relevanz - Geringe Zufriedenheit: „Handlungsbedarf"

Insgesamt lässt sich an allen Demonstratoren eine hohe Übereinstimmung bei der
Relevanz der einzelnen Merkmale beobachten.

- Die größte Relevanz wird durchgängig bei den Merkmalen „Anzahl der
  Fahrradständer" und „Benutzerfreundlichkeit" gesehen.
- Relativ hohe Relevanz genießen Witterungsschutz und Gestaltung/Optik/Sau-
  berkeit.
- Von mittlerer Relevanz sind die Merkmale Beleuchtung, Sicherheitsgefühl und
  Diebstahlsicherheit. Diese Einordnung der Diebstahlsicherheit ist überraschend,
  da die Befragten (s.u.) diebstahlsichere Fahrradständer als dringlich erachten.
- Die Merkmale „Nähe zum Bahnsteig" und „Anfahrt mit dem Rad" werden eher
  als Selbstverständlichkeit erachtet.

Gewünschte Maßnahmen an den B+R-Anlagen

Die als wichtig angesehenen Maßnahmen decken sich größtenteils mit hoher
Relevanz bei der Bewertung. In Pasing wurden als „vollkommen wichtig" und „sehr
wichtig" am häufigsten erachtet: „Mehr Fahrradständer", „Mehr Abstand zwischen den
Ständern", „Beleuchtung", „Diebstahlsichere Fahrradständer" und „Überdachung/-
Wetterschutz". Die am häufigsten als wichtig erachteten Maßnahmen unterscheiden
sich an den drei Standorten nur geringfügig (vgl. Abb. 10).

Abb. 10: Bedeutende (gewünschte) Maßnahmen in Pasing

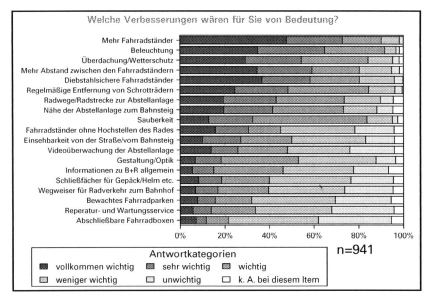

Im Vergleich zu o.g. Maßnahmen werden Maßnahmen hinsichtlich Service- und Information von den Befragten eher selten als wichtig erachtet. So wünschen sich beispielsweise in Pasing lediglich 18 % Schließfächer, 15 % ein bewachtes Areal für ihre Fahrräder, 14 % mehr Informationen zu B+R und 13 % einen Reparaturservice.

Sind die Befragten aufgefordert sich für eine dringlichste Maßnahme zu entscheiden, geben 51 % der Befragten in Pasing einer Ausweitung der Stellplatzkapazität den Vorzug. Ebenfalls hohe Priorität genießen Verbesserungen der Diebstahlsicherheit, des Wetterschutzes, der Beleuchtung und *„mehr Abstand zwischen den Fahrradständern"*.

Zukünftiges Nutzerverhalten

Auf die Frage, ob sie nach einer Verbesserung der B+R-Anlage öfters B+R nutzen würden, gaben in Kieferngarten über 50 % *„bestimmt"* oder *„wahrscheinlich ja"* an, in Pasing ca. 40 % und in Grafing-Bahnhof ca. 20 %. Der geringe Wert für Grafing-Bahnhof ergibt sich aus der Tatsache, dass die Befragten häufig schon täglich B+R als Berufspendler nutzen und eine weitere Steigerung deshalb kaum möglich ist. Potenzielle neue Nutzer konnten bei dieser Potenzialabschätzung nicht berücksichtigt werden.

Zahlungsbereitschaft Bewachtes Fahrradparken oder Fahrradboxen

Bei der o. erörterten Frage nach bedeutenden Maßnahmen erachteten Bewachtes Fahrradparken
- in Pasing 8 % der Befragten als *„vollkommen wichtig"* und 8 % als *„sehr wichtig"*
- in Kieferngarten 12 % bzw. 8 % und

- in Grafing-Bahnhof 3 % bzw. 7 %.

Fahrradboxen sahen

- in Pasing 7 % als *„vollkommen wichtig"* und 5 % als *„sehr wichtig"* an,
- in Kieferngarten waren es 8 % bzw. 9 % und
- in Grafing-Bahnhof 2 % bzw. 3 %.

Auf die Frage, ob sie bereit wären für Bewachtes Fahrradparken oder für eine abschließbare Fahradbox etwas zu bezahlen, antworteten

- in Pasing 7 % mit *„bestimmt"* und 5 % mit *„wahrscheinlich ja"*
- in Kieferngarten 4 % mit *„bestimmt"* und 7 % mit *„wahrscheinlich ja"*
- und in Grafing-Bahnhof 2 % mit *„bestimmt"* und 5 % mit *„wahrscheinlich ja".*

Mit diesen Zahlen konnte aufgezeigt werden, dass Pasing ein ausreichendes Potenzial von Nutzern für eine automatische Fahrradparkanlage auf der Nordseite in der Größenordnung von ca. 150 Stellplätzen aufweist. Insgesamt erscheint der Prozentsatz der Zahlungsbereiten gering im Vergleich zur Nutzung vorhandener Fahrradstationen wie z.B. in Münster.

Ein Entgelt von 0,50 Cent bis 1 Euro für einmaliges Abstellen und von 5 bis 10 Euro im Monat sollte nicht überschritten werden. Diese Beträge liegen im Rahmen dessen, was üblicherweise an Fahrrad-Stationen für bewachtes Fahrradparken verlangt wird.

Kagermeier, A., T. J. Mager & T. W. Zängler (Hrsg.): Mobilitätskonzepte in Ballungsräumen.
Mannheim 2002, S. 157 - 170 (= Studien zur Mobilitäts- und Verkehrsforschung, Bd. 2)

„Verkehr(t) in Freimann" – Wege zu einem stadtteilbezogenen Mobilitätsmanagement

Oliver Faltlhauser (München)

1   Einführung

Seit Mitte der 90er Jahre vollzieht sich angesichts veränderter politischer Ziele im Verkehrsbereich ein sukzessiver Paradigmenwechsel, der das „Managen" von Verkehr nicht allein in der Optimierung der technisch-baulichen Verkehrsabwicklung sieht. Gefragt sind integrative, akteursbezogene Ansätze, die den individuellen Ansprüchen aller Verkehrsteilnehmer Rechnung tragen – und zwar über sämtliche technische und organisatorische Maßnahmen hinweg. Auf der Suche nach den besten Projekten und Ideen überbieten sich die europäischen Städte gegenseitig – wer ein „anständiges" Mobilitätsmanagement konzipiert oder gar auf die Beine stellt, erhält als Belohnung den „European Mobility Award", wie z. B. München im Jahr 2000.

Immer häufiger entpuppen sich allerdings die Mobilitätsmanagement-Ansätze auf regionaler oder großstädtischer Ebene als träge und unübersichtlich. Zeitplanungen können häufig nicht eingehalten werden, teilweise mehrere duzend Kooperationspartner buhlen um Konsens. Formale Zuständigkeiten haben sich geändert, eine Koordination ist nur mit enormen Organisationsaufwand möglich. Die meisten Mobilitätsmanagement-Konzepte erfordern aufgrund ihrer langfristigen Ausrichtung einen langen Atem von allen Partizipierten und zusätzlich ein komfortables finanzielles Polster. Viele Stadtbezirke und Kommunen können aufgrund von geringen Finanzbudgets und Planungsunsicherheiten diesen Weg nicht beschreiten. Aus diesen Erfahrungen heraus resultiert die Frage: können auch auf der Ebene eines Stadtteils oder Stadtquartiers Mobilitätsmanagement-Ansätze realisiert werden, die kleiner angelegt und „bürgernäher" sind, kurzfristiger einsetzen und eventuell sogar effektiver funktionieren? Dieser Frage geht derzeit ein Forschungsprojekt am Geographischen Institut der TU München mit dem Namen „Mobilitätsperspektive Verkehr(t) in Freimann" nach.

2   Zum Begriff Mobilitätsmanagement

Varianten des Begriffs Mobilitätsmanagement entstanden in den letzten Jahren inflationär, so dass eine genaue Abgrenzung, aber auch seine Position zu konkurrierenden Bezeichnungen wie „Mobilitätsberatung", „Mobilitätsdiensten" oder „Mobility-Services" schwierig ist.

FERRIL beispielsweise bietet folgende Definition: *„Mobilitätsmanagement versteht sich als integrativer Ansatz, dessen zentraler Punkt nicht länger die Verkehrsauswirkungen, sondern die Quelle des Verkehrs (Individuum in verschiedenen Lebenssituationen, d.h. Arbeit, Freizeit etc.) ist. (...) Mobilitätsmanagement geht nicht primär von den Verkehrsmitteln und der Infrastruktur aus, sondern von den sozial, zeitlich und räumlich differenzierten Mobilitätsbedürfnissen"* (1996, S. 13). Das *Umweltbundesamt* erweitert den Aufgabenbereich eines Mobilitätsmanagements noch um die ökologische und ökonomische Komponente: *„Die Notwendigkeit für Mobilitätsmanagement begründet sich im Wesentlichen aus der Feststellung, dass ein Großteil der Ansätze zur chancengleichen, umwelt- und sozialverträglichen Mobilitätssicherung all zu oft in den Prozessen ihrer Realisierung ‚versanden'"* (2001, S. 5).

Im Rahmen des Planungsleitbildes Baden wird Mobilitätsmanagement als *„Dienstleistung für eine individuell zugeschnittene und umweltschonende Mobilität"* verstanden. *„Je nach Art der Trägerschaft werden die Akzente und Maßnahmen unterschiedlich gesetzt"* (www.planungsleitbildbaden.ch 1998, Teil Mobilität, S. 1).

WEHLING konkretisiert mögliche Kernelemente von Mobilitätsmanagement (1998, S. 77-78):

- Berücksichtigung der individuellen Akteure mit ihren spezifischen Mobilitätsbedürfnissen und in ihren sozialen Kontexten;
- Stärkung der Handlungs- und Selbstorganisationsfähigkeit gesellschaftlicher Akteure statt hoheitliche Planungs- und Verwaltungshandlungen;
- starkes Gewicht „weicher" Planungsansätze und -instrumente wie Beratung, Information, Marketing und organisatorische Dienstleistungen;
- Versuch, die verschiedenen Verkehrsmittel bedarfsorientiert so miteinander zu vernetzen, dass deren jeweilige Stärken optimal genutzt werden können.

3   Auswahl eines Stadtteils

Diese in aller Kürze dargestellten Kennzeichen sollten nun für ein auf Stadtteilebene zu organisierendes Mobilitätsmanagement konkretisiert werden. Die Untersuchungsebene „Stadtteil" erscheint aufgrund ihrer „Übersichtlichkeit" für ein Forschungsprojekt prädestiniert, zumal ein lokales Mobilitätsmanagement mit nachbarschaftlichem Charakter eine höhere Akzeptanz unter der Bevölkerung und den ansässigen Betrieben erwarten lässt. Bereits vor dem Einsetzen des Mobilitätsmanagement-Booms regte MONHEIM Mitte der 80er Jahre an, dass verkehrsgeographische Studien auch auf der Mikroebene ansetzen sollten, da der Fokus der Stadtentwicklungs- und Verkehrsplanung lange Zeit den *„Großprojekten der öffentlichen Infrastruktur"* (1985a, S. 267) und nicht den kleinräumigen Einheiten, wie z. B. den Stadtteilen, galt. *„Verkehrsplanerisch müssen jedoch in kleinräumiger Differenzierung für die einzelnen Stadtteile Aussagen gemacht werden, da diese sich auch (...) erheblich im Verkehrsmittel ihrer Bewohner unterscheiden"* (1985b, S. 328).

Die Wahl fiel aus mehreren Gründen auf den Stadtteil Freimann im Münchner Norden:

- Freimann leidet unter einer überdurchschnittlichen Verkehrsbelastung, bedingt durch die meist frequentierte Autobahn im Stadtgebiet München (Autobahn A9 Richtung Nürnberg-Berlin und Flughafen), zwei Bundesstraßen (Ingolstädter und Freisinger Landstraße), zwei bedeutende Tangentialstrassen (Frankfurter

Abb. 1: Die von den Verkehrsachsen voneinander getrennten Wohnquartiere
des Stadtteils Freimann

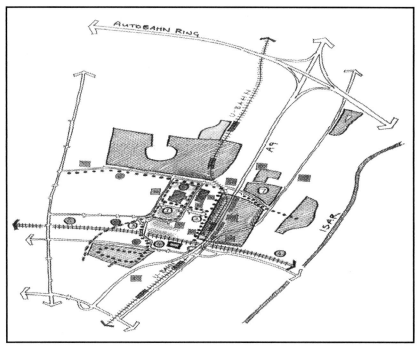

Quelle: BA 12 der LH München, 1999, S. 50

Ring und Heidemannstraße), einer oberirdisch geführten U-Bahn-Linie (mit ca.
350 U-Bahnfahrten pro Tag) und dem Eisenbahn-Nordring, der als Hauptgütertransportverbindung der Deutschen Bahn Richtung Italien, Österreich und Südosteuropa dient (vgl. Abb. 1).

- Mit zirka 30.000 Einwohnern und etwas mehr als zehn Wohnquartieren ist Freimann ein zugleich überschaubares und lukratives Forschungsgebiet. Während
  die Quartiere in sich einen weitgehend homogenen städtebaulichen Charakter
  mit „entsprechender" Bevölkerungsschicht aufweisen, unterscheiden sie sich
  teilweise sehr stark von der Struktur ihrer Nachbarquartiere. Neben Quartieren
  mit überdurchschnittlich hohen Anteilen an Sozialwohnungen reihen sich u. a.
  Siedlungen mit Gartenstadtcharakter oder Genossenschaftswohnungsbau, sowie auch ein Nobel-Quartier an, das mehrmals als Film- und Seriendrehort die
  Wohnkultur der Münchner High-Society darstellte. Freimann stellt somit ein
  heterogenes, von Verkehrsachsen durchschnittenes Puzzle dar (vgl. Abb. 1).
- Im Jahr 1999 wurde in Freimann eine so genannte Perspektivenwerkstatt durchgeführt, in der unter Beteiligung von über 200 Bürgern und einer Reihe von Experten Visionen für das Viertel im Rahmen einer stadtteilbezogenen Stadtentwicklungsplanung erarbeitet wurden. Die innovative Atmosphäre der „roundtables" und der Elan aller Beteiligten waren beste Voraussetzung zur Fortfüh-

rung der Mobilitätsperspektive. Zum einen können bis dato erarbeitete Ergebnisse integriert werden, zum anderen hat bereits partiell eine Sensibilität der Bevölkerung zu diesem Thema eingesetzt. Somit war bei den empirischen Erhebungen auf eine große Beteiligungsbereitschaft zu hoffen.

- Freimann ist trotz der Perspektivenwerkstatt ein von der gesamtstädtischen Planung vernachlässigter Stadtteil. Der Fokus der Münchner Verkehrsplanung liegt derzeit in der Formulierung eines Verkehrsentwicklungsplans auf gesamtstädtischer Ebene und in einer Verkehrsoptimierung der Innenstadt, der Innenstadtrandgebiete (z.b. Parklizensierung) und von einigen ausgewählten Stadtvierteln (z.b. Messestadt Riem oder einiger Quartiere entlang des Mittleren Rings). Freimann wird allerdings schon bald an Bedeutung gewinnen, da es der Standort für das neue Münchner Fußballstadion und den „Kunstpark Nord" – ein Abendunterhaltungs-„Center" – werden soll.

- Verbesserungen des Angebots im Umweltverbund brachten in den letzten Jahren nicht immer die erwarteten Erfolge. Die Anbieter gehen von einem Informationsdefizit in der Bevölkerung aus. Gründe mögen auch sein, dass sich für die Kunden ein zersplittertes, unübersichtliches Bild bezüglich des Angebots bietet - ein gravierender Nachteil zum kohärent erscheinenden Pkw. Eine besondere Bedeutung dürfte auch die Ausdifferenzierung und Flexibilisierung der Mobilitätsbedürfnisse der Bevölkerung als Resultat neuer Lebensformen und -stile gewonnen haben. In Freimann besteht derzeit die Notwendigkeit, nicht nur das Angebot, sondern auch den Vertrieb ebenso differenziert auf die Bedürfnisse abzustimmen.

4 Einbindung in einem Forschungsverbund

Einigkeit besteht darin, dass ein Mobilitätsmanagement ein transdisziplinäres Forschungsfeld darstellt und somit eine problemorientierte, interdisziplinäre Verbundforschung nötig ist. Das Geographische Institut kooperiert mit einer Reihe von Institutionen und Projektpartnern: Stadtwerke München, Planungsreferat der Landeshauptstadt München, lokaler Bezirksausschuss, Consodata Marketing Intelligence, SSP-Consult, Bayerischer Rundfunk etc. Die Forschungsarbeit zur Mobilitätsperspektive „Verkehrt(t) in Freimann" erfolgt derzeit weitestgehend autark (u.a. im Rahmen eines Projektseminars und einer Dissertation), die gewonnenen Daten werden allerdings verschiedenen Modellvorhaben zur Verfügung gestellt (vgl. Abb. 2), u. a.

- dem Programm zur Förderung von betrieblichem Mobilitätsmanagement des Referats für Arbeit und Wirtschaft der LH München,
- dem ExWoSt-Forschungsfeld Stadtentwicklung und Stadtverkehr (Modellvorhaben C) des Bundesamtes für Bauwesen und Raumordnung mit Forschungsassistenz des Instituts für Städtebauwesen und Stadtverkehr der RWTH Aachen,
- dem Bündnis für Ökologie MONACO, einer Initiative des Dritten Bürgermeisters der LH München, Hep Monatzeder.

5 Theoretische Überlegungen

Neben einer Reihe von anderen wichtigen Forschungsfragen sollen im Rahmen der Mobilitätsperspektive Freimann folgende Fragen geklärt werden:

Abb. 2: Teilprojekte Mobilitätsmanagement

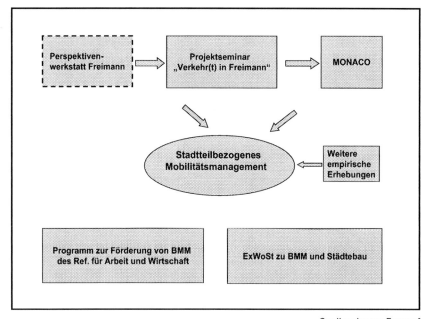

Quelle: eigener Entwurf

- Wo, bei wem und warum bestehen welche Informationsdefizite?
- Mit welchen Beratungsdienstleistungen lassen sich wo und bei wem Umsteige-potenziale aktivieren?
- Welche (räumliche) Auswirkungen haben stadtteilbezogene Verkehrsinformationen?

Diese Fragen sollen u. a. im theoretischen Verständnis eines raum-zeitlichen Zielgruppenkonzepts beantwortet werden, das die Informationsbedürfnisse und habitualisierte Raumwahrnehmung verschiedener Interaktionsgruppen in Freimann impliziert. Die verkehrsbezogenen Informationsbedürfnisse können verschiedenartig ausgeprägt sein, so z. B. mit einem räumlichen Bezug (Wo finde ich den nächsten Park-and-Ride-Parkplatz?) und einem zeitlichen Bezug (Wann fährt morgens die erste U-Bahn in die Innenstadt?).

Das Konzept unterstellt zwei Grundüberlegungen, die im Rahmen der Studie empirisch überprüft werden sollen:

- Informationsbedürfnisse hängen von der Aufenthaltsdauer bzw. Besuchsequenz im Stadtteil ab. Je häufiger sich Personen in einem Stadtteil aufhalten, desto informierter sind sie über die lokalen Gegebenheiten und Angebote (z. B. Lage der ÖPNV-Haltestellen, Bedienungshäufigkeiten und Einsatz von Nachtbuslinien). Personen mit täglicher Präsenz in einem Stadtteil verhalten sich in diesem Raum routiniert mit einem langfristig eingespielten Mobilitätsverhalten. Ihr Informationsstand und -bedarf sind selektiv geprägt und der Informationszuwachs relativ gering. Er beschränkt sich meist nur auf neue Angebote oder räumliche und

Abb. 3: Raum-zeitliches Zielgruppenkonzept

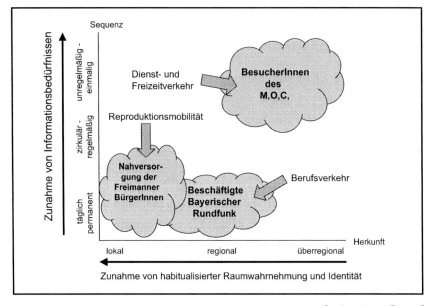

Quelle: eigener Entwurf

organisatorische Veränderungen (z. B. Änderung eines Fahrplans, Umleitungen durch Baustellen, Einrichtung eines neuen Infoportals). Dagegen weisen Personen, die einen Stadtteil unregelmäßig oder nur einmalig besuchen, ein kurzfristiges Mobilitätsverhalten auf, bei dem das Informationsmedium zur Erreichbarkeit des Zielortes entscheidenden Einfluss auf die Verkehrsmittelwahl hat (beispielsweise ein auswärtiger Besucher einer Messeveranstaltung, vgl. Abb. 3).

• Habitualisierte Raumwahrnehmung und Identität hängen jeweils von der räumlichen Herkunft der im Stadtteil agierenden (mobilen) Person ab. Personen mit lokaler Herkunft, also Freimanner Bürger, haben eine feinere Raumwahrnehmung des Stadtteils und einen höheren Grad an Identifikation zum Raum als Personen mit regionaler oder gar überregionaler Herkunft.

Unter diesen Annahmen, dass die Informationsbedürfnisse und die Raumwahrnehmung stark variieren können, müssen auch die Mobilitätsmanagement-Ansätze individuell für die einzelnen Nutzergruppen, die in Freimann mobil sind (Quell-, Durchgangs- und Zielverkehr), gestaltet werden. Die Abbildung 3 verdeutlicht beispielhaft anhand von drei Personengruppen mit verschiedener Herkunft, wie differenziert die Nachfrage nach Informationsbedürfnissen ausgeprägt sein kann. Die jeweiligen Gruppen sind schematisch als Punktewolken dargestellt, da auch Personen innerhalb ihrer eigenen Gruppe jeweils eine unterschiedliche Herkunft oder Besuchssequenz in Freimann aufweisen können.

Das für die Mobilitätsperspektive Freimann entwickelte raum-zeitliche Zielgruppenkonzept wird noch um weitere Dimensionen ergänzt, da zusätzliche personenbezogene Determinanten das Mobilitätsverhalten in Freimann beeinflussen. Hierzu zählen unter anderem die Demographie bzw. Stellung im Lebenszyklus, der Lebensstil und die diesbezügliche Mobilitätsorientierung, die Aktivitäten der Verkehrsteilnehmer (Art, Orte, Folge, Kopplungen, Verzicht etc.) oder auch die zur Verfügung stehenden Ressourcen wie Vekehrsmittelausstattung und Nutzungsmöglichkeiten von Internet und Handy.

6 Nachfrage- und angebotsorientierte Einzelprojekte

Ein zielorientiertes Mobilitätsmanagement kann sowohl nachfrageorientiert als auch angebotsorientiert gestaltet sein. Orientiert es sich an der Nachfrage, sind die Bedürfnisse der jeweiligen Verkehrsteilnehmer ausschlaggebend. Maßnahmen werden nach den Wünschen und Anforderungen der Kunden ergriffen und im Idealfall individuell ausgearbeitet (z. B. für Arbeitnehmer im Rahmen eines betrieblichen Mobilitätsmanagements). Angebotsorientierte Ansätze entstammen der Tradition der technisch-baulichen Angebotsplanung, die mit Hard- oder Softwaremaßnahmen den Verkehrsteilnehmern eine entsprechende Infrastruktur zur Verfügung stellen. Beide Ansätze erschienen für ein Mobilitätsmanagement auf Stadtteilebene lohnenswert und wurden somit in die Mobilitätsperspektive Freimann integriert.

Für Freimann wurden im Rahmen der Mobilitätsperspektive folgende nachfrageorientierte Mobilitätsmanagement-Ansätze entworfen (vgl. Abb. 4):

- Das Munich Order Center (M,O,C,), eine verkehrsintensive Einrichtung der Münchner Messe mit Messehallen und Orderbüros, sollte bezüglich seines Besucherverkehrs untersucht werden. Veranstaltungen mit bis zu 60.000 Besuchern an einem Wochenende sorgen regelmäßig für ein Verkehrschaos mit Dauerstaus und Falschparkern. Im Rahmen von Parkraumkartierungen und einer umfangreichen Besucherbefragung wurden u. a. An- und Abreiseverhalten, Besucher-

Abb. 4: Nachfrageorientiertes Mobilitätsmanagement Freimann

Quelle: eigener Entwurf

profile und Informationsdefizite ermittelt und hieraus Handlungsempfehlungen für ein betriebliches Mobilitätsmanagement abgeleitet.

- Der Bayerische Rundfunk und das Institut für Rundfunktechnik sind mit über 1.600 Mitarbeitern eine der Hauptarbeitgeber Freimanns und gleichzeitig ein bedeutender Verursacher von Quell- und Zielverkehr. Ein betriebliches Mobilitätsmanagement soll eine Optimierung im Pendelverkehrsverhalten der Mitarbeiter und im innerbetrieblichen Beschickungsverkehr zwischen verschiedenen Betriebsstandorten erreichen. Der relativ hohe Anteil an motorisiertem Individualverkehr soll mit einer Reihe von Maßnahmen, wie z. B. die Optimierung des Werkbusverkehrs, der Anschluss des Geländes an eine Anruf-Sammeltaxi-Linie oder die Initiative eines Call-a-Bike-Angebots, zu Gunsten des Umweltverbundes reduziert werden.

- Ein stadtteilbezogenes Mobilitätsmanagement erfordert eine Partizipation der „breiten Bevölkerung". Aus diesem Grund wurde eine umfangreiche schriftliche Haushaltsbefragung mit Tagebuchführung im KONTIV-Stil in allen Freimanner Quartieren initiiert. Die Daten mehrerer hundert Haushalte konnten dadurch ausgewertet werden. Diese Datensätze dienen als Planungsgrundlage für das Mobilitätsmanagement und werden in aggregierter Form den lokalen Verkehrsbetrieben zur Verfügung gestellt, um das ÖPNV-Angebot zu optimieren.

- Nahversorgung und Einkaufsverkehr sind Themenschwerpunkte eines vierten Ansatzes, der den Gedanken der „Stadt der kurzen Wege" aufgreift. Zu diesem Zweck wurden alle Einzelhandels-, Großhandels- und Dienstleistungsbetriebe in Freimann kartiert und mit Hilfe eines Indikatorensystems auf ihre Kundenfreundlichkeit hinsichtlich der Erreichbarkeit (Nähe zu ÖPNV-Haltestelle, Ausstattung mit Fahrradständer und Parkplätze, Öffnungszeiten etc.) überprüft. Die Ergebnisse stellen die Grundlage für ein virtuelles Informationsportal im Internet dar, in dem interessierte Bürger sich zukünftig über die Infrastruktur im Stadtteil informieren können. Zudem wurden in drei bedeutenden Nahversorgungsmärkten über mehrere Tage Point-of-Sale-Kundenbefragungen zur Einzugsbereichsmessung und Ermittlung der Verkehrsmittelwahl durchgeführt.

Parallel wurden drei angebotsorientierte Mobilitätsmanagement-Ansätze entwickelt (vgl. Abb. 5):

- Die Installierung eines Anruf-Sammel-Taxis (AST) in Quartieren, die vom ÖPNV zu Schwachlastzeiten unzureichend bedient werden, ist ein Projekt zur effektiven Attraktivitätssteigerung des Umweltverbundes. Eine Machbarkeitsstudie mit Negativkartierung, sekundärstatistischer Analyse, telefonischer Haushaltsbefragung und Identifizierung potentieller AST-Kunden (Potenzialabschätzung nach quantitativem und qualitativem Verfahren) führte zu dem Ergebnis, dass einige Quartiere in Freimann für die Einführung eines derartigen Systems prädestiniert wären. Die lokalen Verkehrsbetriebe überprüfen derzeit die Realisierungsmöglichkeiten. Die Partizipation von ortsansässigen Gewerbebetrieben und Institutionen als AST-Kunden ist nicht nur wünschenswert, sondern sie wird auch gezielt beworben (z. B. Einbindung in das betriebliche Mobilitätsmanagement des Bayerischen Rundfunks).

- Die Belastung der Wohnbevölkerung durch Verkehrslärm ist in Freimann ein permanentes Thema, insbesondere in der Lokalpresse und bei Bürgerversammlungen. Die stark frequentierten Hauptverkehrsachsen, die den Stadtteil durch-

Abb. 5: Angebotsorientiertes Mobilitätsmanagement Freimann

Quelle: eigener Entwurf

schneiden und vor allem die Lebensqualität der direkten Anwohner mindern, sind auch noch in weiter Entfernung hörbar. Zur „Objektivierung" der Diskussion wurden an über 100 Standorten im Stadtteil leq- und peak-Schallmessungen sowie parallel Verkehrszählungen durchgeführt. Die Daten fließen in ein Geoinformationssystem (GIS), das die Möglichkeiten der planungsbezogenen Visualisierung und Simulation von Schallemission aufzeigt. Das GIS stellt nicht nur die Grundlage zur Schnürung eines effektiven Maßnahmenpakets für den Lärmschutz dar, sondern dient auch dem Entwurf einer neuen Fahrradkarte auf Stadtteilebene, in der zu empfehlende Routen fernab der Hauptschallquellen ausgewiesen werden können.

• „Visuelles Freimann" ist der Titel eines innovativ-visionären Teilprojekts, das ein Konzept für eine verkehrsbezogene Stadtteilseite im Internet mit einer integrierten routingfähigen Fahrradkarte entwickelte. Zu diesem Zweck wurden alle 625 derzeit vorhandenen Stadtteilseiten der zehn größten Städte Deutschlands identifiziert und anschließend auf ihre verkehrsbezogenen Inhalte qualitativ untersucht. Die besten Ideen und Ansätze wurden für eine zukünftige Freimanner Internetseite ausgewählt und neu konzipiert. Unter der Obhut einer derzeit vom Bezirksausschuss geplanten Entwicklungsagentur wird die Homepage mit ihren lokalen Informationen über Verkehr und Infrastruktureinrichtungen zu einem intelligenten und ständig aktuellen Informationsmedium „heranwachsen" – das über Internet, WAP-Handies oder UMTS-Systeme (wie bereits ab Oktober 2002 versuchsweise in Österreich) abzurufen ist. Gemeinsam mit dem Referat für Gesundheit und Umwelt der LH München wird derzeit bereits ein erstes Modul – ein digitaler Fahrradatlas – erstellt.

7   Erste Ergebnisse aus den empirischen Erhebungen

Im Rahmen dieses Beitrags können nur einige wenige Ergebnisse in verkürzter Form dargestellt werden. Detaillierte Ergebnisse werden noch in einer eigenen Publikation veröffentlicht (FALTLHAUSER & RAUH 2002).

Aus den zielorientierten Ansätzen des Lärmschutzes und der Erstellung eines routingfähigen Fahrradatlas im Internet sollen die ersten Erhebungsergebnisse aus den Schallpegelmessungen visualisiert werden. Die Abbildung 6 zeigt ein Satellitenbild vom Stadtteil Freimann mit den 105 Standorten der Ieq-Schallpegelmessung. Dargestellt sind die Schallpegelwerte in dB (A), die stationär an den jeweiligen Standorten nach standardisierten Erhebungsmethoden gemessen wurden.

Eine punktuelle Darstellung der Schallbelastung ermöglicht zwar die Identifizierung der vom Verkehrslärm am stärksten betroffenen Standorte, bietet aber Fahrradfahrern oder Fußgängern kein übersichtliches Informationsmedium über belastete Straßenabschnitte. Zu diesem Zweck bietet sich eine lineare Darstellung der Schallbelastungen an: jedem Straßenabschnitt wird durch ein Interpolationsverfahren eine Schallbelastungskategorie zugeordnet. Mit dem Einsatz eines GIS erzielt man als Planungsgrundlage für einen routingfähigen Fahrradatlas eine Schallbelastungskarte von Freimann, die die idealen Fahrradrouten fernab der Hauptschallachsen ausweisen (siehe Abb. 7). Je feiner ein Straßenabschnitt dargestellt wird, desto geringer ist die Schallbelastung und desto größer ist die Aufenthaltsqualität

Abb. 6:   Schallbelastung im Stadtteil Freimann (in db (A))

Quelle: eigene Erhebung

Abb. 7: Schallbelastung entlang der Freimanner Hauptverkehrsachsen (in db (A))

Quelle: eigene Erhebung

für die Radfahrer und Fußgänger. Diese Art von Straßenabschnitt ist für den Fahrradverkehr prädestiniert. Auch sind für den Fahrradverkehr noch andere Determinanten von Bedeutung, wie z. B. die Ausstattung eines Straßenabschnitts mit einem Fahrradweg und die Trennung von diesem zum Pkw-Verkehr. Diese und andere Variablen wurden zusätzlich für jeden Straßenabschnitt kartiert.

In dem Teilprojekt „Nahversorgung und Einkaufsverkehr" konnten bereits erste aufschlussreiche Ergebnisse aus den Haushalts- und Point-of-Sale-Kundenbefragungen ausgewertet werden. Letztere offenbaren eindeutig, dass „Nahversorgung" nicht gleich „Nahversorgung" ist.

Wie die Point-of-Sale-Analyse zeigt, unterscheiden sich die Einzugsbereiche, die durchschnittlichen Ausgaben pro Einkauf und v. a. die Verkehrsmittelwahl (vgl. Abb. 8) der Kundschaft in den verschiedenen Einkaufsmärkten in Freimann erheblich voneinander.

So nutzen knapp 80 % der Kundschaft von ALDI einen Pkw für ihren Einkauf, während es in den beiden anderen Betrieben jeweils „nur" 28 % bzw. 19 % der Kunden sind. Fast drei Viertel der Kundschaft vom REWE-Markt und immerhin noch zwei Drittel der TENGELMANN-Kunden erledigen ihren Einkauf zu Fuß, bei ALDI nimmt der Anteil der Fußgänger nicht einmal 10 % ein. Öffentliche Verkehrsmittel spielen für die Nahversorgung offensichtlich kaum eine Rolle: die Anteile der ÖPNV-Nutzer sind in keinem der drei Märkte höher als 7 %. Die Ergebnisse an den anderen Erhebungstagen bestätigen diesen modal-split. Dass diese gravierend unterschiedliche

Abb. 8: Ausgewählte Ergebnisse der Point-of-Sale-Befragung

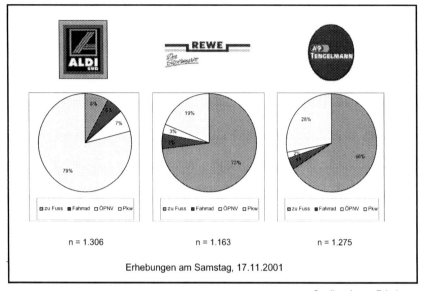

n = 1.306   n = 1.163   n = 1.275

Erhebungen am Samstag, 17.11.2001

Quelle: eigene Erhebung

Verkehrsmittelwahl entsprechende Auswirkungen auf die Infrastruktur in der Nachbarschaft der Märkte aufweist und jeweils angepasste Maßnahmen erfordert, liegt auf der Hand.

8   Resümee

Ausgangspunkt des lokalen Mobilitätsmanagements ist jeweils ein Verkehrsproblem, das auf den Stadtteil wirkt. Auslöser dafür sind Verursacher (bzw. Verursachungszusammenhänge) mit personengruppen- und ereignisbezogenen Mobilitätsorientierungen, je nach vorhandenem Verkehrsangebot, Informationsstand, Verhaltensmuster, Motiv usw.

Der notwendige Bewusstseinswandel zur Lösung dieser Verkehrsprobleme funktioniert ausschließlich über Handlungskonzepte, hinter denen verschiedene Akteure stehen. Dies sind Betroffene und Entscheidungsträger gleichermaßen, selbstverständlich aber mit jeweiligen Interessen. Ziel der Mobilitätsperspektive muss allerdings sein, mit Hilfe geeigneter Maßnahmen (und wenn möglich unter Einbindung der Bürger) eine Konsensfindung und Kooperation verschiedener Protagonisten herbeizuführen und zu stärken. Bei Betrachtung der Systematik des stadtteilbezogenen Mobilitätsmanagements Freimann (vgl. Abb. 9) offenbart sich, dass eine endogene Entwicklung nur dann funktioniert, wenn sie auch von externen Entscheidungsträgern unterstützt wird.

Der „Werkzeugkoffer" der Ansatzmöglichkeiten für ein stadtteilbezogenes Mobilitätsmanagement ist groß, die Auswahl des Werkzeugs entsprechend vielfältig. Die

Abb. 9: Systematik des stadtteilbezogenen Mobilitätsmanagements Freimann

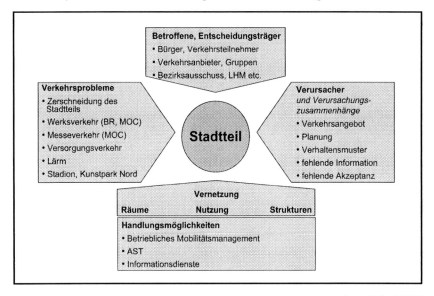

Entwurf: Rauh 2002

Handlungsfelder betreffen sinnvoller Weise den Raum, die Struktur und die Nutzung beider gleichermaßen. Anhand der sieben dargestellten zielorientierten Ansätze lässt sich gut nachvollziehen, wie individuell diese vorbereitet und gestaltet werden können. Alternativ hätten auch andere Strategien, wie Anwohnerparken, Car-Sharing oder Mobilitätserziehung in Kindergärten und Schulen, formuliert und angegangen werden können. Der Prozess eines Mobilitätsmanagements wird allerdings nie einen starren Charakter haben, sondern sich den wechselnden Gegebenheiten im Stadtteil (z. B. durch den Stadionneubau) iterativ anpassen und flexibel in seinem Handlungsfeld – durch Einführung neuer komplementärer Begleitmaßnahmen – bleiben. Die Mobilitätsperspektive „Verkehr(t) in Freimann" ist entsprechend gestaltet.

„*Das Mobilitätsmanagement ‚lebt' durch seine Anwendung*" (*Umweltbundesamt* 2001, S.69). In Freimann wird nun allein aus diesem Grund die Hauptaufgabe sein, die vorliegenden Ergebnisse auszuwerten und die daraus resultierenden Konzepte erfolgreich in die Praxis umzusetzen. Die bereits in Realisierung stehenden Ansätze des digitalen Fahrradatlas, der Einführung des Anruf-Sammel-Taxis und der Umsetzung des betrieblichen Mobilitätsmanagements (Bayerischer Rundfunk, Institut für Rundfunktechnik und M,O,C,) sind hierfür die ersten Schritte.

Literaturverzeichnis

FALTLHAUSER, O. & J. RAUH (2002): Mobilitätsperspektive Freimann. Verkehrsgeographische Studien in einem Münchner Stadtteil. Passau (*im Druck*)

FERRIL, S. (1996): Mobility Management for the Urban Environment. Das EU-Projekt MOMENTUM. In: Soziale Technik 6, H. 4, S. 13-14

MONHEIM, R. (1985a): Analyse von Tätigkeiten und Wegen in der Stadt. Neue Möglichkeiten für den modal-split - Teil 1. In: Verkehr und Technik, H. 8, S. 267-270

MONHEIM, R. (1985b): Analyse von Tätigkeiten und Wegen in der Stadt. Neue Möglichkeiten für den modal-split - Teil 2. In: Verkehr und Technik, H. 9, S. 324-331

Umweltbundesamt (Hrsg.) (2001): Mobilitätsmanagement zur Bewältigung kommunaler Verkehrsprobleme. Berlin

WEHLING, P. (1998): Sozial-ökologische Mobilitätsforschung und strategisches Mobilitätsmanagement. Neue Ansätze für Verkehrswissenschaft und Planung. Frankfurt/M. u. Freiburg (= Forschungsbericht Stadtverträgliche Mobilität, Bd. 12.)

www.planungsleitbildbaden.ch/fusion/handlung.cfm?hs=5 (1998): Planungsleitbild Baden 1998 - Mobilität. Stand: 05.03.2002

Kagermeier, A., T. J. Mager & T. W. Zängler (Hrsg.): Mobilitätskonzepte in Ballungsräumen.
Mannheim 2002, S. 171 - 182 (= Studien zur Mobilitäts- und Verkehrsforschung, Bd. 2)

Grundlagen für ein erfolgreiches Mobilitätsmanagement an Freizeitgroßeinrichtungen am Beispiel München

Werner Gronau (Paderborn)

Zusammenfassung

Massnahmen im Mobilitätsmanagement gelten seit Mitte der neunziger Jahre als vielversprechende Möglichkeit, im Rahmen eines umfassenden Ansatzes das Verkehrsmittelwahlverhalten zu Gunsten des Umweltverbundes zu beeinflussen. Bisher wurden derartige Maßnahmen vor allem im Berufsverkehr umgesetzt.

Es bleibt die Frage zu klären, inwieweit Mobilitätsmanagementmassnahmen auch im Bereich des räumlich wie zeitlich sehr diffusen Freizeitverkehrs zu einer Minderung des Verkehrsaufkommens im MIV beitragen können bzw. welche besonderen Randbedingungen bei einer Übertragung zu berücksichtigen sind.

Ziel dieses Beitrages ist es, mögliche Rahmenbedingungen für Mobilitätsmanagementmassnahmen im Umfeld von Freizeitgroßeinrichtungen zu ermitteln. Dabei wird von der Hypothese ausgegangen, dass ein Umsteuerungspotential mittels derartiger Maßnahmen nur vorhanden ist, wenn eine gewisse Grundattraktivität des wahrgenommenen ÖPNV-Angebotes existiert. Die Operationalisierung dieser wahrgenommen Grundattraktivität erfolgt mittels einer Analyse der ÖPNV-Nutzer. Diese Analyse zielt darauf ab, den Anteil der wahlfreien ÖPNV-Nutzer zu ermitteln, also derjenigen, die bewusst die Nutzung des ÖPNV der des PKW vorgezogen haben. Dieses Vorgehen beruht auf der Grundannahme, dass nur bei einer hohen Akzeptanz des Angebotes unter den ÖV-Nutzern die Chance besteht, weitere Verkehrsteilnehmer zum Umsteigen vom MIV auf den ÖPNV zu überzeugen.

Summary

Since the mid nineties, mobility management measures have in the context of a comprehensive mobility approach been a promising option to influence the choice of transportation means in favour of public transport. So far these measures have primarily been implemented to influence the choice of transportation means for commuter traffic.

However there remains the question of to what extend mobility management measures are able to play a decisive role in the reduction of private car use in leisure traffic, a transport segment, which is characterised by more random journeys. The scope of this study is to determine a conceptual framework for mobility management measures regarding the field of recreational facilities. The hypothesis used in this article, assumes that a shift from cars to public transportation using mobility management measures can only be successfully introduced,, if there is a certain basic attractiveness offered and perceived in public transport services. The perceived attractiveness of public transport is measured by means of an analysis of public transport users. The objective of the analysis is to determine the percentage of public transport users who consciously choose to use public transport rather than private cars. The methodological approach used in the study is based on the assumption that only a high acceptance of public transport services amongst its users is able to convince other visitors of leisure facilities to change from private car use to public transport.

1 Relevanz von Freizeitgroßeinrichtungen

Im Rahmen dieses Beitrages soll aus dem umfassenden Bereich des Freizeit-verkehrs das Segment des durch Freizeitgroßeinrichtungen induzierten Verkehrs im speziellen betrachtet werden. Hierfür gibt es vor allem zwei Gründe:
*   Zum einen ist speziell das Umfeld derartiger Einrichtungen durch die klare Ziel-orientierung der Besucher im Unterschied zu der sonst sehr heterogenen Nach-fragesituation im Freizeitverkehr gekennzeichnet und stellt somit einen günsti-gen Ansatzpunkt für verkehrslenkende Maßnahmen dar.
*   Zum anderen ist das – durch diese Einrichtungen induzierte – Verkehrsaufkom-men deutlich größer als üblicherweise angenommen. Dieser Punkt wird durch die nachfolgenden Erläuterungen kurz verdeutlicht.
An erster Stelle ist das stetige Wachstum der Anzahl derartiger Einrichtungen und damit die steigenden Besucherzahlen anzuführen. Darüber hinaus ist auf Grund der großen Zahl in Planung befindlicher Einrichtungen zumindest mittelfristig kein Ende dieses Trends abzusehen (vgl. WENZEL 1999).

Des weiteren trägt die monofinale Berücksichtigung der Anlässe für den Freizeitverkehr dem multifunktionalen Charakter heutiger Großeinrichtungen nicht ausreichend Rechnung. So kommt etwa eine DWIF-Studie von 1995 zu dem Schluß, dass die „Pflege sozialer Kontakte" mehr als ein Viertel aller Anlässe für den Frei-zeitverkehr ausmacht. Die Aktivität „Erholung" mit 22,3 %, die Aktivität „Spazier-fahrt ins Blaue" mit 10,6 % und schließlich die Aktivität „Besuch von Attraktionen bzw. Besichtigungen", unter denen auch die Freizeiteinrichtungen subsummiert werden, mit 9,2 % folgen auf den Plätzen. Somit erscheint die Rolle von Freizeitein-richtungen mit nur 9 % als eher gering (vgl. *DWIF* 1995). Jedoch wird in dieser Ein-teilung außer Acht gelassen, dass gerade in der Freizeit zumeist verschiedene An-lässe verknüpft werden. Bei einer Analyse mit der Vorgabe von monofinalen und monofunktionalen Aktivitäten werden zwangsläufig sekundäre Unterschiede ver-nachlässigt.

Freizeitgroßeinrichtungen sind eben nicht nur Attraktionen, die man zielgerichtet besucht – als solche werden sie in der *DWIF*-Studie aber betrachtet –, sondern sie werden häufig ebenso als Treffpunkte genutzt, womit sie etwa auch in die Kategorie „Pflege sozialer Kontakte" eingeordnet werden können. Darüber hinaus verfügen sie zumeist über eine großzügige Ausstattung an Gastronomie, womit auch

Aktivitäten wie „Essen gehen" oder „Ausgehen" unter Umständen dort verortet werden können. Dies führt zu einem weiteren Mangel eines Großteils der bisher erstellten Studien. Die Erhebungen beschäftigen sich in der Regel primär mit der Aktivität und weniger mit der Verortung dieser Aktivität. Somit sind sie auch nur bedingt aussagefähig, was die Relevanz unterschiedlicher Freizeitorte, wie etwa die der Freizeitgroßeinrichtungen, angeht.

Eben jene Diskrepanz zwischen Aktivität und Verortung greift auch ZÄNGLER in seiner Untersuchung über die Zielorte in der Freizeit auf. Mittels eines sehr viel detaillierteren Erhebungsinstruments konnte er über die üblichen Aktivitäten hinaus auch deren Verortung untersuchen. Es ergab sich im Rahmen dieser Studie ein mit 16 % fast doppelt so hoher Wert für die Relevanz von Freizeiteinrichtungen wie in der Studie des DWIF. Darüber hinaus ist zu berücksichtigen, dass der Besuch gastronomischer Einrichtungen, die in fast jeder Freizeitgroßeinrichtung vorhanden sind, weitere 16 % der Zielorte in der Freizeit ausmacht. (vgl. ZÄNGLER 2002, S.155-162). Diese Zahlen geben hinreichend Anlass, die Rolle der Freizeitgroßeinrichtungen hinsichtlich des Freizeitverkehrsaufkommens neu zu bewerten.

Darüber hinaus sollten auch die lokalen Probleme, die durch solche Einrichtungen entstehen, Berücksichtigung finden. Nicht allein ihr Anteil am Gesamtverkehrsaufkommen, sondern gerade die durch die hohen Spitzenbelastungen an Wochenenden und Feiertagen an Freizeitgroßeinrichtungen auftretenden Probleme sind zu berücksichtigen. Diese Belastungen in Form eines temporär sehr hohen Verkehrsaufkommens gewinnen noch weiter an Gewicht, wenn man den sehr hohen MIV-Anteil am Modal-Split in die Betrachtung mit einbezieht. So stellte eine Untersuchung des *ILS* (1994) in Freizeitgroßeinrichtungen einen MIV-Anteil von 85% fest und eine Studie an unterschiedlichen Freizeitparks in der Schweiz von WULLIMANN aus dem Jahre 1999 weißt einen ähnlichen MIV-Anteil von 83% aus. Auch bei einer Erhebung an Multiplexkinos im Jahre 2000 wurde ein vergleichbarer Wert von 82 % ermittelt (FREITAG 2000). Es fällt auf, dass sich der Modal-Split trotz unterschiedlicher Erhebungszeitpunkte und unterschiedlicher Einrichtungstypen nur wenig unterscheidet. Der Anteil des MIV am Modal-Split liegt in der Regel zwischen 80 % und 85 %. Dieser hohe MIV-Anteil resultiert sicherlich nicht zuletzt aus der MIV-zentrierten Sichtweise der Betreiber der Einrichtungen. Auch die zumeist kostenfreien Großparkplätze, die MIV-orientierte Informationspolitik und besonders die häufig dezentrale Lage dieser Einrichtungen tragen hierzu bei.

2 Vorstellung der Untersuchung

2.1 ÖV-Nutzer als Index für die wahrgenommene Attraktivität des Angebotes

Vor diesem Hintergrund soll im Folgenden eine Analyse der ÖPNV-Nutzer an unterschiedlichen Freizeitgroßeinrichtungen mehr Klarheit über deren Beweggründe und die Einflußgrößen zur Nutzung des ÖV erbringen. Auf diesem Weg sollen wichtige Aspekte erarbeitet werden, die im Rahmen von Verkehrsmanagementmaßnahmen Berücksichtigung finden sollten.

Diese Herangehensweise, über eine Analyse der ÖV-Nutzer Kriterien zur Beeinflussung von MIV-Nutzern mittels Mobilitätsmanagementmassnahmen zu erarbeiten, mag auf den ersten Blick paradox erscheinen. Legt man jedoch die These zu Grunde, dass ÖV-Nutzer nicht generell als reine „Captives" anzusehen sind, sondern ein Teil von ihnen durchaus die Wahl zwischen dem MIV und dem ÖPNV hat, bedeutet das, dass sich jene Nutzer für diese Fahrt bewußt für den ÖPNV entschieden haben. Folgt man dieser Hypothese, so eröffnet dieses Vorgehen die Möglichkeit, den ÖV-Anteil als eine Art Gradmesser für das von den Nachfragern wahrgenommene ÖV-Angebot zu verstehen. Dem Grundansatz dieses Beitrages folgend, stellt ein entsprechend hoher Anteil von ÖPNV-Nutzern, die sich bewusst für den ÖPNV entschieden haben, die Grundlage für jedwede weitere Maßnahme in Richtung Verkehrsbeeinflussung dar. Es wird unterstellt, dass nur dann, wenn sich wahlfreie Nachfrager für die Nutzung des ÖPNV entschieden haben, die Möglichkeit besteht, mittels verkehrsbeeinflussender Maßnahmen den Anteil des ÖPNV weiter zu erhöhen. Wird umgekehrt das ÖPNV-Angebot schon unter den ÖPNV-Nutzern als ungenügend wahrgenommen, fällt es sicherlich schwer, MIV-Nutzer von dem Angebot zu überzeugen.

Wichtig ist hierbei die Rolle des wahrgenommene Angebotes für das Verkehrsmittelwahlverhalten als entscheidenden Faktor anzuerkennen und eben nicht, wie so häufig, nur das tatsächliche Angebot.Dass zwischen wahrgenommener und faktischer Angebotsqualität häufig eine große Diskrepanz herrscht, ist zum Großteil auf die mangelnde Transparenz in den ÖV-Netzen zurückzuführen. Diese mangelnde Transparenz – etwa in Form von Umsteigebeziehungen zur Erreichung des Zieles – führt häufig zu unnötig langen Fahr- bzw. Wartezeiten und mindert somit den Qualitätseindruck des ÖPNV-Systems beim Nutzer.

Möchte man also den ÖV-Anteil tatsächlich als Gradmesser für das wahrgenommene ÖV-Angebot heranziehen, müssen zunächst die Randbedingungen für die Nutzung des ÖPNV näher ausgeleuchtet werden, um sicherzustellen, dass tatsächlich die Attraktivität des ÖV-Angebotes der ausschlaggebende Punkt für die Nutzung des Verkehrsmittels war bzw. die Randbedingungen müssen identifiziert werdeen, die zu einer hohen wahrgenommenen Attraktivität beigetragen haben.

Zeigt sich im Rahmen der Analyse ein hoher Anteil von Nutzern, die bewußt den ÖPNV gewählt haben, so lassen sich mittels der an jenem Standort vorhandenen Randbedingungen Rückschlüsse auf die zu schaffenden Rahmenbedingungen bei der Einführung von Mobilitätsmanagementmassnahmen treffen, da diese Bedingungen offensichtlich zu einer Erhöhung des Anteils des ÖPNV am Modal-Split beigetragen haben. Der Aspekt, dass dieses Vorgehen auch auf den Einschätzungen und Bewertungen der einzelnen Nutzer basiert, führt zu einem weiteren Argument für die Analyse der ÖPNV-Kunden. So fällt es im Umfeld sozialwissenschaftlicher Studien stets leichter, Gründe für einen Sachverhalt – etwa für die Nutzung eines Verkehrsmittels zu ermitteln – als Gründe, die für eine Nichtnutzung verantwortlich sind. Hier spielen Aspekte der Realisierung von Entscheidungsabläufen jedes Individuums ebenso eine Rolle, wie die Neigung der Menschen, bei empirischen Erhebungen stets auch den Aspekt der sozialen Erwartung zu berücksichtigen. Eben dieser Effekt ist bei einer Fragestellung zur Nichtnutzung, etwa eines Verkehrsmittels, sicherlich viel stärker ausgeprägt als bei der Frage für die Beweggründe der Nutzung.

2.2 Vorstellung der genutzten Datenbasis

Als Basis für die Analyse dient ein Datensatz aus einem durch die DFG-geförderten Projekt „Verkehrliche Auswirkungen von Freizeitgroßeinrichtungen". Im Rahmen des Projektes wurden zwei Vergleichsräume bearbeitet. Als Beispiel für einen großstädtischen Kontext dient die Stadt München. Diesem wurde die Region Ostwestfalen als Beispiel für die Situation außerhalb der Ballungsräume gegenübergestellt, wobei letztere jedoch nicht Gegenstand dieser Ausführungen ist.

Das Forschungsprojekt bezieht nicht nur unterschiedliche räumliche Kontexte sondern auch verschiedene Arten von Freizeiteinrichtungen mit ein, einerseits die klassischen Edutainment-Einrichtungen wie etwa Museen oder auch Zoologische Gärten, andererseits die neuen Angebote auf dem Freizeitmarkt wie Spaß- und Erlebnisbäder, die in jüngster Zeit vor allem durch den Wellness-Trend immer stärker in Erscheinung getreten sind. Im Raum München wurden für den Typ der eher klassisch orientierten Einrichtungen der Zoologische Garten München und das Museum Mensch und Natur im Schloss Nymphenburg ausgewählt. Für die eher auf hedonistische Ziele ausgerichteten Bäder wurden die Therme Erding sowie das Westbad München herangezogen.

2.3 Vorstellung der Erhebungsstandorte

In Tabelle 1 wird ein Überblick über die Spezifika der jeweiligen Standorte im Raum München gegeben.

Tab. 1: Erhebungsstandorte

Einrichtung	Einrichtungs-typ	Standort	Verkehrserschließung	
			ÖV	IV
Zoologischer Garten München	Edutainment	Zentrale Stadtlage	U-Bahnhalt (6 Fahrten pro h) Bushalt (10 Fahrten pro h)	Begrenzte Zahl kostenpflichtiger Parkplätze
Museum Mensch und Natur München	Edutainment	Zentrale Stadtlage	Tramhalt (3 Fahrten pro h) Bushalt (6 Fahrten pro h)	Ausreichende Zahl kostenfreier Parkplätze
Westbad München	Spaß- und Erlebnisbad	Zentrale Stadtlage	Tramhalt (3 Fahrten pro h) Bushalt (6 Fahrten pro h)	Ausreichende Zahl kostenfreier Parkplätze
Therme Erding	Spaß- und Erlebnisbad	Randlage im Mittelzentrum Erding am Rand des Großraum München	Bushalt (2 Fahrten pro h)	Große Zahl kostenfreier Parkplätze

2.4 Der Modal-Split an den Einrichtungen

Betrachtet man den Modal-Split an den jeweiligen Einrichtungen (vgl. Abb.1), so fällt auf, dass allein die Therme Erding den erwartet hohen typischen Anteil an MIV-Nutzern aufweist. An diesem Punkt sei nochmals an die zu Beginn dieses Beitrages vorgestellte Studie des *ILS* verwiesen, welche für vergleichbare Einrichtungen einen MIV-Anteil von 85 % ermittelt hat. Die drei übrigen Untersuchungsstandorte weisen zwar differenziert nach Einrichtung einen unterschiedlich hohen aber doch insgesamt signifikant höheren ÖV-Anteil auf als in den Vergleichsstudien konstatiert wird. Im Hinblick auf die Zielvorgabe drängt sich an diesem Punkt die Frage nach der Struktur der ÖV-Nutzer auf, die möglicherweise auch den insgesamt höheren ÖV-Anteil erklären kann. Beruht dieser hohe Anteil auf einem hohen Anteil an „Captives" oder aber kann durch das im Raum München allgemein hochwertige ÖPNV-Angebot auch ein großer Teil an wahlfreien Nutzern für das System gewonnen werden? Um diese Fragen zu klären, werden in einem weiteren Analyseschritt die ÖV-Nutzer der Einrichtungen nach unterschiedlichen verkehrsmittelwahlrelevanten Kriterien genauer betrachtet.

Abb. 1: Modal-Split an den Standorten

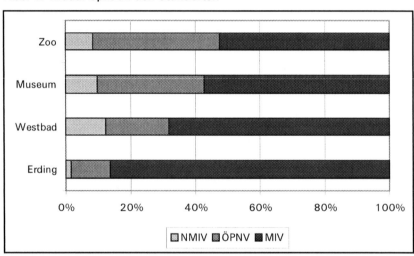

Quelle: Eigene Erhebung (N = 332)

2.5 Anteil der „Captives" unter den ÖPNV-Nutzern

In der Literatur wird häufig die These vertreten, dass hohe Anteile des ÖPNV auf hohe Anteile von „Captives", also nicht wahlfreien Nutzern, zurückzuführen sind. Um dem postulierten Ziel, den ÖV-Anteil als Gradmesser für die wahrgenommene Qualität des ÖV zu nutzen, muß in einem ersten Schritt der Anteil der „Captives" innerhalb der ÖPNV-Nutzer ermittelt werden.

Wie aus Abbildung 2 zu entnehmen ist, kann im vorliegenden Fall die These der ÖV-Nutzer als reine „Captives" nur einen sehr bedingten Erklärungsansatz liefern. Der Anteil der „Captives" steigt zwar mit sinkender Erreichbarkeit der Standorte,

Abb. 2: PKW-Verfügbarkeit der ÖPNV-Nutzer unter den Besuchern

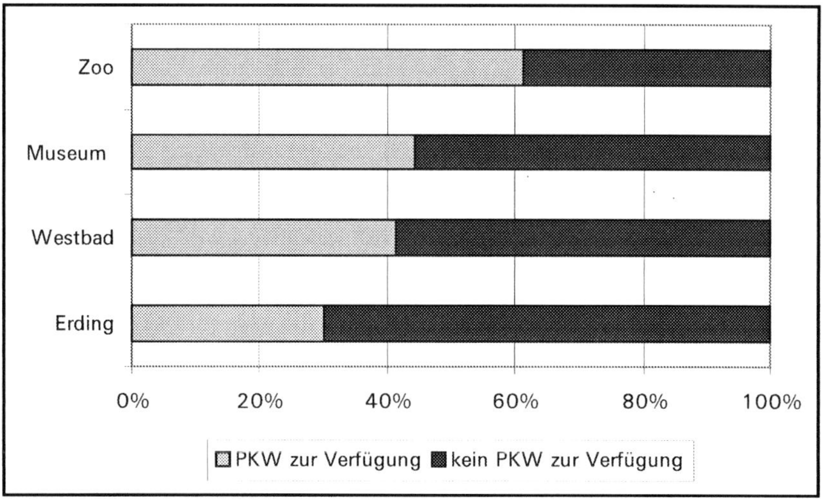

Quelle: Eigene Erhebung (N = 332)

allerdings liegt er im Mittel bei einem moderaten Wert von 50 % und sinkt im Falle des Zoos auf bis unter 40 % ab. Dies stützt die These, dass in München vor allem auf Grund der guten Erschließung auch die wahlfreien Nutzer angesprochen wurden. Dafür spricht auch, dass am suboptimal erschlossenen Standort Erding ein mit über 2/3 deutlich höherer Anteil an „Captives" zu beobachten ist.

Somit ist in Hinblick auf die Ausgangsfragestellung festzuhalten, dass sich in Abhängigkeit von der Erreichbarkeit der Einrichtungen eine stark selektive Verteilung der „Captives" ergibt. In einem ersten Schritt lässt sich bereits an diesem Punkt ein „nur sehr mäßiges Potential für mögliche Mobilitätsmanagementmassnahmen am Standort Therme Erding ausmachen, da offensichtlich das ÖPNV-Angebot als derart ungenügend eingestuft wird, dass nur ein minimaler Anteil der wahlfreien Nutzer dieses Angebot wahrnimmt.

2.6 Anteil der Zeitkarteninhaber unter den ÖPNV-Nutzern

Eine alternative These zur Erklärung des Verkehrsmittelwahlverhaltens geht davon aus, dass die ÖV-Nutzung im Alltag zu einer höheren ÖV-Orientierung auch in der Freizeit beiträgt.

Diese These kann auf den ersten Blick durch die Ergebnisse bestätigt werden (vgl. Abb. 3). So stellen die Zeitkartenbesitzer im Mittel fast zwei Drittel der ÖV-Nutzer. Dies bedeutet, dass die Kenntnis und die Nutzung des Systems im Alltagsverkehr die Wahrscheinlichkeit zur Nutzung des ÖPNV auch in der Freizeit erhöht. Umgekehrt ist dieses Alltagsverhalten aber kein Garant für die Nutzung im Freizeitverkehr, wie aus dem Ansteigen des „Captive-Anteils" bei schlecht erreichbaren Standorten zu entnehmen ist. Es lässt sich im Unterschied zum Anteil der „Captives" trotz unterschiedlichem Modal Split keine deutliche Differenzierung zwischen den Standorten feststellen.

Abb. 3: Zeitkartenbesitz der ÖPNV-Nutzer unter den Besuchern

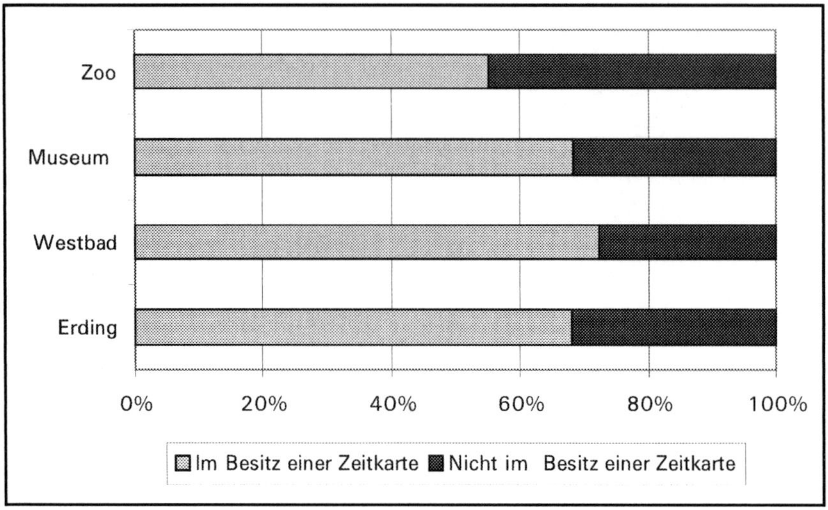

Zoo

Museum

Westbad

Erding

0%   20%   40%   60%   80%   100%

☐ Im Besitz einer Zeitkarte ■ Nicht im Besitz einer Zeitkarte

Quelle: Eigene Erhebung (N = 332)

Somit lässt sich durch den Zeitkartenbesitz der nach Standorten differenzierte ÖV-Anteil am Modal-Split nicht erklären. Dies wiederum bedeutet, dass der Zeitkartenbesitz auf den ersten Blick keinen Einfluß auf die Messung des wahrgenommen ÖV-Angebotes zu haben scheint.

Dies ist plausibel, da der Zeitkartenbesitz keine Festlegung auf die Nutzung des ÖPNV-Systems für alle Fahrtzwecke bedeutet, sondern lediglich eine gewisse Affinität dokumentiert. An dieser Stelle muß neben den „Captives" eine zweite Nutzergruppe eingeführt werden. Diese Gruppe unterscheidet sich durch ihre PKW-Verfügbarkeit. Dieser Sachverhalt läßt dieser Gruppe von wahlfreien Nutzern die Option für eine echte Wahl zwischen dem motorisierten Individualverkehr und dem ÖPNV. Die Gruppe wird nochmals unterteilt in die der „ÖV-affinen Wahlfreien", die sich durch den Besitz einer Zeitkarte von den „indifferenten Wahlfreien" unterscheidet. Dementsprechend müssen in einem weiteren Schritt durch die Berücksichtigung der PKW-Verfügbarkeit aus den Zeitkartenbesitzern die tatsächlich wahlfreien „ÖV-affinen Nutzer" extrahiert werden. Auf die Ausgangsfragestellung bezogen, stellt diese Personengruppe den ersten Teil der Wahlfreien dar, die als Grundlage für die Einführung von Mobilitätsmanagmentmassnahmen postuliert wurde. Diese Gruppe unterscheidet sich von der zweiten Gruppe der „indifferenten Wahlfreien" noch durch ihre ÖPNV-Affinität in Form ihrer Zeitkarte. Geht man entsprechend diesem Ansatz vor und extrahiert aus den Zeitkartenbesitzern die wirklich wahlfreien Besucher der jeweiligen Einrichtungen, also diejenigen Zeitkarteninhaber, die für die Fahrt auch einen PKW zur Verfügung gehabt hätten, so ergibt sich ein Gradmesser für die wahrgenommene Attraktivität der ÖV-Anbindung. Wenn selbst die prinzipiell ÖV-orientierten Nutzer das Auto vorziehen, wird es schwierig werden, den klassischen MIV-Nutzer vom vorhandenen ÖV-Angebot zu überzeugen.

Abb. 4: Verkehrsmittelwahl der Zeitkartenbesitzer mit PKW-Verfügbarkeit

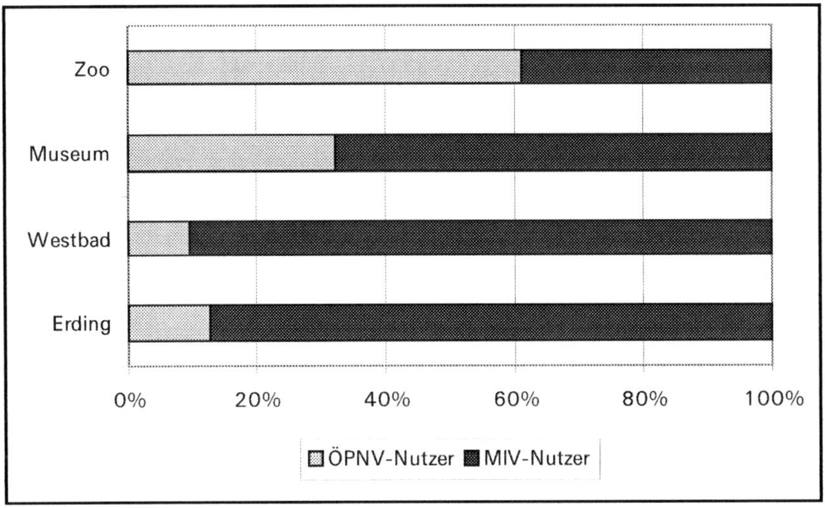

Quelle: Eigene Erhebung (N = 332)

Die Darstellung in Abbildung 4 zeigt deutlich das Attraktivitätsgefälle zwischen der ÖV-Erreichbarkeit der Einrichtungen. Einerseits wird die unterschiedliche Erschließungsqualität der beiden klassischen Einrichtungen deutlich. Der Zoologische Garten kann mit seiner U-Bahn-Anbindung, die etwa 70% der ÖV-Nutzer für ihre Fahrt genutzt haben, einen deutlich höheren Anteil im ÖPNV gegenüber dem Straßenbahn-Anschluss des Museums „Mensch und Natur" vorweisen.

Andererseits erkennt man den einrichtungsspezifischen Effekt deutlich. Die Besucher der Bäder nutzen tendenziell eher den PKW. Aus diesen Ergebnissen lässt sich das Zwischenfazit ziehen, dass die ÖV-Orientierung der Zeitkartennutzer sowohl stark von der Qualität der Anbindung als auch vom Typ der zu besuchenden Einrichtung abhängt.

2.7 Anteil der Wahlfreien unter den ÖPNV-Nutzern

An dieser Stelle wird noch einmal Bezug zur Zielsetzung des Beitrages genommen. Im letzten Schritt sollen nach der zuvor betrachteten Gruppe – der durch den Zeitkartenbesitz als ÖV-affin eingestuften Wahlfreien – nun die übrigen Wahlfreien unter den ÖPNV-Nutzern betracht werden, die keine explizite Affinität zum ÖPNV in Form einer Zeitkarten aufgewiesen haben (vgl. Abb. 5).

Hier zeigt sich in ähnlicher Weise das Attraktivitätsgefälle der ÖV-Anbindung zwischen den Einrichtungen. Wiederum wird die unterschiedliche Erschließungsqualität zwischen den beiden klassischen Einrichtungen deutlich, wenn auch in diesem Fall auf einem niedrigeren Niveau. Der Zoologische Garten kann wiederum auch unter den „indifferenten Wahlfreien" den höchsten Anteil an ÖPNV-Nutzern verbuchen. Das Museum Mensch und Natur folgt auf Rang zwei, während die Bäderstandorte wiederum tendenziell niedrigere Quoten aufweisen. Es zeigt sich trotz der sehr niedrigen Nutzungsintensität ein gradueller Unterschied zwischen dem Stand-

Abb. 5: Anteil der ÖPNV-Nutzer ohne Zeitkarte unter den Besuchern

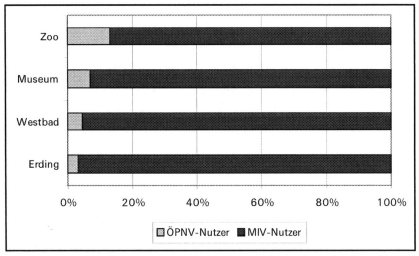

Quelle: Eigene Erhebung (N = 332)

ort Westbad und der Therme Erding. Mit einem marginalen Anteil von nur knapp 3,5 % der „indifferenten Wahlfreien" repräsentiert die Therme, wie auch bei den zuvor durchgeführten Analysen, das Schlusslicht bezüglich des ÖPNV-Anteils am Modal-Split. Entsprechend der Vorgaben der Ausgangsfragestellung birgt dieser Standort also ein nur sehr geringes Potential für die Einführung von Mobilitätsmanagementmassnahmen.

2.8 Evaluierung des Kombiticketangebots der Therme Erding

Am Standort Therme Erding wurde allerdings eine konkrete Maßnahme zur Beeinflussung des Verkehrsmittelwahlverhaltens durchgeführt. Es wurde ein sog. „Kombiticket-Angebot" der Therme Erding in Zusammenarbeit mit dem Münchner Verkehrs- und Tarifverbund (MVV) konzipiert und eingeführt. Das Kombiticket erlaubt eine Hin- und Rückfahrt aus dem gesamten MVV-Raum für nur 3 Euro. Die Anbindung der Therme erfolgt weiterhin über einen Bus, der vom S-Bahn-Haltepunkt Altenerding im Takt der S-Bahn zur Therme verkehrt. Über die Schaffung des Kombiticketangebots hinaus wurden keine weiteren verkehrlichen Maßnahmen ergriffen.

Bei der Erhebung stellte sich heraus, dass 74 % der Besucher der Therme den ÖPNV-Anschluss der Einrichtung zumindest kennen. Hier spielte vor allem die Ortskenntnis der Besucher bzw. die Bushaltestelle direkt vor dem Thermeneingang eine Rolle. Wendet man sich nun dem Kenntnisstand über das Kombiticket zu, so fällt der Bekanntheitsgrad auf nur noch 44 % ab. Signifikant ist hier der starke Unterschied zwischen den MIV- und den ÖV-Nutzern. So kennen 72 % aller ÖV-Nutzer das Kombiticket, aber nur etwa 40 % der MIV-Nutzer. Hier zeigt sich wiederum ein für die Einführung von verkehrsbeeinflußenden Maßnahmen typisches Problem, das der Kommunikation. Ziel derartiger herkömmlicher Marktkommunikation ist es, stets auf möglichst breiter Basis eine Veränderung des Verkehrsverhaltens zu Gunsten des Umweltverbundes zu erreichen. Hierbei wird allerdings häufig die sehr heterogene Struktur der Zielgruppen vernachlässigt. Die Kommunikation derartiger Aktivitäten erfolgt häufig auf nur wenigen Kanälen, die zumeist auf den bereits bestehenden beruhen. Dies lässt sich am Beispiel Erding sehr gut illustrieren; so erfolgte das Gròs der Werbung für das Kombiticket einerseits an den Haltestellen und andererseits in der Nutzerzeitschrift „Contakt" des MVV. Dies erklärt den hohen Kenntnisstand unter den ÖPNV-Nutzern, verdeutlicht aber einmal mehr das Problem der breiten Kommunikation bei der Einführung von verkehrsbeeinflussenden Massnahmen.

Betrachtet man die Nutzungsintensität des Kombitickets, so liegt diese aufgrund der zuvor vorgestellten Ergebnisse wenig überraschend bei nur 4 %. Hier sei nochmals an den sehr hohen Anteil an „Captives" an diesem Standort, die sehr geringe Zahl der ÖV-affinen Wahlfreien sowie den noch geringeren Anteil der „indifferenten Wahlfreien" erinnert. Entsprechend der Ausgangshypothese deutet dies bereits auf ein als unzureichend wahrgenommenes ÖPNV-Angebot und somit auch ein nur sehr geringes Potential für Mobilitätsmanagementmaßnahmen hin.

Noch ernüchternder wird das Ergebnis, wenn die Struktur der Kombiticketnutzer weiter ausdifferenziert wird. Es zeigt sich, dass zwei Drittel der Nutzer das Kombiticket nur aufgrund der tariflichen Ersparnis gegenüber dem Nachlösen ihrer schon vorhandenen – für die Fahrt zur Therme allerdings nicht gültigen – Zeitkarte genutzt haben. Darüber hinaus stellt sich heraus, dass ebenfalls zwei Drittel aller Kombiticketnutzer als reine „Captives" einzustufen sind.

Diese Sachverhalte führen zu einem wenig positiven Fazit über das Kombiticket der Therme Erding. Hier ist die mit 4 % sehr geringe Nutzungsintensität und der recht hohe tarifbedingte Anteil von Zeitkartenbesitzern zu nennen. Der dritte Punkt, die sehr hohe Anzahl von „Captives", führt in Zusammenhang mit den beiden zuvor genannten Punkten dazu, dass dem Kombiticket praktisch kein Beitrag zur Verlagerung vom MIV auf den ÖPNV bescheinigt werden kann.

3 Komplexität der Einflussfaktoren auf das Verkehrsmittelwahlverhalten sowie deren Implikationen für Mobiltätsmanagementmassnahmen

Grundsätzlich lässt sich festhalten, dass sich ein sehr differenziertes Bild der Einflussfaktoren für das Verkehrsmittelwahlverhalten ergibt. So spielt neben dem Standort und der Erschließungsqualität auch der Einrichtungstyp eine große Rolle für das Verhalten der Besucher. Dies zwingt zu standort- und zielgruppenspezifischen Lösungen. Die Erwartungen an das Mobilitätsmanagement sind somit in vielen Bereichen nach unten zu korrigieren, da die Vielzahl der Faktoren weder in deren Gänze bestimmt, noch umfassend beeinflusst werden kann. In diesem Zusammenhang ist auch auf einen häufigen Mangel bei der Konzeption von Maßnahmen zur Einflussnahme auf das Verkehrsmittelwahlverhalten zu verweisen. Es darf nicht – wie häufig geschehen – eine Nachfrage einfach unterstellt werden, vielmehr sind die möglichen Potentiale im Vorfeld zu ermitteln. Zwar mag eine umfassende Analyse vorab viel Zeit und Mühen kosten, in Hinblick auf die entstehenden Kosten bei der Einführung der Massnahmen und auch vor dem Hintergrund der öffentlichen Akzeptanz – vor allem auch im politischen Umfeld – sollte aber unbedingt auf den zweckmäßigen und erfolgreichen Einsatz derartiger Massnahmen geachtet werden. Der Erfolg derartiger Massnahmen liegt nicht in der absoluten Anzahl umgesetzter Projekte, sondern in dem Gelingen eines jeden einzelnen der umgesetzten Projekte. Somit sei nochmals nachdrücklich vor einer Überschätzung der Potentiale gewarnt sowie eine selektive Umsetzung an geeigneten Standorten angemahnt. Nur auf diesem Weg kann langfristig das an bestimmten Standorten unbestritten vorhandene Potential für Mobilitätsmanagementmassnahmen genutzt werden. Abschließend können die nachfolgenden Punkte als relevante Voraussetzungen für ein erfolgversprechendes Mobilitätsmanagement an Freizeitgroßeinrichtungen identifiziert werden:

- Es sollten keine Pauschallösungen implementiert werden, sondern es müssen stets die Spezifika jeder Einrichtung beachtet werden. Dies beinhaltet nicht nur den Standort der Einrichtung, sondern auch den Einrichtungstyp.
- Vor der Durchführung irgendwelcher Massnahmen ist das Potential zu ermitteln und nicht nur eine Nachfrage zu postulieren.
- Ohne Frage ist ein hochwertiges Angebot im ÖPNV vorzuhalten. Hochwertig bezieht sich dabei nicht etwa nur auf den Takt, sondern auch auf das Verkehrsmittel selbst sowie dessen Zugänglichkeit.
- Das beste Angebot wiederum bringt nur wenig Erfolg, wenn es an der Marktkommunikation mangelt. Die Informationspolitik stellt aber gerade in ihrer Realisierung häufig ein Problem dar. Die Therme Erding mag hier nur als ein Beispiel angeführt sein, bei dem die Werbung offensichtlich nur eine spezielle Klientel erreicht hat.
- „Last but not least" spielen gewisse Restriktionen wie etwa Parkraumverknappung bzw. -bewirtschaftung eine nicht zu vernachlässigende Rolle.

Literaturverzeichnis:

DWIF (=Deutsches Wirtschaftswissenschaftliches Institut für Fremdenverkehr an der Universität München, Hrsg.) (1995): Tagesreisen der Deutschen. Struktur und wirtschaftliche Bedeutung des Tagesausflugs und Tagesgeschäftsreiseverkehrs in der Bundesrepublik Deutschland. München (= Schriftenreihe des DWIF, 46)

FREITAG, E. (2000): Die Bedeutung von Multiplex-Kinos und ihre Auswirkungen auf das Freizeitverhalten der Besucher. Paderborn (= unveröffentlichte Magisterarbeit)

ILS (= Institut für Landes- und Stadtentwicklungsforschung, Hrsg.) (1994): Kommerzielle Freizeit-Großeinrichtungen. Dortmund (= Bausteine für die Planungspraxis in Nordrhein-Westfalen, 17)

LANZENDORF, M. (2001): Freizeitmobilität. Unterwegs in Sachen sozial-ökologischer Mobilitätsforschung. Trier(= Materialien zur Fremdenverkehrsgeographie, 56)

WENZEL, C.-O. (1999): Die Freizeit-Offensive - aktuelle Projekte und Trends im Freizeitsektor in Nordrhein-Westfalen. In: MASSKS (= Ministerium für Arbeit, Soziales und Stadtentwicklung, Kultur und Sport des Landes Nordrhein-Westfalen, Hrsg.) (1999): Stadtplanung als Deal? Urban Entertainment Center und private Stadtplanung – Beispiele aus den USA und Nordrhein-Westfalen. Düsseldorf

WULLIMANN, Andreas (1999): Verkehrsmittelwahl bei Freizeitparkbesuchern. Berrn (= unveröffentlichte Lizentiatsarbeit am Forschungsinstitut für Freizeit und Tourismus)

ZÄNGLER, Th. (2002): Zielorte in der Freizeit. In:. BECKMANN, Klaus J. (Hrsg.): Tagungsband zum 3. Aachener Kolloquium "Mobilität und Stadt". Aachen (= Stadt, Region, Land, 73)

Forschungsprojekte und Konzepte zur
Gestaltung der Mobilität
in großstädtischen Kontexten

Kagermeier, A., T. J. Mager & T. W. Zängler (Hrsg.): Mobilitätskonzepte in Ballungsräumen.
Mannheim 2002, S. 185 - 199 (= Studien zur Mobilitäts- und Verkehrsforschung, Bd. 2)

Die Mobiliätsforschung des Bundes

Eine Auswahl von Forschungsaktivitäten des BMBF und des BMVBW zur Bewältigung der Verkehrsprobleme in Städten und Ballungsräumen

Arnd Motzkus (Köln)

1 Ausgangslage und Rahmenbedingungen

Das weitere Siedlungswachstum im Umland der großen Städte und damit die fortschreitende Suburbanisierung tragen wesentlich zum Verkehrswachstum in den Ballungsräumen bei (vgl. Abb. 1). Das Bevölkerungswachstum kleinerer Umlandgemeinden an den Rändern des Verflechtungsbereiches der Städte korrespondiert mit der beachtlichen Zunahme der Pendlerströme in die Städte (MOTZKUS 2001a). Die räumliche Trennung von Wohnen und Arbeiten hat zu einem entsprechenden Wachstum der Berufspendlerströme geführt. Während im Jahre 1950 lediglich 14,5 % aller Erwerbstätigen ihren Arbeitsort außerhalb der Wohngemeinde hatten, pendeln heute rund 54 % aller sozialversicherungspflichtigen Beschäftigten aus (BADE/SPIEKERMANN 2001). Während im Nah- und Regionalverkehr der Städte (bis 100 km) die Zahl der mobilen Personen und deren Wege im Zeitverlauf zwischen 1992 und 2000 weitestgehend unverändert sind, geht das beträchtliche Verkehrswachstum in Ballungsräu-

Abb. 1: Entwicklung des Verkehrs in der BRD von 1991-1999

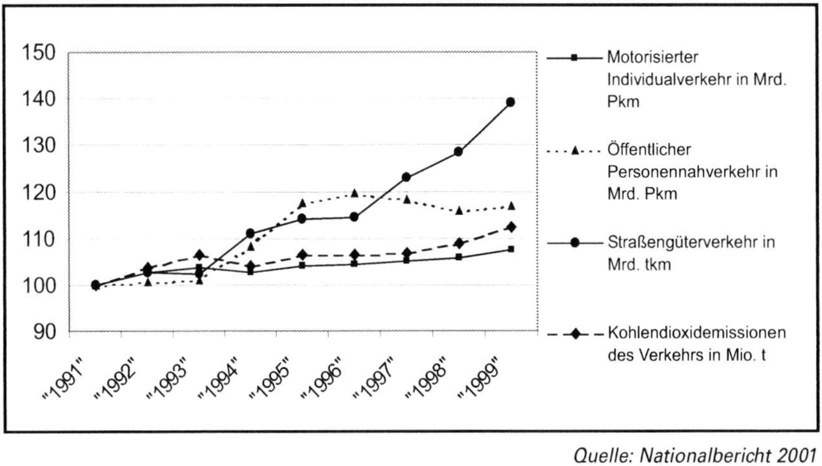

Quelle: Nationalbericht 2001

Abb. 2: Entwicklung von Mobilitätskennziffern im Nah- und Regionalverkehr der Städte in Westdeutschland von 1972-2000

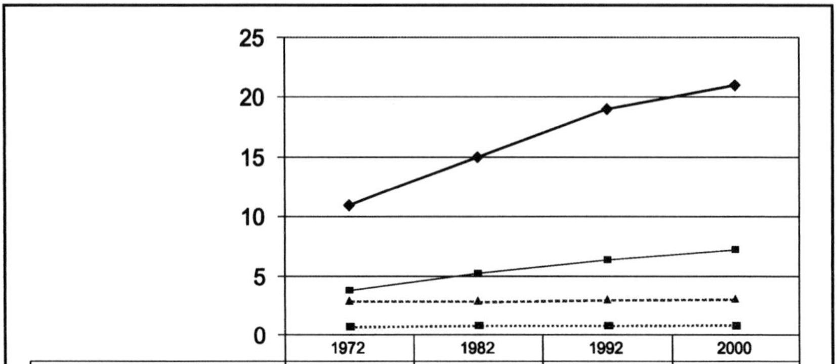

	1972	1982	1992	2000
◆ Täglicher Verkehrsaufwand [km/Tag]	11	15	19	21
■ mittlere Distanz [km/Weg]	3,8	5,2	6,3	7,2
▲ Wege/Tag mobiler Personen	2,9	2,9	3,0	3,1
■ Anteil mobiler Personen	0,81	0,82	0,83	0,84

Quelle: Socialdata 2002, Hautzinger 1999, eigene Berechnungen

men zu rund 90 % auf die Zunahme der täglichen Distanzen zurück (Abb.2). Wie das Beispiel Rhein-Main zeigt, werden rd. 80 % der Wege der Bewohner kleinerer Gemeinden mit dem Pkw zurückgelegt (Abb. 3, MOTZKUS 2002a). Auch in der gesamten Bundesrepublik sind die Pkw-Fahrleistungen der Bewohner kleinerer Gemeinden des ländlichen Umlandes am höchsten (MOTZKUS 2001b). Insbesondere die Berufspendler sind für die hohen motorisierten Verkehrsleistungen verantwortlich (Abb. 4 bis 6, KAGERMEIER 1998). Bei langen Distanzen handelt es sich um jene mit hohem Nettoeinkommen (*Statistisches Bundesamt* 2000).

Abb. 3: Gesamt- und Pkw-Verkehrsleistungen (km pro Person und Jahr) in der Region Rhein-Main 1995

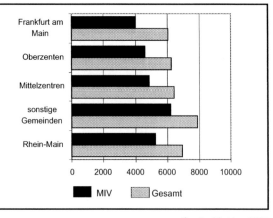

Quelle: Motzkus 2002

Das fortschreitende Verkehrswachstum, das Wachsen der suburbanen Städte, die Entmischungs- und Dispersionsprozesse sowie die veränderten Produktions-, Lebens- und Konsumstrukturen in den Ballungsräumen rücken damit in das Blickfeld der Mobilitätsfor-

Abb. 4: Entwicklung des Modal-Split
der Berufspendler

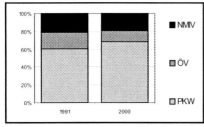

Quelle: Mikrozensus 1991, 2000

Abb. 5: Modal-Split der Berufspendler
nach Distanzklassen

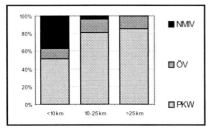

Quelle: Mikrozensus 2000

Abb. 6: Modal-Split der Berufspendler
nach Gemeindegröße

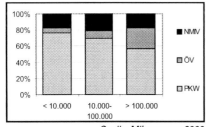

Quelle: Mikrozensus 2000

schung. Der Erhalt eines funktionierenden und leistungsfähigen Verkehrssystems der Ballungsräume z.b. durch Verkehrsverlagerungs- und Verkehrsoptimierungsstrategien hat zwar eine enorme Bedeutung für unsere auf Arbeitsteilung und Spezialisierung beruhende Industrie- und Dienstleistungsgesellschaft. Verkehr beansprucht aber gleichzeitig Ressourcen und belastet die Umwelt. Insbesondere der weiter wachsende Pkw-Verkehr führt zu Einschränkung der Standort-, Lebens- und Wohnqualität in Städten und Ballungsräumen. In diesem Spannungsfeld von ökonomischen, ökologischen und sozialen Ansprüchen stellt die Bewältigung des Verkehrsleistungswachstum eines der größten gesellschaftlichen Herausforderungen des 21. Jahrhunderts dar.

Aufgrund der zu erwartenden weiteren Verschärfung der Probleme müssen deshalb auch über Verkehrsminderungsstrategien im Bereich der „vorverkehrlichen" Möglichkeiten in der Region nachgedacht werden. Eindimensionale Perspektiven wie infrastrukturelle Kapazitätserweiterungen sind in ökonomischer und ökologischer Hinsicht äußerst bedenklich. Die Mobilitätsforschungspolitik hat die herausfordernde schwierige Aufgabe, die erforderlichen Weichenstellungen in Richtung einer nachhaltigen Gestaltung des Verkehrs zwischen den Ansprüchen an eine langfristig wünschenswerte Wohn- und Lebensqualität und den gegenwärtig Ansprüchen des fließenden Verkehrs vorzunehmen (KANZLERSKI/WÜRDEMANN, 2002).

2   Grundlagen der Mobilitätsforschung des Bundes

Vor diesem Hintergrund hat die Bundesregierung 1996 mit dem Forschungsrahmen *„Eckwerte einer zukunftsorientierten Mobilitätsforschungspolitik"* und dem Forschungsprogramm *„Mobilität und Verkehr"* des Jahres 2000 eine Mobilitätsforschungsinitiative ergriffen, mit dem Ziel *„die Mobilität zu erhalten und die unerwünschten Verkehrsfolgen spürbar zu verringern" (BMBF* 1997). Diese verstehen sich als gemeinsamer

Rahmen und als Grundlage einer Vielzahl und Vielfalt von Forschungsaktivitäten des Bundes. Hierzu gehören insbesondere die Aktivitäten des *Bundesministeriums für Verkehr, Bau- und Wohnungswesen (BMVBW)* sowie des *Bundesministeriums für Bildung und Forschung (BMBF)*.

Zum Erreichen des postulierten Ziels hat sich die Bundesregierung in ihrem Verkehrsbericht 2000 für eine integrierte Raumordnungs-, Städtebau und Verkehrspolitik ausgesprochen (*BMVBW* 2002). Dem liegt die Erkenntnis zugrunde, dass dem weiteren Verkehrsinfrastrukturausbau in den Ballungsräumen erhebliche finanziele Belastungen der öffentlichen Hand entgegensteht. Obwohl dank infrastruktureller und technischer Maßnahmen spezifische Erfolge erzielt wurden, sind diese durch das steigende absolute Verkehrsaufkommen sowie durch die Zunahme der motorisierten Distanzen wieder aufgezehrt worden. Dieses Verkehrsleistungswachstum wird insbesondere durch private und wirtschaftliche Entscheidungen beeinflusst, die im Vorfeld der Verkehrspolitik getroffen werden, und die aus dem komplexen Zusammenwirken von Siedlungsstrukturen und Verkehrsentwicklung resultieren. Daher bedarf es eines Zusammenführen der Verkehrs-, Städtebau- und Raumordnungspolitik (*BMVBW* 2000).

Auch die Nachhaltigkeitsstrategie der Bundesregierung strebt eine Verlangsamung des Verkehrswachstums an. Es gilt die Mobilität zu erhalten und die Verkehrsintensität von Wirtschaft und Gesellschaft durch eine mittel- bis langfristige Entkoppelung des Wirtschafts- vom Verkehrswachstum zu verringern (*Die Bundesregierung* 2002). Der Schlüssel für die Bewältigung und Gestaltung von Mobilität und Verkehr in einer hochentwickelten Industrie- und Dienstleistungsgesellschaft liegt in der Integration von Raumordnung und Verkehr, speziell in der Gestaltung der Raum- und Siedlungsstrukturen. Dafür sind auch die komplexen Zusammenhänge zwischen Wirtschafts-, Finanz-, Steuer-, Verkehrs-, Raumordnungs-, Sozial- und Umweltpolitik zu berücksichtigen. Neben investiven und ordnungsrechtlichen sind sowohl preis- und steuerpolitische Maßnahmen als auch technische, informative sowie raumordnungspolitische Maßnahmen zu ergreifen. Die Nachhaltigkeitsstrategie definiert hierzu 7 Aktionsfelder (Tab. 1).

In diesem Kontext, respektive in das Aktionsfeld 6 *„Unterstützung der Mobilitätsforschung"*, fügt sich das am 15. März 2000 durch das Bundeskabinett beschlossene Forschungsprogramm *„Mobilität und Verkehr"* des *BMBF* (2000) sowie die Mobilitätsforschung des BMVBW ein, allerdings mit unterschiedlichen forschungspolitischen Akzentuierungen: Während die Forschungsförderung des *BMBF* von der wissenschaftlichen Grundlagenforschung bis hin zur Förderung verkehrstechnologischer/-telematischer Entwicklungen reichen, ist ergänzend hierzu die Ressortforschung mehr auf die unmittelbaren Umsetzungserfordernisse und die Schaffung von Entscheidungsgrundlagen zur Vorbereitung verkehrspolitischer Konzepte und Maßnahmen ausgerichtet.

Beides – Forschungsförderung *BMBF* und Ressortforschung des *BMVBW* – stehen in einem engen Dialog. Die anwendungsnahe Grundlagenforschung des BMBF in dem Grundsatzforschungsprogramm „Mobilität und Verkehr" bereiten verkehrspolitische Konzepte und Maßnahmen vor (Nöthe 2002). Dabei betreibt aber auch das *BMVBW* im größeren Rahmen eigene anwendungsnahe und politikorientierte Grundlagenforschung, beispielsweise in dem Forschungsprogramm Stadtver-

Tab. 1: Aktionsfelder der Nachhaltigkeitsstrategie der Bundesregierung

Aktionsfeld	Ziel
1) Verkehrsvermeidung	Förderung verkehrsreduzierender Raum- und Siedlungsstrukturen und Unterstützung verkehrseffizienter Produktionsstrukturen
2) Verkehrsverlagerung	Stärkung des Anteils von ÖPNV, Eisenbahn und Binnenschiff sowie des nichtmotorisierten Verkehrs
3) Investitionen	Bereitstellung einer leistungsfähigen Infrastruktur für alle Verkehrsträger, insbesondere auch an den Knotenpunkten und Schnittstellen
4) Integration	Weitgehende Integration und Vernetzung der Verkehrssysteme innerhalb des Gesamtsystems
5) Umweltschutz, Sicherheit	Verringerung der Verkehrsbelastung und Erhöhung der Verkehrssicherheit
6) Technologie, Forschung	Förderung innovativer Technologie und Unterstützung der Mobilitätsforschung
7) Verkehrspolitik	Stärkung der europäischen und internationalen Verkehrspolitik mit Blick auf die EU-Erweiterung, Integration des europäischen Gesamtverkehrssystem und Schaffung von gleichwertigen Rahmen- und fairen Wettbewerbsbedingungen

kehr oder in den zahlreichen Erhebungen und Befragungen im Rahmen der KONTIV (Kontinuierliche Erhebung zum Verkehrsverhalten) und des Mobilitätspanels. Auch werden die Ressortforschungsprogramme wie das ExWoSt (Experimenteller Wohnungs- und Städtebau) oder MORO (Modellvorhaben der Raumordnung) stets wissenschaftlich durch Grundlagenforschungsprojekte begleitet. Ganz entscheidend an dieser Stelle ist die Übersetzung der wissenschaftlichen Grundlagenerkenntnisse in das fachpolitische Handeln, welches durch die jeweiligen Fachreferate des *BMVBW* erfolgt. Im Hinblick auf die *„Zusammenführung von Verkehrs- und Raumordnungspolitik"* sind mit der Verschmelzung des *BMBau* und des *BMV* nicht nur die institutionellen Voraussetzungen geschaffen worden. In einigen Forschungsprogrammen wie Stadtverkehr oder ExWost ist dies bereits „gelebter" Forschungsalltag.

Die verschiedenen Forschungsinitiativen und Projekte aus dem *BMBF*-Forschungsprogramm *„Mobilität und Verkehr",* respektive die Leitprojekte zur *„Mobilität in Ballungsräumen"* sowie einzelne FE-Vorhaben des Forschungsprogrammes *„Stadtverkehr"* und des ExWoSt-Forschungsfeldes *„Stadtentwicklung und Stadtverkehr"* des *BMVBW* bieten entsprechende technologische Lösungen oder wissenschaftliche bzw. innovative städtebauliche Planungsansätze und zukunftsweisende Konzepte für die kursorisch aufgezeigten Verkehrsprobleme in Ballungsräumen an.

3 Das Forschungsprogramm „Mobilität und Verkehr" des BMBF

Die Verkehrsforschungsaktivitäten des *BMBF* orientieren sich mit unterschiedlichen Schwerpunktsetzungen an folgenden Zielen:

1) Mobilität dauerhaft durch Förderung verkehrsreduzierender Siedlungsstrukturen erhalten
2) Verkehrsaufwand durch Verbesserung der Effizienz des Verkehrs verringern
3) Unerwünschte Verkehrsfolgen durch Verbesserung der Sicherheit und Schonung von Umwelt und Ressourcen spürbar verringern

Im Rahmen des Forschungsprogrammes *„Mobilität und Verkehr"* werden für die Realisierung von derzeit 681 FE-Vorhaben rd. 260 Mio. € in folgenden Handlungsfeldern bereitgestellt:

- Das intelligente Verkehrsnetz
- Mehr Güter für Bahn und Schiff
- Schneller, bequemer und umweltfreundlicher mit Bahnen und Bussen
- Verantwortungsvoller Umgang mit Gesundheit, Umwelt und Ressourcen
- Verkehrssicherheit, eine kontinuierliche Aufgabe
- Mobilität besser verstehen
- Stärkung der Verkehrsforschungslandschaft (DIEHL 2000).

Dieses Programm versteht sich als ein politik- und fachübergreifendes Forschungsprogramm, welches – entsprechend der o.g. komplexen Problem- und Fragestellungen – auf ganzheitliche und interdisziplinäre sowie problem- und nutzerorientierte Systemlösungen unter Einbindung von Wissenschaft und Praxis ausgerichtet ist.

Zur Bewältigen der Verkehrsprobleme in Ballungsräumen sind vor allem die 5 Leitprojekte *„Mobilität in Ballungsräumen"* (vgl. Kapitel 4) wichtige Bausteine des Forschungsprogrammes. Sie bildeten den Auftakt einer ganzen Reihe von weiteren Projekten und Forschungsinitiativen innerhalb der Forschungsschwerpunkte

- Mobilität besser verstehen
- Optimale Transporte in der Kreislauf- und Abfallwirtschaft
- Personennahverkehr für die Region
- Mobilitätsinformations-Dienstleistungen
- Minimalemissionen
- Flexible Transportketten
- Leiser Verkehr
- System Schiene 2010.

Angesicht der Vielzahl und Vielfalt von Forschungsvorhaben in den verschiedensten Bereichen können die Verkehrsforschungsaktivitäten des *BMBF* nur exemplarisch dargestellt werden. Stellvertretend für die aktuellen Forschungsaktivitäten zur Bewältigung der Verkehrsprobleme in Ballungsräumen stehen hier insbesondere die Forschungsinitiative INVENT *„Intelligenter Verkehr und nutzergerechte Technik"* mit dem Projekten Verkehrsmanagement 2010 (INVENT VM 2010), Fahrerassistenz Aktive Sicherheit (FAS) und Verkehrsmanagement Transport und Logistik (VMTL), für die zusammen ca. 30 Mio. € zur Verfügung gestellt werden.

Ziel von INVENT VM 2010 ist es, die zukünftigen Entwicklungen bei der Fahrzeug- und Kommunikationstechnologie und insbesondere auch bei den Fahrerassistenzsystemen aus dem Nachbarprojekt FAS (Fahrerassistenz Aktive Sicherheit) zur effizienteren Nutzung der Verkehrsinfrastruktur und zur Steigerung der Leistungsfähigkeit des Straßennetzes nutzbar zu machen, die negativen Folgen des Verkehrs zu verringern und einen Beitrag zur Erhöhung der Attraktivität des Öffentlichen Verkehrs zu leisten. Die grundsätzlichen Lösungsansätze hierfür sind:

- Vermeidung von Staus durch Stabilisierung hoher Flüsse
- Verbesserung der räumlichen Auslastung des Verkehrsnetzes
- Bessere zeitliche Entzerrung der Verkehrsnachfrage
- Kunden- und verkehrsgerechte Informations- und Transportangebote
- Verringerung der Übergangswiderstände zwischen IV und ÖV.

Ziel des Projektes INVENT VMTL ist es, ein mobilfunkgestütztes, dynamisches Tourenplanungswerkzeug zur Optimierung von neuen flexiblen städtischen und regionalen Transportabläufen zu entwickeln. Dabei sollen verschiedene komprimierte Informationen per Mobilkommunikation direkt in das Fahrzeug übertragen werden. Dadurch entsteht für den Disponenten die Möglichkeit aufgrund von zeitintervallabhängigen Reisezeiten der Fahrzeuge, die durch die dynamische Tourenplanung ermittelt werden, kurzfristig und laufend neue Kundenaufträge verschienenen Fahrzeugen zuzuweisen. Gleichzeitig werden die Tourendaten des Fahrzeuges aus der kontinuierlichen Befahrung des Netzes gegen den aktuellen Datenbestand gespielt und daraus aktuelle Belastungszustände ermittelt. Dadurch kann die Tourenplanung kurzfristig selbstständig geändert werden, wodurch Stauzeiten oder Stockungen umfahren bzw. vermieden werden können. Neben der Entwicklung von Hilfestellungen/Diensten für den Disponenten wird innerhalb des Projektes auch versucht, eine empfängergesteuerte Zustellung zu ermöglichen, indem ebenfalls auf mobile Kommunikationsmittel zurückgegriffen wird (WAP basiert).

Für den Bereich „Förderung verkehrsreduzierender Siedlungsstrukturen und Substitution physischen Verkehrs" im Rahmen des Forschungsschwerpunktes „Mobilität besser verstehen" ist das aktuelle Projekt „Bahn.ville – Schienengestützte Siedlungsentwicklung und Verkehrsverknüpfung" beispielhaft. Es untersucht die Bedeutung und Potentiale einer integrierten Raum- und Verkehrsplanung für eine verbesserte Stadt- und Verkehrsentwicklung anhand aktueller Erfahrungen in Deutschland und Frankreich. Im Kern der Betrachtung steht die schienengestützte Siedlungsentwicklung und -planung im Umfeld von Städten. Auf Basis dieser Betrachtungen sollen die Steuerungsmöglichkeiten innerhalb der regionalen Planung sowie spezifische Planungsmaßnahmen auf Ihre Wirksamkeit hin beurteilt werden. Die begleitende Beobachtung der Einrichtung neuer und der Aufwertung bestehender Bahnhöfe soll im Projekt Auskunft darüber liefern wie diese Maßnahmen erfolgreich gestaltet werden können. Durch den vergleichenden Blick auf zurückliegende und aktuelle Maßnahmen soll die Effektivität von solchen Aufwertungs- und Baumaßnahmen abgeschätzt werden. Im Ergebnis soll das Projekt die verkehrlichen Wirkungen der beispielhaft betrachteten Planungs- und Baumaßnahmen abschätzen.

4   Leitprojekte „Mobilität in Ballungsräumen"

Im Ballungsraum treffen die unterschiedlichsten Ansprüche an den Verkehr im hohen Maße aufeinander. Während die Mobilität eine unabdingbare Voraussetzung für das Funktionieren einer Wirtschaft und Gesellschaft in Ballungsräumen ist, können die mit dem Verkehrswachstum einhergehende Belastungen (Luftbelastung, Lärm,

Unfallrisiko, Flächenverbrauch, finanzielle Ressourcen) die Funktions- und Leistungsfähigkeit wider einschränken. Diese Probleme und Konflikte müssen daher reduziert bzw. minimiert werden, möglichst ohne dass die Lebensqualität und Mobilität der Bürger sowie die Standortqualität der Ballungsräume beeinträchtigt wird.

Zur Verbesserung der städtischen Verkehrsprobleme gibt es bereits eine Vielzahl von Erkenntnissen und Lösungsansätzen aus unterschiedlichen Bereichen. Sie reichen von den eher auf mittel- bis längerfristige Verkehrsvermeidung angelegten Maßnahmen der Siedlungs-, Verkehrs- und Stadtentwicklungsplanung („Stadt der kurzen Wege", Nutzungsmischung, dezentrale Konzentration) über Verkehrsleit- und Informationssysteme bis hin zur Steigerung der Attraktivität des ÖPNV durch technische Verbesserungen (z.B. Niederflurfahrzeuge, fahrerloser U-Bahn-Betrieb, transparente telematikbasierte Informationsstrukturen) oder zur Entwicklung umweltfreundlicherer Fahrzeuge. Um ein vernetztes Handeln der Akteure und eine sinnvolle Integration der verschiedenen organisatorischen Ansätze in Form von Leitprojekten und technologischen Entwicklungen zu realisieren, bietet sich der Projekt- und Forschungsverbund als geeignetes Förderinstrument an.

Ein wesentliches Ziel dieses Förderschwerpunktes ist die nachhaltige Umsetzung der Entkopplungsstrategie von Wirtschafts- und Verkehrswachstum in Ballungsräumen durch die Integration öffentlicher und privater Initiativen. Die Aufgabe der Leitprojekte ist es, im städtischen Wirtschafts- und Personenverkehr alle notwendigen Akteure in Projekten mit gemeinsamer Zielrichtung zusammenzuführen, die Lösung der auftretenden Probleme und die dazu notwendigen Werkzeuge exemplarisch zu demonstrieren und die Wirkungen der Maßnahmen in breitenwirksamen Demonstrationen zu evaluieren.

Im Ideenwettbewerb „Mobilität in Ballungsräumen" wurden 1997 fünf Projektvorschläge von einem Expertengremium zur Förderung durch das *BMBF* ausgewählt. Dies sind die Leitprojekte WAYflow (Frankfurt/Main), StadtInfoKöln, MOBINET (München), Mobilist (Stuttgart) und InterMobil (Dresden). Sie markieren wichtige und in der Praxis umsetzbare Meilensteine für eine nachhaltigere Gestaltung der urbanen Mobilität. Fast durchgängig geht es hier um Beiträge zur verbesserten Kapazitätsauslastung von Verkehrsmitteln und -Infrastrukturen sowie zur flexiblen und effizienten Anpassung an die individuelle Transportnachfrage. Dabei wird deutlich, dass nunmehr auch bei den Anbietern von Verkehrs- und Infrastrukturdienstleistungen eine zunehmende Kundenorientierung einsetzt. Für die Leitprojekte werden rund 94 Mio. € bereitgestellt.

Durch den *BMBF*-Ideenwettbewerb wurden nicht nur interdisziplinäre Wissenschaftsnetzwerke geschaffen, auch die wichtigsten Anbieterbereiche und die Verantwortlichen für die verkehrlichen Rahmenbedingungen in Ballungsräumen sind effektiv in Konsortien eingebunden. Die aus dem Wettbewerb entstandenen Leitprojekte Mobilität im Ballungsraum gehen die Verkehrsprobleme mit Lösungsansätzen an, die für ihre Region oder für überregionale Anwendungen entwickelt werden. Die Basis dazu wird in der Zusammenarbeit zwischen den Leitprojekten gelegt, die einen Informationsaustausch und die Abstimmung bei der Gestaltung von Schnittstellen zwischen den Projekten und technischen Systemen ermöglicht.

Durch die Zusammenarbeit der Leitprojekte wird die zentrale Forderung nach Übertragbarkeit der entwickelten Lösungen auf andere Regionen erfüllt. Die Übertragung der Ergebnisse der Leitprojekte zur Multiplikation der Wirkungen hängt wesentlich vom Nachweis der Wirksamkeit der entwickelten Maßnahmen im Sinne der verkehrlichen Zielsetzung ab. Die laufende Evaluation der Projektergebnisse, insbesondere der Demonstratoren, ist daher unmittelbarer Bestandteil der Projektarbeit. Eine abschließende Bewertung der Ergebnisse auf der Grundlage einer externen Evaluation, die einen vergleichenden Überblick über die Lösungsansätze ermöglicht, ist z.Zt. noch nicht abgeschlossen. Die Chancen stehen aber gut, dass über die Leitprojekte Mobilität im Ballungsraum neue Impulse für kooperativ erarbeitete und zielgerichtet umsetzbare innovative Mobilitätskonzepte gegeben werden. Sie werden gemeinsam von Wirtschaft, regionalen Verkehrsbetrieben sowie Kommunal- und Landesverwaltungen erarbeitet und haben Modellcharakter für andere Regionen.

Ohne an dieser Stelle auf die Leitprojekte im Einzelnen einzugehen, wird in Tabelle 2 eine kurze Übersicht zu den Zielen, Handlungsfeldern und Maßnahmenbereiche der Leitprojekte gegeben.

5 Das Gesamtforschungsprogramm des BMVBW

Die vielfältigen Aufgaben des *BMVBW* sowohl hinsichtlich der Entwicklung und Umsetzung politischer Konzepte als auch der Lösung von technischen und allgemeinen Einzelfragen werden durch die Ressortforschung (allgemeine Ressortforschung, angewandte Ressortforschung z. B. Modellvorhaben) durch Hinzuziehung des Sachverstandes Dritter unterstützt.

Ressortforschung ist darauf gerichtet, Entscheidungshilfen zur sachgemäßen Erfüllung der *BMVBW*-Fachaufgaben zu gewinnen. Ergänzt wird die Ressortforschung des *BMVBW* durch die *BMVBW*-Forschungsförderung im Baubereich sowie im Nahverkehr bzw. im Stadtverkehr durch Forschung für Länder und Gemeinden im Rahmen des Gemeindeverkehrsfinanzierungsgesetzes. Neben der eigenen Forschung, in Form der durch das *BMVBW* bzw. in Abstimmung mit dem *BMVBW* durch die *Bundesanstalt für Straßenwesen (BASt)* sowie das *Bundesamt für Bauwesen und Raumordnung (BBR)* vergebenen Forschungsaufträge, erfolgt weitere Forschung in den *BMVBW* zugeordneten Behörden. Diese Aktivitäten werden in einem integrierten *BMVBW*-Gesamtforschungsprogramm gebündelt und koordiniert, welches insgesamt 11 Einzelprogramme umfasst, u.a. auf den Gebieten der Verkehrswirtschaftliche Untersuchungen, des Städtebaus, der Raumordnung, der Straßenverkehrssicherheit oder des Stadtverkehrs. Exemplarisch für die Erforschungs städtischer Verkehrsprobleme soll das Forschungsprogramm Stadtverkehr sowie das aktuelle Forschungsfeld „Stadtentwicklung und Stadtverkehr" des ExWoSt vorgestellt werden.

5.1 Forschungsprogramm „Stadtverkehr"

Das Forschungsprogramm Stadtverkehr ist ein Programm zur Verbesserung der Verkehrsverhältnisse in den Gemeinden. Ziel des FoPS ist es, wissenschaftliche und grundlegende Erkenntnisse für die kommunale Planungsarbeit sowie für Entscheidungen über verkehrliche Rahmenbedingungen durch den Bund und die Länder zur Verfügung stellen. Im Mittelpunkt des Programms steht demzufolge die anwendungsbezogene Erforschung von Fach- und Sachfragen, deren Beantwortung eine

Tab. 2: Ziele, Handlungsfelder und Maßnahme der Leitprojekte „Mobilität in Ballungsräumen" des BMBF

Leit-projekte	Ziele	Handlungsfelder	Maßnahmenbereiche (exemplarisch)
Intermobil Dresden	Verkehrs-reduzierung Effizienzsteige-rung des ÖPNV Vernetzung der Mobilitätssysteme	Förderung verkehrsre-duzierender Sied-lungsstrukturen Entwicklung von Ver-kehrstechnologien Verkehrsmanagement	Standort- und Mobilitätsmanagement Regionales Flächenmanagement Flexible S-Bahn Virtuelles Mobilitätssystem Elektronisches Ticketing (IntermobilPASS) Straßenverkehrsmanagement Intermodales Informationssystem (DORIS)
Mobilist Stuttgart	Verkehrsver-meidung Verkehrsverla-gerung Verkehrsopti-mierung	Verkehrssubstitution durch Einsatz von Technologien Mobilitätsdienstleis-tungen Betriebsoptimierung Technologieent-wicklung	Parkraummanagement Verkehrsleitsysteme, Anschlussinfosysteme Telearbeit E-Commerce Virtuelle Mobilitätszentrale (traffiti) Virtueller Amtsgang Intermodale Dienste/Infosysteme Auskunftssysteme zur Bildung von Fahrgemeinschaften (Mobi-As) Mitfahrsysteme (DynMaz)
Mobinet München	Beeinflussung der Verkehrsmittel wahl durch intermodale Angebote Optimierung des Verkehrs	Mobilitätsdienstleis-tungen (koorperatives) Ver-kehrsmanagement Entwicklung innovati-ver Verkehrstechnolo-gien	Park & Ride/ Bike & Ride, Parkraummanagement S-Bahn-Störfallmanagement Betriebliche Mobilitätskonzepte Warendistributionssysteme (Shopping-Box) Verkehrsinformationssysteme und -dienste (z.B. Ring-Info, Fun-Info, Mobinet-Zentrale) Flexible Bedienungsformen (Direkt- und Sammelbussystem
Stadtinfo Köln	Beeinflussung des Mobilitäts-verhaltens Verringerung der Schadstoff-emissionen Reduktion volkswirtschaft-licher Kosten	Entwicklung von mo-dernen Verkehrstech-nologien Verkehrsmanagement Mobilitätsdienstleis-tungen	Intermodale ÖV/MIV-Informations-systeme Parkraummanagement (ParkInfo) Kollektive und individuelle Parkleitsys-teme Carsharing/-pooling Verkehrsrelevante Wetterinformations-dienste
Wayflow Frankfurt	Verkehrsopti-mierung Verkehrsbeein-flussung	Kooperatives, inter-modales Verkehrsma-nagement Entwicklung neuer Verkehrstechnologien	Verkehrsmanagementsystem Informationsplattform Portabler Mobilitätsagent (Mobichip) Dynamische Verkehrslageerfassung (City FCD)

Quelle: eigener Entwurf nach den Projekt-Homepages

Übertragung der Forschungsergebnisse auf das gesamte Bundesgebiet sicherstellen. Grundlagenforschung wird nur insoweit einbezogen, wie sie unmittelbare Voraussetzung für die anwendungsbezogene Forschung ist. Planungsaufgaben sind keine Forschungsgegenstände.

Über das Forschungsprogramm Stadtverkehr wurden in 2001 ca. 25 Forschungsvorhaben mit einem Gesamtvolumen von rd. 3,1 Mio. € gefördert. Sie haben u.a. das Ziel, die Wohn- und Lebensqualität durch bessere öffentliche Verkehrsangebote zu erhöhen und das Umsteigen vom Auto auf den ÖPNV zu erleichtern. Neben der Untersuchung von Problemstrecken im Schienenpersonennahverkehr und der optimalen Einbindung des Schienenpersonennahverkehrs in den ÖPNV gibt es Untersuchungen zur Verbesserung der Barrierefreiheit im Nahverkehr und zur Sicherheit im ÖPNV. Zur Unterstützung der Fußball-WM 2006 in den Austragungsorten wird ein Konzept zur Harmonisierung und Weiterentwicklung von Verkehrsinformationssystemen erarbeitet.

Begleituntersuchungen zu autofreien Wohnquartieren und Untersuchungen zur Möglichkeit der Weiterentwicklung von Car-Sharing-Modellen sollen Hinweise auf weitere Verbesserungsmöglichkeiten im städtischen Verkehrssystemmanagement ergeben. Die Ausgestaltung des ÖPNV hat auch erhebliche Auswirkungen auf die Raumentwicklung und umgekehrt, denen spezielle Vorhaben im Bereich Siedlungsentwicklung von Ballungsräumen und optimale und wirtschaftliche ÖPNV-Anbindung verschiedener Siedlungsräume nachspüren. Weitere Vorhaben zielen auf eine kundenorientierte Leistungsgestaltung sowie integrierte Gesamtkonzepte im Nahverkehr ab; wie auch die Schaffung stabiler finanzieller Rahmenbedingungen und die künftige Wettbewerbsorientierung im ÖPNV. Auch die Mobilitätssicherung im ländlichen Raum ist Gegenstand von Untersuchungen, insbesondere auch vor dem Hintergrund der demografischen Entwicklung und der Ost-West-Wanderung in Deutschland.

Radfahren gewinnt für die Verkehrspolitik zunehmend an Bedeutung. Als emissionsfreies Verkehrsmittel trägt das Rad zur Verbesserung der Lebensqualität in Städten und Gemeinden bei. Neben bereits vorgelegten Standards für Radfernwege werden derzeit Möglichkeiten weiterer Potenziale zur Ausschöpfung des Radverkehrs untersucht.

Aufgrund des breiten Spektrums der FE-Vorhaben wird hier beispielhaft der Projektverbund „Nachhaltige und integrierte Verkehrspolitik" des Forschungsfeldes „Raumentwicklung, Mobilität und Wohnen" im FoPS 2002 angesprochen. Ziel des Projektverbundes ist es FE-Vorhaben zu fördern, die die Ursachen des Verkehrs und die inhaltliche und politische Zusammenführung von Verkehrs- und Siedlungsplanung zum Gegenstand ihrer Forschungen machen. Der Projektverbund ist klar umsetzungs- und handlungsorientiert. Im Gegensatz zur Grundlagen- und Technologieförderung des *BMBF* steht hier die Maßnahmenwirkungs-, Politik- und Prozessanalyse stärker im Mittelpunkt.

Unter anderem wird darin untersucht, welche verkehrspolitischen Strategien und Konzepte für die sich abzeichnenden wirtschaftlichen und gesellschaftlichen Entwicklungstrends entwickelt (FE-Vorhaben Nr. 79.696 „Szenarien und Politikstrategien für eine nachhaltige Mobilität in Städten") oder wie Maßnahmen der Verkehrs- und Siedlungsplanung durch Instrumente der übergeordneten Wirtschafts-, Sozial-, Infrastruktur- und Umweltpolitik effektiv flankiert werden können (FE-Vorhaben Nr.

70.694 „Stadtverkehr im Spannungsfeld der Raum-, Sozial- und Wirtschaftspolitik. Rechtliche, Planerische und ökonomische Rahmenbedingungen und ihre Wirkungen auf den Stadtverkehr"). Im Projekt FE-Nr. 70.695 „Zur Umsetzung einer nachhaltigen Verkehrspolitik in Städten" wird der Frage nachgegangen, wie die strukturellen Blockaden und Hemmnisse, Barrieren und Zielkonflikte abgebaut werden können. Gleichermaßen wichtig für die Weiterentwicklung und Optimierung der verkehrspolitischen und -planerischen Konzepte und Maßnahmen ist die Kenntnis der komplexen Ursachen-, System- und Wirkungszusammenhänge zwischen Siedlungsstrukturen, Verkehrsentwicklung und Mobilitätsverhalten (vgl. FE-Nr. 70.691: Zur Erklärung des Mobilitätsverhaltens: Sachstand des Mobilitätsursachenforschung; Möglichkeiten und Konzepte einer Weiterentwicklung) sowie eine Wirkungs- und Erfolgskontrolle von verkehrspolitischen und -planerischen Maßnahmen (vgl. FE- Nr. 70.693/2002: „Evaluation verkehrspolitischer Konzepte und Maßnahmen").

5.2 Forschungsfeld „Stadtentwicklung und Stadtverkehr" im Rahmen des Forschungsprogramms „Experimenteller Wohnungs- und Städtebau"

Neben dem Forschungsprogramm Stadtverkehr (FoPS) verfügt das *BMVBW* mit dem Forschungsprogramms „Experimenteller Wohnungs- und Städtebau" (ExWoSt) über ein Programm der angewandten Ressortforschung für das Wohnen und die Mobilität in Städten. Gegenwärtig werden in dem Forschungsfeld „Stadtentwicklung und Stadtverkehr" im Dialog mit der Praxis in Form von wissenschaftlich begleiteten Modellvorhaben innovative Planungsansätze und zukunftsweisende Konzepte in wichtigen städtebaulichen und wohnungspolitischen Fragestellungen erprobt. Vor allem in der Erprobung von Modellvorhaben besteht der Unterschied zum FoPS. Es wird durch das *Bundesamt für Bauwesen und Raumordnung (BBR)* im Auftrag des *BMVBW* betreut.

Das Forschungsfeld soll praktisch-innovative Beiträge entwickeln, prüfen und umsetzen zur

• inhaltlichen Integration von Konzepten und Maßnahmen der Stadt-, Regional- und Verkehrsplanung,

• organisatorischen und prozessualen Integration und Verbesserung von Stadt-, Regional- und Verkehrsplanung,

• Reduktion bzw. Beseitigung hemmender Faktoren der Entwicklung und vor allem zur Durchsetzung sowie Umsetzung einer abgestimmten Stadt- und Verkehrsentwicklung (*BBR* 2001)

Dazu sind neue Instrumente zu entwickeln sowie vorhandene Instrumente intelligent zu ergänzen oder zu koppeln. Es sind neue Wege zu beschreiten, Prozesse innovativ zu gestalten und vor allem auch neue Partnerschaften zu suchen. Es geht also gleichermaßen um Handlungsansätze und planerische Instrumente wie um Gestaltungen von Prozessen, Beteiligungen, Aushandlungsprozessen und Entscheidungsfindungen.

Das Forschungsfeld knüpft an frühere Initiativen des *BMBau/BMVBW* im Bereich Stadtverkehr an, mit denen Lösungen von Stadtverkehrsproblemen im Dienste einer nachhaltigen Siedlungs- und Verkehrsentwicklung erprobt wurden (WÜRDEMANN 1998).

Ein besonderer Schwerpunkt des Forschungsfeldes liegt dabei auf den Einsatz-
möglichkeiten von „managementorientierten" Maßnahmen zur integrierten Steuerung und Beeinflussung von Stadt- und Verkehrsentwicklung. Dazu rechnen vor allem auch Handlungsansätze in Private-Public-Partnerships zur Ausgestaltung von
ökonomischen oder sonstigen Anreizsystemen, zur Entwicklung flächenbezogener
Nutzungsmanagements, zur Aushandlung der Ausgleiche von Begünstigungen und
Benachteiligungen. Es stehen also nicht vorrangig oder ausschließlich planerische
Konzepte und bauliche Maßnahmen oder öffentliche Betriebsformen/Betriebsrege-
lungen im Betrachtungsvordergrund.

In den Modellvorhaben sollen diese Ansätze konzipiert und vorbereitet, vor allem
aber umgesetzt werden, um dem Bundesministerium für Verkehr, Bau- und Wohnungswesen Hinweise zur Ausgestaltung der von ihm zu regelnden Instrumente
und Prozesse zu geben und um deren praktische Erfahrungen und Hinweise auf andere Städte und Gemeinden übertragen zu können. Im Rahmen der Modellvorhaben werden auch Akzeptanzen der jeweils erprobten Lösungsansätze und Prozesse
beurteilbar. Es sind entsprechende Empfehlungen zum Abbau von Umsetzungshin-
dernissen und zur Verbesserungen von Akzeptanzen abzuleiten.

Die Modellvorhaben des Forschungsfeldes sind:
A „Erschließung von Wohn-, Gewerbe- und Mischnutzungsbereichen durch ÖPNV
   - Koordination von ÖPNV und städtebaulicher Entwicklung, Finanzierung"
B „Modale Verlagerung sowie Minderung von Verkehrsaufwänden in Stadtrandge-
   bieten und Stadtumland - Wirkungen schienengestützter Siedlungsentwicklung"
C „Betriebsbezogenes Mobilitätsmanagement und Mobilitätspläne - Einbindung
   in die Stadtentwicklungsplanung"
Parallel zu den ersten Modellvorhaben wurden Sondergutachten („Expertisen") zu
den folgenden Themen vergeben:
• Integrierte Nutzungs- und Erschließungskonzepte in breiter Trägerschaft für Innenstädte
• Veränderung von Bevölkerungsdichte und -zusammensetzung und ihre Wirkungen auf Siedlungs- und Verkehrsstrukturen („Entleerungsräume")
• Lärmminderung durch Anpassung von Siedlungs- und Bebauungsstrukturen
   sowie durch Abstimmungsprozesse
• Umsetzungsstrategien zur Koordination von ÖV-Erschließung und städtebaulicher Entwicklung

6   Weiterer Forschungsbedarf und Fazit

Trotz der bestehenden forschungspolitischen Anstrengungen besteht unter dem
Thema „Mobilität und Verkehr in Ballungsräumen gestalten" nach wie vor erheb-
licher Forschungsbedarf (*BMBF* 2002). Um die programmatisch angestrebten Weichenstellungen in Richtung nachhaltige Gestaltung des Verkehrs vorzunehmen, sind
breite, fachübergreifende Maßnahmenkonzepte erforderlich. Forschungsaktivitäten
sind dazu intensiv in den letzten 10 Jahren angestrengt worden, einige davon wurden hier vorgestellt. Gleichwohl stellen diese nur den Anfang dar. Es sind weiterhin
vertiefende Analysen zur Identifizierung der Wirkungsgrößen der „raumverändern-
den" Prozesse in hochentwickelten Gesellschaften notwendig, insbesondere Kennt-
nisse über die Wechselwirkungen zwischen Verkehrsentwicklung und Siedlungs-

strukturen und über den Einfluss der Kosten von Mobilität und Transport auf die Raumentwicklung (KANZLERSKI/WÜRDEMANN 2002).

Vor dem Hintergrund des eingangs skizzierten Problemkontextes sind Forschungsbemühungen dringlich, die über die verschiedenen Forschungsprogramme beider Ministerien und über alle Ressorts hinweg, insbesondere unter Einbeziehung des *BMBF*-Forschungsprogrammes „Bauen und Wohnen", eine stärkere Verzahnung mit räumlichen Strukturen (Raum-/Siedlungsstrukturen, Stadt- und Regionalentwicklung, Städtebau) ermöglichen. Die Untersuchung und Gestaltung des verkehrsaufwendigen Suburbanisierungsprozesses bleibt ein vordringliche Forschungsaufgabe. Aufgrund des sich wandelnden Umgebungskontextes (Wachstums-, Schrumpfungs- und Stagnationsentwicklungen) sollte die Erforschung von Mobilität und Verkehr im suburbanen und ländlichen Raum einen höheren Stellenwert in der Forschungspolitik einnehmen.

Literatur

BADE, F.-J. & K. SPIEKERMANN (2001): Arbeit und Berufsverkehr – das tägliche Pendeln. In: *Institut für Länderkunde* (Hrsg.): Nationalatlas „Verkehr und Kommunikation", Leipzig, S. 78-80

BBR (= Bundesamt für Bauwesen und Raumordnung) (2001): ExWoSt-Forschungsfeld „Stadtentwicklung und Stadtverkehr". Bonn (www.bbr.bund.de)

BMBF (= Bundesministerium für Bildung und Forschung) (1997): Forschungsrahmen der Bundesregierung. Mobilität. Eckwerte einer zukunftsorientierten Mobilitätsforschungspolitik. Bonn

BMBF (= Bundesministerium für Bildung und Forschung) (2000a): Forschungsprogramm der Bundesregierung „Mobilität und Verkehr. Nachhaltigkeit, Sicherheit und Wettbewerbsfähigkeit durch intelligenten Verkehr". Berlin

BMBF/BMVBW (= Bundesministerium für Bildung und Forschung/ Bundesministerium für Verkehr-, Bau- und Wohnungswesen) (2000b): Mobilitätsforschung für das 21. Jahrhundert. Verkehrsprobleme und Lösungsansätze. Köln

BMBF (= Bundesministerium für Bildung und Forschung) (2002): „Leitprojekte Mobilität in Ballungsräumen". Dokumentation der Tagung in Berlin vom 28.-29. Mai 2002

BMVBW (= Bundesministerium für Verkehr-, Bau- und Wohnungswesen) (2000). Unser Konzept für eine mobile Zukunft. Verkehrsbericht 2000. Berlin

BMVBW (= Bundesministerium für Verkehr-, Bau- und Wohnungswesen) (2001): Raumordnungsbericht. Bonn

Die Bundesregierung (2002): Perspektiven für Deutschland. Unsere Strategie für eine nachhaltige Entwicklung. Berlin

DIEHL, H. (2000): Das Forschungsprogramm Mobilität und Verkehr. In: *Bundesministerium für Bildung und Forschung/Bundesministerium für Verkehr-, Bau- und Wohnungswesen* (Hrsg.): Mobilitätsforschung für das 21. Jahrhundert. Verkehrsprobleme und Lösungsansätze. Köln, S. 13-19

HAUTZINGER, H., u.a. (1999): Siedlungsstruktur und Mobilitätsverhalten. In: Der Nahverkehr, H. 10, S. 26-31.

KANZLERSKI, D. & G. WÜRDEMANN (2002): Bewegen wir uns auf einem nachhaltigen (Fahr-) Weg? – Nachhaltigkeit im Verkehr zehn Jahre nach Rio. In: Informationen zur Raumentwicklung, H.1/2, Bonn

MOTZKUS, A. (2001a): Verkehrsmobilität im Kontext einer nachhaltigen Raumentwicklung von Metropolregionen. In: Raumforschung und Raumordnung, H. 2-3, S. 192-204

MOTZKUS, A. (2001b): Räumliche Struktur des Pkw-Verkehrs. In: *Institut für Länderkunde* (Hrsg.): Nationalatlas „Verkehr und Kommunikation". Leipzig, S. 63-64

MOTZKUS, A. (2002a): Dezentrale Konzentration – Leitbild für eine Region der kurzen Wege? Auf der Suche nach einer verkehrssparsamen Siedlungsstruktur als Beitrag für eine nachhaltige Gestaltung des Mobilitätsgeschehens in der Metropolregion Rhein-Main. (= Bonner Geographische Abhandlungen, H 107) Bonn

MOTZKUS, A. (2002b): Verkehrsvermeidung durch Raumplanung. Reduktionspotenziale von Siedlungsstrukturkonzepten in Metropolregionen. In: Internationales Verkehrswesen (54), H. 3, S. 14-19

NÖTHE, H. (2000): Zukünftige Forschungsschwerpunkte der Bundesregierung im Bereich Mobilität und Verkehr aus Sicht des BMVBW. In: BMVBW (= Bundesministerium für Bildung und Forschung/Bundesministerium für Verkehr-, Bau- und Wohnungswesen): Mobilitätsforschung für das 21. Jahrhundert. Verkehrsprobleme und Lösungsansätze. Köln, S. 23-36

Socialdata (2002): Einflussgrößen der Personen-Mobilität. Im Auftrag des Bundesministeriums für Verkehr, Bau- und Wohnungswesen. Bonn/München

Statistisches Bundesamt (2001): Leben und Arbeiten in Deutschland – Ergebnisse des Mikrozensus.

WÜRDEMANN, G (1998): Handlungsfelder der räumlichen Planung für eine lebenswerte und verkehrssparsame Stadt und Region. In: Informationen zur Raumentwicklung, H. 6, S. 351-368

Weiterführende Informationen und Links

www.tuvpt.de
www.mobiball.de
www.mobev.de
www.bmvbw.de
www.bbr.bund.de
www.rwth-aachen.de/isb/exwost/

Verkehrliche Wirkungen von e-Business (B2C) am Beispiel des privaten Einkaufverkehrs in der Region Stuttgart

Barbara Lenz (Berlin)
Torsten Luley (Stuttgart)

1   Verkehrssubstitution durch I&K-Anwendungen? Die Ausgangsthese der vorgestellten Untersuchung

Die These, das beständig wachsende Verkehrsaufkommen im Ballungsraum ließe sich nicht nur durch die effizientere Nutzung und den weiteren Ausbau der bestehenden Infrastruktur, sondern auch mit der Hilfe moderner Informations- und Kommunikationstechnologien (I&K-Technologien) bewältigen, bildete einen der Kernpunkte des Projektes MOBILIST[1], das von 1998-2002 in der Region Stuttgart durchgeführt wurde. Zu den Anwendungsbereichen, in denen die Erwartungen an verkehrsentlastende Wirkungen sowohl von politischer als auch von wissenschaftlicher Seite besonders hoch waren, gehörte zu diesem Zeitpunkt – neben der Telearbeit und den „virtuellen Amtsgängen" – der elektronische Handel, nicht zuletzt angesichts vielversprechender Prognosen hinsichtlich der Zuwachsraten bei den Umsätzen von E-Commerce, auch im Business-to-Consumer-Bereich (B2C).

Diese Erwartungen zu den verkehrlichen Wirkungen des Einzelhandels über elektronische Netze gründeten auf Prognosen und Spekulationen, die bereits mit dem ersten Auftauchen der Möglichkeit zum „Tele-Einkauf" aufgestellt und später – dann in Zusammenhang mit dem Entstehen und Wachsen des WWW – weiter verfeinert wurden (Tab. 1). Tatsächlich aber handelte es sich dabei ausschließlich um Einschätzungen auf der Grundlage von Plausibilitätsüberlegungen oder Expertenmeinungen. Studien, die auf der Basis empirischer Erhebungen eine Wirkungsermittlung vorgenommen hatten, lagen nicht vor.

Vor diesem Hintergrund sollten die Arbeiten, die in den Rahmen von MOBILIST eingebunden waren, erste empirisch fundierte Erkenntnisse zu den erwartbaren künftigen Wirkungen des B2C-Commerce liefern. So wurden in den Jahren 2000-2002 umfangreiche Untersuchungen zum physischen und virtuellen Einkaufen und dessen verkehrlichen Implikationen in der Region Stuttgart durchgeführt. Auf der Grundlage der Untersuchungen aus den Jahren 2000 und 2001 will der vorliegende Beitrag die durchgeführte Wirkungsermittlung hinsichtlich ihrer methodischen Erarbeitung und Aufbereitung wie auch hinsichtlich ihrer quantitativen Aussage vorstellen.

---

1) MOBILIST ist ein vom Bundesministerium für Bildung und Forschung (BMBF) gefördertes Leitprojekt, dessen Aufgabe es ist, zukunftsträchtige Strategien zu entwickeln, die dazu beitragen, die Mobilität in Ballungräumen umweltverträglich zu gestalten.

Tab. 1: Prognosen zu den verkehrlichen Wirkungen des Einzelhandels über elektronische Netze

Sviden 1983:	[in Schweden] bis 2010 Substitution von ca. 25 % der Verkehrsleistung für private Einkäufe und Besorgungen
Rotach/Keller 1987:	[in der Schweiz] 13-22 % Substitution der Einkaufsverkehrsleistung (Teilkompensation durch + 0,1-1 % Güterverkehr sowie durch starke Zunahme des „Freizeitshopping")
Minte 1992:	[in Deutschland] 10 % weniger Einkaufsverkehr bis 2005, 20 % bis 2020
Nolte 1994:	[in Deutschland] 17 % Einsparung im Individualverkehr, 5 % im öffentlichen Verkehr

(Quelle: eigene Zusammenstellung)

2 Ausgangsüberlegungen und methodische Herangehensweise

Die Frage nach den verkehrlichen Wirkungen des elektronischen Handels muss grundsätzlich zwei verschiedenartigen Wirkungssträngen folgen (Abb. 1). Dies sind auf der einen Seite Wirkungen im Rahmen des Kundenverkehrs, also des Verkehrs, den der Kunde auf dem Weg zum Einkaufen erzeugt. Auf der anderen Seite ist der „Lieferverkehr" betroffen, der für den Kunden selbst wegfällt, da er nicht mehr den Transport der eingekauften Güter vom Laden in seine Wohnung übernimmt. Dennoch muss dieser Transport durchgeführt werden, sofern sich der online durchgeführte Einkauf auf physische Güter bezieht. Die gegenwärtig messbaren Wirkungen liegen auf der Ebene des Kundenverkehrs von der Wohnung oder Arbeitsstätte zum Ladengeschäft. Grundsätzlich kann davon ausgegangen werden, dass auch im Auslieferungsverkehr durch Sendungsbündelung oder durch neue Formen der Auslieferung (z.B. durch Pick-Up-Points) Potenziale zur Verkehrsreduzierung erschlossen werden können, wenngleich die Diskussion hierzu noch eher kontrovers verläuft (vgl. z.B. *BMVBW* 2001, JANZ 2001). Auf jeden Fall ist davon auszugehen, dass die Ursache-Wirkungsketten im Kunden- bzw. im Lieferverkehr unterschiedlichen Regelhaftigkeiten unterliegen. In der hier vorgestellten Wirkungsermittlung wird die Betrachtung der Lieferverkehre ausgeblendet, da dazu bislang keine empirischen Ergebnisse verfügbar sind. Die Wirkungsermittlung bezieht sich somit ausschließlich auf den Kundenverkehr.

Die Untersuchung der verkehrlichen Wirkungen, die sich im Rahmen des Kundenverkehrs ergeben, baut auf einer Reihe von Annahmen auf, die sich aus der wissenschaftlichen Literatur zum Einkaufsverhalten von Konsumenten und aus Studien ableiten lassen, die speziell die Nutzung und Entwicklung des elektronischen Einkaufs zum Gegenstand haben (vgl. die ausführliche Darstellung der theoretischen Grundlegung der Untersuchung in Luley/Bitzer/Lenz 2002). Demzufolge war in den empirischen Erhebungen, die eine Wirkungsabschätzung von E-Commerce erlauben sollten, folgendes zu berücksichtigen:

Abb. 1: Transportbedarf beim physischen Einkauf (durchgezogene Linie) und beim B2C-Commerce (gestrichelte Linie)

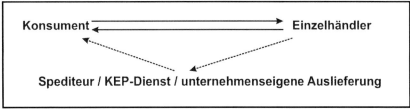

(Quelle: eigene Darstellung)

1) Das Einkaufsverhalten der Konsumenten ist gruppenspezifisch, da unterschiedliche Gruppen von Konsumenten unterschiedliche Konsumbedürfnisse bzw. einen unterschiedlichen Bedarf an Produkten und Dienstleistungen aufweisen.

2) Das räumliche Einkaufsverhalten der Konsumenten ist sowohl beim physischen als auch beim elektronischen Einkauf produktspezifisch, da Einkaufsorte (in diesem Fall heißt das auch: das Internet als Einkaufsort) produktspezifisch ausgewählt werden.

3) Das Verkehrsverhalten der Konsumenten, und hier insbesondere die Verkehrsmittelwahl, beim Wegezweck „Einkauf" erfolgt gruppenspezifisch, da unterschiedliche Gruppen aufgrund der ihnen zur Verfügung stehenden Ressourcen wie auch aufgrund unterschiedlicher Präferenzen generell ein unterschiedliches Verkehrsverhalten aufweisen.

4) Das Verkehrsverhalten der Konsumenten, und hier insbesondere die Verkehrsmittelwahl, beim Wegezweck "Einkauf" erfolgt außerdem produktspezifisch, da für unterschiedliche Produkte ein unterschiedlicher Transportbedarf entsteht.

Da mit der Untersuchung die zu erwartenden verkehrlichen Wirkungen abgeschätzt werden sollten, war es darüber hinaus notwendig, die Dauer der Durchsetzung des elektronischen Einkaufs zu bestimmen. Dazu wurden allerdings keine Annahmen getroffen, da die erst junge Entwicklung des E-Commerce einen tendenziell exponentiellen Verlauf aufweist, es de facto aber völlig offen ist, ob auch längerfristig mit einem entsprechenden Entwicklungsverlauf gerechnet werden kann. Statt dessen wurde zur Bestimmung des Diffusionszeitraumes die Selbsteinschätzung der Befragten herangezogen.

Aus den genannten Annahmen und Anforderungen an die Untersuchung leiteten sich die Befragungsinhalte ab:

• produktspezifisches Einkaufsverhalten,
• produktspezifische E-Commerce-Akzeptanz,
• verkehrliches Einkaufsverhalten,
• produktspezifische zeitliche Dimension der Verhaltensänderung beim Einkaufen, und
• soziodemographische Kennzeichen der Befragten.

Datengrundlage für die nachfolgend dargestellte Wirkungsermittlung sind zunächst die Befragungsergebnisse für Stuttgart (n = 513). Diese intensive telefonische Befragung der einzelnen Probanden zu ihrem Einkaufsverhalten wurde von Januar bis März 2000 durch das Institut für Geographie, Universität Stuttgart, durchgeführt.

Die zu Befragenden wurden per Zufallsauswahl anhand des örtlichen Telefonbuchs ausgewählt. Es wurden nur Personen über 14 Jahre befragt. Als Repräsentativitätsmaß diente die räumliche Verteilung der Altersgruppen in Stuttgart im Sinne einer Verteilung über das Stadtgebiet. Weitere Informationen, die eine weniger „regionale Färbung" erwarten lassen, sind aus der zusätzlichen Online-Befragung abgeleitet, die im I. Quartal 2001 über die Website www.stuttgart-shop.de durchgeführt wurde. Hauptziel dieser Befragung war es, eine Abschätzung des aktuellen und künftigen Anteils der Online-Einkäufe zu ermöglichen, so wie dies sich aus der subjektiven Sicht der Konsumenten darstellt. Von den 766 eingegangenen Fragebögen konnten 445 ausgewertet werden. Die Befragung war nicht bevölkerungsrepräsentativ, die Probanden wurden also nicht nach den bekannten Kriterien aktiv ausgewählt, sondern mussten im Sinne einer Selbstselektion selbst aktiv werden (zur Problematik von Selbstselektion und Stichprobenziehung bei Online-Erbebungen siehe auch Hauptmanns Artikel „Grenzen und Chancen von quantitativen Befragungen mit Hilfe des Internet" in BATINIC/WERNER/GRÄF/BANDILLA 1999). Die Teilnehmer sind geographisch über den gesamten deutschsprachigen Raum verteilt und nicht nur in der Region Stuttgart beheimatet. Mehrfachteilnahmen wurden im Nachhinein durch Plausibilitätsprüfungen aus der Stichprobe entfernt.

3   Das Modell zur Wirkungsermittlung der potenziellen Verkehrssubstitution

Mit dem Ziel, die verkehrlichen Wirkungen des E-Commerce möglichst realitätsnah abschätzen zu können, wurde ein Modell erstellt, das das produktspezifische Einkaufsverhalten und Einkaufsverkehrsverhalten unterschiedlicher Konsumentengruppen abbildet und das es möglich macht, aus der Differenz zwischen dem vorhandenen und dem zu erwartenden, durch E-Commerce veränderten Einkaufsverhalten verkehrliche Wirkungen zu bemessen. Für die Berechnungen selbst wurden zusätzlich zu den in den Befragungen erhobenen Angaben Daten aus der KONTIV '89 bzw. dem Regionalverkehrsplan 1995 für die Region Stuttgart (*Verband Region Stuttgart* 1996) einbezogen. Dadurch wurde es möglich, das heutige und das künftige Einkaufsverhalten der sog. „verhaltensähnlichen Gruppen" – verhaltensähnlich in Bezug auf das Verkehrsverhalten – in der Region Stuttgart abzubilden, was auch bedeutet, dass Wegekopplungen beim Einkaufen im Modell mitberücksichtigt wurden. Das Ablaufdiagramm in Abbildung 2 skizziert die methodische Vorgehensweise bei den Berechnungen innerhalb des Modells im einzelnen. Das abgebildete Wirkungsmodell gliedert sich in vier horizontale Ebenen:

1) In der Ebene „Erhebungen" wird die erforderliche empirische Datengrundlage auf der Basis sekundärstatistischer und primär erhobener Daten zusammengestellt.
2) Die „Ableitungen" beinhalten eine Modellierung der momentanen Situation (Status Quo) als Bezugsszenario für die Wirkungsermittlung.
3) In der Ebene „Annahmen" werden die potenziellen Änderungen im Einkaufsverhalten durch einen vermehrten Einsatz von E-Commerce quantifiziert.
4) Die „Wirkungsermittlung" schätzt eine mögliche Bandbreite ab, innerhalb derer die aus den Annahmen resultierenden verkehrlichen Wirkungen zu erwarten sind (Saldo Bezugsszenario minus Prognoseszenarien).

Abb. 2: Wirkungsmodell und Dateninput zur Berechnung verkehrlicher Wirkungen durch die Nutzung von E-Commerce in der Region Stuttgart

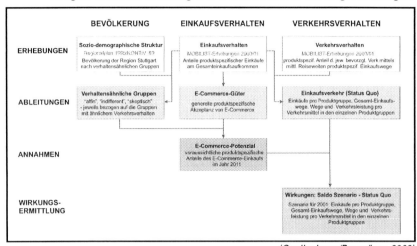

(Quelle: LULEY/BITZER/LENZ 2002)

Vertikal umfasst das Wirkungsmodell drei inhaltliche Bereiche:

- Im Bereich „Bevölkerung" werden die einzelnen Individuen (hier die Einwohner des betrachteten Untersuchungsraumes) zu sozio-demographischen Gruppen mit potentiell ähnlichen Verhaltensweisen zusammengefasst.
- Der zweite Bereich beschreibt das gegenwärtige und künftige „Einkaufsverhalten" hinsichtlich physischer und virtueller Einkäufe.
- Über den Bereich „Verkehr" werden die verkehrlichen Wirkungen der privaten Einkäufe für den Status Quo und die Prognoseszenarien abgeleitet. Die drei vertikalen Bereiche sind inhaltlich miteinander verknüpft. Das Einkaufsverhalten und die daraus resultierenden verkehrlichen Effekte werden für die verhaltensähnlichen Bevölkerungsgruppen jeweils getrennt erarbeitet.

4 Besondere Aspekte der Modellrechnungen

Aus dem Gesamtablauf der Modellrechnungen (vgl. Abb. 2) sollen im Folgenden einzelne Aspekte herausgegriffen werden, die besondere Aufmerksamkeit verdienen. Hierbei handelt es sich um die Gruppierung der Bevölkerung nach einkaufs- und verkehrsbezogenen Verhaltensaspekten sowie um die Ermittlung der produktspezifischen Wegehäufigkeit.

4.1 Gruppierung der Bevölkerung nach einkaufs- und verkehrsbezogenen Verhaltensaspekten

Die Abschätzung von verkehrlichen Wirkungen, die durch den elektronischen Einkauf bedingt sind, erfordert in einem ersten Schritt eine Gruppierung der Bevölkerung des Untersuchungsraumes in zweierlei Hinsicht – zum einen im Hinblick auf das Verkehrsverhalten und zum anderen im Hinblick auf das E-Commerce bezogene

Einkaufsverhalten. Zur Gruppierung der Bevölkerung nach verkehrlicher Verhaltens-ähnlichkeit wurde auf die Einteilung der KONTIV und deren Umsetzung für die Region Stuttgart im Regionalplan von 1995 zurückgegriffen (Tab. 2).

Tab. 2: Die Wohnbevölkerung der Region Stuttgart nach sozio-demographischen Gruppen (Bevölkerung > 10 Jahre) im Jahr 1995

Erwerbstätige		Nichterwerbstätige		Azubis	Studenten	Schüler	Gesamt
EmP	EoP	NEmP	NEoP	Azubi	Stud	Sch	
924.301	330.299	336.201	401.120	61.751	14.065	244.274	2.312.011
40 %	14 %	15 %	17 %	3 %	1 %	11 %	100 %

(Quelle: Verband Region Stuttgart 1996)
Anmerkung: Die Erwerbstätigen und Nichterwerbstätigen sind nach ihrer Pkw-Verfügbarkeit differenziert (mit Pkw - mP, ohne Pkw - oP)

Zur Gruppierung der Bevölkerung nach dem E-Commerce bezogenen Einkaufsverhalten wurden drei Gruppen gebildet, unter denen die „affine" Gruppe diejenigen Personen umfasst, die heute schon online einkaufen oder dies für die nächste Zukunft konkret planen und die keine Vorbehalte gegen den Online-Einkauf haben. Als „indifferent" wurden Personen bezeichnet, die nicht online einkaufen und dies für die nächste Zukunft auch „eher nicht" vorhaben, die aber auch keine grundsätzlichen Vorbehalte gegen den E-Commerce hegen. Als „skeptisch" werden Personen eingestuft, die nicht online einkaufen, sich dies auch für die Zukunft „auf keinen Fall" vorstellen können und gleichzeitig große Vorbehalte gegen diese Form des Einkaufens haben (Tab. 3). Die Gruppe der „Skeptiker" wurde in den weiteren Arbeitsschritten nicht mehr berücksichtigt, da davon auszugehen ist, dass sich das E-Commerce-Verhalten dieser Gruppe sich aufgrund der vorherrschenden Skepsis aller Voraussicht nach nicht in einem Umfang ändern wird, der signifikante verkehrliche Effekte mit sich bringt. Legt man die genannten Gruppeneinteilungen an die Haushaltsbefragung in Stuttgart an, dann zeigt sich, dass die Gruppe der Skeptiker mehr als die Hälfte der Befragten umfasst. Besonders groß ist ihr Anteil unter den Nicht-Erwerbstätigen. Im Gegenzug weisen Erwerbstätige und Studenten eine sehr viel ausgeprägtere E-Commerce-Affinität auf.

Die Befragung zeigt, dass in den Gruppen der E-Commerce-affinen und -indifferenten Käufer die grundsätzliche, nicht näher spezifizierte Akzeptanz des elektronischen Einkaufs sehr hoch ist. Um aber diese generelle Akzeptanz einer realistischeren Einschätzung anzunähern und damit den heutigen und den zukünftigen Anteil der Online-Einkäufe an den Einkäufen besser quantifizieren zu können, wurden die in der Haushaltsbefragung genannten Werte mit den Ergebnissen der Online-Befragung gekoppelt. Dort hatten die Befragten zusätzlich den Anteil ihrer heutigen sowie ihrer in zehn Jahren wahrscheinlichen Online-Einkäufe für die unterschiedlichen Produktgruppen abgeschätzt (Tab. 4).

Diese Selbsteinschätzung der Befragten weist für alle Produktgruppen deutliche Zuwächse aus, so dass im Jahr 2011 zumindest die E-Commerce-affinen Konsumenten in allen genannten Produktgruppen 14 % und mehr ihrer Einkäufe elektronisch

Tab. 3: Gruppen unterschiedlicher E-Commerce-Affinität

Akzeptanzgrade im Hinblick auf E-Commerce	Kriterien zur Bestimmung der Akzeptanzgrade	
	grundsätzliche Akzeptanz von E-Commerce	tatsächliches Einkaufsverhalten: der/die Befragte hat ...
„affin" [34%]	keine Vorbehalte gegenüber E-Commerce	... schon einmal im Internet eingekauft oder beabsichtigt konkret, dies in absehbarer Zeit zu tun
„indifferent" [13%]	keine Vorbehalte gegenüber E-Commerce	... bis zum Befragungszeitpunkt [noch] nicht online eingekauft und beabsichtigt dies für die absehbare Zukunft auch „eher nicht"
„skeptisch" [53%]	deutliche Vorbehalte gegenüber E-Commerce	... [noch] nicht online eingekauft und beabsichtigt dies auch für die Zukunft nicht

(Quelle: MOBILIST-Befragung 2000)

Tab. 4: Selbsteinschätzung der E-Commerce-affinen Konsumenten zu ihrem künftigen E-Commerce bezogenen Einkaufsverhalten

Produktgruppe	Anteil der Einkäufe über E-Commerce (in Prozent)		
	Status Quo	zu erwartender Stand 2011	Entwicklung
Bücher/Zeitschriften	35	41	+ 6
CD/Video/DVD	23	40	+ 17
Computer/Unterhaltungselektronik	19	36	+ 17
Software	18	36	+ 18
Eintrittskarten	11	32	+ 21
Reisen	11	29	+ 18
Spielwaren/Sportartikel	9	24	+ 15
Kleidung/Schuhe	7	15	+ 8
Schreibwaren/Bürobedarf	6	26	+ 20
Apotheken-/Drogeriewaren	5	17	+ 12
Photo-/Optikartikel	4	19	+ 15
Lebensmittel/Genussmittel	1	14	+ 12

(Quelle: MOBILIST-Online-Befragung 2001)

erledigen. Bemerkenswert ist dieses Ergebnis unter anderem im Hinblick auf den Produktbereich „Lebensmittel/Genussmittel", der derzeit noch große Schwierigkeiten bei der Durchsetzung am Markt aufweist. Deutlich wird auch die anhaltende Bedeutung des elektronischen Einkaufs bei Büchern und Zeitschriften, aber auch die zu erwartende Zurückhaltung der Verbraucher, wenn es um Produkte wie Kleidung und Schuhe geht. Möglicherweise ist die Verbindung des Einkaufs mit einem physischen Einkaufserlebnis in dieser Produktkategorie besonders hoch.

Entscheidend für die Bildung eines Szenarios erschienen jedoch weniger die E-Commerce-Anteile der Einkäufe heute, sondern die potentielle Entwicklung dieser Anteile in Zukunft. Begründet wird diese Vorgehensweise damit, dass ja bereits heute Online-Einkäufe stattfinden. Die Wirkungsermittlung musste somit auch auf der momentanen Situation aufsetzen und von diesem Ausgangspunkt her die potentiellen verkehrlichen Wirkungen infolge eines veränderten Einkaufsverhaltens abbilden. Rechnerisch erfolgte dies anhand eines sog. Mittelwertszenarios, das diese Entwicklung widerspiegeln sollte und nach der Formel „Anteil E-Commerce = E-Commerce-Bereitschaft * Entwicklung E-Commerce-Anteil" berechnet wurde. Damit sich allerdings die Wirkungsermittlung nicht nur auf eine einzelne Annahme - einen „einzelnen Mittelwert" - stützt, wurde in einer Sensitivitätsrechnung zusätzlich über ein Minimal- bzw. ein Maximalszenario versucht, eine Bandbreite von potentiellen Wirkungen abzuschätzen. Der Berechnung der Minimal- bzw. Maximalwerte liegen Plausibilitätsüberlegungen zugrunde, die produktgruppenspezifisch durchgeführt wurden.

4.2 Ermittlung der produktspezifischen Wegehäufigkeit

Passt man die KONTIV-Wegeketten, die einen Einkauf beinhalten, an die Gegebenheiten der Region Stuttgart an, dann ergeben sich für einen durchschnittlichen Werktag insgesamt knapp 1,3 Mio. Einkäufe, die von der Wohnbevölkerung in Stuttgart durchgeführt werden. Dies entspricht unter Berücksichtigung des Anteils der Einkäufe, die in Verknüpfung mit anderen Fahrten unternommen werden (Wegekoppelung) rund 2,3 Mio. Einkaufswegen am Tag. Die Aufteilung der Einkäufe und der einkaufsbezogenen Wege auf die in der KONTIV bzw. im Regionalverkehrsplan genannten Gruppen weist die Nicht-Erwerbstätigen als diejenige Gruppe aus, die mit annähernd einem Einkauf pro Person und Tag in weit überdurchschnittlichem Umfang Einkäufe durchführt. Diese Gruppe unternimmt 54 % aller einkaufsabhängigen Wege, die täglich in der Region Stuttgart entstehen, unter anderem auch deshalb, weil der Anteil der Wegekopplungen in dieser Gruppe vergleichsweise gering bleibt. Folgt man im nächsten Schritt den Ergebnissen der Haushaltsbefragung zu den produktspezifischen Einkaufshäufigkeiten, dann wird – durchaus erwartungsgemäß – der weitaus größte Teil aller Einkäufe für den Erwerb von Lebensmitteln eingesetzt (Tab. 5). Alle übrigen Käufe weisen eine deutlich geringere Häufigkeit auf, auch wenn Apotheken- und Drogeriewaren als Waren mit ebenfalls kurzfristigem Bedarfscharakter immerhin noch einen Anteil von rund 12 % an den Einkäufen an einem Werktag in der Region Stuttgart erreichen.

Da entsprechende Daten aus der Online-Befragung zur Verfügung stehen, können die Werte zur Aufteilung der Gesamteinkäufe auf einzelne Produktgruppen in den weiteren Arbeitsschritten für jede „verhaltensähnliche Gruppe", also Erwerbstätige mit bzw. ohne Pkw, Nicht-Erwerbstätige mit bzw. ohne Pkw usw., um die Aufteilung der Wege auf die verschiedenen Verkehrsmittel sowie um die damit zurückgelegten Entfernungen ergänzt werden. Durch Aufaddierung der gruppenspezifischen Ergebnisse wird das Wirkungsmodell schließlich in konkrete Werte umgesetzt.

Tab. 5:   Aufteilung der Gesamteinkäufe auf einzelne Produktgruppen

Produktgruppen	Anteil an den Gesamteinkäufen (in Prozent)						
	EmP	EoP	NEmP	NEoP	Azubi	Stud	Sch
Lebensmittel/Genussmittel	63,5	63,5	69,7	75,7	62,5	61,1	62,5
Apotheken-/Drogeriewaren	11,9	11,9	11,9	9,2	12,6	13,5	12,6
Schreibwaren/Bürobedarf	7,4	7,4	4,9	2,9	5,9	5,8	5,9
Kleidung/Schuhe	5,1	5,1	2,3	2,4	4,3	4,4	4,3
CD/Video/DVD	2,8	2,8	2,8	2,8	3,5	3,5	3,5
Bücher/Zeitschriften	2,8	2,8	2,8	2,8	3,5	3,5	3,5
Spielwaren/Sportartikel	1,5	1,5	0,8	1,2	1,9	1,6	1,9
Photo-/Optikartikel	1,3	1,3	1,9	1,2	1,1	1,2	1,1
Eintrittskarten	1,3	1,3	1,4	0,6	0,9	0,9	0,9
Software	1,1	1,1	0,5	0,6	1,7	2,1	1,7
Computer/Unterhaltungs-elektronik	0,9	0,9	0,5	0,4	1,8	2,3	1,8
Reisen	0,4	0,4	0,5	0,2	0,3	0,3	0,3

(Quelle: eigene Berechnungen anhand der MOBILIST-Befragung 2000)
Anmerkung: Die soziodemographischen Gruppen "Auszubildende", "Schüler" und "Erwerbstätige ohne Pkw" sind in der Haushaltsbefragung nicht in einem quantitativen Umfang besetzt, der Rückschlüsse auf die gesamte Region erlauben würde. Deswegen wurden die entsprechenden Einkaufsanteile für diese Gruppen sinnvoll durch Anteile vergleichbarer Gruppen ergänzt - dies ist methodisch nicht ganz unproblematisch, läßt sich aber nicht anders realisieren. So wurde die Gruppe der Erwerbstätigen ohne Pkw mit Daten aus der Gruppe der Erwerbstätigen mit Pkw besetzt, die fehlenden Produktanteile der Auszubildenden und der Schüler wurden durch die entsprechenden Angaben der Studenten ergänzt.

5   Verkehrssubstitution durch E-Commerce?

In dem hier vorgestellten Wirkungsmodell entspricht die potentielle Fahrteneinsparung den Salden zwischen dem Verkehraufkommen des Status Quo und dem jeweiligen Aufkommen der Prognoseszenarien. Für die Region Stuttgart werden damit folgende Aussagen zu einer bis zum Jahr 2011 erwartbaren Verkehrssubstitution im Einkaufsverkehr möglich:

1) Das Verkehrsaufkommen erfährt eine leichte Abnahme (Tab. 6). Folgt man den Ergebnissen des Mittelwertszenarios, dann zeigt sich eine potenzielle Fahrtenersparnis von etwa 2 % bezogen auf den Einkaufsverkehr insgesamt. Am höchsten würde dabei mit rund 3 % der Fahrtenrückgang im Öffentlichen Verkehr ausfallen, während die verkehrlichen Wirkungen für die verbleibenden Verkehrsmittel mit +/- 2 % auf weitgehend identischem Niveau liegen. Die Sensitivitätsbetrachtung nennt als potenzielle Bandbreite der verkehrlichen E-Commerce-Wirkungen ein Einsparpotential an Einkaufswegen zwischen 0,5 % und 5,4 %.

2) Das Einsparpotential an Einkaufs-Fahrleistung liegt prozentual etwas über der potentiellen Wegeersparnis (Tab. 7). Zur Berechnung dieses Potentials wird das Aufkommen an Einkaufswegen mit den zugehörigen durchschnittlichen produktbezogenen Reiseweiten multipliziert, und zwar differenziert nach Verkehrs-

Tab. 6:   Verkehrsmittelspezifisches Aufkommen für Einkäufe an einem durchschnittlichen Werktag   Status Quo und Szenarien

	Verkehrsaufkommen Status Quo (Wege/Tag)	Saldo: Status Quo - Szenario		
		Minimal-Szenario	Mittelwert-Szenario	Maximal-Szenario
Pkw/Motorrad	895.627	- 0,6 %	- 2,2 %	- 5,6 %
ÖV	275.110	- 0,7 %	- 2,9 %	- 7,1 %
Fahrrad	288.450	- 0,5 %	- 2,0 %	- 5,0 %
zu Fuß	644.632	- 0,4 %	- 1,8 %	- 4,5 %
Gesamtverkehr	2.103.818	- 0,5 %	- 2,1 %	- 5,4 %

(Quelle: Luley/Bitzer/Lenz 2002)

Tab. 7:   Verkehrsmittelspezifische Verkehrsleistung für Einkäufe an einem durchschnittlichen Werktag   Status Quo und Szenarien

	Verkehrsleistung Status Quo (km/Tag)	Saldo: Status - Quo Szenario		
		Minimal-Szenario	Mittelwert-Szenario	Maximal-Szenario
Pkw/Motorrad	3.814.380	- 0,7 %	- 2,8 %	- 6,9 %
ÖV	1.098.371	- 0,9 %	- 3,7 %	- 9,4 %
Fahrrad	857.683	- 0,7 %	- 2,6 %	- 6,5 %
zu Fuß	1.836.324	- 0,5 %	- 2,2 %	- 5,4 %
Gesamtverkehr	7.606.757	- 0,7 %	- 2,7 %	- 6,9 %

(Quelle: Luley/Bitzer/Lenz 2002)

mittel und Personengruppe. Auch hier werden die verkehrlichen Wirkungen
eines gesteigerten E-Commerce-Einsatzes über die Betrachtung der jeweiligen
Salden „Status Quo minus Prognoseszenario" abgeschätzt. Die Einspareffekte
im Gesamteinkaufsverkehr betragen für das Mittelwertszenario rund 2,7 %. Die
hier errechnete mögliche Bandbreite der Wirkungen reicht von 0,7 % bis knapp
7 % Fahrleistungsersparnis.
Zusammenfassend muss damit festgestellt werden, dass zwar eine Verkehrsent-
lastung durch E-Commerce im Bereich des Kundenverkehrs zu erwarten ist, dass
sich aber die Einsparungen an zurückgelegten Wegen und Kilometern auf einem
quantitativen Niveau bewegen, das deutlich unter den früher prognostizierten Werten liegt.

6   Fazit

Mit dem Ziel, eine erste empirisch begründete Annäherung an die Frage zu liefern,
ob und inwieweit eine Reduzierung des Einkaufsverkehrs durch die Nutzung von
elektronischem Handel für den privaten Einkauf erwartet werden kann, wurde mit
den Arbeiten im Rahmen des Projektes MOBILIST ein methodisch gangbarer Weg
gefunden, der eine Aufarbeitung dieser Fragestellung erlaubt und dabei gleichzeitig
auch für andere Untersuchungsräume anwendbar ist. Eines der wichtigsten Ergeb-

nisse der methodischen Aufbereitung der Untersuchungen besteht in der gelunge-
nen Verknüpfung vorhandener statistischer Daten und originärer regionsspezifi-
scher Erhebungen. Damit wird eine Möglichkeit vorgestellt, um Zustandsbeschrei-
bungen und Prognosen zu generieren, von denen ein hohes Maß an Realitätsnähe
erwartet werden darf. Wesentliche Grundlagen dafür liegen einerseits in der Tatsache, dass das gesamte Bevölkerungsspektrum in die Untersuchung einbezogen
wird und damit auch Nicht-Nutzer dezidiert Berücksichtigung finden, sowie andererseits in der Möglichkeit zur Feindifferenzierung in den Berechnungen dank der produktspezifischen Herangehensweise.

Einschränkungen im Untersuchungsverlauf, die nicht zu umgehen waren, ergeben sich zunächst im Zusammenhang mit der Online-Erhebung. Hier sind beispielsweise leichte Verzerrungen in den Ergebnissen dadurch möglich, dass die Daten aus
der Online-Befragung nicht ausschließlich von Probanden in der Region Stuttgart
stammen. Andererseits ist aber davon auszugehen, dass mit den Werten aus der
Online-Befragung mögliche Fehler vermieden oder wenigstens entschärft wurden.
So wäre es wahrscheinlich gewesen, dass die Verwendung der Stuttgartdaten zum
modal split beim Einkaufen – d.h. der Daten, die mit Bezug auf die Stadt Stuttgart
generiert wurden – eine Überbetonung des ÖPNV zur Folge gehabt hätte, zumindest
dann, wenn – wie hier geschehen – sich die Modellrechnung auf die gesamte Region Stuttgart bezieht. Die Online-Befragung hat somit innerhalb des vorgestellten
Wirkungsmodells zwar lediglich eine ergänzende, aber dennoch wichtige Funktion.
Allerdings wird bei künftigen Befragungen eine Erhebung „aus einem Guss" anzu-
streben sein.

Schließlich sind in das Modell auch keine Annahmen zu künftigen Veränderungen
eingegangen. Dies betrifft sowohl die Veränderung von Rahmenbedingungen, wie
z.B. eine Veränderung der gesamtwirtschaftlichen Situation und damit auch der privaten Kaufkraft, als auch Verhaltensänderungen, die in einer möglichen Induktion
von [Freizeit-]Verkehr bestehen, ausgelöst dadurch, dass sich das Zeitbudget der E-
Commerce-Nutzer durch Zeiteinsparungen beim Einkaufen verändert. Ebensowenig
wurden Annahmen zur Veränderung des E-Commerce-bezogenen Einkaufsverhaltens einbezogen, wie sie immer wieder im Hinblick auf das „Hineinwachsen" der
heutigen jungen Generation in den E-Commerce angeführt werden. Tatsächlich lassen sich solche Annahmen derzeit nicht quantifizieren. Insgesamt sollte das Modell
als vorläufiger Forschungsstand bewertet werden, mit dem ein brauchbarer Progno-
seansatz vorgestellt wird, der jedoch im Rahmen weiterer Forschungsarbeiten wei-
terzuentwickeln ist.

Festzuhalten bleibt in jedem Fall, dass die empirischen Ergebnisse überzogenen
Hoffnungen auf eine schnelle verkehrsentlastende Wirkung des elektronischen Handels eine Absage erteilen. Die verkehrlichen Wirkungen des E-Commerce werden
vorläufig wohl eher auf eher niedrigem Niveau bleiben. Selbst bei einer sehr positiven Einschätzung der Entwicklung bis 2011 liegt die Entlastung unter 10 % der Verkehrsleistung, die einkaufsabhängig entsteht.

Literatur

BMVBW (= Bundesministerium für Verkehr, Bau- und Wohnungswesen) (2001): Auswirkungen neuer Informations- und Kommunikationstechniken auf Verkehrsaufkommen und innovative Arbeitsplätze im Verkehrsbereich. Berlin

HAUPTMANNS, Peter (1999): Grenzen und Chancen von quantitativen Befragungen mit Hilfe des Internet. In: BATINIC, B.; A. WERNER, L. GRÄF & W. BANDILLA (Hrsg.): Online Research. Methoden, Anwendungen und Ergebnisse. Göttingen/Bern/Toronto/ Seattle

JANZ, Oliver (2001): Mehr Verkehr durch E-Commerce? - Eine Analyse der Auswirkungen des E-Commerce-Wachstums (B2C) auf den Verkehr. In: Zeitschrift für Verkehrswissenschaft 72 (1), S. 48-69

LULEY, Torsten; Wolfgang BITZER & Barbara LENZ (2002): Verkehrssubstitution durch Electronic Commerce? - Ein Wirkungsmodell für die Region Stuttgart. In: Zeitschrift für Verkehrwissenschaft (im Druck)

MINTE, Horst (1992): CO2-Minderungen durch Vermeidung von Verkehr. Stellungnahme im Rahmen der Enquête-Kommission „Schutz der Erdatmosphäre", 16./17. November 1992

NOLTE, Roland (1994): Verkehrliche Substitutionspotentiale der Telematik. Vortrag auf dem Kongress „Verkehr und Telematik – Konzepte für eine umweltfreundliche Mobilität" im Rahmen der UTECH'94, Berlin, 22. Februar 1994

ROTACH, Martin & Peter KELLER (1987): Chancen und Risiken der Telekommunikation für Siedlung und Verkehr in der Schweiz - Forschungsprojekt MANTO. Schlussbericht Teil 1: Empfehlungen. ETH Zürich, Ecole Polytechnique Lausanne

SVIDEN, Ove (1983): Automobile usage in the future information society. Research Report No. 25. The Future of the Automobile Program. Institute of Technology, Dept. of Management and Economics, Linköping University Sweden

Verband Region Stuttgart (Hrsg.) (1996): Begleituntersuchungen zum Regionalverkehrs plan. Band 1: Analyse 1995 (= Schriftenreihe Verband Region Stuttgart, 1)

Kagermeier, A., T. J. Mager & T. W. Zängler (Hrsg.): Mobilitätskonzepte in Ballungsräumen.
Mannheim 2002, S. 213 - 226 (= Studien zur Mobilitäts- und Verkehrsforschung, Bd. 2)

Verkehrsplanung im Internet

– Mobiplan: Verkehrsplanung „von unten" fängt im Haushalt an

– E-Planning: Neue Methoden für die Verkehrsplanung „von oben"

Markus Friedrich (Karlsruhe)
Thomas Haupt (Karlsruhe)

Zusammenfassung

Durch die Quantifizierung von Wirkungen tragen Verkehrsmodelle maßgeblich dazu bei, verschiedene Planungsoptionen zu vergleichen und so Entscheidungsprozesse transparenter zu machen. Verkehrsmodelle haben allerdings den gravierenden Nachteil, dass sie in der Regel komplex sind und nur von Experten aufgebaut, geeicht und bedient werden können. Der Beitrag präsentiert zwei Ansätze, die die Methoden eines Verkehrsmodells über das Medium Internet einer breiteren Öffentlichkeit zugänglich machen. Der erste Ansatz beschreibt das internetbasierte Beratungstool MOBIPLAN für die Mobilitätsplanung von Haushalten, das mithilfe eines Verkehrsmodels kurz- und langfristige Wirkungen des Verkehrsverhaltens aufzeigt. Im zweiten Ansatz wird eine E-Planning Lösung vorgestellt, die über einen normalen Internet-Browser die mit einem Verkehrsmodell ermittelten Planungsergebnisse auch den Planungsbeteiligten zugänglich macht, die keine Erfahrung in der Bedienung von Verkehrsmodellen haben.

Summary

Transportation models allow to quantify and to compare the impacts of planning options. As a result they contribute to a more transparent decision process. Unfortunately transportation models tend to be rather complex, so that only experts can build, calibrate and operate these models. This paper presents two approaches which provide access to the methods of a transportation model for a wider range of users. The first approach describes the internet-based mobility advisor MOBIPLAN which is designed to assist households in their mobility planning by indicating the short- and long-term impacts of their travel behaviour. The second approach presents a solution for E-Planning which allows simple access to the results of a transportation model for all participants of the planning process by using a normal Internet browser.

1   Einleitung

Eine wesentliche Aufgabe der Verkehrsplanung besteht in der Analyse des heutigen Verkehrssystems und in der Prognose künftiger Zustände des Verkehrssystems, die z.B. aufgrund von geplanten Maßnahmen eintreten können.

Üblicherweise wird Verkehrsplanung von Verkehrsplanern im Auftrag von Entscheidungsträgern (z.B. Gebietskörperschaften, Verkehrsbetriebe) durchgeführt. Wie im Leitfaden für Verkehrsplanung der Forschungsgesellschaft für Straßen- und Verkehrswesen (2001) beschrieben, werden dabei Maßnahmen entwickelt und die Wirkungen dieser Maßnahmen abgeschätzt. Für die Prognose der Wirkungen und damit für die Vorbereitung planerischer Entscheidungen kommen häufig Verkehrsmodelle zum Einsatz.

Neben dieser offiziellen Verkehrsplanung „von oben" gibt es die individuelle Verkehrsplanung „von unten". Mehr oder weniger bewusst planen Privatpersonen bzw. private Haushalte ihre tägliche Verkehrsteilnahme. Dabei treffen sie eine Vielzahl von Entscheidungen, z.B. über die Verkehrsmittelwahl, über ihre Routenwahl oder über ihren Abfahrtszeitpunkt. Diese tägliche Reiseplanung wird überlagert von langfristigen Entscheidungen, die z.B. die Anschaffung eines Fahrzeuges oder die Wahl eines Wohnstandortes betreffen. Verkehrlich relevante Entscheidungen durch Privatpersonen basieren unter anderem auf persönlichen Erfahrungen („zwischen 7 und 8 Uhr ist häufig Stau") und Werthaltungen („lieber weiter fahren und dafür billiger wohnen"), ergänzt durch allgemeine Informationen, wie sie z.B. Fahrplanauskunftssysteme oder der Verkehrsfunk anbieten.

Verkehrsmodelle bilden die Wirkungszusammenhänge zwischen Verkehrsangebot und Verkehrsnachfrage ab. Sie simulieren das Verkehrsverhalten der Verkehrsteilnehmer bei einem vorgegeben Verkehrsangebot (Straßennetz, ÖV-Liniennetz und Fahrpläne) und ermitteln so verschiedene Kenngrößen, die für eine Bewertung erforderlich sind:

• Kenngrößen der Angebotsqualität umfassen Reisezeiten, Umsteigehäufigkeiten und Fahrtkosten. Sie beschreiben die Wirkungen auf die Verkehrsteilnehmer.

• Kenngrößen der Umweltbelastung quantifizieren die Wirkungen auf die Umwelt aufgrund von Schadstoff- und Lärmemissionen.

• Kenngrößen der Betriebskosten beschreiben den Aufwand für die Betriebsdurchführung im Öffentlichen Verkehr (Fahrer, Fahrzeuge, ...), den Unterhalt des Verkehrsnetzes (Wartung, Reinigung, ...) und die Steuerung des Verkehrsablaufes (Verkehrsleitzentrale, ...).

Durch die Quantifizierung der Wirkungen anhand von Kenngrößen tragen Verkehrsmodelle maßgeblich dazu bei, verschiedene Planungsoptionen zu vergleichen und so Entscheidungsprozesse transparenter zu machen. Verkehrsmodelle haben allerdings einen gravierenden Nachteil. Sie sind in der Regel komplex und können nur von Experten aufgebaut, geeicht und bedient werden. Im Folgenden sollen zwei Ansätze präsentiert werden, die die Methoden eines Verkehrsmodells über das Medium Internet einer breiteren Öffentlichkeit zugänglich machen:

• Für die Verkehrsplanung "von unten" wird das internetbasierte Informations- und Beratungstool MOBIPLAN vorgestellt. Es ist für die kurz- und langfristige Mobilitätsplanung von Haushalten konzipiert und enthält eine Wirkungsabschätzung, die auf einem Verkehrsmodell basiert.

- Für die Verkehrsplanung "von oben" wird gezeigt, wie der Workflow zwischen verschienenden Planungsinstitutionen und Entscheidungsträgern mithilfe des Internets/Intranets verbessert werden kann. Über einen normalen Internet-Browser werden Datengrundlagen und die mit einem Verkehrsmodell ermittelten Planungsergebnisse auch den Planungsbeteiligten zugänglich gemacht, die keine Erfahrung in der Bedienung von Verkehrsmodellen haben.

2 MOBIPLAN - Mobilitätsberatung für Haushalte

Als ein Leitprojekt der von der Bundesregierung initiierten Mobilitätsforschungs-initiative „Mobilität und Verkehr besser verstehen" verfolgt das Projekt Mobiplan das Ziel, die Auswirkungen auf die Alltagsmobilität durch verbesserte Informationen über langfristige Entscheidungen, z.b. Umzug, Arbeitsplatzwechsel oder Anschaffung eines Fahrzeuges, zu analysieren. Im Mittelpunkt des Forschungsvorhabens, das vom ISB (TH Aachen), IVT (ETH Zürich), IfS (Uni Karlsruhe) und der PTV AG durchgeführt wird, steht die Entwicklung eines Mobilitätsplaners MOBIPLAN, der als Internetanwendung eine umfassende Mobilitätsberatung anbietet (vgl. FRIEDRICH 2001). Als interaktives Beratungsinstrument zeigt MOBIPLAN Verhaltenskonsequenzen wie auch Verhaltensalternativen und deren Folgen auf. MOBIPLAN informiert über

- den zu erwartenden Zeitaufwand für Ortsveränderungen,
- die Transportkosten einschließlich der Kosten für die Vorhaltung von Fahrzeugen und ÖV-Zeitkarten,
- die Umweltwirkungen und die gesellschaftliche Wirkungen, die sich aus der Benutzung der Verkehrsmittel z.b. durch CO_2-Emmissionen und Energieverbrauch oder durch Unfall- und Staukosten ergeben.

Das Programm MOBIPLAN umfasst zwei Komponenten, eine einfache Auskunftskomponente zur Analyse eines beliebigen Wohnstandortes und eine umfassende Beratungskomponente:

- Die Auskunftskomponente zur Standortanalyse erfordert als Input-Daten nur die Angabe einer Adresse, die dann im Hinblick auf die angebotenen Nutzungen im Umfeld, das sind z.B. ÖV-Haltestellen, Schulen und öffentliche Einrichtungen, analysiert wird (Abbildung 1).
- Die Beratungskomponente richtet die sich an Personen und Haushalte, die sich umfassend mit ihrem Mobilitätsverhalten auseinander setzen möchten. Grundlage der Beratungskomponente ist eine Reihe von Aktivitätsdatensätzen mit Informationen über Art und Ort der Aktivität, die in einer Datenbank auf dem Mobiplan-Server gespeichert werden.

Abb. 1: MOBIPLAN Standortanalyse – Nutzungen im Umfeld eines Wohnortes

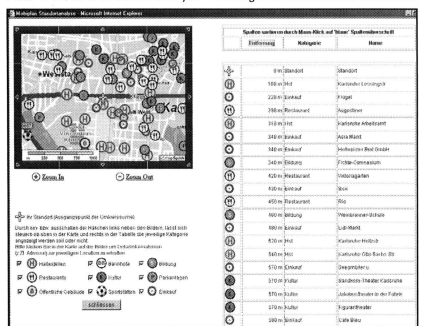

Die Beratungskomponente von MOBIPLAN zeigt die Wirkungen des Mobilitätsverhaltens auf drei unterschiedlichen Ebenen (Abbildung 2):

1) Überblick: Ausgehend von wenigen Angaben des MOBIPLAN-Anwender (Wohnort, Häufigkeit von Aktivitäten, Personengruppe) wird mit Hilfe einer Verkehrssimulation das Mobilitätsverhalten des Anwenders für den Zeitraum eines Jahres abgeschätzt.

2) Wirkungen für einen Tag: Für eine detaillierte Analyse des eigenen Mobilitätsverhaltens kann der MOBIPLAN-Anwender in einem zweiten Schritt seine regelmäßigen Aktivitäten (Arbeiten, Einkaufen, Freizeit, etc.) und die zugehörigen Aktivitätenorte für einzelne Wochentage in einen Kalender eintragen. MOBIPLAN ermittelt aus diesen Daten Vorschläge, mit welchen Verkehrsmitteln die Aktivitätenorte erreicht werden können und informiert über den damit verbundenen Zeit- und Kostenaufwand sowie über Wirkungen auf Umwelt und Gesellschaft.

3) Wirkungen für ein Jahr: In einem dritten Schritt ermittelt MOBIPLAN aus dem täglichen Verhalten die Wirkungen für den Zeitraum eines Jahres.

2.1 MOBIPLAN Inputdaten

MOBIPLAN befragt den Anwender nach Haushaltsdaten, Fahrzeugdaten und Personendaten, die für die Mobilitätsanalyse notwendig sind:

- Die Haushaltsdaten umfassen die Adresse des zu untersuchenden Wohnortes. Hier kann sowohl der aktuelle als auch ein geplanter Wohnort eingetragen werden.

Abb. 2: Aufbau MOBIPLAN Beratungskomponente - Dateneingabe & Ergebnisse

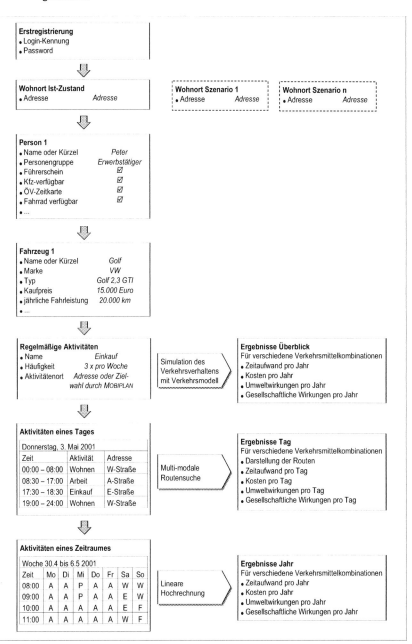

- Die Fahrzeugdaten umfassen alle erforderlichen Daten, um aus der Fahrleistung die Kosten für eine Ortsveränderung mit einem bestimmten Pkw zu berechnen. Bei der Berechnung der Kosten für einen Kilometer werden Fixkosten (Abschreibung, Versicherung, Wartung) und Fahrtkosten (Kraftstoff) unterschieden. Grundlage ist eine Fahrzeugdatenbank (vgl. Juchum, 1998), die für jeden Fahrzeugtyp u.a. Informationen über den Neupreis, die Versicherungskosten und den Verbrauch enthält.

- Für jede Person eines Haushaltes wird wie in Abbildung 3 dargestellt ein Name, eine Personengruppe (Erwerbstätiger, Nicht-Erwerbstätiger, Hausfrau/Hausmann, Rentner, Kind, Schüler, Student, Auszubildender) und allgemeine Mobilitätsdaten (Führerscheinbesitz, verfügbare Fahrzeuge, verfügbare ÖV-Zeitkarte. persönliche Präferenzen) abgefragt.

Abb. 3: MOBIPLAN - Personendaten

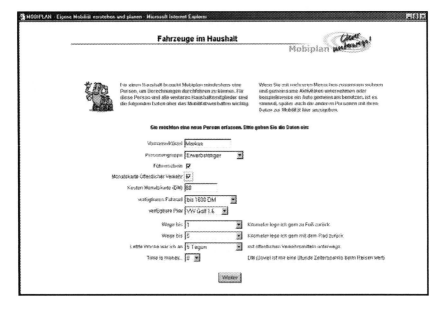

2.2 Überblick über das Mobilitätsverhalten

Um dem MOBIPLAN-Anwender einen Überblick über die Wirkungen seines Mobilitätsverhaltens zu geben, bietet MOBIPLAN eine Analyse an, die aus den regelmäßigen Aktivitäten und den Aktivitätenorten des Anwenders jährliche Kenngrößen der Mobilität abschätzt. Für verschiedene Verkehrsmittelkombinationen (viel Pkw, viel ÖV, etc.) werden die Kenngrößen Reisezeit, Kosten, CO_2-Emmision und Energieverbrauch gegenübergestellt. Um mit möglichst wenigen Inputdaten aussagekräftige Ergebnisse bereitstellen zu können, wird für die Berechnung ein Verkehrsnachfragemodell eingesetzt. Da die Daten für ein derartiges Modell für das gesamte Bundesgebiet derzeit noch nicht verfügbar sind, wurde der Übersichtsmodus im Projekt Mobiplan beispielhaft für den Untersuchungsraum Karlsruhe realisiert. Hier gibt es ein von der PTV AG erstelltes Verkehrsmodell, das alle notwendigen Strukturdaten und die Daten des IV- und ÖV-Verkehrsangebots umfasst:

- Verkehrsnetzmodell IV und ÖV mit Verkehrszellen
- Personengruppenspezifische Aktivitätenketten mit jährlichen Häufigkeiten (Quelle: KONTIV 1987 (vgl. *DIW* 1993) und Mobidrive (vgl. KÖNIG et al. 2000)
- Strukturdaten je Verkehrszelle als Anziehungspotentiale für die Zielwahl
- Kenngrößenmatrix der Angebotsqualität zwischen den Verkehrszellen (Reisezeiten und Fahrtweiten für verschiedene Verkehrsmittel)

Die Daten des Verkehrsmodells werden durch Angaben des MOBIPLAN-Anwender zu seinen regelmäßigen Aktivitäten (Arbeit, Schule, Ausbildung, Einkauf, Freizeit) ergänzt. Pro Aktivität werden folgende Attribute abgefragt:

- Häufigkeit der Aktivität: „*Wie häufig üben Sie diese Aktivität in einer Woche aus?*"
- Ort der Aktivität: Angabe einer Adresse (→ Zielwahl durch Anwender vorgegeben) oder „MOBIPLAN wählt Adresse" (→ automatische Zielwahl durch MOBIPLAN mit einem Gravitationsmodell).

Aus diesen Daten werden mit dem mit dem Verkehrsnachfragemodell VISEM (vgl. FELLENDORF et al. 1997) anwenderspezifische Fahrtenmatrizen für verschiedene Szenarien der Verkehrsmittelwahl erzeugt (vgl. Abb. 4):

- Variante Standard: Annahme einer Verkehrsmittelwahl, die für die Personengruppe typisch ist.
- Variante Pkw-Präferenz: Pkw wird für alle Fahrten > ca. 1000 Meter bevorzugt.
- Variante ÖV-Präferenz: ÖV wird für alle Fahrten > ca. 1000 Meter bevorzugt, auch wenn die Pkw-Reisezeit kürzer ist.
- Variante Umweltverbund: Für alle Fahrten bis zu einer anwenderspezifischen Fahrtweite wird Rad bzw. Fuß bevorzugt, sonst ÖV.

Für jede Modal-Split-Variante werden verschiedene Kenngrößen, z.B. Reisezeit, Kosten. CO_2-Emissionen, Energieverbrauch berechnet, die sich jeweils auf ein Jahr beziehen.

Abb. 4: MOBIPLAN - Ergebnisse Überblick

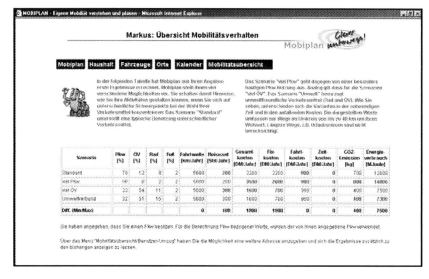

Bei den Ergebnissen handelt es sich aufgrund der Modellierung um aggregierte, wahrscheinlichkeitsbehaftete Jahreswerte. Aus diesem Grund werden die Ergebnisse dem MOBIPLAN-Anwender nur als aggregierte Jahreswerte in tabellarischer Form präsentiert. Einzelne Routen oder das Ergebnis der Zielwahl werden nicht angezeigt.

2.3 Analyse des täglichen Mobilitätsverhalten

Die Ergebnisse für einen Tag sollen den MOBIPLAN-Anwender informieren, welche Fahrtrouten für ein vorgegebenes Tagesprogramm, d.h. eine Folge von Aktivitäten, in Frage kommen und welche Wirkungen im Hinblick auf Zeit, Kosten, Umwelt und Gesellschaft entstehen. Eingangsgrößen sind im Wesentlichen die Aktivitätenorte, die im Laufe eines Tages besucht werden. Als Ergebnis werden die Kenngrößen angezeigt, die sich aus der Benutzung unterschiedlicher Verkehrsmittel ergeben. Bei der Verkehrsmittelwahl ist dabei zu berücksichtigen, dass ein Wechsel des Verkehrsmittels, z.b. vom Pkw auf den ÖV, innerhalb eines Tages nur eingeschränkt möglich ist.

Ausgangspunkt der Berechnung ist das Tagesprogramm einer Person. Dazu bietet MOBIPLAN eine Kalenderansicht, in der der MOBIPLAN-Anwender die Aktivitäten eines Kalendertages wie in einen Terminkalender eintragen kann (Abbildung 5).

Für die Berechnung der Fahrtrouten sind die Verkehrsnetzdaten bzw. die Fahrpläne der einzelnen Verkehrsmittel erforderlich. Für das IV-Routing (Pkw, Rad) wird die Map&Guide Komponente der PTV AG verwendet, das ÖV-Routing greift auf einen Hafas Server der Firma Hacon zurück. Im Gegensatz zu herkömmlichen Routenplanern und Fahrplanauskunftssystemen zeigt MOBIPLAN nicht nur die Erreichbarkeit eines Zielortes an, sondern analysiert ein komplettes Tagesprogramm. Ein

Abb. 5: MOBIPLAN –Kalenderansicht zur Eingabe der Aktivitäten für einen Tag

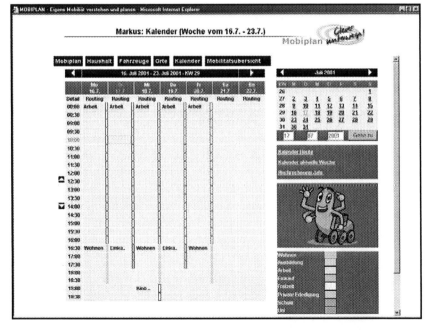

Tagesprogramm besteht aus einer Reihe einzelner Wege, die eine Wegekette bilden. Für jeden Weg wird geprüft, welche Verkehrsmittel geeignet sind. Für alle geeigneten Wege wird eine Routensuche durchgeführt, die für den Weg die besten Straßenstrecken und ÖV-Linien auswählt. Danach werden die einzelnen Wege zu einer Wegekette verknüpft, wobei die Möglichkeit eines Verkehrsmittelwechsels berücksichtigt wird. Während ein Wechsel zwischen ÖV und Fuß jederzeit möglich ist, kann von einem Pkw oder einem Rad nur an wenigen Orten, z.B. am Wohnort, auf ein anderes Verkehrsmittel gewechselt werden.

Nach der Eingabe der Aktivitäten in den Kalender kann der MOBIPLAN-Anwender das oben beschriebene Routing durchführen lassen, das verschiedene Verkehrsmittelkombinationen vorschlägt. Für jede sinnvolle Verkehrsmittelkombination wird der Routenvorschlag in einer Karte dargestellt (Abbildung 6) und die Wirkungen tabellarisch verglichen (Abbildung 7). Für die Analyse der Wirkungen werden folgende Kenngrößen ausgegeben:

- Reisezeit [Std/Tag] differenziert nach Fahrzeit, Zu- und Abgangszeit und Umsteigezeit.
- Kosten [DM/Tag] differenziert nach Kosten für die Fahrzeugvorhaltung (Fixkosten), die Fahrtkosten (out-of-pocket Kosten) und für den Zeitaufwand.
- Umweltbelastung [kg-CO_2/Tag] unter Berücksichtigung der erhöhten CO_2 Emission bei kurzen Pkw-Fahrten und Energieverbrauch [MJoule/Tag] (basierend auf HASSEL & JOST 1994).
- Gesellschaftliche Kosten [DM/Tag] für Stau, Unfall, Lärm und Emissionen (basierend auf *VCÖ* 1998).

Abb. 6: MOBIPLAN - Ergebnisse Tag: Kartendarstellung

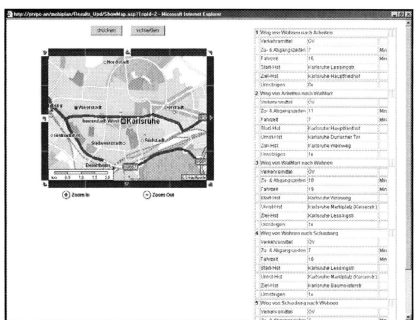

Abb. 7: MOBIPLAN –Ergebnisse Tag: Kosten

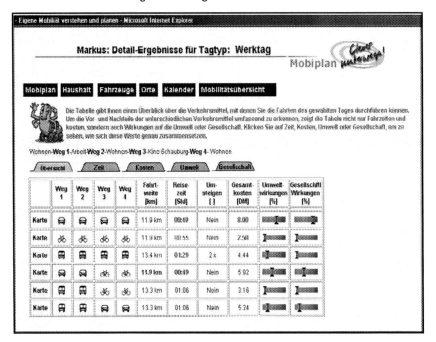

3 E-Planning: Neue Methoden für die Verkehrsplanung

Eine Hauptschwierigkeit bei der Nutzung heutiger GIS- und Verkehrsplanungs-Software ist die Komplexität der zugrunde liegenden Modelle und die sachgerechte Bedienung der Software. Sowohl für einzelne Arbeitsabläufe als auch für bestimmte Arbeitsplätze ist jedoch eine Teilsicht auf die vielfältigen Input- und Ergebnisdaten völlig ausreichend, um eine gegenüber heute wesentlich verbesserte Information oder Arbeitsunterstützung zu erhalten.

Aus der in Büros verwendeten Textverarbeitungs-, Tabellenkalkulations- und Datenbankensoftware sind Makros, Skripte und vorbereitete Beispielanwendungen bekannt, die u.U. auch mehrere Programme gleichzeitig benutzen. Die hierfür notwendige Öffnung der Datenmodelle und Verfahren für Fremdsysteme kann auch auf das Daten- und Methodenrepertoire der in der Verkehrsplanung und Verkehrstechnik eingesetzten Softwaresysteme angewandt werden. Dem gelegentlichen Benutzer können damit einfache Zugriffs- und Nutzungsmöglichkeiten eröffnet werden. Dies kann soweit gehen, dass die Standardoberfläche des Kernsystems gar nicht mehr sichtbar wird. Das Kernsystem wird dann "nur" noch dazu verwendet, entsprechend der Benutzereingabe bestimmte Informationen zu berechnen und in der gewünschten Form anzuzeigen. Als Beispiele seien genannt: Auswertung einer Verkehrszählung, Verkehrsumlegungsberechnung oder Ergebnisse einer Linienerfolgsrechnung.

3.1 Erweiterung eines Verkehrsmodells zum Informationserver für E-Planning

Unter dem Begriff VISUM InformationServer (vgl. HAUPT 2002) wird für das in Europa führende Verkehrsplanungssystem VISUM (*PTV AG* 2002) ein neuer Zugang zu Planungsdaten und den Ergebnissen von Verkehrsmodellrechnungen realisiert. Bei der Erweiterung des klassischen VISUM zum VISUM InformationServer erfolgt die Abfrage von Daten bzw. die Anwendung von Methoden über das Intra- oder Internet. Management und Sachbearbeiter erhalten damit an ihren PCs Zugriff auf die für sie interessanten Verkehrsdaten und Analysen. Dazu werden in einer Web-Seite vordefinierte Funktionsaufrufe von VISUM hinterlegt und zur Auswahl angeboten. Das System lässt sich individuell an Aufgaben und Prozesse anpassen und als Planungsdatenserver für die Verkehrsplanung von Unternehmen und Organisationen nutzen. Darüber hinaus ist eine Einbindung weiterer Daten aus dem GIS-Bereich oder Informationen aus anderen Datenbanken und weiteren Systemen möglich. Auf diese Weise lassen sich umfassende Projektinformationssysteme und Verkehrsdatensysteme aufbauen bzw. an den VISUM InformationServer anbinden.

Abb. 8: Aufbau des VISUM InformationServers

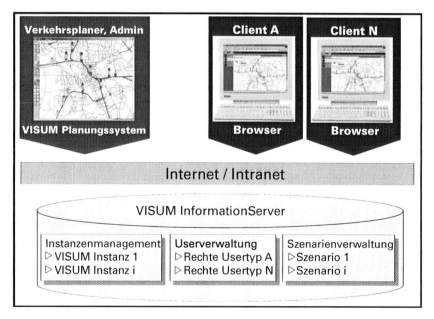

3.2 Einsatzfelder und Anwendungsbeispiele

Das VISUM-System mit den neuen dezentralen Nutzungsmöglichkeiten durch den VISUM InformationServer stellt eine leistungsfähige Plattform für die verschiedensten Dienste dar. Wichtigster Bestandteil ist die Verzahnung von Unternehmens- und Marktmodellen mit dem Verkehrsnetz. Die Anwendungsperspektive ist zumeist die mittel- und langfristige Unternehmensplanung, die Verkehrsentwicklungs- und

Nahverkehrsplanung sowie die Analyse von Unternehmens- und Marktdaten. Von den vielen möglichen Einsatzfeldern für das E-Planning in der Verkehrsplanung seien drei beispielhaft genannt:

Analyse und Prognose des ÖV:

- Linienleistungsberechnung und Teilnetzbildung
- Ausschreibung von Verkehrsleistungen und Qualitätssicherung
- Datenkonsolidierung und Auswertungen von Fahrgasterhebungen und E-Ticketing
- Datenabgleich und Datensammlung
- Tarifberechnung und Abrechnung
- Angebotsänderung und Wirkungsanalyse
- Angebotsplanung und Nachfrageprognose (Bedienungsqualität und Fahrplanvergleich, Belastungs- und Auslastungsprognosen, Szenarien- und Variantenvergleich)

Analyse und Prognose des MIV:

- Messdaten und Verkehrszählungen verwalten und dezentrale Zugriffsmöglichkeiten
- Bewertung von Steuerungs- und Infrastrukturmaßnahmen
- Netz- und Ausbauvarianten kommunizieren und abstimmen
- Datenabgleich und Datensammlung
- Nachfrageprognosen (Belastungs- und Auslastungsprognosen, Szenarien- und Variantenvergleich, Elastizitätsuntersuchungen, Umweltbelastungen)
- Kommunikation von Planungsergebnissen

Inter- und Multimodalität von ÖV und IV:

- Erreichbarkeitsanalysen und -vergleiche
- P&R Potentiale
- Level of Service-Analysen

Abbildung 9 zeigt die Abfrage und Abbildung 10 das Ergebnis eines Streckenbelastungsplans in klassifizierter Darstellung, wie sie auch für die Verkehrsmengenkarten des Bundes und der Länder verwendet werden.

Die erste kommerzielle Version des VISUM InformationServer wurde Anfang 2002 beim Planungsverband Region Hannover installiert. Das System wird dort für die Verkehrsentwicklungsplanung, die Linienleistungsrechnung und für die Nahverkehrsplanung eingesetzt. Weitere Systeme sind in Vorbereitung, z.B. für die Integrierte Gesamtverkehrsplanung Nordrhein-Westfalen.

Der Vorteil der Systemarchitektur ist, dass auf der Benutzer-Seite keinerlei Programm-Installation vorgenommen werden muss. Für die unterschiedlichen Benutzergruppen können individuelle Nutzerprofile angelegt und jederzeit den Fähigkeiten und Informationsbedürfnissen der Benutzer angepasst werden. Eine umfangreiche Datenhaltung auf der Auswertungsebene ist nicht erforderlich, da alle Auswertungen in Echtzeit, sozusagen „on demand", gerechnet werden. Alle Systemeinstellungen werden in einer Datenbank gespeichert und können vom Systemadministrator über das Inter- oder Intranet verwaltet werden.

Abb. 9: Beispiel: Abfrage Streckenbelastunsplan

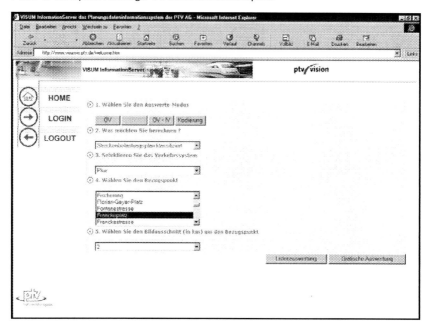

Abb. 10: Grafische Ergebnisdarstellung Streckenbelastungsplan/Verkehrs-
mengen

Literatur

DIW (= *Deutsches Institut für Wirtschaftsforschung*) (1993): Vergleichende Auswertungen von Haushaltsbefragungen zum Personennahverkehr (KONTIV 1976, 1982, 1989). Berlin

DOHERTY, S.T. & E.J. MILLER (2000): A computerized household activity scheduling survey. In: Transportation 27 (1), S. 75-97

FELLENDORF, M., T. HAUPT, U. HEIDEL & W. SCHERR (1997): PTV VISION: Activity-based demand forecasting in daily practice. In: ETTEMA, D.F. & H.J.P TIMMERMANS (Hrsg.) Activity-Based Approaches to Travel Analysis. Oxford, S. 55-72

Forschungsgesellschaft für Straßen- und Verkehrswesen (2001): Leitfaden für Verkehrsplanungen. Köln

FRIEDRICH, M. (2001): Mobiplan - Mobilitätsberatung im Internet, In: Institut für Stadtbauwesen RWTH Aachen (Hrsg.): Tagungsband zum 2. Aachener Kolloquium Mobilität und Stadt. Aachen, S. 115-128 (= Schriftenreihe Stadt Region Land, 71)

HASSEL, D. & P. JOST (1994): Abgas-Emissionsfaktoren von Pkw in der Bundesrepublik Deutschland; Berichte des Umweltbundesamtes 8/94.

HAUPT, T. (2002): Verkehrsplanung und Internet: auf dem Weg zum E-Planning. In: Internationales Verkehrswesen 3/2002, S. 108-110.

JUCHUM, G., G. WEICH & H.-J. WICHOTE (1998): Autokosten und Steuern 1998. ADAC Verlag, München

KÖNIG, A., R. SCHLICH & K.W. AXHAUSEN (2000): Deskriptive Darstellung der Befragungsergebnisse des Projektes Mobidrive. Zürich (= Abeitsberichte Verkehr- und Raumplanung, IVT-ETH, 37)

PTV AG (2002): VISUM. URL:www.ptv.de/cgi-bin/produkte/visum.pl

VCÖ (= *Verkehrsclub Österreich*) (Hrsg.) (1998): Kostenbilanz der persönlichen Mobilität. Mödling (= Verkehr aktuell, 2)

Kagermeier, A., T. J. Mager & T. W. Zängler (Hrsg.): Mobilitätskonzepte in Ballungsräumen.
Mannheim 2002, S. 227 - 235 (= Studien zur Mobilitäts- und Verkehrsforschung, Bd. 2)

Verkehrskonzept Westfalenhallen/-stadion Dortmund

Bert Leerkamp (Dortmund)

Zusammenfassung

Bei Großveranstaltungen im Bereich der Westfalenhallen und des Westfalenstadions treten regelmäßig bei der An- und Abreise Staus im Kfz-Verkehr auf. Das insgesamt zu geringe Parkraumangebot wird nicht optimal ausgenutzt, gleichzeitig parken Besucher jedoch in erheblichem Umfang in den Straßenräumen der südlichen Innenstadt. Die Einsatzzentrale der Stadtverwaltung und der Polizei, die bei Großveranstaltungen den Verkehr regelt, verfügt nicht über die technischen Hilfsmittel, um bei unterschiedlichsten Verkehrssituationen optimal einzugreifen.

Im Zuge des Ausbaus des Westfalenstadions 1998 wurden kurzfristig Maßnahmen zur Verbesserung der Verkehrsabläufe durchgeführt. Der Stadionbetreiber Borussia Dortmund (BVB) plant nun, westlich neben dem Stadion rd. 1.000 neue Stellplätze zu errichten, die die Parkraumversorgung und die Kfz-Erschließung des Veranstaltungsbereiches deutlich verbessern. Gleichzeitig soll die fußläufige Anbindung an die Stadtbahn verbessert werden.

Die weitere Optimierung der Verkehrsabläufe ist Voraussetzung für die Durchführung der Fußballweltmeisterschaft 2006 und für die weitere Wettbewerbsfähigkeit des Veranstaltungsbereiches. Dies gilt insbesondere für Doppelveranstaltungen in den Hallen und im Stadion, die nur in beschränktem Umfang durch Terminkoordinationen vermieden werden können. Das Ingenieurbüro SSP Consult, Bergisch Gladbach hat daher im Jahre 2001 im Auftrag der Stadt Dortmund ein Verkehrskonzept für den gesamten Veranstaltungsbereich erarbeitet, das den Individualverkehr und den öffentlichen Personennahverkehr umfasst sowie bauliche und betrieblich-verkehrslenkende Maßnahmen einschließt. Die Ergebnisse weisen nach, dass mit einem Bündel kurz- bis mittelfristig umsetzbarer Maßnahmen wesentliche Verbesserungen bei der Abwicklung der Veranstaltungsverkehre erreicht werden können.

Im Maßnahmenpaket 1 soll die Beschickung der Parkplätze im Veranstaltungsbereich beschleunigt und vergleichmäßigt werden. Hierzu sind neue Parkplatzzufahrten sowie weitere bauliche und organisatorische Maßnahmen erforderlich, die überwiegend zeitnah realisierbar sind. Im bis zur WM 2006 realisierbaren Maßnahmenpaket 2 soll ein rechnergestütztes Verkehrsleit- und Informationssystem eingerichtet werden, das das vorhandene Parkleitsystem integriert, automatisch die aktuelle Verkehrslage erfasst, die Einsatzzentrale bei der Entscheidung über verkehrslenkende Eingriffe unterstützt und die Beeinflussung der Verkehrsabläufe durch Steuerung von Signalanlagen sowie Schilderbrücken mit Wechselverkehrszeichen ermöglicht. In Kombination mit den Maßnahmen des Paketes 1 kann auf diese Weise eine wesentliche Verbesserung der Verkehrsabläufe bei der An- und der Abreise zu bzw. von Großveranstaltungen erreicht werden.

Als flankierende Maßnahmen sind der Neubau von Fußgängerbrücken erforderlich, um die Fußgängerströme im Veranstaltungsbereich verkehrssicher und komfortabel zu leiten.

1 Ausgangslage

Bei Großveranstaltungen im Bereich der Westfalenhallen und des Westfalenstadions treten regelmäßig bei der An- und Abreise Staus im Kraftfahrzeugverkehr auf, die zeitweise auch die Bundesfernstraßen B 1 und B 54 blockieren. Bei der Abreise von Messen und insbesondere von Fußballspielen kommt es darüber hinaus zu langen Wartezeiten beim Verlassen der Parkplätze. Die Stadtbahnlinien sind hochgradig ausgelastet und nicht in der Lage, noch mehr Besucher in der Haupt- und -abreisezeit zu befördern. Eine Angebotsverdichtung wäre ohne unverhältnismäßig hohe Fahrzeugbeschaffungskosten und Investitionskosten in Streckeneinrichtungen des Stadtbahnsystems nicht möglich.

Park+Ride-Angebote mit Einsatzbussen wurden in der Vergangenheit von den Besuchern nicht akzeptiert und daher wieder eingestellt. Sie scheiterten vor allem an den Verkehrsflussstörungen im näheren Umfeld des Veranstaltungszentrums sowie an einer nicht ausreichenden Bewerbung des Angebotes.

Das insgesamt zu geringe Parkraumangebot wird nicht optimal ausgenutzt. Dies gilt für die östlich der B 54 gelegenen Parkplätze, von denen das Westfalenstadion und die Hallen derzeit nur über große Umwege und auf Straßen ohne ausreichende Fußgängerverkehrsflächen zu Fuß erreicht werden können. Gleichzeitig parken Besucher jedoch in erheblichem Umfang u.a. in den Straßenräumen der südlichen Innenstadt und in den Wohngebieten entlang der Wittekindstraße/ Krückenweg.

Die Einsatzzentrale der Stadtverwaltung und der Polizei, die bei Großveranstaltungen den Verkehr regelt, verfügt nicht über die technisch möglichen Hilfsmittel, um bei unterschiedlichsten Verkehrssituationen optimal einzugreifen.

2 Verkehrsmittelnutzung und Verlagerungspotenziale (Fallbeispiel Bundesligaspiel)

Umfangreiche Erhebungen bei einem Bundesligaspiel im April 1998 haben folgendes Bild der räumlichen, zeitlichen und modalen Ausprägung der Verkehrsnachfrage ergeben.

Verkehrsmittelwahl

Nur 20 % der Stadionbesucher bringen ihr eigenes Auto mit, 33 % sind Pkw-Mitfahrer (Pkw-Besetzungsgrad: 2,7). Die kommunalen Stadtbahnen und Busse befördern 27 % der Stadionbesucher. Gemeinsam mit dem Reisebusverkehr und dem Nahverkehr der DB AG (Haltepunkt Westfalenhalle unmittelbar südlich des Stadions) ergibt sich ein Anteil des öffentlichen Personennahverkehrs von 44 %. Der Fußgänger- und Radverkehr ist in der Summe mit 3 % sehr gering.

Herkunft der Stadionbesucher (MIV-Nutzer)

Bei dem damaligen Heimspiel gegen Borussia Mönchengladbach wurde die Herkunft der mit dem Auto anreisenden Besucher über die Fahrzeugkennzeichen erfasst. Danach können nur 50 % aller Besucher 10 Städten bzw. Landkreisen im Dortmunder Umland zugeordnet werden. Mit 12 % aller auf den Parkplätzen des Veranstaltungszentrums abgestellten Kfz waren die Dortmunder selbst die größte Einzelgruppe unter den Autobenutzern. Aufgrund des relativ großen Stadtgebietes und der dispersen Siedlungsstruktur der Außenbezirke erscheint dieser Anteil verkehrsplanerisch kaum zu reduzieren. Außer den benachbarten Kreisen Unna und Märkischer Kreis (je rd. 8 %) ist kein Kfz-Kennzeichen mit mehr als 4 % am Gesamtaufkommen beteiligt.

Dies zeigt zum einen, dass Borussia Dortmund ein außerordentlich großes Einzugsgebiet hat und relevante Veränderungen des Modal Split eine Optimierung der regionalen und überregionalen Eisenbahnverbindungen insbesondere in den ländlich strukturierten Raum östlich und südlich Dortmunds hinein erfordern würden. Zum anderen tragen die sehr guten Verbindungen im Schienen- und öffentlichen Personennahverkehr innerhalb des Ruhrgebietes dazu bei, dass aus den westlich gelegenen Ballungskernen keine starken, gerichteten Kraftfahrzeugströme zum Westfalenstadion fließen, für die besondere Angebote entwickelt werden könnten. Durch den relativ hohen Dauerkartenabsatz (ca. zwei Drittel der Plätze des Westfalenstadions sind dauervermietet) ist ferner davon auszugehen, dass die Besucher überwiegend eine gute Ortskenntnis besitzen. Dies zeigt sich u.a. in der hohen Akzeptanz offizieller und „inoffizieller" P+R-Plätze im Dortmunder Stadtgebiet.

Zeitliche Verteilung des Verkehrs im An- und Abreisezeitraum

Innerhalb des ca. zweistündigen Hauptanreisezeitraumes bei einem Bundesligaspiel liegt die Spitzenviertelstunde im Kraftfahrzeugverkehr zwischen 14:15 und 14:30 Uhr mit einem Anteil von rd. 15 %. Erst nach 15:15 Uhr reduziert sich der Zustrom deutlich. Dies zeigt, dass die mit dem Pkw anreisenden Besucher zu einem erheblichen Teil erst sehr spät im Veranstaltungszentrum eintreffen und dann in erhöhtem Maße bereit sind, illegal zu parken, um den Spielbeginn nicht zu verpassen.

Der Abreisezeitraum ist durch wesentlich höhere Verkehrsspitzen unmittelbar nach Spielschluss gekennzeichnet, die von den Straßenverkehrsanlagen nicht bewältigt werden können. Daraus folgt, dass auch die entwurfstechnisch und betrieblich noch aktivierbaren Kapazitätsreserven nur eine graduelle Verbesserung der Verkehrssituation bei der Abreise leisten können, da die große Konzentration des Stellplatzangebotes im Veranstaltungszentrum zu räumlich sehr konzentrierten Verkehrsströmen führt. Mit flankierenden Maßnahmen (z.B. Unterhaltungsangebote im Stadion) muss daher versucht werden, die Verkehrsnachfrage im Abreisezeitraum zu vergleichmäßigen.

Bei großen Publikumsmessen besuchen bis zu 35.000 Menschen täglich die Messehallen. Die Stellplatzkapazitäten im unmittelbaren Veranstaltungszentrum sind dann an Wochenenden bereits ab ca. 10:00 Uhr belegt. Wenn am Nachmittag zusätzlich ein Bundesligaspiel stattfindet, steht für die Stadionbesucher praktisch kein Parkraum mehr zur Verfügung. Außerdem überlagern sich die an- und abreisenden Verkehre beider Großveranstaltungen. Solche Doppelveranstaltungen stellen daher für die zukünftige Wettbewerbsfähigkeit des Veranstaltungszentrums ein großes Problem dar.

3   Maßnahmen zur Verbesserung der Verkehrssituation

Neubau einer Stellplatzanlage und einer Fußwegeverbindung

Der BVB plant, unmittelbar westlich am Stadion rd. 1.000 neue Stellplätze errichten, die die Parkraumversorgung und die Kfz-Erschließung des Veranstaltungsbereiches deutlich verbessern. Damit wird u.a. erreicht, dass ein beträchtlicher Teil der aus Westen mit dem Kfz anreisenden Besucher bereits frühzeitig auf Parkplätze geleitet wird und nicht mehr in den östlichen Veranstaltungsbereich fahren muss, so dass insbesondere der Knotenpunkt B 1/B 54 entlastet wird. Gleichzeitig soll eine geradlinige Fußwegeverbindung von der neuen Stadtbahnhaltestelle Theodor-Fliedner-Heim (Inbetriebnahme Mai 2002) zum Stadion in Verlängerung der Strobelallee hergestellt werden. Die gutachterlichen Vorschläge und Empfehlungen werden im Folgenden vorgestellt.

3.1   Kurzfristige Maßnahmen zur Verbesserung der Verkehrsabläufe (Maßnahmenpaket 1)

Im *Maßnahmenpaket 1* soll die Beschickung der Parkplätze im Veranstaltungsbereich beschleunigt und vergleichmäßigt werden. Dies ist eine Grundvoraussetzung für die Verbesserung der Verkehrssituation. Hierzu sind folgende *bauliche* Maßnahmen erforderlich:

* Zusätzliche Zufahrt zum Parkplatz K unmittelbar von der Ardeystraße zur Entzerrung der Verkehrsströme, die die Parkplätze E und K anfahren.
* Teilung des Parkplatzes E und Schaffung einer zusätzlichen Zufahrt von der B 54/Victor-Troyka-Straße.
* Direkte Zufahrt zum Parkplatz F von der B 54 statt bisher über die Maurice-Vast-Straße und den Knotenpunkt Joseph-Scherer-Straße.
* Zusätzliche Zufahrt zum Parkplatz D direkt von der B 54 (damit wird es möglich, den Parkplatz D aus Norden und Süden gleichzeitig zu beschicken, wodurch sich zusätzliche Steuerungsmöglichkeiten für die Einsatzleitung bei Staus und Unfallsituationen ergeben).
* Bau einer Behelfsüberfahrt aus der südwestlichen Rampe B1/B54 direkt zum Parkplatz H zur Entlastung der B 54-Ausfahrt Maurice-Vast-Straße (diese Behelfszufahrt kann im Rahmen der Verkehrslenkung genutzt werden, um kurzfristig Rückstaus in der B 1 und der B 54 abzubauen).

Die baulichen Maßnahmen müssen *durch eine Verkehrslenkung* unterstützt werden, die darauf abzielt, im gesamten Anreisezeitraum alle Parkplatzzufahrten möglichst gleichmäßig zu beschicken und damit die Kapazitäten der Parkierungsanlagen optimal zu nutzen. Außerdem ist gemeinsam mit den Verantwortlichen der jeweiligen Großveranstaltungen und den Betreibern der Parkierungsanlagen eine Lösung zu

Abb. 1: Verkehrskonzept Westfalenhallen/Westfalenstadion für die WM 2006: Maßnahmen der Stufe 1

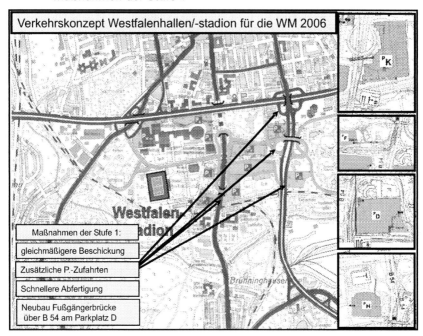

erarbeiten, um die z.Zt. beim Kassieren unvermeidbar auftretenden Verzögerungen im Zufluss zu den Parkplätzen zu minimieren.

Flankierend zu diesen baulichen Maßnahmen ist es erforderlich, die Attraktivität der Parkplätze B und D durch neue Fußgängerbrücken über die B 54 und die Ardeystraße (Ersatz der Behelfsbrücke) zu verbessern, die die Entfernung zum Stadion und zu den westlichen Hallen deutlich verkürzen.

Ergänzend schlägt der Gutachter vor, die Parkplatzbezeichnungen im Veranstaltungsbereich neu zu ordnen und zu leichteren Orientierung Sammelparkbereiche zu definieren, die bei der Anreise von den Fahrzeugführern schneller erkannt werden können.

Das Maßnahmenpaket 1 ist somit eine notwendige Voraussetzung für die Wirksamkeit des Verkehrsleit- und Informationssystems (Maßnahmenpaket 2).

3.2 Mittelfristige Maßnahmen bis zur WM 2006 (Maßnahmepaket 2)

Im bis zur WM 2006 realisierbaren *Maßnahmenpaket 2* soll ein rechnergestütztes Verkehrsleit- und Informationssystem eingerichtet werden, das

- das vorhandene Parkleitsystem integriert,
- automatisch die aktuelle Verkehrslage erfasst und aufbereitet,
- Kurzfristprognosen der Verkehrsentwicklung und das Testen denkbarer steuernder Eingriffe möglich macht,

Abb. 2: Verkehrskonzept Westfalenhallen/Westfalenstadion für die WM 2006:
Maßnahmen der Stufe 2

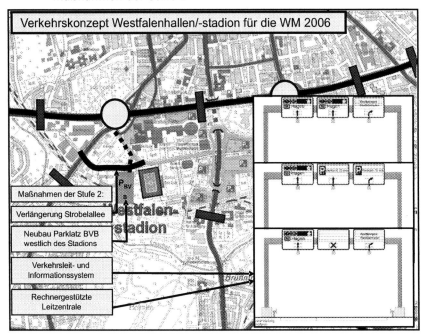

- die Einsatzzentrale bei der Entscheidung über verkehrslenkende Eingriffe unterstützt
- und die Beeinflussung von Lichtsignalanlagen und Wechselverkehrszeichen zur Verkehrslenkung ermöglicht.

Ein solches Verkehrsleit- und Informationssystem wurde u.a. für die EXPO 2000 in Hannover entwickelt und eingesetzt. Es muss für die besonderen Anforderungen von Großveranstaltungen mit ihren über kurze Zeiträume auftretenden, hohen Verkehrsmengen maßgeschneidert werden. Es wird vorgeschlagen, den Kfz-Verkehr auf allen relevanten Zufahrtstraßen des Veranstaltungsbereiches über Verkehrslenkungstafeln mit dynamischen Anzeigen und über Fahrstreifensignalisierungen auf der B 1 und B 54 zu informieren und zu lenken. Damit soll erreicht werden, dass dem Durchgangsverkehr auf der B 1 und der B 54 dauerhaft mindestens ein nicht überstauter Fahrstreifen zur Verfügung steht und die übrigen Fahrstreifen je nach Verkehrslage als Zufahrten zu unterschiedlichen Parkplatzbereichen ausgewiesen werden können. Die Trennung von Zielverkehren und Durchgangsverkehren im Anreisezeitraum ist eine der Schlüsselmaßnahmen zur Verhinderung von Rückstaus auf den beiden Bundesfernstraßen.

Im Abreisezeitraum können die Fahrstreifensignalisierungen eingesetzt werden, um das Einfahren in die B 1 und die B 54 ohne Vorfahrtachten vor dem durchgehenden Verkehr zu ermöglichen. Dadurch kann der Abfluss von den Parkplätzen wesentlich beschleunigt werden.

Die detaillierte Verkehrslagedetektion u.a. mit Videoüberwachung ermöglicht es, sich jederzeit einen Überblick über die aktuellen Verkehrzustände und über besondere Ereignisse wie z.b. Unfälle zu verschaffen. Damit kann schnell und zielgerichtet reagiert werden, und die Einsatzkräfte vor Ort können sich auf wesentliche Steuerungsaufgaben konzentrieren.

Den Kern des Verkehrsleit- und Informationssystems bildet die Leitzentrale, in der ein rechnergestütztes Verkehrsmodell installiert wird, das die aktuelle Verkehrslage grafisch aufbereitet und Prognosen der Verkehrslageentwicklung innerhalb des weiteren An- bzw. Abreisezeitraumes liefert. Damit können bevorstehende Stausituationen erkannt und Steuerungsmaßnahmen vorab getestet werden (z.b.: in Kürze eintretende Überstauung der Rampe B1/B54 in Fahrtrichtung Hagen wird prognostiziert, da Verkehrsstrom auf der B 1 aus Richtung Westen stark zunimmt. Getestet und ausgelöst wird die Öffnung der Behelfsüberfahrt zum Parkplatz H). Ein solches System ist in der Lage, aus wiederholten Einsätzen durch Abspeichern von typischen Verkehrsmustern zu „lernen" und damit die Steuerungszuverlässigkeit kontinuierlich zu erhöhen.

3.3 Maßnahmen für den öffentlichen Personennahverkehr

Der Veranstaltungsbereich wird von drei Stadtbahnlinien bedient, die während der Hauptan- und -abreisezeiten mit der betrieblich dichtest möglichen Zugfolge verkehren. Die Überprüfung der derzeitigen Bedienung im Rahmen des Gutachtens hat bestätigt, dass die wirtschaftlich und technisch sinnvollen Möglichkeiten zur optimalen Stadtbahnbedienung auf der Grundlage der vorhandenen Schieneninfrastruktur bereits ausgeschöpft worden sind. Das System ist hochgradig ausgelastet und es ist nicht möglich, zusätzliche Bedienungskapazitäten bereitzustellen.

Damit kann eine Verlagerung zusätzlicher Kfz-Fahrten auf die Stadtbahn durch attraktivitätssteigernde Maßnahmen nicht erreicht werden. Stadtbahn und Kfz müssen vielmehr arbeitsteilig die Verkehrserschließung des Veranstaltungsbereiches sicherstellen.

Der DB-Haltepunkt Westfalenhalle könnte im Gesamterschließungskonzept eine stärkere Position einnehmen. Die DB AG plant bereits bauliche und signaltechnische Verbesserungen, die es ermöglichen, mehr Züge je Stunde abzufertigen. Ggf. könnten an diesem Haltepunkt auch Regionalstadtbahnen verkehren.

Insbesondere bei Doppelveranstaltungen (i.d.R. Fußballspiel und Messe/Showveranstaltung) kommt es im Veranstaltungsbereich zu Engpässen, die aus der konkurrierenden Belegung von Stellplätzen und der Überlagerung an- und abreisender Besucher resultieren. In diesen Situationen kann mit P+R-Angeboten wirksam gegengesteuert werden, da einerseits zusätzliche Parkraumreserven aktiviert werden können und andererseits Linienbusse eingesetzt werden können, die im Gegensatz zum System Stadtbahn noch über Einsatzreserven verfügen. Im Gutachten von SSP Consult wurden alternative P+R-Standorte untersucht. Der Standort Technologiepark/Universität wurde als der geeignetste Standort identifiziert, da von dort ein reibungsarmer Zubringer-Busverkehr zum Stadion bzw. zu den Westfalenhallen möglich und ein hohes Parkraumpotenzial vorhanden ist. Die Wegweisung zu diesem P+R-Platz muss an der B 1/A 40 installiert und steuerungstechnisch in das Verkehrsleit- und Informationssystem integriert werden.

Maßnahmen für den Radverkehr

Zählungen im Jahre 1998 haben ergeben, dass der Radverkehr für die Anreise zu Großveranstaltungen nur eine untergeordnete Rolle spielt. Die oben beschriebenen Maßnahmen zugunsten des Fußgängerverkehrs (insbesondere Verlängerung Strobelallee und Fußgänger-/Radfahrerbrücken über B 54 und Ardeystraße) kommen dem Radverkehr ebenfalls zugute, da hierdurch eine stadtteilverbindende Radroute von Hörde zum Veranstaltungszentrum neu entsteht. Der ADFC bietet bei BVB-Spielen eine bewachte Fahrradstation unmittelbar am Nordeingang des Stadions an.

4 Auswirkungen der baulichen und steuerungstechnischen Maßnahmen im Kraftfahrzeugverkehr

Mit Hilfe einer rechnergestützten Einzelfahrzeugsimulation (VISSIM) wurde das reale Verkehrsgeschehen bei Großveranstaltungen detailliert nachgebildet und die Wirkungsweise der diskutierten Maßnahmen ermittelt. Dabei wurde im Umfeld des Veranstaltungsbereiches die derzeit vorhandene Infrastruktur zugrunde gelegt. Die Ergebnisse lassen sich wie folgt zusammenfassen:

* Das Maßnahmenpaket 1 verbessert den Zufluss zu den Parkierungsanlagen deutlich. Staus treten im Anreisezeitraum später auf und sind kürzer als in der Ausgangssituation.
* Ohne gezielte steuernde Eingriffe in die Routen- und Parkplatzwahl der Besucher ist eine befriedigende Verkehrsabwicklung jedoch nicht erreichbar. Das Maßnahmenpaket 1 ist somit eine notwendige, aber nicht hinreichende Bedingung für die tiefgreifende Verbesserung der heutigen Situation.
* Das Maßnahmenpaket 2 (Verkehrsleit- und Informationssystem) eröffnet sehr gute Möglichkeiten, Staus im Kraftfahrzeugverkehr auf ein Minimum zu begrenzen. Es setzt die Realisierung der Maßnahmen der Stufe 1 voraus, ohne die die Steuerungsmöglichkeiten nicht nutzbar wären.
* Die optimierte Parkplatzbeschickung und die Staureduzierung auf den Haupterschließungsachsen des Veranstaltungsbereiches werden zu einer Verringerung der Parksuchverkehre in den umliegenden Wohnquartieren führen.
* Die neue Parkierungsanlage des BVB stellt einen Beitrag zur Verbesserung der Gesamtverkehrssituation dar und liegt verkehrstechnisch an der richtigen Stelle.
* Bei Doppelveranstaltungen überschreiten die Besucherverkehre jedoch auch das verbesserte Infrastrukturangebot. Dann sollten verstärkt P+R-Verkehre aus dem Bereich Technologiepark/Universität angeboten werden.

5 Fazit

Das Verkehrskonzept zeigt, dass durch die intelligente Verknüpfung kleinerer entwurfstechnischer Maßnahmen mit einer umfassenden betrieblichen Netzsteuerung erhebliche Kapazitätsreserven in Straßennetzen aktiviert werden können, ohne dass sehr teure und flächenintensive Neubaumaßnahmen erforderlich werden. Für die Bewältigung von Veranstaltungsverkehren mit ihren z.T. sehr hohen Spitzenbelastungen im Kraftfahrzeugverkehr ist diese Strategie „Kombination von Entwurf und Betrieb" unverzichtbar, da der alleinige Ausbau von Straßenverkehrsanlagen oftmals technisch nicht machbar bzw. wirtschaftlich nicht vertretbar ist. Das Spektrum betrieblicher Maßnahmen muss dabei auch im planfrei ausgebauten Fernstraßennetz zum Tragen kommen und kann sich nicht auf die nachgeordneten Stadtstraßen beschränken.

Die Chancen, Kfz-Verkehren auf Verkehrsmittel des Umweltverbundes zu verlagern, müssen im Einzelfall genau geprüft werden. Im Dortmunder Beispiel ist bereits eine intensive ÖPNV-Nutzung gegeben; nutzergerechte P+R-Angebote werden gut angenommen. Das schienengebundene ÖPNV-Angebot stößt bei den für Großveranstaltungen typischen Spitzen-Verkehrsstärken an die Grenzen seiner Strecken- und Fahrzeugkapazitäten, die mit wirtschaftlich vertretbarem Aufwand nicht erweitert werden können. Daher müssen auch für den Kraftfahrzeugverkehr akzeptable Verkehrsbedingungen geschaffen werden, zumal der hohe Besetzungsgrad der Kfz im Veranstaltungsverkehr auf eine sehr wirtschaftliche Nutzung dieses Verkehrsträgers hinweist.

Kagermeier, A., T. J. Mager & T. W. Zängler (Hrsg.): Mobilitätskonzepte in Ballungsräumen.
Mannheim 2002, S. 237 - 254 (= Studien zur Mobilitäts- und Verkehrsforschung, Bd. 2)

Transrapid – eine Perspektive in der Schwebe

Johannes Klühspies (München)

Zusammenfassung

Der Transrapid ist ein spurgeführtes Verkehrssystem, das – berührungslos auf Magnetkissen schwebend – mit Geschwindigkeiten bis ca. 500 km/h Ballungszentren verknüpft. Die ersten Anwendungsstrecken werden in China (Shanghai-Pudong Airport; Shanghai-Beijing) und den USA realisiert.

Der Beitrag hat das Ziel, wesentliche Grundlagen und Fakten für eine Diskussion zum Transrapid zusammenzufassen. Im Überblick die Vorgehensweise:

1 Technologische Bedeutung des Transrapid
2 Innovationsprofil des Transrapid
3 Systemtechnische Eigenschaften im Vergleich
4 Planungsrechtliche Grundlagen
5 Aspekte der Raumplanung
6 Aspekte von Integration und Vernetzbarkeit
7 Aspekte von Umwelt und Nachhaltigkeit
8 Kosten
9 Akzeptanz und Image des Transrapid in Deutschland
10 Internationale Marktentwicklung
11 Ausblick

Grundsätzliche Fragestellung ist dabei: Wird der Transrapid ein bedeutendes Verkehrssystem des 21. Jahrhunderts sein?

1 Technologische Bedeutung des Transrapid

Der Transrapid ist eine neue Technologie mit hoher Bedeutung für die Mobilitätsgestaltung:

- Er stellt aus verkehrskonzeptioneller Sicht eine Komplementärtechnologie dar, die eine Vernetzung mit anderen Verkehrssystemen (Öffentliche Nahverkehrssysteme, Regionalbahnen und Langstreckenflugzeug) voraussetzt und einfordert.
- Der Transrapid ist eine Konkurrenz- bzw. Substitutionstechnologie, welche Teile des Kurzstreckenflugverkehrs substituieren und auch den verschleißanfälligen konventionellen Rad/Schiene-Hochgeschwindigkeitsverkehr (ICE, analog: TGV, Shinkansen) ersetzen kann.

Aus Sicht des Marktes erscheint der Transrapid als eine schwer imitierbare Kernkompetenztechnologie mit erheblichem Weiterentwicklungs- und Wettbewerbsdifferenzierungspotential, die daher ein deutliches Potential zur Erringung von signifikanten Wettbewerbsvorteilen aufweist.

2　Innovationsprofil des Transrapid

Der Transrapid führt – im Falle einer Realisierung – zu einer signifikanten und nachhaltig wirksamen Modifizierung des nationalen Verkehrsmarktes, da er eine dreifach qualifizierte Innovation darstellt (vgl. Tab. 1). Es ist diese Intensität des innovativen Eingriffs in bestehende Mobilitätsstrukturen, die zu vielfältigen Chancen und/oder Veränderungen führen kann. Dies lässt eine gesellschaftspolitische Diskussion des Innovationsvorhabens Transrapid besonders wünschenswert erscheinen.

Die innovative Bedeutung des Transrapid ist hoch zu bewerten: Er ist Produktinnovation, Marktinnovation und Strukturinnovation zugleich. Die ausgeprägten innovativen Qualitäten bieten Erklärungsansätze für das Drängen der Chinesischen Verkehrspolitik (*VR China* 2002), das Know-How der Magnetschwebetechnologie komplett zu übernehmen.

Tab. 1:　Innovationsarten von Transrapid und ICE/TGV im Vergleich

Innovations-Art	Beschreibung	Trans-rapid	ICE, TGV
Produkt-Innovation	Neue Qualität der Mobilitätsdienstleistung (höhere Reisegeschwindigkeit, besserer Reisekomfort); Eigene Infrastruktur	ja	teilweise
Verfahrens-Innovation	neue Produktionsprozesse durch grundlegend neues Produkt aus innovativen Komponenten	teilweise	nein
Markt-Innovation	Markterschließungspotentiale in Mittel- und Osteuropa, Amerika und Asien (Export)	ja	nein
Beschaffungs-Innovation	Schaffung neuer Bezugsquellen	nein	nein
Struktur-Innovation	Neuorganisation des Verkehrsmarktes	ja	teilweise

3　Systemtechnische Eigenschaften im Vergleich

Der Transrapid ist ein Verkehrssystem auf Basis der Magnetschwebetechnologie. Er umgreift seinen T-förmigen Fahrweg zu etwa zwei Dritteln und gilt daher als entgleisungssicher. Die Geschwindigkeit kann theoretisch auf weit über 500 km/h ausgedehnt werden. Die Tragfähigkeit liegt bei ca. 20 Tonnen pro Fahrzeugsegment.

Beim Transrapid sitzt der Motor im Fahrweg, das Fahrzeug wird also von außen angetrieben und ist dadurch sehr leicht. Der Transrapid schwebt berührungslos von Anfang an (im Unterschied zum japanischen Konkurrenten). Im Notfall kommt der Transrapid – beim Ausfall sämtlicher sonstiger Sicherungssysteme auf zwei Graphit-Kufen zum Stehen. Die derzeit angestrebte Geschwindigkeit in Europa liegt bei etwa 450 bis 500 km/h. Bei Erstanwendungsprojekten in der VR China werden diese Geschwindigkeiten erreicht.

Gegenüber der herkömmlichen Rad-Schiene-Technik hat das magnetische Schweben eine Reihe von Vorteilen, u.a.:

- Wegen des berührungslosen Gleitens auf „Magnetkissen" entfällt die Rollreibung und der damit verbundene Lärm. Transrapidzüge sind daher bei gleicher Geschwindigkeit stets signifikant leiser als konventionelle Züge (ICE, TGV, Shinkansen, S-Bahn). Eine S-Bahn mit ca. 80 km/h ist daher etwa so laut wie ein Transrapid bei ca. 300 km/h. Während der Geräusch-Cocktail („Klangfarbe, Timbre") von Rad/Schiene-Systemen eher durch hohe, kreischende Frequenzen charakterisiert ist (vgl. QUEHL 1999) – die sich erheblich verstärken, je weniger der Gleiskörper gewartet wird („Schienenriffel") – liegen die Geräuschemissionen des Transrapid in tieferen Frequenzbereichen. Ein Transrapid kann daher nicht nur objektiv leiser, sondern auch akustisch angenehmer und somit vergleichsweise wenig störend durch urbane Räume verkehren. Zusätzliche Schallminimierungspotentiale bestehen durch Optimierung der Fahrwegelemente (Schwingungsverhalten hybrider Träger oder von Stahlkonstruktionen).

- Der Antrieb erfolgt berührungslos und ist haftwert-unabhängig. Deshalb sind auch starke Steigungen eine einfach lösbare Aufgabe (ca. 10 % Steigungsfähigkeit beim Transrapid gegenüber max. 4 % bei Rad-Schiene-Systemen). Die konventionelle Rad-Schiene-Technik benötigt dagegen steigungsarme Trassen, die zu aufwendigen Tunneltrassen und teuren Streckenbauten (wie z.B bei der ICE-Neubaustrecke Köln-Frankfurt) führen.

- Der Wegfall des Rollwiderstands beim schwebenden Transrapid führt zu signifikanten Vorteilen beim Energieverbrauch. Diese Energieeinsparung wird allerdings erst bei Geschwindigkeiten über ca. 150 km/h (im Vergleich zu R/S) relevant, denn im niedrigen Geschwindigkeitsbereichen wird dieser Vorteil dadurch aufgezehrt, dass der Transrapid für Erreichen und Erhalt des Schwebezustandes Energie aufwendet (im Unterschied zu R/S). Erst ab ca. 150 km/h kann der Transrapid seine Energievorteile ausspielen. Dies bedeutet, dass der Transrapid unter dem Aspekt des Energieverbrauchs derzeit noch kein Verkehrssystem ist, das langsame innerstädtische Nahverkehrsmittel (langsame innerstädtische S-Bahnen mit vielen Haltepunkten, etc.) sinnvoll substituieren sollte.

- Der Flächenbedarf für den Trassenbau ist im Vergleich zu den massiven Unterbauten für R/S-Systeme deutlich reduziert. Ob aber bei aufgeständerter Trassenführung die Flächen unter dem Fahrweg tatsächlich für andere Nutzungen attraktiv bleiben (wie von den Systemführern behauptet) wird sich allerdings erst noch in der Praxis zeigen müssen. Aus historischer Sicht erscheint dies möglich, wie die Raumnutzungen unterhalb von aufgeständerten S-Bahn-Gleisen bzw. Hochbahngleisen in Berlin und Hamburg zeigen.

- Eine Minimierung von Eingriffen in Landschafts- und Stadtbild durch den Entfall von Dämmen und Einschnitten (wegen der hohen Flexibilität bei Trassenführung und der Ständerbauweise sind möglich. Die Frage der Ästhetik des Fahrwegs ist jedoch ein noch unzureichend diskutiertes Problemfeld, da Trassenplanungen bisher fast ausschließlich unter Ingenieurplanungsaspekten erfolgten. Interessante Optionen werden erst in jüngster Zeit ingenieurseitig untersucht, in Reaktion auf teilweise massive Ablehnung durch Bürgerinitiativen und Umweltschutzverbände. Ein positives Beispiel stellt z.B. die Fahrwerkkonstruktion von Igler Stahlbau (wwww.igler-stahlbau.de) dar.

Geschwindigkeit, Beschleunigung, Zeit- und Wegbedarf

Um 300 km/h zu erreichen benötigt der Transrapid lediglich 20 % der Strecke eines ICE 3 (bzw. nur 7 % im Vergleich mit dem ICE 2; vgl. Tab. 2). Um eine Reisegeschwindigkeit von 500 km/h zu erreichen benötigt der Transrapid immer noch 20 % weniger Strecke als ein ICE, der (nur) 300 km/h erreichen soll.

Tab. 2: Vergleich von Beschleunigungswegen bei Transrapid und ICE2-ICE3

	Transrapid	ICE 2	ICE 3
Beschleunigungsweg			
0 - 200 km/h	1.715 m	7.500 m	4.200 m
0 - 300 km/h	4.340 m	64.220 m	21.500 m
0 - 400 km/h	8.820 m		
0 - 500 km/h	17.800 m		

Quelle: TIETZE 2001, S. 16

Entsprechend stellt sich daher auch das Verhältnis der jeweils benötigten Beschleunigungszeiten dar: Der Transrapid benötigt ein gutes Drittel weniger an Zeit, um bis auf 500 km/h zu beschleunigen, als ein (nur auf max. 300 km/h beschleunigender) ICE 3. Bei der Betrachtung gleicher Endgeschwindigkeiten (300 km/h) braucht ein ICE 3 etwa dreimal so lange wie der Transrapid (500 km/h); ein ICE 2 braucht sogar etwa zehnmal so lange (vgl. Tab. 3)

Tab. 3: Vergleich von Beschleunigungszeiten bei Transrapid und ICE2-ICE3

	Transrapid	ICE 2	ICE 3
Beschleunigungszeit			
0 - 200 km/h	62s	219 s	129 s
0 - 300 km/h	104 s	1.006 s	367 s
0 - 400 km/h	160 s		
0 - 500 km/h	225 s		

Quelle: TIETZE 2001, S. 16

Diese hohen Beschleunigungsqualitäten des Transrapid scheinen auch einen Einsatz als Nahverkehrssystem (z.B. „Metrorapid") nahe zu legen. Der Aspekt des Energieverbrauchs in niedrigen Geschwindigkeitsbereichen dürfte diesen Aspekt bisher allerdings nachdrücklich relativieren.

4   Planungsrechtliche Grundlagen

Die planungsrechtlichen Grundlagen, auf deren Basis die Diskussion über eine (mögliche) Realisierung des Transrapid abläuft sind:
• der Bundesverkehrswegeplan, 1992 und Fortschreibungen
• das Magnetschwebebahn-Planungsgesetz, 1994
• das Magnetschwebebahn-Bedarfsgesetz, 1996

- das Allgemeine Magnetschwebebahn-Gesetz, 1996
- die Magnetschwebebahn-Verordnung, 1997.

Hinzu kommen die Anhörungen im Rahmen eines Planfeststellungsverfahrens, mit den Einspruchsmöglichkeiten durch Bürger. Einsprüche werden häufig als Sammelverfahren zusammengefasst, über ihre Berechtigung und Angemessenheit wird auf juristischem Wege entschieden.

5   Aspekte der Raumplanung

Ein interurban verkehrender Transrapid führt zu einer Reurbanisierung der angebundenen Städte, wenn der Transrapid bis in die Zentren (z.B. zu den klassischen Hauptbahnhöfen) gelangt. Die jeweiligen Innenstädte werden als Drehscheiben und Angelpunkte des öffentlichen Lebens aufgewertet und betont. Eine Inwertsetzung öffentlicher Flächen setzt ein, die insbesondere die bisher benachteiligten, wenig attraktiven Stadtgebiete in der Umgebung von Hauptbahnhöfen des R/S-Systems fördert. Städte mit Transrapid können dadurch insgesamt an Attraktivität gewinnen.

Für eine Reihe von Wirtschaftsbetrieben ist es traditionell vorteilhaft, Standorte nahe bei zentralen, urbanen Orten zu unterhalten. Eine Abwanderung von Unternehmen ins Umland rechnet sich aus jeweiliger betrieblicher Sicht zunehmend weniger, wenn die Pendelzeiten zwischen Kunde und Büro vergleichsweise groß werden. Kompakte, mittels Transrapid objektiv in ihrer Bedeutung aufgewertete Innenstädte bieten ein vielfältiges Angebot an Dienstleistungen, ökonomischen Chancen und Gelegenheiten. Sie können so zu einem Anziehungspunkt für Unternehmen und stadtnahes – wenn auch meist hochpreisiges – Wohnen werden. Die (Transrapid-) Bahnhofsviertel als Anlaufpunkt für kaufkräftige Businessreisende und Touristenströme profitieren von solchen Aufwertungstrends und dürften die Effekte zumindest in Teilen an angrenzende Stadtviertel weitergeben.

Da ein Transrapid-System unmittelbar abhängig von einer effizienten Vernetzung mit zuführenden und ableitenden kommunalen Nahverkehrssystemen ist, verlangt eine Transrapid-Innovation auch erhebliche Investitionen in den öffentlichen Nahverkehr. Angesichts der bekannt wichtigen Rolle, die dem Öffentlichen Verkehr bei der Ansiedlung von Gewerbe, Dienstleistung und Wohnen zukommt, bewirkt der mittels Transrapid entstehende Verkehrsentwicklungsdruck eine intensive Förderung von kommunalen Nahverkehrssystemen und begünstigt damit eine insgesamt wachsende Attraktivität des Wirtschaftsstandortes und Lebensraumes Stadt.

Aus überregionaler Sicht werden Städte, die in interurbane Transrapid-Verbindungen eingebunden sind, zu dominierenden zentralen Orten im Raum, denen die umgebenden Wirtschaftsräume zugeordnet werden. Dies führt zu einer Umkehr der heute häufig anzutreffenden Situation, dass Städte von ihrem umgebenden Wirtschaftsraum ökonomisch dominiert werden: Derzeit finanzieren Städte enorme Infrastrukturleistungen (Theater, Kunst, Kultur, Universitäten, Bildungseinrichtungen, Verwaltung), von deren Bereitstellung und Image („Freizeitwert, Kulturstadt, Bildungszentrum") die Umlandgemeinden wesentlich profitieren – im Gegenzug tragen diese Umlandgebiete aber kaum zur Finanzierung dieser Leistungen bei. Ein Transrapid, der nun bei geeigneter infrastruktureller Einbindung den Focus der ökonomischen Aufmerksamkeit auf die klassischen Innenstädte zurückführt, kann diese Situation aufbrechen. Innenstädte erhalten einen Bedeutungszuwachs. Dies kann eine „Renaissance der (Innen-) Städte" auslösen, welche das heutige ökonomische

Ausbluten der Städte bremst und die Stadt-Umlandbeziehungen mittelfristig in eine sinnvollere Balance bringt. Die These lautet vereinfacht zusammengefasst: Ein Transrapid kann einen ökonomisch fundierten Machtzuwachs für (Innen-)Städte auslösen. Unabdingbare Voraussetzung einer Realisierung solcher Perspektiven sind allerdings die direkte Einbringung des Transrapid bis an die traditionellen Stadtzentren (Hauptbahnhöfe) sowie die prinzipielle Vermeidung weiterer „P&R"-Transrapid-Bahnhöfe am Stadtrand.
Signifikant verbesserte Verbindungen zwischen Städten werten die Städte in ihrer Lagegunst im Raum auf. Im Empfinden der Bürger kommen die Städte einander näher, kommen auf „Katzensprung"-Distanz. Handelt es sich um Städte, die sich – im europäischen Maßstab – in Standortkonkurrenz zueinander befinden, so kann die (subjektiv empfundene, räumliche) Annäherung einesteils zu einer Verschärfung der Konkurrenz führen, andererseits auch zur Entwicklung wirtschaftlicher Kooperationen in übergeordneten Maßstäben begünstigen. Handelt es sich um Siedlungsräume mit zumindest teilweise komplementären Wirtschaftsstrukturen, so werden Synergien und ein beschleunigter Austausch zwischen den beteiligten Städten wahrscheinlicher; dies könnte für Europa eine Teilantwort auf Globalisierungsfolgen darstellen.

6   Aspekte von Integration und Vernetzbarkeit

Es ist nicht nur von Bedeutung, wie schnell die Fahrt zwischen zwei Zentren abläuft, sondern ebenso wichtig, wie gut erreichbar ein Verkehrssystem innerhalb des jeweiligen Ballungsraumes ist. Zeitraubende Anfahrtswege sollten klein gehalten werden, damit ein Zeitgewinn bei der Nutzung des Systems nicht bereits vom Zeitbedarf bei der Anreise aufgebraucht wird.

Die Hauptumschlagplätze des Personenverkehrs liegen nahe der Zentren der Ballungsgebiete. Die Orte größten Passagieraufkommens sind in der Regel identisch mit den traditionellen Bahnhöfen der Eisenbahnen (Europa) und den Flughäfen. Für den Transrapid wird es damit zu einer wichtigen Frage, ob es gelingt, sowohl die Flughäfen zu erreichen, als auch direkten Anschluss an bedeutende Eisenbahn-Bahnhöfe zu finden. Diese Bahnhöfe müssen direkt angefahren werden um damit Zugang zu den „gewachsenen Reisendenströmen" zu erhalten.

Naturschutzverbände und manche Bürgerinitiativen bewerten den Transrapid wohl unter anderem deshalb oft ablehnend, weil grundsätzlich bezweifelt wird, dass der Transrapid die Stadtzentren ohne stadtbildzerstörende Verkehrswegebauten direkt erreichen kann. Diese Argumente bedürfen einer intensiveren Betrachtung.

6.1   Das Platz-Argument

Die europäischen Großstädte sind mit zunehmender Annäherung an ihre Kerne meist auch immer dichter bebaut. Die Bahnhöfe liegen in den Zentren. Dies erschert den den Zugang für neue Infrastruktureinführung prinzipiell. Sind aber die Zufahrts-Trassen tatsächlich so limitiert, dass ein Transrapid nicht mehr Platz finden kann?

In vielen deutschen Grosstädten gibt die DB AG Flächen auf, da sie diese nicht mehr zu benötigen meint. Gerade also in den Stadtzentren und Stadteinfahrten, die doch meist als „Engpässe" der Schieneninfrastruktur bezeichnet werden, werden nun Flächen aufgelassen und möglichst verkauft.

- Die Stadt München entwickelt eine mehrere Kilometer lange Achse zwischen Bahnhof und München-West unter Nutzung alter Bahnhofsflächen neu, in Düsseldorf und Dortmund laufen ähnliche Planungen.
- Berlins Verkehrsinfrastruktur befindet sich seit Jahren in einer Umbauphase, hier wurde die Realisierungsmöglichkeit für die Trasse des Transrapid im Rahmen der Planung Hamburg-Berlin bereits im Detail geprüft und bestätigt. Im Rahmen der „Eurorapid-Planungen" in den Niederlanden ist die Realisierung dieser Transrapid-Verbindung (Amsterdam Hamburg -Berlin) jüngst erneut aktuell geworden.
- Frankfurt und Stuttgart erwägen die Errichtung von Untergrund-Fernbahnhöfen und planen, die dabei freiwerdenden, oberirdischen Flächen abzugeben.

Eine Darstellung, für Transrapid-Trassen gäbe es prinzipiell keinen Platz, ist angesichts dieser Beispiele für intensiv bebaute Ballungsräume objektiv nicht nachvollziehbar. Nicht ein Mangel an geeigneten Flächen scheint das Problem zu sein, sondern vielmehr eine fehlende Bereitschaft und das Desinteresse, neue Lösungsmöglichkeiten überhaupt zu erwägen. Zusammengefasst scheint sich sagen zu lassen: *„Für den Transrapid scheitert die Erreichbarkeit der innerstädtischen Zentren mehr an mangelnder Planungs- und fehlender Konfliktlösungs-Bereitschaft, als an tatsächlichen faktischen Zwängen"* (KLÜHSPIES 1989).

6.2 Fragen der Vernetzbarkeit

Liegen Haltepunkte des Transrapid abseits der traditionellen Verkehrsknoten, so werden Umsteigevorgänge langwierig und damit unattraktiv. Erst in diesem Fall werden die unterschiedlichen Systemeigenschaften von Rad/Schiene und Transrapid tatsächlich zu einem trennenden Hindernis. Es ist daher ein wesentliches Erfolgskriterium für den Transrapid, dass er die traditionellen Verkehrsknotenpunkte (Bahnhöfe) in Städten und Flughäfen direkt anfährt.

Der Flugverkehr mit seinen Flugplätzen in Randlagen der Ballungsgebiete ist ein deutliches Beispiel dafür, wie sehr lange Anfahrtswege Reisezeitgewinne aufzehren: *„To compare these high speed variants with air, we need some basic assumptions. Here [in Europe, d. A.] we assume that for a city-to-city-center journey a traveler can reach the station in 15 minutes and can then reach the train in another five minutes; at the other end, 15 minutes are allowed to reach the destination. For air we assume a 45 minute journey to the airport and another 60 minutes check-in and waiting time, plus 5 minutes exit and another 45 minute journey at the destination. The total access and waiting-time penalty is thus 35 minutes by rail and 155 minutes by air. Some may think this biased against air; we would plead that it represents average Western European reality, and makes no allowance for air traffic and weather delays"* (HALL 1999, S. 8) .

Für den Transrapid ist es grundsätzlich wichtig, eine wesentlich bessere Erreichbarkeit zu erhalten, als das Flugzeug sie aufweisen kann. Gleichzeitig steht der Transrapid auch von Seiten des ICE/TGV unter Druck, denn wenn der Transrapid die Verkehrsknotenpunkte tatsächlich nicht direkt anfahren dürfte, verringert sich sein potentieller Vorteil „Reisezeitverkürzung" im Vergleich zum ICE erheblich.

Es bestätigt sich die bekannte Erkenntnis, dass Schnelligkeit, Vernetzungsgrad und Erreichbarkeit keine unabhängigen Größen sind, sondern in hohem Maße von einander abhängig sind. Sie insgesamt zu optimieren kann wohl nur im Rahmen eines entsprechenden Konzepts gelingen, das Flugzeug, Rad-/Schiene und Transrapid zusammen führt.

6.3 Umsteigen oder „Systembruch"?

Im Verlauf der Diskussion um die Integrationsfähigkeit eines Transrapid in die bestehende Verkehrsinfrastruktur wird etwa seit 1997 das Schlagwort eines drohenden „Systembruchs" geprägt. Der Begriff behauptet die Unmöglichkeit einer sinnvollen Einbindung des Transrapid in bestehende Verkehrskonzepte und negiert eine effiziente Vernetzbarkeit mit anderen Systemen. „Systembruch" bezieht sich dabei besonders auf Umsteigevorgänge und soll (behauptete oder vermutete) Nachteile eines Wechsels zwischen Rad/Schiene und Transrapid inhaltlich zusammenfassen. Auf andere Umsteigevorgänge (z.b. zwischen den unterschiedlichen Verkehrssystemen Flugzeug und Bahn) wird das Schlagwort bisher nicht angewendet, obwohl ein Umstieg zwischen Bus und Straßenbahn sicher ebenso als Systembruch zu verstehen wäre, wie ein Wechsel vom ICE ins Flugzeug.

Wie ist die Sinnhaftigkeit dieses Begriffes zu bewerten? Die Systemunterschiede verschiedener Verkehrsmittel sind ihren Kunden gut vertraut und werden zudem bei jedem Wechsel des Fortbewegungsmittels sofort aufs Neue ersichtlich, ohne dass diese Systemunterschiede von Kunden deshalb als negativ bewertet würden. Relevant ist daher wohl mehr die Frage, ob ein Wechsel zwischen verschiedenen Verkehrssystemen für Reisende in unangenehmer Weise spürbar wird. Ist ein Umsteigen mühsam, zeitaufwendig und kompliziert – oder ist es schnell, mühelos und einfach?

Wenn der Transrapid gut mit Flugzeug, ÖPNV und Bahn verknüpft wird, ist eine „Zumutung des Systembruchs" für den Reisenden nicht gegeben. Dies gilt um so mehr, als wegen der bekannt hohen Flexibilität des Transrapidfahrwegs die Magnetbahn-Infrastruktur wesentlich näher an die etablierten Verkehrsbauten (besonders an die Flughäfen) herangeführt werden kann, als dies bei den ICE-Strukturen möglich ist. Es ist nicht zu erkennen, warum bei geeigneter Planung ein Umsteigevorgang vom Flugzeug auf den Transrapid prinzipiell unangenehmer sein sollte, als ein Wechsel vom Flugzeug auf den ICE (TGV, Shinkansen).

Das Wort „Systembruch" ist daher in seiner derzeitigen Definition und Verwendung nicht überzeugend und kann allenfalls für eine polemische Diskussion taugen. Angesichts seiner erheblichen suggestiven Wirkung ist es jedoch wichtig, die Rolle dieses emotions-besetzten Schlagwortes in der Diskussion nicht zu unterschätzen.

6.4 „Bivalenter Fahrweg"

Auch der „bivalente Fahrweg" ist zur Lösung des Erreichbarkeits-Problems in die Diskussion gebracht worden: Ein Fahrweg, der von Rad/Schiene wie Transrapid gleichermaßen befahren werden kann. Auch wenn der bivalente Fahrweg heute technisch realisierbar ist, so ist ein Einsatz doch mehr als Notlösung zu sehen: Aus den gleichen Gründen, aus denen die DB AG die Entmischung des langsamen Güterverkehrs und des ICE-Verkehrs anstrebt, ist auch die Vermischung eines Transrapid-Verkehrs mit relativ langsamen Schienenfahrzeugen nicht sinnvoll. Der bivalente Fahrweg ist daher keine wünschenswerte Lösung.

7 Aspekte von Umwelt und Nachhaltigkeit

Umwelteffekte gehen von Errichtung und Betrieb von Verkehrsanlagen aus. Die Transrapid-Technologie kann hier mit anderen Verkehrssystemen verglichen werden.

7.1 Energieeffizienz

Die vergleichende Darstellung des Energieverbrauchs von ICE (analog: TGV und Shinkansen) sowie Transrapid hat in der öffentlichen Diskussion zu erheblichen Irritationen geführt. Eine Analyse der jeweiligen Ausgangsbedingungen zeigt, dass je nach Interessenlage häufig und gern mit unterschiedlich gefärbten Prämissen gearbeitet wurde. Dies führt erwartungsgemäß zu Resultaten, die das jeweils erwünschte Planungs- oder Verhinderungsinteresse reflektieren. Als wichtigste (und manipulationsanfällige) Einflussgrößen auf das Ergebnis sind u.a. zu nennen:

* Sitzplatzdichte (Bestuhlungsdichte). Hier werden beim Ansatz „Energieverbrauch je Platz/Kilometer" oft unterschiedliche Werte gewertet (je mehr Sitzplätze je Quadratmeter angenommen werden, desto geringer wird der rechnerische Energieverbrauch pro Sitz und Kilometer).
* Vermischung von Primär- und Sekundärenergiebedarf.
* Vergleich von Kosten für (günstigere) Stromerzeugung für Bahnnetz und (teure) externe Energiebereitstellung.
* Ausblendung der niedrigen Geschwindigkeitsbereiche mit den hier besonderen Energieverbrauchen.
* Unterschiedliche Berücksichtigung von Bord-Klimaanlagen und Kunden-Servicesystemen (Verbrauch bei Stillstand des Fahrzeugs/bewegtes Fahrzeug, relevant besonders bei geschwindigkeitsabhängig induzierten Energieströmen).

Aufgrund der divergierenden Annahmen kursieren in der Diskussion stark differierende Werte, welche je nach Interessenlage verwendet zu werden scheinen. Eine seriöse Abwägung oder sinnvolle Diskussion ist auf solcher Basis nicht möglich. Auch im Rahmen dieser Darstellung können diese Aspekte nicht vertieft dargestellt werden. Es soll aber zumindest eine grundsätzliche Bewertung der Energieeffizienz von Rad/Schienesystemen gegenüber Magnetschwebesystemen benannt werden:

* Bei gleicher Geschwindigkeit,
* identischer Sitzplatzdichte,
* identischer Betriebsenergiequelle und
* bei Geschwindigkeiten über 150 km/h

gilt folgende Aussage des *TÜV Rheinland*: „*Generell kann gesagt werden, dass die Magnetbahn bei gleicher Geschwindigkeit weniger Energie als ein ICE benötigt, während beim Vergleich der angestrebten Betriebsgeschwindigkeit [verglichen wird also ein ICE bei 280 mit einem Transrapid bei 450 km/h] der ICE günstiger abschneidet*" (1990, o.S.)

Der Energievergleich zwischen Transrapid und ICE erweist sich aus einem weiteren Grund als schwierig: Bei großzügigerer Bestuhlung verschlechtern sich die Werte für Energieverbrauch und Schadstoffe pro Personenplatzkilometer. Mehr Platz je Kunde bedeutet andererseits jedoch einen Gewinn am Komfort und steigert die Attraktivität des Systems für Reisende. Dies zeigt, dass der Energieverbrauch zu Nutzenkriterien in Bezug gesetzt werden sollte, um zu insgesamt sinnvollen Aussagen zu gelangen.

Auf der Basis der bisher angewandten Vergleichsgrößen ist in Abbildung 1 ein Vergleich des Energieverbrauchs dargestelt. Andere Darstellungen, die den Transrapid hier als dem ICE noch stärker überlegen ausweisen, finden sich z.B. bei *Transrapid International* (www.tri.de). Insgesamt wäre eine andere Bezugsgröße wünschenswert, wie z.B. Energieverbrauch pro Quadratmeter nutzbarer Fläche. Solche Berechnungen sind bisher allerdings nicht bekannt geworden.

Abb. 1: Vergleich des Energiebedarfs von Transrapid und ICE3

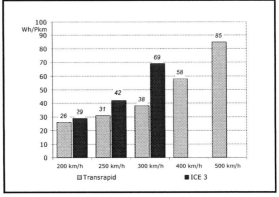

Quelle: eigene Darstellung nach TIETZE *2001*

7.2 Umweltbeeinflussung

Auf der Basis fortgeschriebener Ergebnisse des Bundestagsgutachtens (1990) ergibt sich das in Tabelle 4 dargestellte Bild.

Tab. 4: Relative Intensität der Umweltbeeinflussung durch verschiedene Verkehrsmittel (1 = relativ stärkste Beeinflussung, 4 = relativ geringste Beeinflussung)

Art der Umweltbeeinflussung	1 stark	2	3	4 gering
Energiebedarf für Verkehrswegebau	IV	TR	Zug	Luft
Veränderung des visuellen Erscheinungsbildes	IV	Zug	TR	Luft
Schadstoffabgabe beim Wegebau	IV	Zug	TR	Luft
Flächenbeanspruchung	IV	Zug	TR	Luft
Trennwirkungen	IV	Zug	TR*	Luft
Verlust / Minderung von Bausubstanz	IV	Zug	TR	Luft
Natur-, Biotop-, Landschaftsschutz	IV	Zug	TR*	Luft
Tropf- und Altöl	IV	Luft	Zug	TR
Sonstige flüssige Schadstoffe	IV	Luft	Zug	TR
Ruß- und Staubemissionen	IV	Luft	Zug	TR
Streusalze und Auftaumittel	IV	Luft	Zug	TR
Ökologische Nutzungsänderung	IV	Zug	Luft	TR
Ökonomische Funktionsveränderungen	IV	Zug	Luft	TR
Energiebedarf für Fahrzeugbau	Luft	IV	Zug	TR

* = aufgeständerte Trassenführung
in Anlehnung an Deutscher Bundestag 1990, S. 238

Bei gleicher Geschwindigkeit, identischer Sitzplatzdichte, identischer Betriebs-energiequelle sowie Geschwindigkeiten über 150 km/h (für ICE und Transrapid 08) werden beim Transrapid etwa ein Drittel weniger Luftschadstoffe ausgestoßen als beim ICE. Bei gleicher Geschwindigkeit hat der Transrapid signifikant bessere Werte als der ICE. Sowohl ICE als auch Transrapid sind bei der Luftschadstoffbelastung er-heblich umweltfreundlicher als das Flugzeug und das Kfz. Insgesamt erscheint der Transrapid unter den genannten Aspekten vorteilhafter als ICE, Flugzeug und Indivi-dualverkehr (IV).

Schallemissionen (Lärm)

In der Bevölkerung hat der Lärm, als negativ empfundener Umweltfaktor, einen ho-hen Aufmerksamkeitswert. *„Befragungen haben gezeigt, dass unabhängig von ihrem jeweiligen Wohnumfeld die Mehrheit der Bevölkerung Lärm als gesundheitsschädlich empfindet"* (*DIW* 1989, S280f.). Im Bereich der psychischen Lärmwirkungen ist die „erlebte" Störung und Belästigung hier wohl der entscheidende Parameter.

In der Diskussion ist die Frage der Lärmentwicklung beim Betrieb von Transrapid und ICE eines der am stärksten umstrittenen Themen. Nicht zuletzt die rechnerisch zwar korrekte, sachlich gesehen jedoch wohl wenig sinnvolle Verrechnung der ge-messenen/prognostizierten Lärmabstrahlungswerte mit der Vorüberfahrhäufigkeit pro Stunde („Mittelung") und der daraus resultierenden Nivellierung der Ergebnis-se zugunsten des Transrapid scheint in diskutierenden Bürgergruppen einige Verär-gerung hervorgerufen zu haben.

Für Verwirrung sorgten allerdings auch Vergleiche der ICE-Schallwerte mit denen des Transrapid bei unterschiedlichen Endgeschwindigkeiten sowie die daraus abge-leitenden Thesen. Weiterhin herrscht Uneinigkeit darüber, welche Werte nun im Mei-nungsbildungsprozess verwendet werden sollten: Vergleichswerte oder absolute Werte?

Eine grundsätzliche Darstellung der Entstehung und Wirkung von Lärmemissio-nen bei ICE, Transrapid soll hier Klarheit geben. Die beim Betrieb von Verkehrsmit-teln entstehenden Geräuschemissionen setzen sich im wesentlichen aus folgenden Quellen zusammen:

- an der Fahrbahn bei der Fahrt entstehende Reibungsgeräusche
- durch Luftturbulenzen entstehende Lärmentwicklungen („aerodynamisches Ge-räusch")
- Arbeitsgeräusche der Antriebs- und Kühlungs-Systeme.

Diese drei Emissionsarten addieren sich, mit von der jeweiligen Geschwindigkeit abhängigen Anteilen, zum „Gesamtgeräusch". Grundsätzlich gilt: Die Geräuschbe-lastung wird bis ca. 200 km/h im wesentlichen durch die Emissionen am Fahrweg bestimmt, ab 200 km/h aufwärts jedoch von den aerodynamischen Geräuschen dominiert.

Da beim Transrapid durch das berührungsfreie Schweben die Fahrweg-Geräusche stark verringert sind, ist er bei gleichen Betriebsgeschwindigkeiten im Vergleich *„das leiseste Bodenverkehrsmittel"* (KRACKE 1990, o.S.), deutlich leiser als ein ICE oder kon-ventioneller IC. Ein Transrapid, der mit gleicher Geschwindigkeit wie ein Rad-Schiene-System fährt, ist signifikant leiser, da bei ihm keine Reibungsgeräusche am Fahrweg anfallen (vgl. Abb. 2).

Auch bei höheren Geschwindigkeiten, bei denen das Fahrtwindgeräusch dominiert, hat der Transrapid erhebliche Vorteile (keine Luftverwirbelung durch Stromabnehmer, günstige aerodynamische Formgebung): Ein Transrapid bei 400 km/h weist Schallabstrahlungswerte auf, die etwa einem 100 km/h langsameren ICE entsprechen.

Auch vom TÜV Rheinland wurden vergleichende Messungen zwischen TGV, ICE, Transrapid 07, Flugzeug, LKW und PKW durchgeführt: *„Als Ergebnis kann zusammenfassend gesagt werden, dass der Transrapid unter Berücksichtigung der angestrebten Betriebsgeschwindigkeit im Vergleich zu anderen spurgeführten Verkehrssystemen als relativ geräuscharm gelten darf"* (*TÜV Rheinland* 1990, o.S.).

Abb. 2: Geräuschbelastung durch unterschiedliche Verkehrsmittel im Vergleich

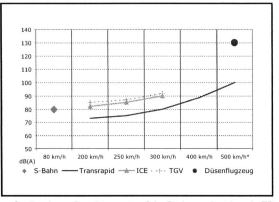

Quelle: eigene Berechnungen auf der Basis von Angaben der TR International; 500km/h: konsevativer Schätzwert auf Basis japanischer Werte (Maglev)

8   Kosten

Die wesentlichen Kostenfaktoren eines Verkehrsprojektes sind in Tabelle 5 zusammengestellt. Das Interesse von Auftraggeber, Erstellern und Betreibern ist, die anfallenden Kosten jeweils möglichst zu minimieren. Anhand eines Vergleichs von R/S-

Tab. 5: Kostenfaktoren von Verkehrsprojekten

Planung	Vor- und Machbarkeitsstudien Standardisierte Bewertung Alternativ-Gutachten Genehmigungs- und Einspruchsverfahren eigentliche Planungen (Ingenieur und Landschaftsbau, Gebäudearchitektur)
Erstellung	Erstellung von Trasse und Steuerungstechnik
Betrieb	Beschaffung und Unterhalt von Fahrzeugen Energiekosten Personalkosten Unterhalt der Infrastruktur
Vertrieb, Marketing	Verkaufs- und Kontrollsysteme Personalkosten Werbekosten Verwaltung Management
Finanzierung	Kapitalkosten

Tab. 6: Vergleich von Kostenfaktoren zwischen Hochgeschwindigkeits-Rad-Schiene-Systemen und Transrapid

	Trans-rapid	ICE, TGV
Einsatz normierter, seriengefertigter Komponenten (bei der Fahrwegserstellung, Fahrzeugbau, etc.)	ja	ja
robuste, wartungsarme Signal- und Steuerungstechnik	ja	nein
Minimierte Infrastrukturkosten (Licht, Entwässerung, Beheizung, Tunnel, Untergrundbahnhöfe,...)	z.T.	nein
energieeffiziente Fahrzeuge	ja	nein
verschleißarme, wartungsarme Fortbewegung	ja	nein
geringe Personalintensität des Betriebs	ja	nein
priorisierter, unbehinderter Verkehr zwischen kundenaufkommensstarken Orten (Punkt-zu-Punkt-Verbindungen)	ja	z.T.
zweckreiner Verkehr (nur HGV, frei von langsamerem Güter- / ÖPNV-Verkehr)	ja	z.T.
exklusive Nutzung der Infrastruktur, d.h. kein ‚offenes Netz'	ja	nein
Fahrplan-Dominanz (Verknüpfungen oder Anschlüsse sind von anderen, nachgeordneten Systemen anzustreben)	ja	z.T.
Möglichkeit finanzieller Rückstellungen für Betreiber	unge-klärt	gering

Systemen (Shinkansen, TGV, ICE) mit dem Transrapid lässt sich auf Basis der in Tabelle 5 genannten, grundsätzlichen Einflußgrößen darstellen, welche Faktoren die Kosten der jeweiligen Verkehrssysteme generell beeinflussen und welche Systeme – speziell aus der Interessenlage eines potentiellen Betreibers – bei bestimmten Aspekten grundsätzliche Vorteile bieten (vgl. Tab. 6).

Als Fazit lässt sich ableiten: Die betriebswirtschaftlichen Perspektiven einer Transrapidanwendung erscheinen unter den genannten Aspekten (im Vergleich zu R/S-Projekten) positiv.

Erstellungskosten Infrastruktur

Besonders relevant für die Innovation von neuer Verkehrsinfrastruktur sind die Erstellungskosten, da diese im Bereich des Öffentlichen Verkehrs überwiegend von der öffentlichen Hand getragen werden. Hier ergibt ein Vergleich etwa die in Tabelle 7 und Tabelle 8 dargestellten Durchschnittsgrößen.

Tab. 7: Erstellungskosten Rad-Schiene-System und Transrapid im Vergleich

	Art der Investition	Mio. €/km
Rad-Schiene-System	Anpassung Infrastruktur für Neigetech-Züge[1] bis 160 km/h	ca. 0,1 – 0,25
	Anpassung Infrastruktur für Neigetech-Züge bis 230 km/h	ca. 1,5 – 2
	Neubau Infrastruktur ICE: - Flachlandstrecke	ca. 10 – 15
	Neubau Infrastruktur ICE: - Mittelgebirgsstrecke	ca. 15 – 30
Trans-rapid	Transrapid: - ebenerdige Trassenführung	ca. 10
	Transrapid: - aufgeständerte Trassenführung	ca. 15

Zahlen in Anlehnung an MNICH 2000, Institut für Bahntechnik 2000
Alle Angaben beziehen sich auf Doppelfahrspurwege. Die Bandbreite der Schwankungen beim
Rad/Schiene-System resultiert wesentlich aus der Festlegung „zweckreiner" oder Mischverkehr.[2]

Tab. 8: Kostenvergleich für konkrete Projekte in Deutschland

System	Strecke	Kosten in Milliarden €	Millionen € je km
ICE	Hannover – Würzburg, 327 km	5,6	ca. 17
ICE	Würzburg – Stuttgart, 99 km	1,9	ca. 19
ICE	Stadteinfahrt Berlin, ab Staaken, 25 km	0,9	ca. 36
ICE	Hannover – Berlin, 289 km	3,5	ca. 12
ICE	Frankfurt - Ff/M-Flughafen - Köln, 177 km	6,0	ca. 34
ICE	Hamburg – Berlin: 329 km, Neubau für 330 km/h	4,1	ca. 13
ICE	Hamburg – Berlin: 329 km, Ausbau für 230 km/h	3,4	ca. 10
TR	Berlin – Hamburg, 292 km, für 450 km/h, Rahmenentwurfsplanung	4,2	ca. 14
TR	Berlin – Hamburg, 292 km, für 450 km/h, fortgeschriebener BVWP 1992	5	ca. 17
TR	Berlin – Hamburg, 292 km, für 450 km/h	3,8	ca. 13

Werte nach Institut für Bahntechnik 2000, DB AG 2002

---

1) Neigetechnologie erlaubt ein schnelleres Befahren von Kurven, da sich der Fahrzeug-Oberbau (einem Motorradfahrer ähnlich) leicht in die Kurve legt. Die Belastung des Gleisunterbaus nimmt allerdings u.a. durch die weiter wirkende, erhöhte Fliehkraft erheblich zu, dies ist stark verschleißtreibend. Diese Kosten sind bisher nicht nachvollziehbar in Nutzen-Kosten-Abwägungen eingeflossen.

2) Mischverkehr bedeutet, dass zusammen mit HG-Personenverkehr auch (Schwerlast-) Schienengüterverkehr die Strecke nutzt. Dies stellt deutlich höhere Anforderungen an den Unterbau. Mischnutzung ist stark verschleißtreibend.

9 Akzeptanz und Image des Transrapid in Deutschland

Eine repräsentative Studie analysierte die Images und Meinungen von 1.029 Bürgern zum Thema „Transrapid in Deutschland" (KLÜHSPIES 2001). Die Ergebnisse zeichnen ein zwar kritisches, insgesamt jedoch tendenziell positives Bild der Magnetschwebetechnologie.

1) Die Mehrheit der befragten Bürger sieht im Transrapid ein Symbol der technologischen Leistungsfähigkeit Deutschlands.

2) Städte mit Transrapid scheinen deutliche Vorteile im überregionalen Standortwettbewerb erwarten zu können: Die ökonomische Bedeutung einer Stadt steigt nach Ansicht der meisten Befragten durch einen Transrapid erheblich an. Hiervon profitiert auch der lokale, öffentliche Personennahverkehr: Die Befragten erwarten, dass der Transrapid seine Kunden für eine Weiterreise vor allem den Bahnen und Bussen zuführen wird. Das Image der öffentlichen Verkehrsmittel dürfte durch den Transrapid insgesamt deutlich ansteigen. Eine Nutzung des Öffentlichen Verkehrs erscheint durch den Einsatz der neuen Technologie insgesamt attraktiver.

3) Viele Befragten sind überzeugt, dass der Transrapid in Deutschland unter einem generell innovationshinderlichen Klima leidet. Vielen Menschen falle es schwer, von der konventionellen Rad-Schiene-Technologie auf den modernen Transrapid „umzudenken". In der Kritik steht in diesem Zusammenhang die Informationsvermittlung zur Magnetschwebetechnologie: vielen Bürgern sei nicht klar, „was Aufgaben und Möglichkeiten des Transrapid sind".

4) Die Analyse zeigt, dass das Image die stärkste Einflussgröße auf die Meinungsbildung zum Transrapid darstellt. Weitgehend unabhängig vom faktischen Wissensstand wird eine Innovation des Transrapid von den Befragten meist begrüßt, wenn er ein freundliches Image aufweist. Hat der Befragte dagegen ein negatives Bild vom Transrapid, interessieren meist auch sachliche Überlegungen nicht mehr: der Transrapid wird dann sehr pauschal abgelehnt. Für die deutschen Anwendungsstrecken bedeutet dies: Wenn der Transrapid ein progressives und attraktives Image glaubhaft vermitteln kann, dann wird dies vorentscheidend für seine Realisierung sein.

5) Derzeit ist das Image des Transrapid bei Bürgern relativ positiv. Trotz der strittigen Realisierungsdiskussion gilt der Transrapid insgesamt als zukunftsweisend, modern und perspektivenschaffend.

6) Stark positive Akzeptanzwerte hat der Transrapid bei Männern über 50 Jahren und bei „Teenies". Auch Altersgruppen zwischen 30-50 Jahren stehen dem Transrapid insgesamt positiv, jedoch deutlich kritischer gegenüber. Generell sind Frauen wesentlich Transrapid-skeptischer als Männer. Im höherem Alter werden Frauen sogar häufig zu „kategorischen Ablehnern" des Transrapid.

7) Ausländische Befragte beurteilen den Transrapid deutlich positiver als deutsche Befragte.

10 Internationale Marktentwicklung

Mit der kompletten Weitergabe des Transrapid-Know-hows durch die deutschen Systemführer im Juli 2002 an China hat Deutschland sein diesbezügliches Alleinstellungsmerkmal auf dem Markt aufgegeben: „Nach Aussagen eines Vorstandsmitglieds *hat ThyssenKrupp bereits vor Monaten den chinesischen Behörden alle für Planung und Bau der Bahn notwendigen Blaupausen zur Verfügung gestellt. Damit verfügen die Chinesen über umfassendes Know-how und sind in der Lage, den Transrapid in allen wesentlichen Teilen selbst zu produzieren. Bei der Transrapid-Strecke in Schanghai ging es den Chinesen von Anfang an weniger um eine schnelle Verbindung zwischen Flughafen und Innenstadt als vielmehr um den Erwerb deutscher Technologie"* (*Wirtschaftswoche* 2002). Das Monopol für eine in Deutschland entwickelte, mit etwa 2 Milliarden €uro staatlich geförderte Hochtechnologie scheint damit für eine Wertschöpfung in Deutschland weitgehend aufgegeben worden zu sein.

10.1 Transrapid in China

Nachdem sich der chinesische Ministerpräsident Zhu Rongji bei seinem Deutschlandbesuch im Sommer 2000 durch eine Fahrt auf der Teststrecke einen persönlichen Eindruck verschafft hatte, ging es für den Transrapid in China rasch vorwärts: Am 23. Januar 2001 wurde zwischen der Stadt Shanghai und Transrapid International der Vertrag über den Bau einer Transrapid-Strecke zwischen dem Flughafen Pudong und der Innenstadt unterzeichnet.

Die insgesamt acht Zugskompositionen, die Stahlbiegeweichen und Teile des Langstator-Linearmotors wurden aus Deutschland importiert. Der Fahrweg wurde dagegen komplett in China hergestellt, dazu hat China das Know-How des deutschen Systemführers aufgekauft und weiterentwickelt. Im sandig-weichen Schwemmland von Shanghai war die Verankerung des Fahrwegs technisch anspruchsvoll, teilweise mussten Anker bis zu 60 Meter tief in den Untergrund gebohrt werden. Um nachträgliche Verschiebungen ausgleichen zu können, ruht der Fahrweg auf justierbaren Lagern.

10.2 Transrapid in den USA

In den USA sind mehrere Strecken in der Realisierungsdiskussion. Die derzeit am weitesten fortgeschrittenen Projekte verlaufen zwischen Ballungsräumen der Ostküste sowie zwischen Westküsten-Städten. Die Entscheidung über die Realisierung der Transrapid-Technologie in den USA hängt wesentlich davon ab, mit welchem Ergebnis die Erstanwendung des Systems in China bewertet wird. Ein Erfolg der Strecke im Regelbetrieb dürfte die Chancen des Systems wesentlich erhöhen.

Unabhängig von einer Innovation der Magnetschwebetechnologie im Verkehrswesen hat die Technologie bereits Eingang in die militärische Raumfahrt gefunden. Magnetschwebesysteme werden hier für einen Einsatz als Erstbeschleuniger von Raketen, Drohnen und Space-Shuttles vorbereitet.

10.3 Swissmetro (Schweiz)

In der Schweiz hat man das Magnetschwebebahnkonzept unter dem Namen „Swissmetro" aufgegriffen. Geplant ist, Magnetzüge in Unterdruck-Tunnels verkehren lassen, in denen der Luftdruck um etwa 90 % reduziert ist, um den Reibungswiderstand und Energieverbrauch weiter zu minimieren. Die vorgesehene Technologie basiert auf dem japanischen Maglev-System. Als Reisegeschwindigkeit werden bis zu 700 km/h diskutiert. Geplant ist zunächst eine Pilotstrecke zwischen den Städten Lausanne und Genf.

11 Ausblick

Die Inbetriebnahme des Transrapid in China dürfte für Deutschland zu einer verstörenden Erfahrung werden. Ein System, dessen Entwicklung von den deutschen Steuerzahlern mit etwa 2 Milliarden Euro gefördert wurde, ist mit erneuten Zuschüssen des deutschen Staates in Shanghai realisiert worden. Danach wurde aber das Know-how durch Thyssen-Krupp an die chinesischen Kunden vollständig abgegeben, was den faktischen Verlust der Technologieführerschaft für bedeutet. Binnen kurzer Zeit wird die Transrapid-Technologie von chinesischer Seite – wahrscheinlich gewinnbringend – weltweit vermarktet werden können.

In der Vorausschau lässt sich damit absehen, dass bereits in einem Jahrzehnt die VR China (und evtl. Teile der USA) mit einem infrastrukturellen „backbone" auf Basis einer weiter optimierten Transrapid-Technologie ausgestattet sein werden. Und Mitteleuropa?

Die Zukunft verheißt für Mitteleuropa hier wenig Positives: Es scheint als würden in Europa zukünftig

- verschleißanfällige,
- wartungsintensive,
- personalintensive,
- kostenintensive,
- relativ langsame,
- technologisch an ihre Leistungsgrenze gelangte

Rad-Schiene-Systeme verkehren, welche die Ökonomie Europas in die Fesseln ihrer alten Infrastruktur zwingen. Die dann vergleichsweise ineffiziente Transportinfrastruktur wird die wirtschaftlichen Nachteile gegenüber den erstarkenden Ökonomien in Asien weiter verstärken. Die Zeit wird jedoch nicht mehr zurück zu drehen sein. Ausbleiben von Innovation und mangelnde Bereitschaft zur Nutzung sich bietender Chancen führen zu Perspektivlosigkeit und gesellschaftlich-ökonomischer Stagnation.

Die Relevanz von Imageaspekten bei der Frage einer Transrapid-Realisierung in Europa erscheint insgesamt so dominierend, dass sich die Meinungsbildung zunehmend weniger an Sachfragen, sondern vor allem an (emotionalen) Eindrücken festmacht. Es konnte gezeigt werden (KLÜHSPIES 2001), dass die Innovationsperspektiven des Transrapid stark von gesellschaftlich aktuellen Gefühlslagen beeinflusst werden, z. B. von Zukunftsängsten, Technik-Vorbehalten und Befürchtungen für die eigene Existenz (Gesundheit, Werte, Einstellungen) bedroht werden. Dies sind Bedenken, die in der wissenschaftlichen Diskussion manchmal etwas geringschätzig unter dem Schlagwort „irrationale Ängste" verbucht (und dann gern beiseite gelegt) werden. Dies ist jedoch der Bedeutung dieser Faktoren sicher nicht angemessen.

Die Ergebnisse der Studie belegen eine hohe Bedeutung des Faktors „Image" für die Bewertung des „Transrapid". Dieses Image zeigt deutlich auf, was Bürger in diesem Verkehrssystem sehen (wollen), wie dieses Verkehrssystem auf sie wirkt, welche Emotionen es bei ihnen anspricht. Das derzeitige Image, das der Transrapid bei den Bürgern hat, ist bisher noch überwiegend positiv.

Die weitere Gestaltung des Image wird entscheidende Bedeutung für die Innovationschancen des Transrapid im mitteleuropäischen Raum haben.

Literaturverzeichnis

Deutscher Bundestag (Hrsg.): Zusammenfassung der Stellungnahmen der Verbände und Sachverständigen ... für das Öffentliche Anhörungsverfahren des Ausschusses für Verkehr. Bundestagsgutachten 1989/90, Frage 17. Bonn, Januar 1990

DB AG (2002):Pressemitteilung 9.10.2002, siehe: www.bahn.de

DIW (= *Deutsches Institut für Wirtschaftsforschung*) (1989): Verkehr in Zahlen. Berlin

HALL, Peter (1990) Moving Information: A Tale of Four Technologies. Working Paper 506, Institute of Urban and Regional Development (IURD), University of California at Berkeley. Berkeley

Institut für Bahntechnik (2000): Personenverkehr auf der Schiene. Strecke Hamburg-Berlin. Berlin; Hamburg; Köln

KLÜHSPIES, Johannes (1989): Verkehr 2010 – Transrapid in der Schwebe?. München

KLÜHSPIES, Johannes (2001): Perspektive Transrapid? Analysen zu Akzeptanz und Image einer neuen Verkehrstechnologie in Deutschland. München

KRACKE, Jürgen (1990): Stellungnahme In: *Deutscher Bundestag* (Hrsg.): Zusammenfassung der Stellungnahmen der Verbände und Sachverständigen ... für das Öffentliche Anhörungsverfahren des Ausschusses für Verkehr. Bundestagsgutachten 1989/90, Frage 17. Bonn, Januar 1990

MNICH, Peter (2000): Kurze Zwischenbilanz, Perspektiven, Empfehlungen. In: *Institut für Bahntechnik* (2000): Personenverkehr auf der Schiene. Strecke Hamburg-Berlin. Berlin; Hamburg; Köln

QUEHL, Julia (1999): Schienenbonus für Transrapid? – Eine semantische Klanguntersuchung zur Übertragbarkeit des Schienenbonus auf die Magnetschnellbahn. In: Zeitschrift für Lärmbekämpfung, Heft 5

TIETZE, Wolf & Marie-Luise STEINEMANN-TIETZE (2001): Aufgaben einer europäischen Verkehrspolitik im 21. Jahrhundert. In: Standort – Zeitschrift für Angewandte Geographie, Heft 1, S.10-18

TR International (2002): Umwelt und Technik. www.tri.de

TÜV Rheinland (1990): Stellungnahme des TÜV Rheinland. In: *Deutscher Bundestag* (Hrsg.): Zusammenfassung der Stellungnahmen der Verbände und Sachverständigen ... für das Öffentliche Anhörungsverfahren des Ausschusses für Verkehr. Bundestagsgutachten 1989/90, Frage 17. Bonn, Januar 1990

VR China (2002): Chinesen machen Druck. In: Wirtschaftswoche 15.08.2002

Wirtschaftswoche: (2002): Eigene Pläne aufgegeben. In: Wirtschaftswoche 05.09.2002

Weitere Informationsquellen mit Linklisten, Bildern und detaillierteren Infos im Internet (Stand 10.2002):

- www.tri.de
- www.mvp.de
- www.kluehspies.de

Internationale Beispiele von Mobilitätskonzepten

Kagermeier, A., T. J. Mager & T. W. Zängler (Hrsg.): Mobilitätskonzepte in Ballungsräumen.
Mannheim 2002, S. 257 - 276 (= Studien zur Mobilitäts- und Verkehrsforschung, Bd. 2)

Planes, trains but mostly automobiles:
an analysis of the UK government's struggle with the sustainable transport agenda

Iain Docherty (Glasgow)

1 Introduction

In its election manifesto, the 1997 Labour Government promised to introduce radical transport policies aspiring to the goal of much-improved environmental sustainability. Central to this was the desire to build on the „Consensus for Change" in transport policy identified by the party while in opposition in the mid 1990s. This consensus was built around the recognition that past policies aimed at accommodating relentless increases in the demand for travel were failing, and that reducing the dominance of the car in transport provision was essential to prevent a deepening crisis of sustainability, represented by more transport related pollution, deteriorating local air quality, and increasing greenhouse gas emissions.

Despite its promises to make „hard choices" in transport policy, Labour has struggled to implement sustainable transport strategies in government, and to convince the public of their value. This chapter reviews the Labour's record and its stated plans for the future, analysing why it has been unable to live up to its own aspirations to change the direction of transport policy. It is argued that a series of key events in the government's first five years, such as the last-minute removal of radical proposals from the Transport White Paper, the fuel tax protests and the collapse of Railtrack, illustrate a fundamental unwillingness to recognise the importance of the role of the state in securing a sustainable transport system able to satisfy the demands of the economy and society.

2 Historical context

Although there is a wide literature on why the UK has come to find itself in the midst of a „transport problem" (see THOMSON 1977, ROBERTS et al, 1992, PUCHER and LEFEVRE 1996, for example), it is instructive to briefly summarise some key historic issues and trends in British transport policy because they illustrate very well many of the assumptions underlying Labour's approach.

The increased flexibility and individual choice of when and where to travel associated with widespread car ownership and use has transformed almost every aspect of British society. As access to cars has increased, people travelled further between their homes, workplaces and places of consumption. The urban decentralisation and deconcentration of the post-war era has also made these patterns more complex, as trunk radial flows of movement to and from major urban centres have been supplemented by a complex web of circumferential and tangential trips.

Over time, changing patterns of land use have reflected the widening availability of transport, and its increased effectiveness in reducing the friction of distance. Before 1800, the land transport systems that provided the means of economic exchange between settlements were exclusively based on roads for the use of pedestrians and horse-drawn vehicles. However, *„Major changes in transport technology which began to emerge during the first quarter of the 19th century had a major influence on the growth of cities, the organization of their internal structure, and the supply, demand, efficiency, speed and opportunities for movement within them"* (DANIELS & WARNES 1980: 4).

The subsequent shift from „foot cities" to „tracked cities" (SCHAEFFER & SCLAR 1975) had profound implications for settlement form. Land uses became increasingly separated and specialised, and technological advances, such as the development of tram and metro networks in the early 20th century, further encouraged urban dispersal. The suburb, built at much lower residential density than the historic areas of the inner urban core, became the aspirational choice of residence for the majority.

But the „tracked" era was to last little over 50 years. After 1920, transport in the UK, as in most countries of the developed world, was transformed by the introduction of motor vehicles, particularly the private car. Although it is widely perceived that the political rhetoric underlying the promotion of widespread car ownership came from the Right – MEYER & GOMEZ-IBANEZ (1981), for example, link the encouragement of car ownership to the liberal ideals of promoting personal choice and maximising physical mobility as a means to promote more flexible, responsive markets and economies – it is important to recognise that the Left also has a long tradition of regarding increased car ownership and use as desirable. At the heart of this position is a utopian vision of the economy and society, which incorporated universal car ownership as a solution to the transport equity dilemma of unequal access to travel, and the opportunities for employment and consumption that it creates, between social groups: *„What nobler agent has culture or civilization than the great open road made beautiful and safe for continually flowing traffic, a harmonious part of a great whole life? Along these grand roads as through human veins and arteries throngs city life, always building, building, planning, working"* (WRIGHT 1963: 147).

Indeed, such was the importance attached by the Left to the accommodation of the private motor vehicle within overall urban transport policy that the origins of the notion of „predict-and-provide" can be traced back to the celebrated socialists Beatrice and Sidney Webb. Writing in the 1920s, they remarked „we cannot doubt that – whatever precautions may be imposed for the protection of foot-passengers, and whatever constitutional and financial readjustments may be necessary as between tramways, omnibuses and public revenues – the roads have once more got to be made to accommodate the traffic, not the traffic constrained to suit the roads" (WEBB and WEBB 1963: 254).

After 1945, Britain embarked on a significant road building programme designed to support the regeneration of the economy. Whereas before the war, strategies focused on piecemeal upgrading of existing major routes, there was now the opportunity to achieve a step change in the scale and ambition of the strategy. Inspired by the freeways and parkways of North America, strategic regional plans, such as Sir Patrick Abercrombie's Greater London Plan and Clyde Valley Regional Plan (ABERCROMBIE 1945; 1949), envisaged a dense network of express roads around each major city. A plan for the construction of a national inter-urban motorway network was also drawn up, with the first section, a bypass of Preston, Lancashire, opening in 1958.

However, just as the national road building plan was gaining momentum, the government published a seminal document which crystallised debate on what a car dominated future would look like. *Traffic in Towns (Ministry of Transport* 1963), better known as the „Buchanan Report" after its author, Sir Colin Buchanan, envisaged how the physical structure of British towns and cities would need to adapt to accommodate unrestricted use of the car. Although it was much vilified at the time as representing *„motorway madness"* (STARKIE 1972), the report's core message was that severe congestion was the inevitable outcome of the failure to match increased supply of road space to the voracious appetite for car travel. Buchanan was also first to identify how a „car-owning democracy" had emerged, and foresaw how the combination of an insatiable demand for personal mobility and opposition to the massive road building necessary to accommodate this would inevitably lead to significant political conflict: *„It seems futile to deny these things (the advantages of motorcars). The motor vehicle is a remarkable invention, so desirable that it has wound itself inextricably into a large part of our affairs. There cannot be any going back on it" (Ministry of Transport* 1963).

As Buchanan predicted, the UK's adoption of the North American ideal of universal car ownership and use has been highly problematic. British towns and cities have followed the American trends towards low density suburban sprawl and the rapid growth of satellite dormitory settlements around major cities, encouraged by a laissez-faire attitude to widespread car use (WESTWELL 1991). A vicious circle has been created, as people are forced to travel further to try to escape from the congestion generated by car traffic around the major urban centres.

These trends in land use and transport have reinforced each other over several decades, resulting in a situation whereby, for many people, high levels of mobility are not a matter of choice but of necessity. Several sections of British society appear to be locked into land use patterns that result in car dependence. For example, in 1989, fully 82 per cent of drivers agreed that it would be difficult to adjust their lifestyles to being without a car (JONES 1992). Those people who do not have access to a car also see their situation deteriorating, as public transport provision contracts due to declining demand and the shift of major activities, such as employment, leisure and retailing, to sites on the urban fringe that are difficult to access without a car.

Buchanan's prediction that the state would be largely unable to increase the supply of road infrastructure sufficiently to meet the rapidly increasing demand for road travel is now well understood. Indeed, over 20 years ago, the OECD warned that a strategy focused on road building would be unlikely to solve the transport problem: *„since further extension of the road infrastructure to meet growing demand for car use is not everywhere possible for urban planning and financial reasons, nor desirable from environmental, energy and often social policy standpoints, the only remaining trans-*

port policy option is to swing modal split in favour of public transport by investment and/or pricing policy measures" (OECD 1979: 149).

However, this is not to say that successive postwar governments have not tried to match supply to demand. As traffic growth accelerated (see Figure 1 below), so did the size of the strategic roads programme. The phrase „predict-and-provide" became widely used to summarise (particularly Conservative) government roads policy throughout the 1970s and 1980s, although the state was never able to deliver the resources to meet its aspirations (SHAW and WALTON 2001).

Fig. 1: Passenger transport by mode, 1952-2001

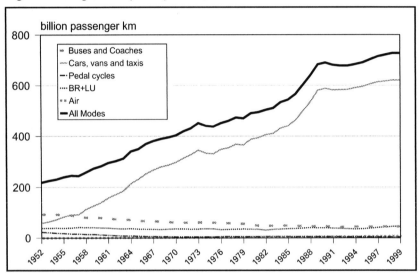

Source: DTLR 2001

By the end of the 1980s, the combination of the Thatcher government's support for the car owning democracy and the Lawson economic boom set the scene for the pinnacle of predict-and-provide - the publication of the White Paper „Roads to Prosperity" (*Department of Transport* 1989). Roads to Prosperity's 494 road schemes in England would have cost £23 billion (£33 billion at 2002 prices), and were championed by ministers as representing *„the largest road building programme since the Romans".* But very soon the whole discourse surrounding transport policy in the UK was to change radically.

3   The emergence of sustainability as a political issue

Rising concern over the environmental impacts of traffic growth is often cited as driving the change in transport policy direction in the 1990s (see BLACK 1998, for example). A cluster of events including the 1992 Rio Earth summit, the publication of the *Royal Commission on Environmental Pollution's* report „Transport and the Environment" (*RCEP* 1994) and the pressure group campaigns that eventually led to the adoption of the „Road Traffic Reduction Act" (1997) (*House of Commons*, 1997), produced a change in public and professional mood: „*There is now general recognition that a continuing upward trend in road traffic would not be environmentally or socially acceptable. The need is to find transport policies for the UK and Europe which will be sustainable in the long term"* (*RCEP* 1994).

Roads policy was now to be more about managing the car and its impacts rather than accommodating them, and transport policy was to be less about roads and more about a balance between modes. But it is likely that this move towards a „New Realism" in transport policy (Goodwin et al, 1991) was inevitable even without increasing environmental concern. The recession of the early 1990s reduced the resources available for road building, and underlined the impossibility of meeting the aspirations of plans like Roads for Prosperity, even if this were deemed desirable. At the same time, popular protest against numerous road building schemes made delivering even quite modest new roads more time-consuming and expensive.

4 Labour´s approach to „the transport problem"

On assuming office, Labour began the process of delivering the „consensus for change" (*Labour Party* 1996) it had identified whilst in opposition. Within 6 weeks of taking power, Deputy Prime Minister John Prescott (whose responsibilities included those of Secretary of State for the Environment, Transport and the Regions) was characteristically bullish about the government´s ability to implement a more sustainable agenda for transport. Faced with road traffic forecasts predicting 50 % growth in 30 years (see Figure 2 below), he agreed that „*doing something about traffic"* was essential since „*the forecast growth in traffic is clearly unacceptable"* (*DETR* 1997a). He famously demonstrated considerable belief in the government´s (and his) ability to deliver in saying: „*I will have failed if in five years time there are not many more people using public transport and far fewer journeys by car. It is a tall order but I urge you to hold me to it"* (John PRESCOTT, quoted in *The Guardian*, 6 June 1997).

Despite creating this „*hostage to fortune"* (SHAW et al. 2002, forthcoming), there appears little doubt that Prescott´s enthusiasm and belief in the sustainability agenda was genuine. In the government´s early weeks in office, he instigated a number of radical initiatives. These included a complete review of the inherited trunk roads programme utilising the „*New Approach to Appraisal"* (*NATA*), which was designed to incorporate a wider set of econo-

Fig. 2: National Road Traffic Forecast 1997

Source: DETR (1997b).

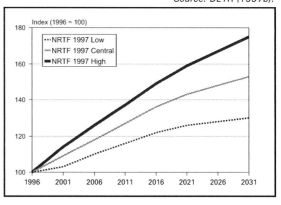

mic, social and environmental criteria than previously against which roads proposals should be judged. Prescott also reiterated his commitment to re-introducing a much stronger direction of railway policy, through the proposed *Strategic Rail Authority* (*SRA*).

Within four months of its election, the government began to expand on its initial statements when it published a consultation document, *Developing an Integrated Transport Policy* (*DETR* 1997), which represented a *"dispassionate account of the problems as they appeared to the incoming Government"* (GLAISTER 2001: 1).

The problems identified were many and various, but can be grouped together under three general headings: sustainability of the environment, sustainability of the economy, and quality of life. On environmental sustainability, the government acknowledged the growing global concern over climate change, and the work of the *Royal Commission on Environmental Pollution* (*RCEP*) in informing the debate over how the environmental impact of transport could be reduced. At the 1997 UN conference on climate change in Kyoto, one of its first major international summits, the new government (represented by the Deputy Prime Minister) also supported the adoption of the protocols committing developed nations to significantly reducing their carbon emissions to below 1990 levels by 2010. With transport was estimated to account for around 25 % of the UK's emissions – and road vehicles accounting for four fifths of the transport total – this was widely seen as an important signal that the government was indeed prepared to act to reduce the environmental impact of transport generally, and road traffic in particular.

The sustainability of economic prosperity was highlighted as equally important by the government. The economic costs of delays to traffic, estimated at around £15 billion annually by the *CBI* (1998) were highlighted, as was the importance of improving international links for export-led sectors increasingly at risk from unreliability of logistics chains in an era of „just-in-time" deliveries. Although not analysed in any detail, there were also some references to the importance of transport infrastructure and provision in attracting inward investment, and in the role of public transport in larger towns and cities in sustaining their position as competitive locations for service and knowledge industries (KRESL 1995). This was seen as particularly important in London, where the reduction of average travel speeds to near non-motorised levels was perceived as a serious disincentive to economic development.

The third „problem set" identified by the government was that of the impact of transport externalities on overall quality of life. Reflecting the desire to ensure „joined-up government", some quite insightful statements were made on the impacts of transport patterns on health, social exclusion and urban regeneration. One of the biggest criticisms of Conservative transport policy was that transport - and even each individual mode - was treated in isolation from interconnecting activities and policies. To counter this, Labour's early statements made much of two issues: on health, the government encouraged a debate on the human and financial costs of transport-related pollution, estimated at more than £17 billion per annum (HAMER 1996), with 24,000 premature deaths per year linked to air pollution (*DETR* 1998). Statements on walking and cycling also linked these modes to the promotion of healthier lifestyles, since both modes have a clear role to play in preventative health care by encouraging people to undertake more physical activity.

Improving the availability and quality of public transport was deemed especially important from the perspective of reducing social exclusion, with the low levels of car access in particular social groups, including women, the elderly, the young and the unemployed, as being a major barrier to „a fairer, more inclusive society" (DETR, 1998:26).

Although the „unprecedented breadth of support for a radical strategy" (GOODWIN 2001: 11) was reflected in the energy of the government's early words and actions, its policy rhetoric was already noticeably softer by the time of the publication of A New Deal for Transport (DETR 1998), the first transport white paper in 20 years. The White Paper did set out a reasonable analysis of the range of transport-related problems to be tackled, including road traffic growth and congestion, local air quality, social exclusion, climate change, urban sprawl, and rural sustainability. But it was „generally considered to have been a poorly focussed and indecisive document" (GLAISTER 2001: 3). The policy measures it advocated were relatively modest, falling well short of the promised radicalism and vision (DOCHERTY and HALL 1999).

In many ways, the White Paper can be seen as the beginning of Labour's nervousness over the possible political reaction to radical transport policies. Potentially significant interventions, such as motorway tolling and retail car parking charges, were dropped from the final document at the last minute, following media discontent and concerted lobbying from particular business groups such as the major supermarkets. Even the language had changed – rather than an explicit focus on „sustainability" the document praised the virtues of „integrated transport", and even revisited the rhetoric of „choice" in how to travel that underpinned the Conservatives' championing of roads-based policies a decade earlier.

In pursuing the mantra of „choice", the White Paper had much more to say about potential „carrots" designed to entice motorists out of their cars, rather than the potentially more powerful „sticks". Carrots included proposed improvements to public transport (increased service frequencies, extended hours of operation, higher quality vehicles, enhanced integration, accessible real-time information), support for personal modes (cycling, walking), and integrated land use policy and attempts to influence an overall change in attitude. They were described at some length, being promoted to improve integration, quality, reliability and the comfort of public transport services to the extent that they provide a realistic alternative „choice" to the car in terms of journey time, flexibility and convenience.

In contrast, the „sticks" were either not taken up, or were only addressed indirectly in the White Paper because they were seen as being politically unpopular both with the public and the business community. While policies such as bus priority, pedestrianisation and congestion pricing measures are not always physically or politically easy to enact (JOHANSSON and MATTSON 1995), they have been reasonably well documented as successful within Europe (e.g. HASS-KLAU 1993, PRIEMUS 1995). Even quite radical policies, such as the comprehensive urban road pricing systems introduced in the Norwegian cities of Oslo, Bergen and Trondheim, can find favour among initially sceptical Western electorates if the benefits are seen in terms of reduced congestion, better environmental quality and improved public transport (LARSEN 1995, ODECK and BRATHEN 1997).

As a result, the transport White Paper gave the impression that despite its words, the government was not truly committed to tackling the root of the transport problem, that is the unsustainability of current transport patterns caused by car dependence as opposed to simply car ownership and responsible use. Yet the result of the May 1997 general election was widely regarded as a reflection of majority support for a government which would lead and inspire public opinion through taking a moral stand on „hard choices" such as the negative externalities of car dependence. However, radical measures to reduce the impact of the car were quickly assumed to be electorally unpopular, because they affect the politically crucial sections of society who have become the most suburbanised, and hence car dependent. Much of what „middle Britain" consumes – social polarisation in the form of exclusive suburban estates, extensive convenience shopping – results in over-use of the car and the corollary of continued inner urban decay. Intervening to address these trends in the name of sustainability would require a fundamental change in the lifestyle of the „Mondeo Man" that brought Labour back to power, and it was this realisation that forced the government's radical transport policies into reverse.

5   From radicalism to „pragmatic multimodalism"

Two years after the publication of the Transport White Paper (which became law in the *Transport Act* (2000), Labour formalised its vision of what could be achieved in *Transport 2010: The 10 Year Plan for Transport (DETR* 2001). The 10 Year Plan's headline figure of £180 billion in 2000 cash terms of investment over ten years was broadly welcomed as representing a step change in spending on transport, which would begin to close the gap in transport spending between the UK and her major European competitors (see Figure 3 below). However, closer examination (see GLAISTER 2000, GOODWIN 2001 for example) revealed a degree of uncertainty over many of its forecasting assumptions, and whether the planned resources were likely to materialise in the latter years of the plan. Allocations arising from the Treasury's 2000 Comprehensive Spending Review left the situation relatively straightforward for the first three years, with a firm commitment to almost double government expenditure on transport to £17.9 billion (at 2000 prices) by 2003/2004. But expenditure forecasts for the following six years were indicative, and leave open the questions of whether this level of spending will be maintained, and what the split between public and private finance will be.

Fig. 3:   Transport Infrastructure Investment as a share of GDP, 1995

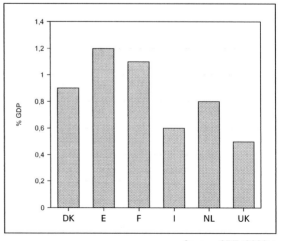

Source: CFIT (2000b)

With long-term resource allocation inevitably subject to significant uncertainty, the most important aspect of the 10 Year Plan was the way in which it confirmed a change in the government's aspirations for sustainable transport policies. One of the plan's most striking features is the return to identifying congestion as the most important transport problem that policy and investment must overcome. Environmental problems, which are generally summarised as „pollution" rather than emissions, follow in second place. Taken together, these shifts in policy strategies underline the government's retreat from a policy agenda primarily focused on delivering a more sustainable transport system.

The first of these shifts is the targeting of „congestion" as the primary problem affecting the transport system, rather than pursuing a real reduction in the overall level of traffic. This change of priority revealed that, as for the Conservatives previously, the impacts of transport on the health of the economy, rather than on the health of the environment, lie at the heart of Labour's transport policy. Just as the New Realism reflected the economic impossibility
of predict-and-provide as much as it did emerging environmental concerns, so the focus on *„solving congestion"* (GOODWIN 1997) rather than reducing overall levels of road traffic was inevitable given the ingrained culture of car dependence and parlous state of the public transport system in the UK.

In its early months, the government looked towards road pricing as the most credible solution to the congestion problem. Many transport academics and professionals, led by Phil Goodwin, the government's senior independent transport advisor, argued that the price mechanism could be applied to ration the supply of road space in the same way as any other scarce resource (see GOODWIN 1997, also JOHANSSON and MATTSON 1995). The elegance of road pricing as a remedy for congestion is that it generates large revenue streams for investment in quality public transport alternatives, as well as prioritising scarce road space towards high value users. This then encourages further modal shift away from the car, and also helps promote social inclusion by providing better transport options for disadvantaged groups with low levels of car ownership.

However, in the face of increasing public protests against the high cost of motoring and other policies perceived as being „anti-car", the government quickly became increasingly reluctant to use pricing as a direct instrument for reducing traffic levels. Although support for some road pricing in the form of peak hour congestion charging in major cities was maintained long enough for enabling legislation to be included in the Transport Act 2000, the government delayed its likely introduction by handing responsibility for implementing charging schemes to the local level. Although the Mayor of London, Ken Livingstone, has used his unique personal mandate to pioneer the implementation of a congestion charging scheme for Inner London, it is unlikely that many provincial cities will quickly develop similar schemes given the potential risks of political unpopularity and economic competition from other centres that resist charging. Therefore, the cost of this abandonment of demand management through pricing at the national level is a return to a policy of boosting the supply of mobility through increased road and rail capacity.

The government's second policy shift concerns its strategy for minimising the environmental impact of the car. What is particularly interesting is the way in which it chose to interpret the evidence and advice given to it, which has had the effect of shifting the transport policy debate away from some of the „hard choices" required to pursue a radical sustainable agenda.

The government's attitude to the work of the *Commission for Integrated Transport* (*CfIT*), which played a major role in assimilating the knowledge on which the strategies of the 10 Year Plan were based, is a particular case in point. Early CfIT advice to government was positive that genuine road traffic reduction, especially in urban areas, was possible: *„Over time it should be possible to reduce traffic in the areas where most people live; we recommend that the Government should work in this direction" (CfIT 1999: para 19).*

However, the government clearly chose to quote CfIT's advice in a selective way. The same report, *National Road Traffic Targets (CfIT* 1999), was also used to underpin another, perhaps more fundamental, change in the government's attitude towards the environmental impact of road traffic. This is simply that the government pinned its hopes for improvements in road vehicle technology (the so-called „technological fix"), rather than reductions in the absolute level of road traffic, to play the major part in reducing CO_2 emissions beyond the level required by its Kyoto Agreement commitments. By 2010, it is forecast that incremental design improvements in conventional vehicle engines will account for a cut in CO_2 emissions more than twice as large as that attributable to modal shift resulting from the package of public transport improvements contained in the 10 Year Plan (*DETR* 2000b). In the longer term, the adoption of new forms of motive power, such as *„ecocars"* (BANNISTER 2000) running on hydrogen fuel cells, could reduce transport sector emissions even more dramatically. *CfIT* has also suggested that the level of *„transport intensity"* might decrease, with future economic growth less dependent on increased mobility as previously. However, the evidence for this is mixed, with some studies reporting an increase in transport intensity during the 1990s (see *SACTRA* 1998, for example).

CfIT also claimed that even with modest policy intervention to reduce the rate of car traffic growth (i.e. assuming continued increases in actual traffic levels), *„far more substantial reductions (up to 75 %) are forecast in the NO_x emissions and PM_{10} emissions that affect local air quality" (CfIT* 1999: 3). This perhaps explains the prominence given by the government to local air quality targets, since if these forecasts are accurate, ministers can be confident that substantial environmental improvements can be achieved with little or no need to introduce policies aimed at curbing car use. Demographic trends are also likely to help: the ageing population and increasing proportion of single person households in younger age groups is likely to produce a „sociological fix" as the average car in the national fleet becomes smaller as well as cleaner.

Taken together, these shifts in priority suggest that the aspiration to reduce the need to travel seems almost to have disappeared from Labour's agenda. In the middle of the environmental turn of the 1990s, the Major government's *Planning Policy and Guidance Note on Transport (PPG13)* clearly stated that future *„plans should aim to reduce the need to travel, especially by car" (DTp/DoE,* 1994: 3). Management of the demand for travel was clearly to become a favoured policy strategy, with direct intervention to reduce car traffic, most notably through the implementation of the fuel tax escalator as recommended by *RCEP.* In its early days in office, the Labour government floated a range of demand management measures including congestion charging, motorway tolls, and workplace and retail parking taxes, and even raised the fuel tax escalator from 5 % to 6 %. Particular journeys, such as the „school run" and super-market trips were highlighted as being especially amenable to modal shift.

But this philosophy has been replaced by the much more laissez-faire approach of giving people even more choice of whether and how travel, implying that public transport will have to continue to compete for trips in a market system where car travel remains under-priced in terms of its true environmental and social costs (*RCEP* 1994). The focus on congestion also chimes with public opinion. Research commissioned by *CfIT* during the development of the plan demonstrated that reducing congestion in towns and cities was the top priority for the public after improved road maintenance, with reducing congestion on motorways and other major roads also figuring strongly (*CfIT* 2000: 7).

Indeed, it could be argued that one of the most fundamental underlying messages in the 10 Year Plan was the much reduced emphasis placed on demand management. Although it offered the scenario that up to 20 towns and cities will have introduced some form of road user charging by 2010, this is likely to prove a hugely optimistic assumption, which neatly disguises the political choice made to omit other potential demand management measures such as motorway tolling. Instead, there is a clear return to a strategy of investing heavily in new and expanded transport infrastructure to accommodate as much mobility as possible, albeit by tweaking modal split to enhance the role of non-car modes. As a result, significant road building was back on the agenda.

6   Back to the car-owning democracy?

With Labour's commitment to the sustainable transport agenda already in doubt for many commentators, the remarkable events of September 2000 demonstrated both that the car-owning democracy was very much alive and well, and confirmed that the government was willing to appease motorists' demands. For almost two weeks, Britain witnessed unprecedented direct action as farmers blocked fuel depots and truckers created „go-slow" convoys choking the motorway network, with petrol stations running dry as a result. As the economy and essential public services teetered on the verge of collapse, the government faced a defining moment in the development of its transport policy: whether to capitulate to the protestors' demands, or to keep faith with the policy of steadily increasing fuel taxes in order to restrain the growth of traffic, as recommended by *RCEP* some six years earlier.

The seriousness of the government's U-turn on transport taxation and, by implication, its attitude to sustainable transport more widely, was brought into sharp focus by its response to the fuel tax protests. Having already abolished the fuel tax escalator early in 2000 just a matter of weeks after publishing their Climate Change Strategy *(DETR* 2000), the government found itself trailing in the opinion polls for the first (and only) time in the 1997 parliament. Desperate to reverse the situation with only months to go to the general election, the Chancellor announced a 2p per litre cut in fuel duty in his November budget, along with further reductions for lower-sulphur fuels, claiming that the rate of fuel tax had „*no impact on traffic levels*" and were „*not designed to do so*" (see GLAISTER 2001, for evidence of how this rhetoric had changed since 1997). These actions were backed up with statements from the Prime Minister, who admitted that hypothecation of increased fuel tax revenues to public transport schemes was a myth, stating that the money was treated as any other part of the general revenue stream *(BBC* 2001c). Throughout the election campaign that followed, Blair repeated the twin mantra of „investment" and „choice" in outlining his strategy for transport, with a tone completely at odds with his previous statements promoting a „*coalition for the environment*" (BLAIR 2000). In short, the days of the „stick" in Labour's transport policy were well and truly over.

In essence, these decisions made it clear that the government had chosen to abandon its previous strategy of articulating the environmental case for higher fuel taxes as pioneered by *RCEP*, in favour of popularist cuts in taxation at the altar of political expediency. And this at a time when evidence was emerging that showed British motorists were not nearly as badly off as the protestors liked to make out. First, the real costs of running a car had remained stable for 25 years while rail and bus fares had risen by 50 % and 75 % respectively *(DETR* 2000a). Second, *CfIT* (2001a) demonstrated that when the total level of car taxation is taken into account rather than focusing on fuel costs, UK motorists were not particularly highly taxed compared to others in Europe (see Table 1 below). Finally, and perhaps most damning for the government, between 1998 and the final abolition of the fuel tax escalator in 2000, the rate of traffic growth had declined significantly, even in a time of economic boom (BEGG 2001), only for the rate to increase again thereafter.

But perhaps the most striking illustration of the irony of the fuel tax protests was to be drawn from the evidence that later emerged of the significant changes in transport behaviour they brought about. *CfIT* reported very significant reductions in traffic levels of up to 39 % on motorways and 25 % on other major roads, with people making much more informed choice about when to use their cars, and for which journeys *(CfIT* 2001b). Many train companies reported increases in patronage of up to one quarter, demonstrating that significant modal shift away from the car could

Tab. 1: Comparison of total taxes on car ownership and use across Europe for 2000 (ranked for 1600cc engine size)

		1000cc	1600cc	2000cc
1	Netherlands	978	1295	2096
2	Finland	800	1032	1565
3	Denmark	723	1024	1551
4	Ireland	652	1006	1467
5	UK	731	976	1201
6	Italy	758	968	1301
7	France	756	955	1191
8	Belgium	627	906	1233
9	Greece	548	823	1581
10	Norway	644	809	1217
11	Germany	565	747	962
12	Sweden	582	743	982
13	Spain	546	709	1035
14	Luxembourg	392	524	691

Source: CfIT (2001)

be achieved in certain circumstances without heavy investment in new infrastructure. Finally, huge improvements in urban air quality were measured across Britain's
major cities (SEAKINS et al. 2002).

The extent to which this about-turn in the government's transport strategy resul-
ted directly from public resistance to its earlier promotion of so-called „anti-car"
policies such as road pricing, the fuel tax escalator and reducing the roads programme is contested. Writing in the summer of 1999, GOODWIN concluded that this
„backlash" (GOODWIN 1999) was a temporary phenomenon caused by a lack of perceived improvements in public transport despite road traffic reduction measures
and increased taxes on car ownership and use. But this was before the fuel tax protests demonstrated just how powerful the car owning democracy remained, particularly for a Labour government dependent on the support of swing voters in
„Middle Britain" in its bid for a second (and now, third) term.

7   What future for the railways – at the heart of our more sustainable future?

As if the political problems arising from the aftermath of the fuel crisis were not bad
enough, a second major pillar of the government's transport policy - its support for
the retention of the privatised railway industry inherited from the Conservatives -
was to come crashing down a matter of weeks later.

In one of his more memorable Labour Party Conference speeches before coming
to power, Tony Blair famously won widespread acclaim in promising that a Labour
government would (at least in part) reverse rail privatisation and deliver a „publicly-
owned, publicly-accountable railway". With the railways trailed as playing an increasingly important role in the more sustainable future, hopes were high that a Labour
Government could indeed deliver the „railway renaissance" talked of by John
Prescott. In office however, Labour decided not to proceed with renationalisation for
three reasons: the desire to minimise repeated organisational change in the rail
industry, a likely price tag in excess of £3bn for the infrastructure alone, and political caution over the clash between taking assets back into public ownership and the
doctrine of its adopted „third way" between the state and the market. However, the
financial and political cost of the government's decision to hope that the system it
inherited could be made to work has proven to be substantially greater.

The crisis that affected the railways under Labour stemmed from the type of rail
privatisation created by the 1993 Railways Act, which vested the ownership of infrastructure assets (tracks, bridges, signalling and considerable associated railway pro-
perty) in a separate track authority, Railtrack. Although Railtrack was subsequently
privatised, its „position as a floated company which is dependent on Government paying
around two thirds of its revenue was unique" (DTLR 2001).

Public subsidy was not paid directly to Railtrack, rather the government gave
grants to the privatised passenger and freight Train Operating Companies (TOCs),
who in turn paid Track Access Charges to Railtrack for the right to run trains on the
rail network. With hindsight, this financial structure led to a significant deficiency in
the management of the network. Since its Track Access Charges were closely regulated by the Office of the Rail Regulator (ORR), (a feature of privatisation designed to
make the company more appealing to potential investors by creating a guaranteed

stream of income) Railtrack had little incentive to invest in the maintenance and enhancement of its network. This meant that as the company received little extra revenue for allowing additional trains to run on its tracks, its best means of making money was to cut its costs, not increase its turnover (BEGG and SHAW 2001).

At the same time as Railtrack was focusing on cost reduction as the best means to enhance its profits, criticism of the reliability and punctuality of the privatised rail system increased. Against this background, the *„Regulator's emphasis on attaining short-term punctuality and reliability improvements... arguably impacted upon safety considerations by encouraging Railtrack's managers to maximise their 'take' from the incentive regime rather than maintain the infrastructure to a sufficiently high long-term standard"* *(Begg and Shaw 2001: 8).*

The eventual outcome of this situation was the tragic derailment on the East Coast Main Line at Hatfield on 17 October 2000, in which 4 people died. The repercussions of the Hatfield accident, which the HSE found to be the result of track failure, not only completely changed the direction of Labour's policy on the railways, but prompted renewed widespread criticism of its management of the transport system more generally.

The chain reaction of events following Hatfield was relentless. First, the imposition of severe speed restrictions across the network as Railtrack desperately checked for faults similar to those which caused the accident led to across-the-board service cancellations and delays, placing several TOCs in financial difficulty. Railtrack's share price collapsed, with the company falling out of the FTSE 100 index in June 2001 after negative reviews of its credit worthiness.

By the autumn of 2001, Railtrack had become a financial black hole. The granting of an additional £2bn on top of the agreed £15 billion grant for network management for the period 2001-2006 was woefully insufficient with the costs of regaining basic engineering and safety standards across the network in the light of the Hatfield crash alone estimated at around £700m. When the company's board requested an *„open-ended commitment"* of public money (*DTLR* 2001), the government effectively bankrupted Railtrack by refusing their request, and successfully petitioned the High Court for the company to be placed in administration. A not-for-profit trust, Network Rail, with a board of directors drawn from rail industry stakeholders took over ownership of the network in 2002, placing *„the interests of the travelling public as its priority, not the need to increase shareholder value"* *(DTLR 2001).*

Network Rail's first task, however, will be to recapture public confidence in the safety of rail network. This confidence was further undermined by another fatal train crash in May 2002 at Potters Bar, just a few miles from the scene of the Hatfield crash, in which 7 people died. As at Hatfield, the accident was found to be the result of poor track maintenance, in this case a catastrophic failure of the points mechanism at the entrance to the station (*HSE* 2002). Press and public reaction to the crash was fierce, with attention focused on the quality control and working practices of the private sector companies subcontracted by Railtrack to maintain the track. The fact that the company concerned made the remarkable assertion that sabotage was to blame, despite the lack of any substantive evidence suggesting this, epitomised to many the extent to which a once proud rail industry had disintegrated into a culture of blame mongering.

The failure of Railtrack is particularly important to any review of Labour's record on transport for several reasons. First is the direct impact it has had on the government's core strategy to promote „integrated transport" through the investment programme of the 10 Year Plan. Seen as being one of the principal means of reducing road congestion on

Tab. 2: Transport 2010 Railway expenditure

Source	£ billion
Public investment (capital)	14.7
Public resource *(revenue support payments to train operating companies)*	11.3
(Total public spend	26.0)
Private investment	34.3
Total public/private spend	60.4

Source: DETR (2000a)

major motorways and trunk routes, and on the commuter routes in the south east of England and around major provincial cities, the targets for the railway performance in the Plan were necessarily ambitious – by 2010, increases of 50 % in passenger kilometres and 80 % in freight kilometres compared with 2000 were envisaged. Although a headline figure of some £60 billion for rail investment over the life of the plan is widely quoted, when this figure is disaggregated, the actual level of finance available for infrastructure investment is considerably smaller (see Table 2).

Second are the long term impacts of the loss of patronage and revenue following the wide disruption of the rail network in the aftermath of Hatfield that bring further doubt over whether the government's investment targets can be achieved. The intrinsic optimism of the forecasts for the railways are illustrated by the methodology for estimating rail traffic growth to 2010, which is a simple projection of the 1995-2000 trend. This is despite the fact that the 1995-2000 period was one of expansion for the railways unprecedented in modern times, based on sustained growth in the economy as a whole. With rail industry reports speculating that patronage on some long distance routes might take years rather than months to recover fully (*BBC* 2001a), the capacity of the privatised rail system to deliver the necessary investment commercially through revenue growth appears increasingly uncertain.

Put simply, if the government is serious about pursuing the modernisation and expansion of the railways required, if they are to fulfil their potential in delivering more sustainable patterns of mobility in Britain, it will not be able to rely on commercial operators to make that investment out of their revenue alone. Analysis of the statements in the 10 Year Plan reveals an implied ratio of private to public funding for rail infrastructure investment of at least 4:1, with much of the private capital required to be levered in from companies seeking contracts in the second round of rail franchising. This money is not guaranteed, as it is dependent on the terms agreed with the new holders of the passenger franchises. Indeed, the Strategic Rail Authority's strategy of pursuing much more vigorous investment strategies from prospective franchise holders could turn out to be something of a zero-sum game for the public purse if the price of increased infrastructure investment commitments is to be higher operating subsidies.

Even before the cost implications of Hatfield were factored in, the real level of genuinely additional money for new rail infrastructure investment was already on course to be significantly less than the £14.7 billion element put forward in the Plan. This figure includes existing commitments, such as capital contributions towards the completion of the Channel Tunnel Rail Link, and West Coast Mainline (WCML) modernisation, many of which are hopelessly over budget. Concern over Railtrack's capacity to deliver the WCML scheme led the Rail Regulator to issue an „enforcement order" against the company in an attempt to secure the completion of the project within agreed timescales and budgets. However, the project is now reckoned to have an outturn cost of anything between £6 billion and £12 billion, compared to its original budget of £2.2 billion (*The Observer* 2002). Whether the new not-for-profit Network Rail will be able to do any better when so many of the core problems arising from historic underinvestment in Britain's railways remain, is highly speculative.

8   The art of the possible? What can Labour actually deliver for transport?

The third and perhaps most fundamental question raised by Railtrack's failure is that of what role Labour sees the state is playing in the future provision of a more sustainable system of transport infrastructure and services in Britain. Once again, the contrast between the government's treatment of public transport investment compared to its roads policy is highly instructive. Whereas private capital is expected to fund the majority of investment in expanded and upgraded rail, bus and light rapid transit infrastructure, roads investment remains dominated by public funding. Of the £16.2 billion capital allocated to strategic roads in the 10 Year Plan, only some £2.6 billion (16 %) is to come from the private sector. This suggests that the government does not expect any new privately-funded strategic roads to be built in the foreseeable future other than one major inherited scheme, the Birmingham Northern Relief Road, a tolled motorway bypass of the congested section of the M6 through the West Midlands.

Indeed, as the structural problems mount up making it more difficult to deliver improvements to the railways, the government's roads policy is becoming more adventurous, with the 10 Year Plan containing among its commitments a very significant element of new road building. In a study of the Plan's trunk-road building proposals for England, Shaw and Walton (2001) showed that when Labour's programme is converted into „scheme equivalents", 210 road projects are set to be completed by 2010 or shortly thereafter. Labour's annual average of 21 completions compares with the Conservatives' record of 25.7 but, because of the break in investment due to expenditure constraints in the government's first three years, most will occur towards the end of the decade. On current plans, it is entirely possible that the mean number of roads completed each year from 2008 could reach 35 and exceed that achieved by the Conservatives at any stage during their 1979-97 administrations. The contrast from the early optimistic days of 1997 could not be clearer: whereas the government then saw „*new roads as a last resort rather than a first*" *(DETR* 1997b, 1), today its commitment to more sustainable strategies is much less clear.

Despite the experience of the Railtrack debacle, other public transport modes are not being offered the same preferential terms as the roads. Instead, they too are to be made to seek complex private sector finance for their development. In London, the future of the Underground has sparked a tough legal battle between the Mayor of London Ken Livingstone and the government. Deliberately excluded from devolution to the Mayor's office and Greater London Assembly until the restructuring is completed, the government's preferred option for the Underground's modernisation is the flagship Public Private Partnership (PPP) initiative. Under PPP, private sector companies will be offered 30-year franchises to rebuild, operate and maintain the track infrastructure on „bundles" of routes. The plan drew heavy criticism from a number of quarters, not least the Mayor and the House of Commons Transport Select Committee, who claimed it relied on overly complex contractual relationships, was likely to be poor value for money, and could potentially put safety at risk by diluting the management efficiency of the network (*Mayor of London* 2002, *House of Commons* 2002a).

Other PPP schemes have been dogged by similar problems. The semi-privatisation of National Air Traffic Services (NATS) to a consortium of airlines was controversial even before the government was forced to step in with £30 million in March 2002 to keep the new company solvent in the short term. In the bus industry, the ad hoc promotion of voluntary „quality partnerships" (Knowles 1999) between bus operators and local authorities has not produced the step change in investment and service quality promised by the more highly regulated system of bus franchising.

The 10 Year Plan's target of having up to 20 more light rapid transit routes operating in English cities by 2010 also looks highly optimistic. LRT is widely regarded as being crucial to a more sustainable future for the UK's urban areas, as it both relieves urban congestion and makes cities more attractive places to live, reducing the demand for commuting in the first place. However, in limiting the level of public funding available, and insisting that all new schemes must pay for the ongoing operating costs from their passenger revenue, the government is restricting the number of cities that are able to develop LRT plans. Even if these problems can be overcome, the time and resources taken to assemble workable financing structures for schemes that often involve several local authorities and diverse consortia of construction and operating companies can delay or even scupper worthwhile plans.

9   Conclusion

Despite the rhetoric of the early days of the 1997 Labour Government, which championed the environmental and social objectives for a more sustainable transport policy and the urgent need to tackle the absolute level of traffic, its record in office marks something of a return to previous policies (Shaw and Walton 2001). The level of spending proposed at first appears impressive, but dissolves when subjected to closer analysis. Indeed, although the 10-year plan sets great store by its „step change" in the level of investment, this aspiration must be balanced by the fact that the actual level of spending on transport infrastructure achieved by the Labour Government in 1999/2000 was 16 % less than that *achieved* by their predecessors in their final year (*DETR* 2000).

More ominously still for the advocates sustainable transport agenda is the surprisingly large proportion of promised resources directed towards roads projects. It is now clear from both its changing rhetoric and its actions that the government has rejected the core sustainability objective of managing the demand for transport. Instead, partly because of its focus on growing the economy, partly because of the

promise of the „technological fix" as an escape route from the worst of the environmental impacts of car traffic, and partly because of the public backlash to transport
policies perceived as „anti-motorist", Labour has reverted to a transport strategy designed to accommodate greater mobility, albeit with some parallel investment in the
railways and local public transport in an attempt to tweak overall modal share.

If a real step-change in public transport investment can be delivered over the government's second term, this will represent a genuine break from the past, since
increased resources for roads have invariably been found at the expense of public
transport. However, there remain substantial doubts about whether governmental
structures are strong enough to implement the plan's objectives, and particularly
whether the private sector will be able to deliver the level of funding envisaged in
the plan. The collapse of Railtrack and its fascination with PPP as the only means of
funding the sustained investment in transport infrastructure that Britain needs to
catch up with her European competitors belies a government which, in the words of
the Transport Select Committee, is „mistaken" and „wrong", formulates transport
policy which is „ill balanced", „incomprehensible" and „over-optimistic", and which
relies too much on „casual enthusiasts" to reassure it that it is delivering on its promises (*House of Commons* 2002b).

Whether Labour's U-turn on sustainable transport represents a pragmatic response to the renewed mobility demands of a steadily growing economy, a capitulation
to vocal demands for an end to „anti-car" policies, or a combination of the two, is
a matter for debate. But what is certain is that the government's policy certainly has
changed over its first 5 years. Although Labour's transport policy was originally
founded on „choice", this choice was aimed at reducing car dependence to tackle car-
related congestion and pollution. What the policy strategies and investment programme embodied in the 10-year plan are likely to result in is a different kind of choice: choice to travel to more places, by more modes, more often (WALTON and SHAW,
2001). There are many carrots to promote all kinds of travel, but very few sticks to
prevent unnecessary mobility. Government rhetoric envisions a less congested,
more reliable future for transport, but ministers are unwilling to back up their words
with radical policies to alter the structures of transport governance and argue the
case for sustainable transport policies so that this future can be created. In short, it
seems that the car owning democracy is alive and well.

References

ABERCROMBIE, P. (1945): Greater London Plan 1944. HMSO, London
ABERCROMBIE, P. (1949): The Clyde Valley Regional Plan 1946. HMSO, Edinburgh
ANON (1998): Transport: not of delight. In: The Economist, 25 July
BANNISTER, D. (2000): Sustainable urban development and transport – a Eurovision for
        2020. In: Transport Reviews 20, 113-130
BBC (2001a): Railtrack confident passengers will return. (http://news.bbc.co.uk/hi/english/-
        uk/newsid_1106000/1106542.stm)
BBC (2001b): Renationalise say Railtrack investors. (http://news.bbc.co.uk/hi/english/-
        business/newsid_1374000/1374803.stm)
BBC (2001c): Tony Blair Quizzed. (http://news.bbc.co.uk/vote2001/hi/english/forum/new-
        sid_1216000/1216175.stm)
BEGG, D. (2001): Hit the brakes. In: The Guardian, 6 March

BEGG, D. and J. SHAW (2001): A rational approach to rationalisation: developing future rail policy in Great Britain. The Robert Gordon University Centre for Transport Policy Paper no. 6. Aberdeen

BLACK, W. R. (1998): Sustainability of Transport. In: Hoyle, B.S. and R. D. Knowles (eds.) Modern Transport Geography. 2nd. Chichester, 337-351

BLAIR, T. (2000): A new coalition for the environment. In: The Guardian. 24 October

CBI (Confederation of British Industry) (1998): Transport Agenda 1998. London

CEC (City of Edinburgh Council) (2000): A Transport Strategy for Edinburgh. Edinburgh

CfIT (Commission for Integrated Transport) (1999): National Road Traffic Targets. London

CfIT (2000a): Public Attitudes to Transport in England. London

CfIT (2000b): European Best Practice in Transport - Benchmarking. London

CfIT (2001a): European Comparison of Taxes on Car Ownership and Use. London

CfIT (2001b): Lessons of the September 2000 Fuel Crisis. London.

DANIELS, P. W. & A. M. WARNES (1980): Movement in Cities. London

DTp (Department of Transport) (1989): Roads for Prosperity. HMSO, London.

DETR (Department of the Environment, Transport and the Regions) (1997a): New roads as a last resort. Press Release 216. London.

DETR (1997b): National Road Traffic Forecasts (Great Britain). 1997. London

DETR (1998): A New Deal for Transport: Better for Everyone – the Government's White Paper of the Future of Transport. Cmnd 3950. London

DETR (2000a): Transport 2010 - The 10 Year Plan. London

DETR (2000b): Climate Change: the UK Programme. Cmnd 4913. London

DETR (2000c): UK to receive £28 million from Europe for the transport Trans-European Network. Press Release 633. London

DOCHERTY, I. and D. R. HALL (1999): Which travel choices for Scotland? A response to the government's white paper on integrated transport in Scotland. In: Scottish Geographical Journal 115 (3), 193-210

DTLR (Department for Transport, Local Government and the Regions) (2001): News release 416, Railtrack placed in administration, 7 October

DTp/DoE (Department of Transport/Department of the Environment) (1994): Planning Policy and Planning Guidance Note 13: Transport. London

GLAISTER, S. (2000): Transport Policy, control and value for money. London

GLAISTER, S. (2001): UK Transport Policy 1997-2001. Paper to the British Association for the Advancement of Science, Glasgow, September

GOODWIN, P. B., HALLETT, S., KENNY, P. and G. STOKES (1991): Transport: The New Realism. Transport Studies Unit. University of Oxford

GOODWIN, P. B. (1997): Solving Congestion. Inaugural lecture for the professorship of transport policy. University College London

GOODWIN, P. B. (1999): Action or Inertia? – One year on from A New Deal for Transport. Paper to Transport Planning Society. London, July

GOODWIN, P. B. (2001): The Nine Year Plan for Transport: What Next? paper to Transport Planning Society. London, July

HAMER, M. (1996): Clean air strategy fails to tackle traffic. In: New Scientist, 6 August 1996

HASS-KLAU, C. (1993): Impact of pedestrianization and traffic calming on retailing. A review of the evidence from Germany and the UK. In: Transport Policy 1 (1), 21-31

Health and Safety Executive (2002): Train Derailment at Potters Bar 14 May 2002: HSE Interim Report. HM Railway Inspectorate. London

House of Commons (1997): Road Traffic Reduction Act. T.S.O. London

House of Commons (2002a): Select Committee on Transport, Local Government and the Regions Second Report - London Underground. HC 387-I, 5 February

House of Commons (2002b): Select Committee on Transport, Local Government and the Regions Eighth Report - 10 Year Plan for Transport. HC 558-I, 27 May

Independent (The) (2001): Railtrack could ditch new Channel rail link. 16 January.

JOHANSSON, B. and L.-G. MATTSON (eds.) (1995): Road Pricing: theory, empirical assessment and policy. Amsterdam

JONES, P. (1992): What the pollsters say. In: WHITELEGG, J. (ed.): Traffic congestion: is there a way out? Leading Edge. Hawes, 11-31

KNOWLES, R. D. (1999): Integrated Transport, Re-regulation and Bus Quality Partnerships. Transport Law and Policy 3, 27-29

KRESL, P. (1995): The determinants of urban competitiveness: a survey. In: KRESL, P. and G. GAPPERT (eds.): North American Cities and the Global Economy. Sage. Thousand Oaks CA, 45-68

Labour Party (1996): Consensus for Change: Labour's transport strategy for the 21st Century. London

LARSEN, O. (1995): The toll cordons in Norway. In: Journal of Transport Geography 3 (3), 187-197

Mayor of London (2002): Transport Select Committee backs Mayor: Do not proceed with PPP. Greater London Authority press release 065. 5 February.

MEYER, J. R. & J. A. GOMEZ-IBANEZ (1981): Autos, Transit and Cities. Cambridge, Mass.

ODECK, J. & S. BRATHEN (1997): On public attitudes towards implementation of toll roads – the case of the Oslo Toll-Ring. In: Transport Policy 4 (2), 77-83

OECD (Organisation for Economic Cooperation and Development) (1979): Report of the Seminar on Urban Transport and the Environment. Paris

The Observer (2002): Mainline upgrade sidelined. March 24

PRIEMUS, H. (1995): Reduction of car use: instruments of national and local policies – a Dutch perspective. In: Environment and Planning B, Planning and Design 22 (6), 21-37

PUCHER, J. and C. LEFEVRE (1996): The Urban Transport Crisis in Europe and North America. London

RCEP (Royal Commission on Environmental Pollution) (1994): Transport and the Environment. 18th Report. London. H.M.S.O.

ROBERTS, J., CLEARLY, J., HAMILTON, K. and J. HANNA (eds.) (1992): Travel Sickness. London

SACTRA (Standing Advisory Committee on Trunk Road Assessment) (1998): Transport Investment, Transport Intensity and Economic Growth: Interim Report. London

SCHAEFFER, K. H. & E. SCLAR (1975): Access for All: Transportation and Urban Growth. London

SEAKINS, P. W., D. L. LANSLEY, A. HODGSON, N. HUNTLEY and F. POPE (2002): New Directions: Mobile laboratory reveals new issues in urban air quality. In: Atmospheric Environment 36, 1247-1248

SHAW, J. (2000): Competition, regulation and the privatisation of British Rail. Ashgate. Aldershot

SHAW, J. and W. WALTON (2001): Labour's new trunk-roads policy for England: an emerging Pragmatic Multimodalism. In: Environment & Planning A 33 (6), 1131-1156

SHAW, J., W. WALTON and J. FARRINGTON (2002, forthcoming): A new deal for passengers?: the potential for a railway renaissance in Great Britain.

STARKIE, D. (1972): The Motorway Age. Pergamon. Oxford

THOMSON, J. (1977): Great Cities and their Traffic. Penguin. London

WALTON, W. and J. SHAW (2001): What's the point of multi-modal studies? Paper delivered to RGS-IBG Prospects for Transport in the New Parliament conference. London 20 September

WEBB, S. & B. WEBB (1963): The Story of the King's Highway (New Edition). London

WESTWELL, A. R. (1991): Public Transport Policy in Conurbations in Britain. Keele.

WISTRICH, E. (1983): The Politics of Transport. London

Wright, F. (1963): A verbatim record of a symposium held at the School of Architecture from March to May 1961. In: Four great makers of modern architecture. Gropius, Le Corbusier, Mies van der Rohe. Columbia University School of Architecture. New York

Kagermeier, A., T. J. Mager & T. W. Zängler (Hrsg.): Mobilitätskonzepte in Ballungsräumen.
Mannheim 2002, S. 277 - 286 (= Studien zur Mobilitäts- und Verkehrsforschung, Bd. 2)

Das Metro-Projekt in Algier
Auswirkungen auf die stadtstrukturelle Entwicklung der Metropolregion*

Tahar Baouni (Algier)

Zusammenfassung

In der Metropolregion Algier erreichte die Zahl der Einwohner im Jahr 2000 etwa
drei Millionen, gleichzeitig stellt dieser Raum die größte Ballung von Wirtschafts-,
Handels- und kulturellen Funktionen des Landes dar. Aus diesem Grund weist das
Zentrum der Agglomeration eine höchst dichte Struktur mit einer extrem hohen Be-
völkerungs- und Arbeitsplatzdichte im tertiären Sektor auf, die erhebliche Probleme
im Verkehrsbereich induziert. Die unterschiedlichen Ansätze der Stadtentwicklungspolitik haben bislang immer den Ausbau der Straßeninfrastruktur prioritär behandelt, da diese als „Rückgrat" jeder Entwicklung angesehen wurde.

Andererseits wird inzwischen das Metro-Projekt im Rahmen der Stadtentwicklungsplanung als ein Transportsystem angesehen, das wirksam zur Lösung der
Verkehrsprobleme und zur Regulierung des städtischen Wachstums beitragen kann.
Obwohl es sich um ein Projekt von höchstem nationalem Interesse handelt und
bereits im Jahr 1982 mit ersten baulichen Maßnahmen begonnen wurde, startete der
eigentliche Bau der Metro in Algier erst im Juni 1990. Die erste Linie „A" von *Oued
Koriche* bis nach *Hai el Badr* ist insgesamt 12,5 km lang und besteht aus 16 Stationen
sowie Wartungswerkstätten. Ganz staatlich finanziert, wurden nur nationale Unternehmen mit der Konstruktion beauftragt.

Ziel des Beitrages ist, Analysebausteine zu liefern, welche Auswirkungen diese
erste Metro-Linie in Algier von *Oued Koriche* nach *Hai el Badr* auf die Entwicklung der
algerischen Hauptstadt haben könnte. Dabei werden sowohl die möglichen Ein-
flüsse der Metro-Linie auf die Stadtstruktur als auch die durch die Linie ausgelösten
Verkehrsströme im Einflussbereich betrachtet.

Summary

In the year 2000 the number of inhabitants living in the metropolitan area of Alger
reached approximately three million. Coevally this area represents the greatest
agglomeration of economical, commercial, and cultural functions of the country. On
this account the center of the agglomeration features a very dense structure with an
extremely high density of population and employment in the tertiary sector, which
induces substantial problems in the traffic area. The different approaches the urban
development policy applied up till now all established priorities on the expansion of

---

*) Deutsche Übersetzung: U. Niedzballa und A. Kagermeier (Paderborn)

the road networks because they had the reputation of being the „backbone" of every development.

But in the meantime the Metro-Project in the context of the urban development conception is being accepted as a transport system, which is able to help solving the traffic problems. Though being a project of great national interest and having already started in 1982, the actual beginning of construction was not before June, 1990. The first line „A" from *Oued Koriche* to *Hai el Badr* covers 12,5 km and features 16 stations as well as maintenance studios. Being completely financed by the state, only national enterprises were commissioned for the construction.

The aim of this article is to provide the analytical segments that show how this Metro-Line from *Oued Koriche* to *Hai el Badr* could effect the development of Alger. In doing so, the potential influences of the Metro on the city structure as well as the flow of traffic that could be activated in the sphere by this line will be considered.

Résumé

L'agglomération algéroise a atteint en l'an 2000 environ trois millions d'habitants, et constitue le lieu de la plus grande concentration des activités économiques, commerciales et culturelles du pays. De ce fait, la zone centrale de l'agglomération constitue le tissu le plus dense avec un regroupement très important de population et d'emplois tertiaires, entraînant par conséquent des difficultés de déplacement. Les différentes politiques urbaines et tentatives tendant à orienter le développement et l'extension urbaine ont toujours pris en compte d'abord le développement des infrastructures routières, considérées comme la colonne « vertébrale » de tout développement.

En revanche, le projet métro d'Alger est retenu dans le cadre de l'aménagement et de l'extension urbaine comme étant un système de transport en mesure de contribuer efficacement d'une part à la résolution des problèmes de transport et d'autre part à la maîtrise de la croissance urbaine. Projet d'intérêt national par excellence, la construction du métro d'Alger – lancée initialement en 1982 – n'a effectivement démarré qu'après l'adoption officielle du tracé « A »(*Oued Koriche-Hai el Badr*), en juin 1990 comportant une ligne de 12,5 km, 16 stations et des ateliers de maintenance. Financés intégralement par l'Etat, les travaux de réalisation du projet ont été confiés à des entreprises nationales.

D'une manière générale, l'objectif de ce article est d'apporter des éléments d'analyse sur l'impact du tracé de la première ligne du métro ; *Oued Koriche-Hai el Badr* sur le développement urbain de la capitale. Les éléments d'analyse portent d'une part sur les effets structurants de la ligne sur le tissu urbain de la zone centrale d'Alger et d'autre part les déplacements induits par toute l'aire d'influence de cette ligne.

1 Von der Idee zur Realisierung der ersten Linie Oued Koriche – Hai el Badr

Die Idee einer U-Bahn geht bis in die 30er Jahre zurück, als Algier nur 30.000 Einwohner zählte und noch über ein Straßenbahnnetz verfügte. Bereits zu dieser Zeit wurde eine Machbarkeitsstudie für eine zentrale Straßenbahnachse oder eine U-

Bahn-Linie auf der 14 Kilometer langen Strecke im gleichen Korridor, in dem heute die Metro gebaut wird, durchgeführt.

In den 50er Jahren wurde das Projekt durch die kolonialen Behörden wieder aufgenommen und eine detaillierte Studie von der *„Régie Autonome des Transports parisiens"* (*RATP*) vorgelegt. Das Ergebnis dieser Untersuchung befürwortete den Bau eines U-Bahn-Netzes auf einem eigenen Gleiskörper, wobei die vorgeschlagene Streckenführung vom Hauptbahnhof über *„Les Fusillés"* bis zum oberen Teil der *„Rue Didouche Mourad"* (ehemals: *Rue Michelet*) ebenfalls im Wesentlichen der heute im Bau befindlichen Linienführung entsprach (vgl. Abb. 1). Für die erforderlichen Betriebshöfe wurden entsprechende Freiflächen in *Oued Koriche* vorgesehen. Die Nachfrage wurde im Rahmen der Studie für den Zentralbereich auf 17.000 Reisende pro Stunde (in beide Richtungen) geschätzt.

Nach der Unabhängigkeit und besonders in den 70er und 80er Jahren sind im Rahmen der Stadtplanung Algiers (1973) und der Errichtung eines algerischen *SNTF*-Eisenbahnnetzes eine Reihe von weiteren Studien von den algerischen Behörden durchgeführt worden. 1974 empfahl das britische Planungsbüro Buchanan in einer Studie wiederum den Bau einer U-Bahn entlang der Küste als adäquate Lösung für Algier. Fünf Jahre später schlug die *SNTF* im Rahmen einer Studie zur Planung der Eisenbahnstreckenführung im Großraum Algier weitere Alternativen vor. Die Resonanz war jedoch gering, so dass die Pläne später verworfen wurden.

Anfang der 80er Jahre wurden eine Reihe französisch-algerischer Studien durchgeführt. Eine dieser Untersuchungen – 1981 von *RATP/SOFRETU* im Auftrag der *ETUSA* erstellt – empfahl dann sogar die Errichtung eines umfassenden U-Bahn-Netzes in den hoch verdichteten Bereichen Algiers. Eine weitere Studie aus dem Jahr 1982 – ebenfalls durch die Beratergruppe *RATP/SOFRETU* im Auftrag des *SNTF* erarbeitet – schlug den Bau eines 58 Kilometer langen U-Bahn-Netzes mit insgesamt drei Linien und 65 Stationen vor. Die Hauptlinie mit 11,5 Kilometern Länge und 17 Stationen sollte ebenfalls wieder von *Oued Koriche* nach *Bachdjarah* entlang der Bucht von Algier führen und bereits 1987 in Betrieb gehen. Für diese Linie wurden in der Hauptverkehrszeit stündlich bis zu 22.000 Reisende prognostiziert. Die Kapazität des gesamten Liniennetzes, für das eine Bauzeit bis zum Jahr 2000 angenommen wurde, hätte dann etwa 600 Millionen Passagiere pro Jahr betragen, wobei in den Hauptverkehrszeiten bis zu 26.000 Reisende auf der Linie 1 und bis zu 16.000 Passagiere auf der Linie 2 prognostiziert wurden.

Zwischen 1982 und 1985 wurden Verträge über den Bau der Linie 1 mit den französischen Baufirmen *RATP* und *SOFRETU–SGTE* abgeschlossen und mit dem Bau eines Probestollens begonnen. Wegen der anhaltenden wirtschaftlichen Probleme wurde das Projekt 1985 zunächst zurückgestellt und erst 1987 durch das staatliche Unternehmen *COSIDER* wieder aufgenommen.

In der Folgezeit wurden mehrere Studien über möglicheTrassenführungen durchgeführt und im Juni 1990 ein gemeinsames Abkommen über den Bau der Hauptstrecke zwischen *Oued Koriche* bis *Bachdjarah* unterzeichnet.

Bis zum heutigenTag beschränken sich die Arbeiten jedoch hauptsächlich auf die Tunnelarbeiten an einem ersten Teilstück der Strecke (vgl. auch Abb. 1) und der ober- und unterirdischen Konstruktion einiger Stationen.

Abb. 1: Streckenführung der Metro-Linie in Algier

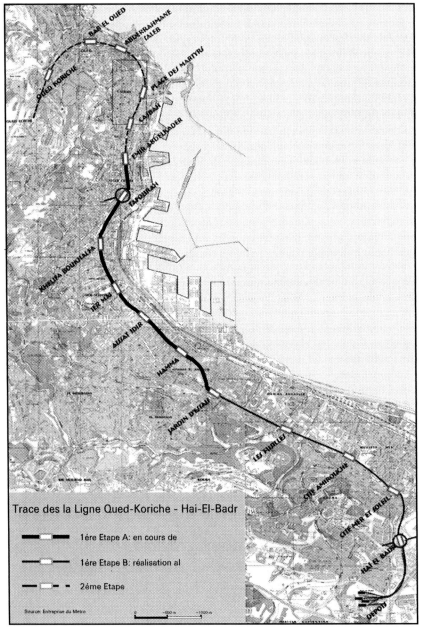

Trace des la Ligne Qued-Koriche - Hai-El-Badr

▬▬▬ 1ére Etape A: en cours de

▬▬▬ 1ére Etape B: réalisation al

▬ ▬ ▬ 2éme Etape

Source: Entreprise du Metro

Quelle: EMA/BETUR

2 Mobilitätskennziffern von Algier

Die Bevölkerung von Algier legt proTag etwa 5,4 Millionen Wege zurück, von denen etwa 60 % zu Fuß und lediglich 40 % motorisiert bewältigt werden. Tabelle 1 zeigt, das die Zahl derWege pro Person von 0,8 im Jahr 1972 auf 2,05 im Jahr 2000 gestiegen ist.

Trotz des erheblichen Reliefs und der weiten räumlichen Ausdehnung des Großraums blieben die eigenen Füße bis heute das dominierende Verkehrsmittel. Für die anderen algerischen Städte gilt diese Grundtendenz ebenfalls.

Tab. 1: Wege pro Tage und Person nach Verkehrsmittel

Mobilität	1972	1990	2000
zu Fuß	0,43	1,23	1,30
motorisiert	0,37	0,60	0,82
gesamt	0,80	1,83	2,05

Quelle: EMA/BETUR

Allgemein kann festgehalten werden, dass weit mehr Wege zu Fuß als motorisiert zurückgelegt werden. Gleichzeitig sprechen die Ergebnisse von ersten Sondierungserhebungen dafür, dass die zurückgelegtenWegstrecken sowohl bei motorisiert zurückgelegtenWegen aber auch bei den Fußwegen erhebliche Längen aufweisen.Die große Länge von Fußwegen verweist auf erhebliche Defizite des Angebots der öffentlichen Verkehrsmittel. Linienbusse werden nur für die Bewältigung von relativ langen Strecken genutzt, da die Wartezeiten hoch und die Beförderungsqualität gering sind. Auch wenn die Fußwege im Vergleich dazu deutlich kürzer ausfallen (vgl. Tab. 2) weisen sie im Mittel mit 2.000 Metern doch recht beachtliche Längen auf.

Tab. 2: Länge und Dauer der Wege differenziert nach Transportmitteln

Transportmittel	Wegelänge (in m)	Dauer (in min)
Öffentliche Verkehrsmittel	6.600	33
Motorisierter Individualverkehr	7.900	19
Zu Fuß	2.000	27

Quelle: eigene Erhebung, 1999

3 Raumstrukturelle Defizite und Verkehrsprobleme in Algier

Auslöser für das Wachstum von Algier ist sehr viel mehr der demographische Druck als die wirtschaftliche Dynamik der Region. Dabei stellt der Umfang und der unkontrollierte Charakter des Bevölkerungswachstums im Großraum Algier eine erhebliche Herausforderung für die zuständigen staatlichen Stellen dar. In den letzten Jahren hat Algier eine ebenso unkontrollierte wie schnelle Bevölkerungszunahme erfahren, die sowohl durch natürliches Bevölkerungswachstum als auch durch erhebliche Zuwanderungen aus dem ländlichen Raum geprägt war. Obwohl die Zuwanderung sich in jüngerer Zeit deutlich verlangsam hat (und zwischenzeitlich sogar negativeWanderungsalden zu verzeichnen sind), wurden bei der letzten Volkszählung 1998 in Algier 2,5 Millionen Einwohner gezählt (vgl. Tab. 3).

Das   unkontrollierte
Wachstum der Stadtbevöl-
kerung führt zu einem Un-
gleichgewicht zwischen
Angebot und Nachfrage in
vielen Bereichen des täg-
lichen Lebens. Insbeson-
dere im Bereich der Ver-
kehrsinfrastruktur über-

Tab. 3: Bevölkerungsentwicklung im Großraum Algier

Jahr	1966	1977	1987	1998
Einwohner	943.551	1.353.826	1.690.200	2.544.292

Quelle: eigene Berechnung auf der Basis der Volkszählungsergebnisse

steigt der Bedarf die Kapazitäten bei weitem. Die Folgen der unkontrollierten Ansiedlung der Bevölkerung in vielen Teilräumen des Großraums Algier sind genauso
verhängnisvoll wie die Rahmenbedingungen des Zuzugs. Die Bevölkerungsverteilung hängt in starkem Maße von der Verfügbarkeit von Wohnraum ab. Da diese
jedoch ebenfalls nicht mit der Bevölkerungszunahme mithalten konnte, kommt es
zu erheblichen siedlungsstrukturellen Ungleichgewichten mit einer extremen Bevöl-
kerungskonzentration in der Altstadt und gleichzeitig einer diffusen und unkontrollierten – zum Teil illegalen – Ansiedlung in den peripheren Bereichen der Region.
Das unkontrollierte – von keiner adäquaten infrastrukturellen Erschließung beglei-
tete – bauliche Wachstum an den Rändern der Metropolregion hat die bereits früher
vorhandenen Verkehrsprobleme in erheblichem Maß weiter verschärft.

Gleichzeitig sind die wirtschaftlichen Aktivitäten und die Dienstleistungs-
funktionen noch in hohem Maß im Zentrum von Algier konzentriert. Diese mono-
zentrale Struktur trägt mit zu einer Verschärfung der Verkehrsproblematik bei. So sind
21,6 % der Gesamtbevölkerung der Metropolregion Algier und 35 % der Arbeitsplätze
im Zentrum der Stadt konzentriert, die damit fast die gesamte Verwaltung, den Einzelhandel und die kulturellen Einrichtungen auf sich vereinigt. Diese monozentrische
Situation wirkt sich stark auf die Verkehrsflüsse aus: 29,5 % aller motorisiert zurückgelegten Wege haben das Stadtzentrum als Ziel. Diese starke räumliche Konzentration der
Orientierungen auf das Zentrum führt zu einer permanenten Überlastung der Verkehrsinfrastruktur und Staus.

Die Randzonen der Metropolregion Algier leiden demgegenüber unter einer verkehrsinfrastrukturellen Minderausstattung und ihrer isolierten Lage, so dass auch
dort von einer „Krise der Verkehrsverhältnisse" zu sprechen ist. Da die in den
Randzonen entstandenen Großwohngebiete bis heute nicht über eine entsprechende infrastrukturelle Ausstattung verfügen, um die täglichen Bedürfnisse der
Einwohner im Umfeld der Wohnquartiere befriedigen zu können, sind diese gezwungen, sich in starkem Maß auf das Zentrum zu orientieren. Die Siedlungsstruktur und
die Verteilung der einzelnen Funktionen weist damit einen starken Einfluss auf die ak-
tionsräumlichen Orientierungen der Bevölkerung im Großraum Algier auf. Die aus-
geprägte Zentralisierung und die mangelnde infrastrukturelle Ausstattung der Peripherie zwingen die Bewohner dazu:

• überproportional große Entfernungen zurückzulegen. So sind die von der
Bevölkerung an der Peripherie motorisiert zurückgelegten Wege im Mittel etwa
25 bis 30 Kilometern lang;

• eine beträchtliche Zahl nicht zwingend notwendiger Wege aufgrund der großen
Distanzen zwischen Wohnort und Ziel zu unterlassen (man schätzt die Zahl dieser nicht realisierten Wege auf etwa 120.000 täglich);

• zunehmend auf die Nutzung von motorisierten Verkehrsmitteln zurückzugreifen. Es muss in diesem Zusammenhang darauf hingewiesen werden, dass trotz der vor kurzem erfolgten Öffnung des Verkehrssektors für private Unternehmen – und der damit verbundenen relativen Angebotsverbesserung – weiterhin ein unzureichendes Angebot im Bereich des öffentlichen Verkehrs besteht. Die beeindruckende Zahl privater Transportunternehmen gibt die reale Kapazität des verfügbaren Angebotes nicht wider, da 80 % des genutzten Fuhrparks aus Kleinfahrzeugen (Lieferwagen, Minibusse) besteht. Durch diese begrenzte Kapazität sind die Unternehmen nicht in der Lage, die Auflösung einiger Linien der *ETUSA* (*Entreprise de Transport Urbain Algérois*) zu kompensieren und die Nachfrage zu decken, da diese stetig ansteigt. Die derzeitigen Probleme im Verkehrswesen Algiers werden jedoch in Form von qualitativen organisatorischen und betrieblichen Mängeln im Personenverkehr sehr viel deutlicher sichtbar: Anarchie, Fehlfunktionen, Betriebsstörungen, etc. haben unbestreitbaren Einfluss auf raumstrukturelle Verflechtungen und die Art und Weise der räumlichen Orientierungen.

4 Die Metro und das städtische Wachstum

Bedingt durch das schnelle Wachstum Algiers ist der Stadtverkehr eines der wesentlichen Anliegen der öffentlichen Hand. Die Probleme im Bereich des Personennahverkehrs stellen sich heute in einem Ausmaß dar, in dem isolierte Initiativen nicht mehr ausreichen, sondern die Einführung eines geplanten Verkehrsnetzes mit einer zusammenhängenden und koordinierten Organisation nötig wird. Die gesamte Entwicklung des Großraums hängt in starkem Maß von der Lösung der Verkehrsprobleme ab. Dabei gilt die Einführung eines U-Bahn-Systems für Städte ab einer Größenordnung von 1 Million Einwohner im Allgemeinen als sinnvolle Lösung. Solche Systeme sind abgestellt auf eine hoch konzentrierte Nachfrage in Millionenstädten.

Seit über einem halben Jahrhundert zielt der Bau zahlreicher U-Bahnlinien in vielen Städten der Welt über die reinen Verkehrsaspekte hinaus aber auch darauf ab, die durch das enorme Wachstum verursachten stadtstrukturellen Entwicklungsprobleme mit bewältigen zu helfen. So baute man im Jahre 1955 in Toronto eine U-Bahnlinie entlang einer der zentralen Hauptachsen der Stadt. In den folgenden Jahren setzte ein schnelles Wachstum entlang dieser Bereiche ein. Studien weisen darauf hin, dass die U-Bahn einen der Hauptfaktoren für dieses konzentrierte punkt-axiale Wachstum darstellt.

Im Falle Algiers wurde die Möglichkeit der Errichtung einer U-Bahn im Zuge der Stadtentwicklung immer als zentrale Komponente angesehen. Sie wurde als Verkehrsmittel gewählt, das einerseits effizient zur Bewältigung der Verkehrsnachfrage beitragen und andererseits auch einen Beitrag zur Strukturierung des städtebaulichen Wachstums liefern kann. Damit stellt sich die Frage nach der Art der Integration eines Metro-Netzes in die städtebauliche Struktur des Großraums Algier.

Die Errichtung von parabelförmigen Durchmesserlinien erscheint für die Bedienung des Großraums Algier am sinnvollsten. Diese Linienführung erlaubt nicht nur die randliche Erschließung der am dichtest besiedelten Viertel der Stadt. Sie erhöht bei einer größeren Zahl von solchen Durchmesserlinien auch die Erreichbarkeit durch die Vervielfachung von Umsteigemöglichkeiten im Netz.

Am 5. Juli 1982 wurde durch den damaligen Präsidenten der Republik, Chadli ein
1.300 m langes Teilstück eröffnet, das (in der relativ langen Bauzeit) von 1983 bis 1987
errichtet wurde, um die entsprechenden Bautechniken zu erproben. Während sich die
Bauarbeiten an der ersten Linie inzwischen seit zwanzig Jahren hinziehen, kommt es
gleichzeitig im Großraum Algier – vor allem in der südöstlichen und südlichen
Peripherie der Agglomeration – zu raumstrukturellen Änderungen mit einem erheblich beschleunigten Wachstum. Angesichts dieser Konstellation stellt sich die Frage,
welcher von beiden Faktoren – Verkehrsinfrastruktur Metro oder Randwachstum –
den anderen beeinflussen kann. Die Antwort auf diese Frage gestaltet sich jedoch so
schwierig, dass weder die Verantwortlichen auf der gesamtstaatlichen noch die auf
der kommunalen Ebene bisher konkrete Wirkungsmodelle entwickelt haben, welche
die Auswirkungen des Metro-Projektes zufrieden stellend abbilden. Angesichts der
Langsamkeit und der bisher beim Bau der ersten Linie aufgetretenen Verzögerungen
scheint es so, dass das angepeilte Ziel – durch die Metro die Stadtentwicklung im
Großraum Algier zu beeinflussen – nicht erreicht werden wird, da zwischenzeitlich
das Stadtwachstum weit über die damaligen Grenzen hinaus beschleunigt und
unkontrolliert vorangeschritten ist. Es wäre daher anzuraten, dass die öffentliche
Hand eine neue Stadtentwicklungspolitik einschlägt, die sich dieser Problematik stellt
und Verkehrsplanung und Stadtentwicklung miteinander verknüpft. Wird dieser Weg
nicht eingeschlagen, könnte möglicherweise ein weiteres halbes Jahrhundert oder
gar länger bis zur Verwirklichung der restlichen zwei geplanten Linien vergehen.

Aus heutiger Sicht hat es den Anschein, als würde sich die erste U-Bahnlinie von
Oued Koriche nach *Hai El Badr* vollkommen in die städtebauliche Struktur des Großraums Algier einfügen und auf dieser Achse ein räumlich konzentriertes Wachstum
gewährleisten. Diese Funktion sollte ergänzt werden durch die Anbindung existie-
render Vorortzüge, geplanter Stadtbahnen und Buslinien an das entstehende
Stammnetz der U-Bahn. Der positive Effekt einer solchen Integration wäre die räumliche Verdichtung hochzentraler Infrastruktur in den Gebieten, die durch die U-Bahn
bedient werden.

Dies zielt darauf ab, dass es im Bereich des städtebaulichen Wachstums zu einer
Konzentration entlang der Linien und besonders der Stationen im zentralen Stadtbereich Algiers kommen wird. Um dieses Ziel zu verwirklichen ist es unabdingbar, dass
die Entwicklung durch unterstützende städtebauliche Maßnahmen (Sanierung, Nach-
verdichtung) vorangetrieben wird. Die Umsetzung eines solchen Vorschlages würde
zu einer Attraktivitätssteigerung der zentralen Bereiche von Algier führen. Durch die
U-Bahn würde eine Ausdehnung des Innenstadtbereiches nach Süden bei einer
gleichzeitigen guten verkehrlichen Anbindung ermöglicht. Die Ausweitung des Innen-
stadtbereichs würde gleichzeitig eine Überkonzentration im historischen
Stadtzentrum reduzieren und unter dem Blickwinkel des innerstädtischen Verkehrs
dazu beitragen, die dortigen konzentratonsbedingten Stauphänomene zu vermindern.

5   Implikationen der Metro auf die Gestaltung des innerstädtischen Verkehrs

Studien zufolge könnte die U-Bahn im Jahr 2006 322 Millionen Passagiere jährlich
befördern und damit einen Anteil von etwa 45 % am ÖPNV abdecken. Damit könnte sich die Mobilität im Großraum Algier von 0,6 motorisiert zurückgelegten Wegen

pro Tag und Einwohner im Jahr 1990 auf über 1,55 motorisierte Wege im Jahr 2006 erhöhen. Es wäre jedoch illusorisch anzunehmen, eine solch gravierende Steigerung wäre nur durch den Ausbau des Busnetzes möglich.

Die Verwirklichung der ersten U-Bahnlinie *Hai El Badr - Oued Koriche* stellt nach Prognosen der Verkehrsunternehmen und von Ingenieurbüros die optimale Lösung dar, um den Verkehrsbedürfnissen im dicht bebauten Zentrums von Algier zu befriedigen. Mit ihrer Inbetriebnahme würde sich schlagartig die Zahl der Personen, die mit öffentlichen Verkehrsmitteln befördert werden können, erheblich erhöhen. Mit dem sukzessiven weiteren Bau der drei Linien würde bis zum Jahr 2020 das Angebot im öffentlichen Verkehr kontinuierlich weiter ausgebaut werden (vgl. Tab. 4).

Aus Tabelle 4 geht ebenfalls hervor, dass die Verwirklichung dieser Linie wesentlichen Einfluss auf die tägliche Mobilität der Bevölkerung haben wird. Zahlreiche Beispiele von Städten auf der ganzen Welt, in denen bereits U-Bahnlinien verkehren, haben gezeigt, welche positiven Wirkungen von der Nutzung dieser Verkehrsmittel in Bezug auf die

Tab. 4: Prognostizierte Entwicklung der Passagierzahlen auf der Metro-Linie 1

Jahr	Jährliches Aufkommen (in Millionen)	Anzahl der Passagiere (pro Stunde und Richtung)
2006	93	13.700
2007	141	17.000
2008	187	20.400
2009	202	21.600
2010	236	24.900
2020	331	31.000

Quelle: Ministère des Transports 1998

Transportgeschwindigkeit, die Beförderungskapazität und die Nachhaltigkeit des Systems ausgehen können. Die Nutzen in punkto Zeitgewinn, Komfortsteigerung und Sicherheit wirken sich sowohl auf die Verkehrsmittelwahl der Einwohner als auch die intermodale Verknüpfung der einzelnen Verkehrsmittel aus, stellen aber gleichzeitig eine Aufwertung der erschlossenen Gebiete dar, die sich in einer optimaleren Raumnutzung und einer zentralörtlichen Aufwertung niederschlagen kann. Angesichts der akuten Probleme, mit denen der innerstädtische Verkehr im Großraum Algier derzeit konfrontiert ist, sind mit der Fertigstellung der ersten U-Bahnline große Hoffnungen – insbesondere in Bezug auf eine Verbesserung des bestehenden Verkehrsnetzes – verknüpft. Dies betrifft vor allem die Reduzierung der Betriebskosten für das Linienbusnetzes, der Zeitgewinn für die Passagiere sowie die Entlastung des Straßennetzes.

In einem ersten Planungsentwurf für die Verknüpfung des städtischen Verkehrsnetzes ist daher unter anderem die Einrichtung von sieben Bahnhöfen geplant, die sowohl zentrale Umsteigeknoten Bus-Metro darstellen als auch als P&R-Haltepunkte fungieren sollen. Folglich ist es wünschenswert, dass die verantwortlichen Stellen in der Stadtverwaltung Umstrukturierungen im Bereich des Linienbusverkehrs in Großraum Algier und besonders in den zentralen Zonen in die Wege leiten. Um die Benutzung der U-Bahn attraktiv zu machen, wird unter anderem eine Umstrukturierung im Netz der *ETUSA*-Linienbusse notwendig sein. Hier müssten entsprechende Kapazitäten und evtl. neue Linien geschaffen werden, um die U-Bahn-Stationen bedarfsgerecht zu bedienen. Denn es ist zu erwarten, dass die Fertigstellung der ersten U-Bahnlinie die Transportnachfrage in den zentralen Zonen weiter steigern wird.

Die zukünftige Verbesserung der intermodalen Beförderungsbedingungen im Großraum Algiers wird aber auch von der Entwicklung in anderen Bereichen des öffentlichen Personenverkehrs – insbesondere im Bereich der Eisenbahn – beeinflusst werden. Gleichzeitig könnten sich hier jedoch auch neue Perspektiven im Hinblick auf den Gebrauch öffentlicher Verkehrsmittel eröffnen, wenn es gelänge, ein umfassendes Verkehrsmanagement für den Großraum Algier zu implementieren. Bislang scheint das Metro-Projekt noch mehr eine relativ isolierte Einzelmaßnahme als ein wesentlicher Bestandteil eines umfassenden Maßnahmenpaketes zu sein, das äquivalent auf die skizzierte breite Palette von Problemen im Verkehrsbereich antwortet. In diesem Zusammenhang ist die Einführung eines neuen Bahnkonzepts und eine Rückbesinnung auf die Rolle der Bahn als ein Mittel des öffentlichen Verkehrs – auch in den stark verdichteten Zonen Algiers – unabdingbar.

6   Schlussfolgerungen

Die Diskrepanz der Wachstumsraten in den Bereichen Bevölkerung, Arbeitsplätze und Dienstleistungen im Großraum Algier sowie die ungleichmäßige räumliche Verteilung konnten als zentrale Faktoren für die gravierenden Friktionen zwischen dem städtebaulichen Wachstum und der verkehrsinfrastrukturellen Erschließung identifiziert werden. Angesichts der derzeitigen Situation und der Herausforderungen, die eine unkontrollierte Entwicklung des Großraums Algier künftig an den innerstädtischen Verkehr stellen wird, muss die momentane Versorgung der Stadt mit öffentlichen Verkehrsmitteln als unzureichend bezeichnet werden. Die Verwirklichung der ersten Metro-Linie von *Hai El Badr* nach *Oued Koriche* wird daher nicht nur Einfluss auf die künftige Stadtentwicklung, sondern auch auf die Gestaltung des gesamtstädtischen Verkehrsgeschehens haben. Dabei wird die Metro die ihr zugedachte wichtige Rolle nur einnehmen können, wenn im Rahmen eines integrierten Verkehrsmanagements alle Verkehrsmittel einbezogen werden.

Literatur

ABEILLE, M. & M. Boulahbal (1992): Approche de la mobilité réprimée cas d'Alger. Tunis
BAOUNI, T. (2000): Transport et planification urbaine dans l'agglomération d'Alger. In: Revue de l'Association des Géographes Français
BETUR-Entreprise du Métro d'Alger (o.J.): Rapport: Enquete ménages transport Alger 1990. Résultats et analyse. Algier
KHELIOUA, A. (1989): Présentation du projet métro d'Alger ligne 1; Oued Koriche-Dar el Beida- Gué de constantine. Algier: Entreprise du Métro d'Alger
NEGGAZ, K. (2001): Interactions transports urbains - occupation du sol. Unveröffentliche Magisterarbeit. Algier: Epau, 2001

Verzeichnis der Abkürzungen

ETUSA	*Entreprise des Transports urbains d'Alger*
SNTF	*Société Nationale des Transports ferroviaires*
EMA	*Entreprise du Métro d'Alger*
BETUR	*Bureau d'Etudes des Transport Urbain*
RATP	*Régie Autonome des Transports Parisiens*
SOFRETU	*Société Française des Etudes de Transport*
COSIDER	*Société Algérienne de Construction*

Das Transmilenio-System in Bogotá/Kolumbien

Ein innovativer Beitrag zur Lösung von Mobilitätsproblemen in Megacities?

Jan Marco Müller (Leipzig)

Zusammenfassung

Die kolumbianische Hauptstadt Bogotá hat durch die Einführung ihres neuen Nahverkehrssystems Transmilenio seit Dezember 2000 international für Aufsehen gesorgt. Auf dem „Curitiba"-Modell mit Expressbussen auf exklusiven Fahrspuren basierend, wurde das System in der Rekordzeit von drei Jahren geplant, gebaut und in Betrieb genommen. Innovativ ist dabei nicht nur das den sozioökonomischen Bedingungen eines Entwicklungslandes angepasste Nahverkehrssystem an sich, als vielmehr seine Einbindung in einen langfristigen Entwicklungsplan für die 7 Millionen Einwohner zählende Andenmetropole, dessen Herzstück Transmilenio darstellt. Der ehrgeizige Plan verfolgt das Ziel einer nachhaltigen Stadtentwicklung und setzt dabei u.a. auf Beschränkungen des motorisierten Individualverkehrs sowie eine umfassende Partizipation der Bevölkerung an den Entscheidungsprozessen. Das Erfolgsrezept von Transmilenio wird zunehmend auch von anderen Metropolen in Entwicklungs- und Transformationsländern übernommen.

Summary

Since December 2000, the Colombian capital Bogotá gained international fame through the introduction of its new urban transport system Transmilenio. The system is based on the „Curitiba" model of express buses on exclusive lanes and was planned, built and put into operation in a record three years of time. Transmilenio is not only innovative due to its concept coping with the socioeconomic conditions of a developing country, but especially due to its characteristic of being the corner stone of a long-term development plan for this 7-million Andean metropolis. The ambitious plan aims at achieving a sustainable urban development, considering among other topics restrictions for motorised individual traffic and a widespread participation of the population in the decision processes. The secret of success of Transmilenio is being transferred more and more to other metropolises in developing and transformation countries.

1 Einführung: Verkehrsprobleme in Megacities der Entwicklungs- und Transformationsländer

Die Zahl der Millionenstädte weltweit wächst von Jahr zu Jahr. Der größte Teil dieses Wachstums entfällt auf die Entwicklungs- und Transformationsländer. Charakteristisch für die großen Verdichtungsräume in diesen Staaten ist ihr extrem dynamisches Bevölkerungswachstum, das verbunden ist mit einem erheblichem Flächenverbrauch bei gleichzeitig hoher Bevölkerungsdichte (Bogotá: 209 Einwohner / km^2). Aufgrund der hohen Bedeutung des informellen Sektors sowie institutioneller Defizite erfolgt dieses Wachstum zu einem erheblichen Teil ungesteuert bzw. ungeplant. Hierbei kommt es nicht nur zu einer starken räumlichen Polarisierung von Arm und Reich sowie zum Entstehen sozialer Konflikte, sondern insbesondere auch zu erheblichen Umweltproblemen, wie z.b. Luft- und Gewässerverschmutzung.

Es liegt auf der Hand, dass die infrastrukturelle Entwicklung nicht mit dem raschen Wachstum der Städte mithalten kann. Dies gilt auch und gerade für die Verkehrssysteme, die allein schon durch die Größe dieser Metropolen erhebliche Verkehrsvolumina bewältigen müssen. Die Verkehrsplanung in den Megastädten der Entwicklungs- und Transformationsländer ist zumeist nachsorgend und nicht vorausplanend. Ein adäquates ÖPNV-Angebot bzw. ein leistungsfähiges Massenverkehrsmittel ist vielerorts nicht vorhanden. Stattdessen dominiert aufgrund der hohen Bedeutung des informellen Sektors das „Gesetz des Dschungels", das auf dem Recht des stärkeren Verkehrsteilnehmers beruht. Administrative Ineffizienz, fehlendes Know-how und knappe finanzielle Ressourcen erschweren den Aufbau leistungsfähiger, ökonomisch und ökologisch nachhaltiger Verkehrssysteme.

2 Das Fallbeispiel Bogotá / Kolumbien

Die kolumbianische Hauptstadt Bogotá liegt rein kartographisch gesehen zwar im Zentrum Kolumbiens, befindet sich aber topographisch und unter Aspekten der Bevölkerungsverteilung betrachtet in einer peripheren Lage (siehe Abb. 1). Die Stadt breitet sich auf einer Hochebene in 2600 m Höhe aus, wobei dem städtischen Wachstum durch Bergzüge im Osten und Süden Grenzen gesetzt sind. 1538 gegründet, durchlief Bogotá ein relativ langsames Wachstum während der Kolonialzeit und erreichte um 1900 eine Einwohnerzahl von 90.000. Ähnlich wie andere lateinamerikanische Metropolen zeigte Bogotá dann im 20. Jahrhundert ein extrem starkes Bevölkerungswachstum. In den 1950er Jahren wurde bereits die Schwelle von 1 Million Einwohnern überschritten. Weitere 50 Jahre später zählt die Stadt mit ihren Vororten 7 Millionen Menschen (alle Angaben: *Departamento Administrativo de Planeación Distrital* 1997, S.33). Die Gründe für dieses in allen Entwicklungsländern zu beobachtende Städtewachstum sind hinlänglich bekannt und müssen an dieser Stelle nicht näher erläutert werden. Dennoch ist zu ergänzen, dass im Fall der kolumbianischen Hauptstadt die durch den bewaffneten Konflikt im ländlichen Raum ausgelösten Migrationsströme, einsetzend mit den Unruhen des „Bogotazo" 1948 und bis heute anhaltend, in nicht zu unterschätzendem Maße dieses Wachstum verstärkt haben.

Heute bietet Bogotá das Bild einer flächenmäßig großen, aber doch recht kompakten Stadtlandschaft, die sich in einer Nord-Süd-Ausdehnung von ca. 30 km ent-

Abb. 1: Lage der Stadt Bogotá im Verkehrsnetz von Kolumbien

Quelle: eigener Entwurf

lang der die Stadt um 600 m überragenden „Cerros Orientales" und in einer Ost-West-Ausdehnung von ca. 15 km zwischen den „Cerros Orientales" und dem Río Bogotá erstreckt. Erschlossen wird der Stadtkörper durch mehrere große Ausfallstraßen, die radial zu der am Bergfuß liegenden Innenstadt führen, sowie mehreren tangentialen Boulevards, die die Stadt zwiebelringartig im Halbkreis umschließen und die verschiedenen Phasen des Stadtwachstums nachzeichnen.

Bogotá weist eine klare sozialräumliche Differenzierung auf (Abb. 2). Die Oberschicht ist zum großen Teil in etwa 15 km Entfernung nördlich des Stadtzentrums verortet, zunehmend aber auch in vor der Siedlungsfront gelegenen gated communities. Die obere Mittelschicht und Mittelschicht nimmt Viertel im Westen und Norden der Stadt ein, die untere Mittelschicht ist zum größten Teil im Südwesten und äußeren Nordwesten Bogotás anzutreffen. Die untere Schicht besetzt zum größten Teil die südliche und westliche Peripherie des Stadtkörpers, wobei insbesondere Hanglagen und Überschwemmungsgebiete in Anspruch genommen wer-

den. Teilweise ist die Unterschicht auch in innenstadtnahen Zonen verortet. Un-
tere Mittelschicht und Unterschicht machen rund drei
Viertel der Stadtbevölke-
rung aus. Für das Verkehrssystem relevant ist weiterhin, dass der größteTeil der
Arbeitsplätze Bogotás zum
einen in einem Streifen entlang des Bergfußes zwi-
schen Innenstadt und Ober-
schichtvierteln im Norden
angesiedelt ist, zum anderen in einem nach Westen
Richtung Flughafen reichenden Industrie- und Dienstleistungssektor der Stadt
(vgl. GUHL & PACHÓN 1989,
S. 20 sowie MERTINS &
MÜLLER 2000). Der überwie-
gende Teil der täglichen
Pendelbewegungen findet
zwischen diesen beiden Bereichen und den oben be-
schriebenen Wohngebieten

Abb. 2: Die sozialräumliche Gliederung von Bogotá 1999

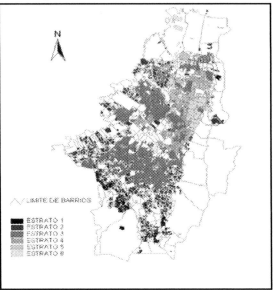

(Estrato 1 = Unterschicht, Estrato 6 = Oberschicht)
Quelle: Departamento Administrativo de Planeación Distrital
(URL: http://www.dapd.gov.co/estra.htm)

statt, wobei es sowohl zu Kern-Rand- als auch zu tangentialenVerkehren kommt (Abb. 3).

3   Verkehr in Bogotá vor Transmilenio

Vor der Einführung des Ende 2000 in Betrieb genommenen Transmilenio-Systems
wies Bogotá ein völlig chaotisches, defizitäres und die Umwelt belastendes Nahverkehrssystem auf. 22.000 Busse transportierten 1998 72 % der Stadtbevölkerung auf
639 Buslinien. Gleichzeitig transportierten 670.000 PKWs nur 19 % der Stadtbevölkerung, bei einem jährlichen Wachstum des Kfz-Fuhrparks von 7 % (*Transmilenio S.A.*
2000, S. 9).

Die oftmals als „Ein-Mann-Unternehmen" mehr oder weniger informell betriebe-
nen Busse lieferten sich einen täglichen Wettkampf um jeden zahlenden Fahrgast,
was unter dem Namen „Guerra del Centavo" sprichwörtlichen Charakter erlangte
(Photo 1). Die Stadtverwaltung vergab zwar Genehmigungen für die Bedienung auf
bestimmten Strecken, diese Auflagen wurden jedoch oft nicht eingehalten. Stattdessen wurdenWohnstraßen benutzt, um Staus zu umgehen. Busfahrer in Bogotá wid-
meten sich zumeist gleichzeitig dem Lenken des Busses, dem Abkassieren der
Fahrgäste, dem Hupen und Fluchen im Stau, dem angeregten Gespräch mit dem
Busfahrer auf der Nachbarspur und dem Suchen des besten Salsa-Senders im
Radio. Passagiere wurden an jedem beliebigen Punkt der Stadt aufgesammelt

Abb. 3: Berufsverkehre in Bogotá 1998

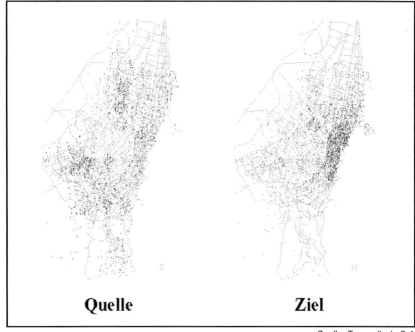

Quelle   Ziel

Quelle: Transmilenio S.A

− auch mitten auf Kreuzungen oder den Überholspuren von Stadtautobahnen. Folge dieses „Krieges um jeden Cent" waren notorisch verstopfte Straßen sowie deren rasche bauliche Degradierung, eine erhebliche Luft- und Lärmbelastung und nicht zuletzt auch eine hohe Anzahl von Verkehrsunfällen, sowohl in Bezug auf Kollisionen zwischen Bussen als auch in Bezug auf überfahrene Fußgänger. So stieg die Zahl der Verkehrstoten in Bogotá von 1089 im Jahr 1991 auf 1387 im Jahr 1995, wobei es sich zum weitaus größten Teil um Fußgänger und Radfahrer handelte (*Departamento Administrativo de Planeación Distrital* 1997, S. 69 und 71).

Photo 1: Die „Guerra del Centavo" prägte das Verkehrssystem von Bogotá bis zum Jahr 2000

Photo: Transmilenio S.A

Eine kundengerechte Planung des Öffentlichen Nahverkehrs fand praktisch nicht statt. Stattdessen prägten informell bedingte Überkapazitäten das Bild, denn angesichts der exorbitant hohen Anzahl von Bussen fuhren selbst zu Spitzenzeiten die meisten Fahrzeuge mit nur geringen Auslastungen. Diese geringen Auslastungen verbunden mit den nicht vorhandenen Haltestellen förderten auch die Kriminalität. So waren selbst Vergewaltigungen in fahrenden Bussen keine Einzelfälle. Zudem waren die herkömmlichen Busse weder behindertengerecht, noch wurde irgendwelche Rücksicht auf die Bequemlichkeit der Fahrgäste genommen.

In den letzten Jahren entwickelte sich die Verkehrssituation zunehmend zu einem der wichtigsten Faktoren in Bezug auf die schlechte Lebensqualität der kolumbianischen Hauptstadt. Der durchschnittliche Zeitaufwand im innerstädtischen Transport wurde vor der Einführung von Transmilenio pro Person und Tag mit 2 Stunden und 20 Minuten beziffert, wobei die erreichten Durchschnittsgeschwindigkeiten bei gerade einmal 10 km/h lagen (*Transmilenio S.A.* 2000, S. 9). Zudem sorgte der Verkehr für den größten Teil der Luftverschmutzung in Bogotá, der sich 1991 auf rund 290.000 Tonnen CO, 20.000 Tonnen Kohlenwasserstoffe, 11.000 Tonnen NO_X, 8.000 Tonnen SO_X. und 2.200 Tonnen Staub im Jahr belief (*Japan International Cooperation Agency* 1992). Hierzu trug auch die Überalterung der Busflotte bei, deren Durchschnittsalter 1998 14 Jahre betrug (*Transmilenio S.A.* 2000, S. 9). Aufgrund der oftmals nicht einmal zur Existenzsicherung der Busfahrer genügenden Renditen, wurden kaum Neuinvestitionen in den Fuhrpark getätigt. Mehr noch, um die Ernährung der eigenen Familie zu sichern, sahen sich viele Busfahrer gezwungen, ohne soziale Absicherung bis zu 16-18 Stunden am Tag zu arbeiten.

4   Das Transmilenio-System

4.1   Entstehungsgeschichte

Bereit seit Jahrzehnten wurde in Bogotá über die Einführung eines Metro-Systems nach dem Vorbild europäischer oder US-amerikanischer Städte diskutiert (vgl. GUHL & PACHÓN 1989). Aufgrund der damit verbundenen Kosten und der mangelnden Kontinuität der kommunalen Administrationen (Amtszeit des Oberbürgermeisters und des Stadtrats: drei Jahre!) kamen diese Pläne aber nie über das Entwurfsstadium hinaus, während die Stadt ständig weiterwuchs. Neuen Auftrieb erhielt die Diskussion über ein Massentransportsystem in Bogotá mit dem Bau der am 30.11.1995 in Betrieb genommenen Metro von Medellín (Photo 2). Obwohl diese von einem Konsortium unter Führung der deutschen Firma Siemens errichtete Bahn den Vergleich mit modernsten Nahverkehrssystemen in Europa nicht zu scheuen braucht, sorgten die immensen Kosten des Metro-Baus in Medellín, der damit verbundene Korruptionssumpf und das Trauma der mehrjährigen Bauphase im Herzen der Stadt für ein Umdenken in Bogotá und das Vorantreiben der Transmilenio-Idee.

Als Vater von Transmilenio kann Enrique Peñalosa angesehen werden, ein technokratisch orientierter, aber bürgernaher und parteiunabhängiger Politiker, der die Stadt von 1998-2000 regierte und lateinamerikaweit als einer der kompetentesten Oberbürgermeister der letzten Jahre angesehen werden kann (Photo 3). Er machte die Lösung der die Lebensfähigkeit der Stadt gefährdenden Verkehrsprobleme zum Flaggschiff seiner Administration (vgl. PEÑALOSA 1997). Peñalosa orientierte sich dabei an dem in den 1970er Jahren vom damaligen Bürgermeister Lerner in Curitiba/Brasilien eingeführten Nahverkehrssystem, das 1995 auch auf die ecuadorianische Hauptstadt Quito übertragen worden war, wobei man sich in Quito eines Trolleybus-Systems auf exklusiven Fahrspuren bediente.

Photo 2: Die 1995 eingeweihte Metro von Medellín

Photo: Jan Marco Müller

Dass Peñalosa die finanziellen Ressourcen vorfand, um sein Vorhaben zu verwirklichen, ist besonders seinem Vorgänger im Amt, dem ebenfalls parteiunabhängigen Philosophen Antanas Mockus, zu verdanken, der während seiner Amtszeit 1995-1997 besonders auf die pädagogische Erziehung der Bürger setzte und gleichzeitig durch eine zurückhaltende Ausgabepolitik genügend Geld für ein neues Nahverkehrssystem im Stadtsäckel gelassen hatte. Da Antanas Mockus auch zum Nachfolger von Peñalosa für die Jahre 2001-2003 gewählt wurde, ist eine Fortsetzung der Politik Peñalosas gewährleistet, womit Bogota den glücklichen Umstand einer neun Jahre währenden Kontinuität in der Kommunalpolitik erfährt.

Nachdem in der ersten Mockus-Administration bereits Vorstudien gemacht wurden, begannen mit dem Amtsantritt von Peñalosa die konkreten Planungen

Phhoto 3:   Oberbürgermeister   Enrique Peñalosa setzte Transmilenio in die Tat um

Photo: Transmilenio S.A

Abb. 4: Liniennetzplan von Transmilenio

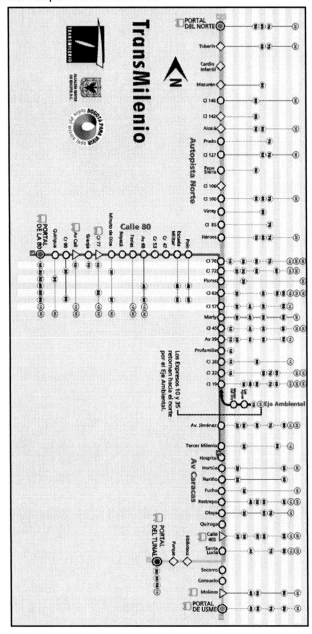

Die Nummern in den Kreisen markieren die Stationen von Express-Buslinien; die Corriente-Linien 1, 2 und 3 bedienen alle Haltestellen.

Quelle: Transmilenio S.A

für das neue System. Am 13.10.1999 erfolgte die Gründung der „Empresa de Transporte del Tercer Milenio –TRANSMILENIO S.A." als städtisches Unternehmen mit 72 Beschäftigten und es begann der Bau der ersten Stammstrecke. Bereits am 6.12.1999 konnten die Konzessionen für die Beförderungsdienste ausgeschrieben werden. Am 18.12.2000, zwei Wochen vor Ende der Amtszeit von Enrique Peñalosa, wurde das Transmilenio-System eingeweiht.

4.2 Vorstellung des Systems und seiner Funktionsweise

Transmilenio beruht auf einem Expressbus-System mit exklusiven Fahrspuren. Diese so genannten „Troncales" wurden auf ausgewählten großen Boulevards der Hauptstadt eingerichtet, wobei die Fahrspuren teilweise dem motorisierten Individualverkehr entzogen wurden. In der ersten Phase, die am 18.12.2000 in Betrieb ging, wurden zunächst zwei insgesamt 41 km lange Stammstrecken eingerichtet: vom Norden der Stadt (Autopista Norte) in den Süden (Tunal bzw. Usme) sowie vom Nordwesten (Calle 80) in das Stadtzentrum (vgl. Abb. 4).

Entlang dieser Stammstrecken wurden alle 500 m Haltestellen errichtet. Diese sind als überdachte Metallkonstruktionen ausgeführt, weisen eine Länge von 50-200 m sowie eine Breite von 4-5 m auf und sind wie das ganze System voll behindertengerecht gestaltet (Photo 4). Die kostengünstige Gestaltung der Haltestellen vermittelt einen spartanischen Eindruck, der aber nicht ohne architektonischen Reiz ist. Die Haltestellen sind in der Straßenmitte angelegt und werden durch 5 m hohe Landmarks markiert, die den Haltestellen-namen, eine Netzübersicht und eine Uhr aufweisen (Photo 5). Die Erschließung der Haltestellen erfolgt über eigens errichtete Fußgängerstege oder ampelgeregelte Überwege. Am Eingang jeder Haltestelle befindet sich ein Kassenhäuschen, bei dem eine Magnetkarte erworben werden kann, die zur beliebigen Benutzung des gesamten Systems bis zum Verlassen einer Haltestelle berechtigt. Durch ein Drehkreuz erfolgt der Zugang zum inneren Stationsbereich; der Einstieg

Photo 4: Die Haltestellen von Transmilenio prägen heute das Stadtbild von Bogotá

Photo: Transmilenio S.A

zu den Bussen erfolgt je nach Fahrtrichtung links oder rechts durch transparente Schiebetüren, die sich nach dem Eintreffen eines Busses automatisch öffnen. Zur Überwachung der Haltestellen und des allgemeinen Betriebs sind täglich 400 Verkehrspolizisten im Einsatz, außerdem werden die Stationen per Video überwacht (*Transmilenio S.A.* 2000, S. 72). Im Zuge des Baus von Transmilenio wurde auch das jeweilige Umfeld der Verkehrsachsen und Stationen einer Neugestaltung unterzogen (u.a. Begrünung, Stadtmöblierung), um für eine urbane Aufwertung zu sorgen. Für den Transport der Fahrgäste werden derzeit insgesamt 470 rot lackierte Gelenkwagen eingesetzt, die auf den Stammstrecken des Systems pro Tag je ca. 200 km zurücklegen (*Transmilenio S.A.* 2000, S. 43). Die Fahrzeuge verkehren als Corriente-Busse, die an jeder Station halten, und als Express-Busse, die nur einzelne, besonders aufkommenstarke Haltestellen anfahren. Die weitgehende Zweispurigkeit des Fahrweges ermöglicht jederzeit ein gegenseitiges Überholen der Busse. Die in Kolumbien und Brasilien gefertigten roten Gelenkwagen haben eine Länge von 18 m sowie eine Kapazität von 160 Passagieren (davon 43 Sitze) und erfüllen die EURO II-Abgasnorm (*Transmilenio S.A.* 2000, S. 44 und 66). Die verschiedenen Konzessionäre (siehe unten) haben unterschiedliche Fabrikate der Marken Mercedes-Benz, Volvo und General Motors im Einsatz. Auf eine Niederflurtechnik wurde verzichtet, um ambulanten Händlern den Zugang zu den Bussen zu erschweren. Ergänzt wird das System durch 235 grün lackierte Feeder-Busse, die auf 39 Routen ausgewählte Stationen der Stammstrecken mit den umliegenden Wohnvierteln verbinden (*Transmilenio S.A.* 2002). Der zu entrichtende Fahrpreis für Transmilenio schließt diese Dienste mit ein.

Photo 5: Landmarks (so genannte „Totems") markieren die Haltestellen

Photo: Transmilenio S.A

An den bislang vier Endstationen des Systems wurden Busterminals errichtet, die von den regionalen Bussen angefahren werden und ein Umsteigen auf das Transmilenio-System ermöglichen bzw. dieses mit dem Umland verknüpfen. Zusätzlich wurde am Busterminal „Portal de la 80" ein großer Bushof mit dazugehörigen Werkstätten errichtet (Photo 6) sowie in der Verwaltungszentrale von Transmilenio S.A. eine voll automatisierte Leitzentrale gebaut, von der aus das ganze System gesteuert und überwacht wird. Mit Hilfe des Global Positioning Systems und weiterer Parameter (geöffnete Türen, Laufgeschwindigkeit Reifen) kann der Standort jedes Busses in Echtzeit festgestellt werden. Bei Bedarf werden die Fahrer von der Leitstelle zu schnellerem oder langsamerem Fahren aufgefordert, um die Taktzeiten einzuhalten. Im Falle einer Havarie gehen in kurzer Zeit Ersatzbusse auf die Strecke.

Photo 6: Der Bushof gegenüber des Terminals „Portal de la 80"

Photo: Transmilenio S.A

Die Betriebszeiten des Transmilenio-Systems sind werktags von 5-23 Uhr und sonn- bzw. feiertags von 6-22 Uhr. Im Schnitt verkehren Express-Busse an Werktagen im 2-Minuten- und Corriente-Busse im 3-Minuten-Takt. Die Durchschnittsgeschwindigkeit der Busse liegt bei 26 km/h — weit mehr als das frühere System jemals zu leisten im Stande gewesen wäre. Im Endausbau, der für das Jahr 2016 anvisiert wird, soll Transmilenio 388 km Stammstrecken umfassen, die den gesamten Stadtkörper erschließen (*Transmilenio S.A.* 2000, S. 56f.). Das Ziel ist dabei, dass sich die dann voraussichtlich 10 Millionen Einwohner der Stadt zu 80 % mit Transmilenio bewegen (mündliche Information Angélica CASTRO, Planungschefin Transmilenio S.A.).

4.3 Administrative und finanzielle Rahmenbedingungen

Transmilenio wird mit einem Modell des Public-Private-Partnership betrieben. Dabei stellt die öffentliche Hand die Infrastruktur zur Verfügung, während der Betrieb des Systems durch private Konzessionäre erfolgt. Rund zwei Drittel der Infrastruktur werden von der kolumbianischen Nationalregierung finanziert, die schon vor Jahren für die Einführung eines öffentlichen Nahverkehrssystems in Bogotá entsprechende Mittel zurückstellte. Das verbleibende Drittel wird von der Stadt Bogotá getragen, die ihren Teil durch einen Aufschlag auf die Mineralölsteuer finanziert. In die bisher realisierten 41 km Strecke mit ihren Haltestellen, einschließlich des Bushofes und der Leitzentrale, wurden bisher 200 Mio. US$ investiert, was Kosten von rund 5 Mio. US$ pro Kilometer entspricht — nur ein Bruchteil der Summe, die für den Bau einer Metro notwendig gewesen wäre (mündliche Information Angélica CASTRO, Planungschefin Transmilenio S.A.). Bis zum Gesamtausbau des Systems im Jahr 2016 wird mit Kosten von 2 Mrd. US$ gerechnet (*Transmilenio S.A.* 2000, S. 7).

Der Betrieb von Transmilenio wurde auf die Schultern mehrerer privater Konzessionäre verteilt, um nicht von nur einem Partner abhängig zu sein. Vier Konzessionen wurden für den Betrieb der roten Stammbusse vergeben, sechs weitere Konzessionen existieren für die grünen Feeder-Busse und eine für den Betrieb der Haltestellen (Abb. 5). Die wesentliche Neuerung des neuen Verkehrssystems ist, dass die Konzessionäre der Stammstrecken von Transmilenio nicht nach transportierten Passagieren bezahlt werden, wie dies unter dem Primat der „Guerra del Centavo" der Fall war, sondern nach gefahrenen Kilometern.

Die Konzessionsverträge sehen vor, dass die Konzessionäre der Stammbusse für jeden gefahrenen Kilometer 3.300 Pesos (ca. 1,70 Euro) von Transmilenio S.A. erhalten (PEREA 2002). Steigt die Nachfrage, werden entsprechend mehr Fahrtkilometer

Abb. 5: Die Busse der Stammstrecken werden durch Feeder-Busse ergänzt

Grüne Feeder-Busse verknüpfen die Stammlinien mit den angrenzenden Stadtvierteln

Rote Stamm-Busse sorgen für den Transport auf den Hauptlinien

Quelle: Transmilenio S.A.

bei den Konzessionären bestellt. Lediglich die Konzessionäre der grünen Feeder-Busse werden nach transportierten Fahrgästen gezahlt, wobei die jeweiligen Unternehmen von Transmilenio S.A. 300 Pesos (ca. 15 Eurocent) pro Passagier erhalten (PEREA 2002).

Die im Fall der Gelenkwagen jeweils ca. 200.000 US$ teuren Busse sind Eigentum der Konzessionäre und werden von diesen nach einheitlichen Gestaltungsnormen bereit gestellt. Die Kosten für deren Unterhaltung, Reparatur sowie das Benzin sind von den Konzessionären selbst zu tragen. Die Investitionen der privaten Konzessionäre beliefen sich bislang auf etwa 100 Mio. US$ (mündliche Auskunft Angélica CASTRO, Planungschefin Transmilenio S.A.).

Die Laufzeit der Konzessionen beträgt 850.000 gefahrene Kilometer, was einer Dauer von etwa zehn Jahren entspricht (PEREA 2002). Als Voraussetzungen für den Zuschlag wurden Erfahrung im Transportgeschäft, wenigstens ein internationaler Partner, ausreichendes Kapital und qualifiziertes Personal verlangt. Zu den Auflagen, die den Konzessionären gemacht wurden, gehören ferner das Ersetzen des Fuhrparks mit einem bestimmten Alter bzw. Kilometerstand der Busse. Als maximale Einsatzdauer eines Fahrers wurden 6 Stunden pro Tag festgelegt, was bei einer täglichen Betriebsdauer der Busse von 18 Stunden pro Tag drei benötigten Fahrern pro Bus entspricht (mündliche Auskunft Angélica Castro, Planungschefin Transmilenio S.A.). Diese Regelung legte nicht nur erstmals soziale Mindeststandards im öffentlichen Nahverkehr Bogotás fest, sondern hatte auch eine beschäftigungspolitische Komponente, um die in den herkömmlichen Bussen wegfallenden Arbeitsplätze zu ersetzen.

Der Fahrpreis des Systems wird von der Transmilenio-Gesellschaft, die für den Betrieb der Leitstelle und die Gesamtplanung zuständig ist, festgelegt. Mit der Entrichtung des Fahrpreises kann das gesamte System unbegrenzte Zeit bis zum Verlassen einer Station benutzt werden, wobei auch die Benutzung der grünen Feeder-Busse eingeschlossen ist. Der Fahrpreis ist für alle Nutzer einheitlich. Auf Ermäßigungen, Tarifzonen oder ähnliche Regelungen wurde konsequent verzichtet, um die Benutzung des Systems auch für Analphabeten und die überwiegend an der Peripherie der Stadt lebende Unterschicht so einfach und kostengünstig wie möglich zu machen. 2001 lag der Fahrpreis von Transmilenio bei 800 Pesos, was ca. 40 Eurocent entspricht. Hiervon gingen rund 64 % an die Konzessionäre der Stammstrecken, 20 % an die Betreiber der Feeder-Busse und 11 % an den Konzessionär der Stationen. 3 % verblieben bei der Dachgesellschaft Transmilenio S.A. für Planung und Management und 2 % gingen in einen Rücklagenfonds zur Abfederung von Verlusten (mündliche Auskunft Angélica CASTRO, Planungschefin Transmilenio S.A.).

4.4   Akzeptanz und flankierende Maßnahmen

Die Auslastung von Transmilenio hat bereits im ersten Jahr alle Erwartungen und Prognosen bei weitem übertroffen. Rechnete man ursprünglich damit, dass nach einem Jahr etwa 350.000 Passagiere täglich Transmilenio nutzen (mündliche Auskunft Angélica CASTRO, Planungschefin Transmilenio S.A.), so werden im Juli 2002 – anderthalb Jahre nach Inbetriebnahme des Systems – bereits Spitzenwerte von bis zu 750.000 Passagieren täglich erreicht (PEREA 2002). Sonn- und Feiertage eingerechnet, liegt die durchschnittliche Nutzung derzeit bei rund 600.000 Passagieren pro Tag. Von Dezember 2000 bis Juli 2002 nutzten 225 Millionen Fahrgäste Transmilenio (*Transmilenio S.A.* 2002). Die eigentlich auf 45.000 Passagieren pro Stunde und Richtung ausgelegten Kapazitätsgrenzen des Systems werden zu einigen Spitzenzeiten mit bis zu 70.000 Passagieren zur abendlichen rush hour bei weitem überschritten, weshalb derzeit eine Aufstockung des Fuhrparks um weitere Gelenkwagen vorangetrieben wird.

Als Nadelöhr erweisen sich die Fahrkartenverkaufsstellen an den Busstationen, vor denen sich oft lange Warteschlangen bilden. Aus diesem Grund wird auf Seiten von Transmilenio S.A. über die Einführung von Zeit- und Dauerkarten sowie eine dezentrale Organisation des Fahrkartenverkaufs, etwa an Kiosken, nachgedacht (mündliche Auskunft Angélica Castro, Planungschefin Transmilenio S.A.). Interessant ist in diesem Zusammenhang auch die Feststellung, dass 40 % der Fahrgäste den Einstieg in das System über die Feeder-Busse nutzen, was den Erfolg dieses Konzeptes zur Verknüpfung der Stammstrecken mit den Wohnvierteln belegt (Perea 2002). Als ein Beweis für die hohe Akzeptanz von Transmilenio mag auch gelten, dass nach Auskunft von Transmilenio S.A. die Bodenpreise entlang der Transmilenio-Stammstrecken um 15-20 % zugelegt haben – ein deutlicher Hinweis darauf, dass Transmilenio als eine Steigerung der Lebensqualität wahrgenommen wird.

Der durchschlagende Erfolg von Transmilenio wäre nicht möglich gewesen ohne ein umfangreiches Bündel begleitender Maßnahmen. Hierzu gehört an erster Stelle die auch in anderen lateinamerikanischen Metropolen wie Mexico City oder Santiago de Chile angewendete Restriktion des motorisierten Individualverkehrs in den Hauptverkehrszeiten durch das täglich wechselnde Verbot der Zirkulation von Fahrzeugen, abhängig von den Endziffern auf dem Nummernschild (in Bogotá als „Pico y Placa" bezeichnet). Neu ist dabei, dass diese Restriktionen in Bogotá auch für alle nicht dem Transmilenio-System angeschlossenen Busse und für Taxen gelten. Zudem wird seit 2000 einmal im Jahr ein verpflichtender autofreier Tag in Bogotá durchgeführt, an dem die Nutzung von PKWs ganztägig untersagt ist.

Diese beiden relativ weit in die Persönlichkeitsrechte der Bürger eingreifenden Maßnahmen wurden durch ein Referendum im Oktober 2000 von der Bevölkerung Bogotás bestätigt, bei dem sich der Staat im Gegenzug dazu verpflichtete, bis 2016 die gesamte Stadt mit Transmilenio zu erschließen. Ab 2016 soll dann der motorisierte Individualverkehr in Bogotá zu Hauptverkehrszeiten ganz verboten werden. Das Referendum mit seinen darin erhaltenen „revolutionären" Maßnahmen erhielt zahlreiche internationale Auszeichnungen, darunter den „Stockholm Challenge Prize for the Environment". Auf den Internetseiten des Rio+10-Gipfels in Johannesburg 2002 sowie der UN-Umweltbehörde UNEP wird das „Bogotá Project", an prominenter Stelle als eines der weltweit herausragendsten Beispiele für nachhaltige Entwicklung vorgestellt (siehe u.a. http://www.ecoplan.org/votebogota2000/vb2_index.htm).

Wie nicht anders zu erwarten, lief die Umsetzung der Maßnahmen nicht ohne den Protest betroffener Lobbygruppen ab. Allen voran sind die Taxifahrer zu nennen, die im Frühjahr 2001 einen Tag lang Bogotá vollständig lahmlegten, was dazu führte, dass Kinder in ihren Schulen übernachten mussten, da ein Nachhausekommen unmöglich war. Letztlich führten diese Proteste jedoch zum gegenteiligen Effekt, nämlich einer Diskreditierung dieser Lobbygruppen und einer noch stärkeren Unterstützung der Maßnahmen des Bürgermeisters durch die breite Bevölkerung. Heute haben selbst Taxiunternehmen eingesehen, dass ihre Gewinne nicht geschmälert werden, da

dank der Restriktionsmaßnahmen eine Reduktion
des Verkehrs um 40 % in
den Hauptverkehrszeiten
erreicht werden konnte,
was aufgrund des wesentlich schnelleren Verkehrsflusses für höhere Einnahmen der Taxiunternehmen
sorgte (mündliche Information Germán Camargo,
Leiter der Planungsabteilung der Umweltbehörde
DAMA).
Ähnlich komplikationsreich verliefen die Verhandlungen mit den Busunternehmern, die in Transmilenio nicht nur eine Gefahr
für ihre Geschäfte sahen,

Photo 7: Zahlreiche Fahrer von Transmilenio waren
vorher im informellen Sektor tätig

Photo: Transmilenio S.A

sondern auch unmittelbar durch einen Beschluss der Stadtverwaltung betroffen
waren, wonach für jeden Transmilenio-Gelenkwagen 2,7 alte Busse aus dem Verkehr
gezogen werden müssen (*Transmilenio S.A.* 2000, S. 7). Als Entscheidungskriterien
gelten dabei das Alter der Fahrzeuge sowie deren Schadstoffausstoß. Obwohl die
Administration inzwischen sogar anstrebt, dass künftig für jeden neuen roten Transmilenio-Bus vier alte Fahrzeuge außer Dienst gestellt werden müssen (PEREA 2002),
so hat sich auch dieser Konflikt inzwischen beruhigt. Nicht nur, dass die Busfahrer
ebenfalls in den Genuss eines höheren Verkehrsflusses kamen, viele von ihnen sind
inzwischen als Beschäftigte zu Transmilenio gewechselt, das ein sicheres Einkommen mit adäquaten Sozialleistungen im ersten Arbeitsmarkt bietet (Photo 7).
Transmilenio hat in den ersten anderthalb Jahren seiner Existenz 3000 Arbeitsplätze
direkt geschaffen, die vielfach den bisher nur informell beschäftigten oder selbstständig agierenden Busfahrern zugute kamen (PEREA 2002). Bei Vollendung des Systems im Jahr 2016 sollen insgesamt 18.000 Menschen bei Transmilenio und seinen
Konzessionären beschäftigt sein (mündliche Auskunft Angélica CASTRO, Planungschefin Transmilenio S.A.).

Ein Wesensmerkmal von Transmilenio ist die umfassende Partizipation der Bevölkerung an dem Projekt und die Einbindung aller Planungen und Maßnahmen in
einen lokalen Agenda 21-Prozess. Transmilenio stellt das Kernstück des 1999 verabschiedeten Stadtentwicklungs- und Flächennutzungsplans für den Hauptstadtdistrikt dar, der die Entwicklungsziele Bogotás für die kommenden zehn Jahre festlegt
(vgl. *Departamento Administrativo de Planeación Distrital* 1999).

Zu den weiteren flankierenden Maßnahmen, die Transmilenio unterstützen, gehört
die schon erwähnte Erhöhung der Mineralölsteuer, die Transmilenio unmittelbar zugute kommt, die Einführung bzw. Erhöhung von Parkgebühren und der konsequente
Rückbau von Parkplätzen im Straßenraum. Regionalbusse dürfen seit der Fertigstellung der Endstationen von Transmilenio nicht mehr durch die Stadt fahren, sondern

müssen die Transmilenio-Terminals ansteuern, wo ein Umsteigen auf das Nahverkehrssystem erfolgt.

Besondere Erwähnung verdienen die umfangreichen Maßnahmen zur Förderung des nicht-motorisierten Verkehrs. Zu nennen ist der flächendeckende Neubau von Bürgersteigen. In vielen Teilen der Stadt waren Bürgersteige bisher nicht vorhanden oder befanden sich auf Privatgrundstücken mit entsprechendem Höhen- und Neigungswechsel der Bürgersteige von Grundstücksgrenze zu Grundstücksgrenze. Die Verwaltung führt derzeit ein umfangreiches Programm durch, das zum Ziel hat, diesen „privat organisierten" Bürgersteigen ebene und einheitlich gestaltete kommunale Bürgersteige vorzusetzen, wobei die dafür benötigten Flächen bisher als Fahrspur oder Seitenparkplatz dem motorisierten Individualverkehr vorbehalten waren. Großen Erfolg hat auch ein ambitioniertes Programm zum Neubau von 200 km Radwegen, für die sich die in großen Teilen eben gelegene Stadt hervorragend eignet. Durch dieses Radwegeprogramm ist es gelungen, den Anteil des Radverkehrs am Modal Split in Bogotá von 0,5 % 1997 auf 4 % 2001 zu steigern (mündliche Information German CAMARGO).

Schließlich müssen als ein Schlüssel zum Erfolg auch die eigenen Werbemaßnahmen von Transmilenio genannt werden. So konnte das System in den ersten drei Wochen seiner Existenz (vom 18.12.00 bis 6.1.01) von jedermann kostenlos benutzt und „beschnuppert" werden, was sich im Nachhinein als ideale Maßnahme zur frühzeitigen Kundenwerbung erwies (mündliche Auskunft Angélica CASTRO, Planungschefin Transmilenio S.A.).

Weiterhin finanziert Transmilenio S.A. zahlreiche Kulturveranstaltungen, sowohl im System selbst als auch in den Stadtvierteln, um Werbung gerade auch in ärmeren Bevölkerungsschichten zu machen. Für die Bevölkerung mit Internetzugang steht unter „www.transmilenio.gov.co" ein umfassendes Angebot im World Wide Web bereit (siehe Abb.6).

Abb. 6: Die Internetpräsenz von Transmilenio bietet umfassende Informationen

Quelle: http://www.transmilenio.gov.co

5   Transmilenio als „Best Practice"-Beispiel

Bogotá mit seinem Transmilenio-System kann als „Best Practice"-Beispiel für einen nachhaltige Entwicklung von Metropolen in Entwicklungs- und Transformationsländern gelten, was durch zahlreiche Nachahmer belegt wird. So ist die peruanische Hauptstadt Lima derzeit bestrebt, das Erfolgsmodell aus Bogotá zu übernehmen. In verkehrspolitischer Hinsicht sprechen für das Transmilenio-Modell insbesondere seine geringen Kosten, die nur etwa 5 % der Kosten einer Metro betragen, und seine schnelle Realisierbarkeit, die in Bogotá von Planungsbeginn bis Inbetriebnahme nur drei Jahre dauerte. Für das System war kein Bau neuer Trassen, sondern nur eine Umrüstung bestehender Straßen erforderlich, womit die Bauphase auch kein „Trauma" für die Stadt darstellte. Zum Betrieb des Systems ist relativ wenig Knowhow erforderlich, insbesondere ist auch eine Abhängigkeit von Ersatzteilen aus den Industrieländern nicht gegeben. Schließlich bleibt auch die Option erhalten, in der Zukunft auf den Transmilenio-Achsen eine schienengebundene Variante als Stadtbahn oder Metro zu realisieren.

Für Bogotá bedeutete Transmilenio einen Abschied von der menschenverachtenden „Guerra del Centavo" und die Einführung eines effizienten, zuverlässigen und übersichtlichen Systems, das Kapazitäten ressourcenschonend einsetzt, Arbeitsplätze schafft und zu einer Verbesserung der Lebensqualität beiträgt. Dabei bietet das System nicht nur mehr Sicherheit in Bezug auf Verkehrsunfälle und Kriminalität, sondern ist geprägt vom Respekt gegenüber seinen Nutzern, gerade auch im Hinblick auf Menschen, die besonderer Hilfe bedürfen. Transmilenio hat sich in diesem Sinne zum Leitprojekt einer Kultur entwickelt, die Bogotá nachhaltig zum Positiven verändert. So hat Transmilenio auch keine Probleme mit Graffiti oder der Verschmutzung von Fahrzeugen und Stationen. Das System wirkt identitätsstiftend in einer Metropole, deren Bewohner zum überwiegenden Teil zugewanderte Migranten sind, die sich bisher nicht mit der Stadt identifizierten und sie dementsprechend behandelten.

In diesem Sinne kann Transmilenio auch als „Best Practice"-Beispiel für Industrieländer dienen. Transmilenio ist nicht nur ein modernes Nahverkehrssystem, sondern integraler Bestandteil einer langfristig angelegten Philosophie zur nachhaltigen Entwicklung einer Megastadt, die sich dagegen wehrt, unbewohnbar zu werden. Auf dieses Weise ist auch der Werbeslogan von Transmilenio zu verstehen: „Transmilenio — un sistema de vida".

Literatur

Departamento Administrativo de Planeación Distrital (Hrsg.) (1997): Estadísticas Santa Fe de Bogotá. D.C. Bogotá

Departamento Administrativo de Planeación Distrital (Hrsg.) (1999): Plan de Ordenamiento Territorial de Bogotá. Documento Técnico de Soporte. Bogotá

Departamento Administrative Nacional de Estadística (Hrsg.) (1989): La pobreza en Bogotá - Descripción cuantitativa. Bogotá

GUHL, Ernesto & Alvaro PACHÓN (Hrsg.) (1989): Transporte masivo en Bogotá. Bogotá

Japan International Cooperation Agency (Hrsg.) (1992): The study on air pollution control plan in Santafé de Bogotá city area - Final Report. Bogotá

MERTINS, Günter und Jan Marco MÜLLER (2000): Die Verlagerung hochrangiger Dienstleistungseinrichtungen aus der Innenstadt von Bogotá/Kolumbien: Etappen - Parameter - Auswirkungen. In: Erdkunde, 54, Heft 3, S. 189-197

PEÑALOSA, Enrique (1997): Programa de Gobierno para la elección del Alcalde Mayor de Bogotá, D.C. 1998-2000 por el Movimiento „Por la Bogotá que queremos". Bogotá

PEREA, Rolf (2002): Transmilenio tendrá 15 buses más. In: El Tiempo, URL: http://www.eltiempo.terra.com.co, 25.7.2002

Transmilenio S.A. (Hrsg.) (2000): Transmilenio -Un Sistema de Vida. Bogotá

Transmilenio S.A. (2002): Transmilenio en cifras. URL: www.transmilenio.gov.co:8080/transmilenio/Transmilenio.htm, 25.7.2002

Gespräch mit Angélica CASTRO, Planungschefin von Transmilenio S.A., am 29.12.2001.

Gespräch mit Germán CAMARGO, Leiter der Planungsabteilung der Umweltbehörde *DAMA*, am 16.1.2002

Studien zur Mobilitäts- und Verkehrsforschung

Herausgegeben von M. Gather, A. Kagermeier und M. Lanzendorf

Band 1: *Gather Matthias & Andreas Kagermeier (Hrsg.):*
Freizeitverkehr – Hintergründe, Probleme, Perspektiven.
2002. 140 Seiten, 47 Abbildungen und 17 Tabellen.
15,50 €, ISBN: 3-936438-00-5

Band 2: *Kagermeier, Andreas, Thomas J. Mager & Thomas W. Zängler (Hrsg.):*
Mobilitätskonzepte in Ballungsräumen.
2002. 306 Seiten, 121 Abbildungen, 30 Tabellen und 12 Photos.
25,- €, ISBN 3-936438-01-3

Band 3: *Fliegner, Steffen:*
Car Sharing als Alternative?
Mobilitätsstilbasierte Potenziale zur Autoabschaffung.
2002. ISBN 3-936438-02-1 *(im Druck)*

Band 4: *Hautzinger, Heinz (Hrsg.):*
Freizeitmobilitätsforschung – Theoretische und methodische Ansätze.
(in Druckvorbereitung, erscheint Mitte 2003)

Band 5: *Dalkmann, Holger, Martin Lanzensorf & Joachim Scheiner (Hrsg.):*
Verkehrsgenese – Entstehung von Verkehr sowie Potenziale und Grenzen
der Gestaltung einer nachhaltigen Mobilität. *(Arbeitstitel für Dokumentation der Jahrestagung 2003 des AK Verkehr)*
(in Vorbereitung, erscheint voraussichtlich Ende 2003)

MetaGIS - Systems
Raumbezogene Informations- und Kommunikationssysteme
Wissenschaftlicher Fachbuchladen im WWW
Enzianstr.62 – D 68309 MANNHEIM
E-Mail: info@metagis.de
Online: www.metagis.de – www.fachbuchladen.info
Tel.: +49 621 72739120 – Fax.: +49 621 72739122